KB003992

교과서와 역사정치

이 저서는 2019년 대한민국 교육부와 한국연구재단의 지원을 받아
수행된 연구임(NRF-2019S1A5C2A03083387)

역사와평화총서 001

교과서와 역사정치

초판 1쇄 발행 2023년 6월 30일
초판 2쇄 발행 2024년 10월 4일

엮은이   아시아평화와역사연구소 편
펴낸이   윤관백
펴낸곳   선인

등 록   제5-77호(1998.11.4)
주 소   서울시 양천구 남부순환로 48길 1(신월동 163-1) 1층
전 화   02) 718-6252 / 6257
팩 스   02) 718-6253
E-mail   suninbook@naver.com

정가 24,000원
ISBN 979-11-6068-827-6 93900

역사와평화총서 1

교과서와 역사정치

아시아평화와역사연구소 편

역사인식, 교과서, 그리고 역사정치

이신철

Ⅰ. '역사를 둘러싼 사회갈등과 해법' 프로젝트

2019년, 역사를 둘러싼 국내외의 갈등에 대한 본원적 해결책에 접근해보자는 취지에서 교육부는 한국연구재단 인문사회연구소 사업 '문제해결형' 주제의 하나로 "역사를 둘러싼 사회갈등과 해법"이라는 주제를 제안했다. 2004년 동북아시아의 역사갈등에 대한 학술적 대안 모색을 목표로 설립되었던 아시아평화와역사연구소(이하 아평연)는 그동안의 연구성과와 활동 경험, 그리고 해당 주제에 대한 연구역량을 인정받아 교육부가 제안한 과제를 수행하게 되었다. 과제의 가장 중요한 부분은 역사갈등의 현황을 파악하고, 제기된 현안에 대한 정책을 1년 단위로 생산하는 수시과제였다. 아평연은 거기에 역사갈등에 관한 학술연구논문을 생산하는 일반과제를 덧붙여 과제의 기본을 구성하였다.

사업의 취지와는 별개로 이 주제는 정치적으로 매우 민감한 주제이기 때문에 하나의 결론을 내기 쉽지 않은 주제임이 분명했다. 더구나 연구성과를 기반으로 어떤 정책을 실행했을 때 그 파장이 생각보다 커질 수 있고,

연구의 안정적 보장도 어려울 수 있는 민감한 문제이기도 했다. 문재인 정부 때 역사교육을 둘러싼 갈등 해소의 한 방편으로 국가교육위원회가 만들어졌고, 정권이 바뀐 후 출범해 정치적 화합을 시험해 볼 수 있는 좋은 기회를 얻었음에도, 그 출발부터 정치적 논란을 피해가지 못했던 사례에서도 이 문제의 어려움을 충분히 짐작할 수 있다.

정치적 논란을 최소화하기 위해 연구소가 선택한 전략은 그동안 진행해왔던 다양한 역사대화 경험을 통해 교훈을 얻고, 거기에서 도출되는 대안을 한국사회에 적용해보자는 것이었다. 한국사회의 역사갈등이 점차 심화하고 있는 상황에서 자칫 불필요한 정치적 논란에 휩쓸려 제대로 된 연구를 진행하기 힘든 상황을 피해가려는 의도도 있었지만, 무엇보다 한국 사회 역사갈등의 대안을 제시할 수 있을 정도로 관련 연구가 충분하지 않은 탓도 있었다. 섣부르게 제안된 대안을 정책화하기에도 한계가 있다고 판단했다. 정책과제의 의무는 일본과 중국이 만들어내고 있는 역사갈등의 상황에 대해 분석하고 정책 대안을 제시하는 한편으로 한국 역사교육의 현안을 정리하는 것으로 했다.

이 같은 전략에 따라 아평연은 인문사회연구소 정책과제라는 목표를 잃지 않으면서도, 역사갈등 해결에 좀 더 본질적으로 다가가기 위해 연구주제를 크게 두 단계로 나누어 설계했다. 1단계에서는 역사갈등의 현재를 키워드로 삼았다. 현재 드러나 있는 역사갈등 현상을 좀 더 본질적이고 학술적인 시각으로 들여다보자는 취지이다. 구체적으로 '역사갈등의 쟁점과 배경'이라는 대주제를 두고, 3년에 걸쳐 한국 내부 차원의 역사갈등, 그리고 한·일, 한·중 양자간 역사갈등, 기타 다자간 또는 다양한 지역의 역사갈등 사례를 살펴보고 정리 분석하는데 목표를 두었다. 동시에 국내외의 역사갈등 해소를 위한 제도적 노력을 살펴보았다.

2단계에서는 1단계의 연구성과를 바탕으로 시간 범주를 '미래'까지 포괄하고, 그동안의 역사대화 사례를 분석 정리하여, 시민사회에 적용할 수 있는 대안을 모색하는데 목표를 두었다. 대주제는 '미래 한국을 둘러싼 역사 갈등 요소 점검'으로 정했다. 미래 한국 사회에서 제기될 수 있는 다양한 역사갈등 요소들을 미리 점검하고, 현재까지 진행된 역사대화의 성과를 대입해 보면서 역사갈등을 관리·해소해 나갈 수 있는 방안을 제시해 보자는 취지였다.

구체적으로 현재 갈등 표출과 잠복을 반복하고 있는 중국과의 역사갈등 문제에 좀 더 천착하고, 통일의 과정에서 표출될 수밖에 없는 남북 간 역사 갈등 요소를 점검해 보는 것과 같은 것들이다. 더불어 새롭게 대두되고 있는 감정사적 시각이나 생태환경적 시각을 적용해 역사갈등 해법 찾기에 적용해보는 것도 하나의 대안으로 삼았다. 대중역사학(Public history)적 접근도 중요한 방법론의 하나이다.[1] 이 같은 연구를 통해 최종적으로 아평연이 목표하고 있는 것은 동아시아, 나아가 세계적 차원으로 일반화할 수 있는 세계시민적 역사인식 방향을 제시하고 그에 기반한 다양한 역사대화를 진행하는 허브기관을 만들어 나가는 것이다.

---

1 Public History는 한국에서 보통 공공역사학으로 번역 유통되고 있다. 공공(公共)의 개념이 사회의 일반 구성원에게 공동으로 속하거나 두루 관계되는 것이라는 사전적 의미에서 보자면 크게 어긋나는 번역이라고 하기는 어렵다. 그러나 한국 근현대사에서 공공의 개념은 그것의 '공적(公的)' 의미가 훨씬 강조되고 '대중'이나 '일반'이라는 의미로 사용되는 경우는 극히 제한적이었다. 또 한국 역사학계에서는 1980년대 중반 이후로 '역사 대중화'라는 영역을 독자적으로 발전시켜 왔다. 한편으로 미국에서 발생한 Public History 개념이 유럽을 거쳐 한국으로 들어오는 과정에서 그 의미 범위가 공공기관에서 활동하는 전문가 양성이라는 애초의 영역을 넘어 일반 시민사회, 대중의 영역으로 확장되었다. 이 같은 역사적인 측면과 개념의 진화라는 측면을 고려한다면 Public History는 대중역사학 또는 시민역사학으로 번역되고 활용되는 것이 바람직해 보인다. 다만, 시민(Citizen)이라는 개념 역시 시민권의 개념과 불가분의 관계에 있기 때문에 좀 더 포괄적인 범위를 아우를 수 있는 대중역사학이 더 적합해 보인다. 이 글에서 사용하는 대중역사학은 곧 Public History를 의미한다.

II. 20년의 역사대화, 도출된 과제

아시아평화와역사연구소와 같은 민간연구소의 가장 큰 장점은 시민사회와 직접 접촉하는 속에서 스스로의 역할을 찾아내고, 대안을 제시해 간다는 점일 것이다. 전 세계적으로 시민사회의, 역사에 대한 관심이 높아지고 여러 가지 대중매체를 통해 다양한 역사인식이 형성되고 있다. 반면에 대학이나 지식인들의 권위는 약화하고 있다. 이 같은 상황은 시민사회와 함께 호흡하는 민간연구소의 역할이 점차 강화될 수밖에 없는 조건으로 작용하고 있다. 이런 변화를 감안 한다면, 아평연을 비롯한 몇몇 민간연구소들이 국가의 지원을 수년간 안정적으로 받으면서 연구와 활동을 해 나갈 수 있게 된 것은 매우 중요한 실험이면서도 꼭 필요한 일이라고 할 수 있다.

정부의 지원과 20여 년간의 한중일 역사대화의 성과를 통해 아평연은 몇 가지 중요한 성과를 이룩한 동시에 중요한 과제들을 도출하고 있다. 무엇보다 큰 성과는 아평연이 안정적인 연구를 수행함으로써, 점차 역사갈등 연구의 구심점이 되어 가고 있다는 점이다. 예를 들어, 서사하라의 독립문제를 세계 곳곳에 알리고자 하는 활동가들이 한국을 처음 찾아왔을 때 아평연을 찾아왔고, 연구소가 거기에 호응해 대중적 대화 공간을 만들었던 것과 같은 것이다. 이 같은 변화를 동력 삼아 아평연은 유럽지역 대학의 한국학 관련 연구소와의 협력, 동남아시아 지역의 연구자들과의 소통 등을 통해 그 역할의 확장을 도모하고 있다.

두 번째로 아평연이 역사갈등 문제를 매개로 교육현장과 지속적인 대화를 함으로써 역사교육의 새로운 모형을 만들어가고 있다는 점도 중요성과이다. 이는 두 가지 영역에서 확인할 수 있는데, 먼저 그동안 진행해왔던 공동교재 작성 작업이 조금 더 안정적으로 진행되고 있다는 점이다. 일본의 경우 시민사회가 연로해지고, 한국과의 대화에 대한 사회적 관심이 줄어들면서 역사대화에 적지 않은 어려움을 겪고 있고, 중국의 경우에는 당국의 정치적 입장에 따른 굴곡이 적지 않다는 점에서 한국의 역할이 그 어느 때보다 커지고 있다. 연구소의 역할이 그만큼 중요해지고 있는 것이다. 다른 한편으로 아평연은 한중일 역사교사, 연구자들과의 대화를 지속적으로 진행함으로써, 현장 교육과 공동수업 등의 실천 활동을 다양하게 모색하고 있다. 교육현장과 결합된 다양한 활동은 20년 이상을 지속해온 '동아시아 청소년 역사체험캠프'와 함께, 역사갈등 해소를 향한 '실험학교'로서 기능하고 있다고 할 수 있다.[2]

아평연이 최근 새로 시작한 '동아시아 역사인식 DB사업'은 연구소의 세 번째 성과이다. 이 사업은 한중일 교과서 자료를 기반으로 다양한 역사갈등 관련 자료와 대안 교육자료를 축적한 아카이브를 지향하고 있다. 아카이브가 구축된다면 다양한 교육자료를 제공하고, 관련 연구를 진작시키며, 새로운 대중역사학을 모색하는 데에도 중요한 기초자료로 활용할 수 있을 것이다. 나아가 '역사교육 기초자료 종합포털'을 구축할 수 있고, '역사인식과 평화 박물관'의 건립으로도 나아갈 수 있다.

이 같은 성과에 더해 지난 3년간 진행한 인문사회연구소 사업을 통하여 연구소는 새로운 연구주제와 의제들을 설정해 나가고 있다. 그것은 먼저 '역사대화', '역사정치', '대중역사학(Public History)' 등 역사학계에서 새롭게 제기된 역사용어들의 한국적 의미와 개념을 정리해 나가는 것에서 시작된다. 물론 아직 이들 개념에 대한 명확한 해답을 제시하고 있는 것은 아니지만, 그것에 대한 해명과 용례를 정리할 필요성을 확인하고 학계의 의견을 모아가고 있는 것은 당연하면서도 중요한 성과이자 과제이다.

지난 3년간 얻은 표면적이고 형식적인 차원의 성과와 함께 아평연은 의

---

2 아평연의 대중활동은 아시아평화와 역사교육연대의 활동에서 비롯되었다. 현재에도 두 기구는 다양한 공동 활동을 전개하고 있다.

제 부분에서도 중요한 성과 겸 과제를 얻었다. 그것은 '피식민·탈식민 관점의 대안적 역사 쓰기'라는 과제이다. 이는 지난 20여 년의 연구소 활동을 통해, 또 공동교재 작성 사업을 통해 얻은 교훈이기도 하다. 애국주의와 국가주의 역사인식을 뛰어넘는 보편적 역사인식을 향한 노력을 어떻게 한 단계 더 앞으로 나아가게 할 것인가라는 오랜 고민의 산물인 것이다.

그동안 동북아시아에서는 한 국가 안에서 진행되던 역사갈등이 국경을 넘어 지역문제화 되고 동아시아화 되는 과정을 겪었다. 그뿐 아니라 한중일의 세계사적 위상이 높아지면서 이 지역의 역사갈등은 지역을 넘어 어느새 세계문제가 되었다. 그 과정에서 아평연이 느낀 가장 큰 문제의식은 각국의 교과서는 여전히 유럽중심주의와 제국의 관점을 벗어나지 못한 부분이 많다는 점이다. 그러한 한계는 일본은 물론이고, 한국의 경우도 예외가 아니다. 중국의 경우에는 정반대로 탈오리엔탈리즘을 지나치게 추구하다 보니, 역설적으로 애국주의의 덫에 걸리고 말았다.

이러한 상황에서 아평연은 최근 교과서의 세계적 흐름이 '반전 평화'를 지향하고 있지만, '탈식민 평화' 또는 피식민의 관점에서는 매우 미흡하다는 사실을 발견하게 되었다. 그러한 문제의식 속에서 아평연은 새로운 과제로 '피식민·탈식민 관점의 역사 쓰기'라는 새로운 의제를 설정하기에 이르렀다. 이 의제를 새로운 연구로 발전시키기 위해 세계의 교과서를 '피식민·탈식민·평화' 관점에서 새롭게 분석하는 작업에 돌입했다. 이는 아평연이 지역 내의 역사대화를 넘어 세계와의 역사대화를 시작하였음을 의미한다. 이 과정은 제국과 피식민 경험 국가 간의 대화, 아시아와 유럽 간의 역사대화의 새로운 모델을 세워나가는 과정이 될 것이다.

이 책은 아평연의 다양한 성과와 과제를 보여주는 산물의 하나이다. 구체적으로는 인문사회연구소사업 1단계 3년간의 연구성과 중 일부를 하나의 문제의식 속에 범주화해 묶은 것이다. 이 책을 기획하면서 선택한 열쇠말은 '역사정치'이다. 역사가 그 태생부터 정치와 무관하지 않고, 현실정치 속에서 역사갈등이 표출되고 있는 현실을 무시할 이유가 없기 때문이다. 좀 더 적극적으로 역사, 정확히는 역사갈등과 정치와의 관계를 해명하고자 하는 것이다.

Ⅲ. 역사갈등과 역사정치

역사와 정치의 관계를 해명하는 것은 어쩌면 불가능에 가까울지도 모른다. 근대역사학의 발생부터 논하기 시작한다면 '태생론'에 갇혀 빠져나오기 어렵다. 현재적이고 정치적인 대안 중심으로 접근한다면 그것은 또 다른 정치적 논란의 불씨만 키울 수 있다. 태생과 현실정치라는 두 극단적 지점을 제외한다면, 우리가 찾을 수 있는 해법은 역사학과 역사교육의 정치적 성격을 인정하면서도 보편적 가치를 지향하는 과정에서 찾을 수 있을 것이다. 그것은 지배와 피지배의 관계에서 어느 한쪽의 계급적 입장을 대변하는 당파성만이 강조되는 즉자적인 것이어서는 곤란할 것이다. 그것은 현재의 인류가 도달한 보편적 가치를 기준으로 삼아, 미래 지향적인 세계관과 가치관의 입장에서 접근하는 방법이 되어야 할 것이다.

예를 들어, 인류사회가 20세기 혁명과 전쟁, 그리고 국가폭력의 역사를 경험하면서 키워온 인권과 평화에 대한 갈망 같은 것이 준거가 될 수 있을 것이다. 침략과 식민지배를 벗어나려는 노력 속에서 공유하게 된 탈식민주의의 가치 역시 중요한 잣대 중의 하나가 될 수 있다. 독재권력에 맞선 투쟁을 통해 얻은 민주주의라는 가치도 중요한 가치 기준의 하나이다. 옅어진 국경이라는 조건에 맞추어 인류 공동의 목표로 설정된 환경과 생태 또한 새로운 준거가 되어야 할 것이다.

다만, 이들 가치 중 일부는 아직 개념의 구체화 과정에 있고, 실천의 방법을 찾는 과정에 있다고 할 수 있다. 엷어진 국경이라는 조건은 국익 앞에 속절없이 닫혀버리기 일쑤이고, 전쟁을 불사하기도 하는 현실은 그 같은 조건이 성립 가능한가의 의문을 제기하기도 한다. 그럼에도 역사갈등이 당파적이고 정치적인 입장, 그리고 국가라는 공동체적 이해관계에서 비롯된 것이라면 그것의 충돌 과정에서 터득된 인류 보편의 가치만이 그것을 봉합하고 상호 접근할 수 있는 개념이 될 수밖에 없다는 것도 자명하다.

물론 인류 보편의 가치를 기준으로 대안을 모색한다고 해서 다양한 역사갈등이 완전히 해소될 수는 없을 것이다. 인권과 민주주의라는 가치는 누구나 인류 보편의 가치임을 주장하지만, 나라마다 그 개념과 해석은 거리를 좁힐 수 없을 정도로 큰 차이를 보이는 것도 현실이다. 이 같은 한계에도 이들 가치는 출발점이 될 수밖에 없다. 다만, 그 같은 차이를 조금이라도 좁히기 위해서는 현실정치와 역사 속에서 얻어진 경험을 참고할 수밖에 없기도 하다.

이 같은 배경에서 이 책이 선택한 개념이 '역사정치'라는 개념이다. Geschichtespolitik, 역사정치라는 개념은 독일에서 주창된 개념이다. 한국에서는 역사정책 또는 역사정치로 번역된다. 역사정책으로 번역될 때는 하나의 정치세력이나 특정한 공동체의 관점에서 주장되는 정책의 차원에서 논의될 때 적합하다, 물론 정파에 무관하게 당면한 과제의 해결을 위해 시행해야 할 정책을 제안하고자 할 때도 유용하다.[3] 역사정치로 번역될 때는 그 같은 정책적 측면뿐 아니라 그것을 둘러싸고 진행되는 정치적 상호작용이나 사회적 대응까지를 포괄할 필요가 있을 때 더 적합한 용어라고 할 수 있다. 이 책에서는 역사정책이라는 좁은 의미보다는 좀 더 넓은 범주에서 이해할 수 있는 역사정치라는 개념을 사용하였다.

---

3 역사정책을 표방한 대표적 사례로 『역사를 바꾸는 역사정책—7가지 쟁점과 해법』(역사정책 기획단, 역사비평사, 2013)이 있다.

역사정치는 "다양한 행위자들이 공론장에서 영향력을 행사하기 위해 각별한 관심을 갖고 역사를 정당화하거나 비방하거나 동원함으로써 정치적으로 활용하고자 하는 행위의 장"(E. Wolfrum, 1999)을 뜻한다. 또는 "정치적 목적을 가지고 현재적 관심에 따라 공적 차원에서 역사를 집단과 관련된 과거로 해석하여 재현하는 담론과 행위들"(Harald Schmid, 2008)을 의미한다.[4] 다시 말해 "역사정책은 '역사에 관련된 국가의 정책'이라는 일반적인 정책 범주가 아니라, '역사의 정치도구화'라는 차별된 맥락이다. 따라서 역사정책은 중립적이며 객관적인 '과거 그 자체'가 아니라, '특정한 정치적 목적이나 의도'로 '과거가 재현되거나 만들어지는 매커니즘'이다."[5]

역사정치는 결국 과거 사실에 대한 기억을 특정한 현재적 관점에 따라 공동체의 역사인식으로 만들어내고자 하는 행위를 의미하게 된다. 그렇기 때문에 역사정치 분석틀을 적용할 때는 역사적 사실 그 자체의 진위를 따지는 것도 중요하지만, 그와 동시에 그러한 역사인식을 주조하려는 정치적 입장에 대한 본질적 분석이 중요해진다. 독일에서의 역사정치에 대한 논의에서 그 같은 역사정치, 즉 '과거를 재현하거나 해석하는' 주체 또는 그 행위자인 '역사해석 전문가' 또는 '역사해석 엘리트'들을 '역할자(Akteur)'라고 규정한다. 그리고 이들의 역사해석이나 역사인식을 수용하는 사람들을 '수용자(Rezipient)'로 규정한다.[6] 이 같은 규정 속에서는 역할자들의 역할이 중요한 위치를 차지하게 된다. 그들의 "'역사의식'은 '현재적 가치'를 중심으로 '과거의 사실'과 미래의 전망 및 기대가 모두 종합적으로 고려되고 성찰되어 정립되는 것"이다.[7] 따라서 이들의 역사의식 형성과정에 대한 고찰과 규

---

4 최호근, 「역사적 신념공동체의 창출?−독일제국기의 국가권력과 역사정치」, 『서양사론』 제124호, 2015, 37쪽~38쪽.
5 박상욱, 「역사정책: '현재'에서 재현되는 '과거'의 '작용 메커니즘'−에드가 볼프룸 역사정책 개념의 동북 아시아 역사 사례적용과 비판적 성찰−」, 『동북아문화연구』 제56집, 2018, 234쪽.
6 박상욱, 위의 글, 236쪽.
7 박상욱, 위의 글, 238쪽.

명이 중요한 요소가 된다.

이 같은 논의에서 한 걸음 더 나아갈 것을 주장하는 경우도 있다. 박상욱의 경우가 대표적인데, 그는 먼저 민주사회에서 역사정치는 '주도자(역할자)'와 '수용자' 간의 소통과 타협이 없다면 분쟁과 갈등으로 나타난다는 점에 주목할 것을 주장한다. 그는 "'역사정책'을 계획할 때 '역사정책'을 수용하는 그 구성원 또는 상대방의 동의나 공감대가 결코 배제되어서는 안된다"고 지적한다. 또 "볼프룸의 '역사정책'에는 소수집단의 '역사정책', 이해관계보다는 사회적 정당성을 우선으로 하는 '역사정책' 및 윤리나 도덕적 측면이 고려되는 '역사정책'이 부재하다"고 비판한다. 역사정치라는 개념으로 인해 모든 정치세력의 '역사정책'이 정당성을 확보할 수 없다는 것이다. 그는 "역사적 문제는 '현실적인 이해관계'로 '과거의 문제'가 희석되거나 왜곡되는 것이 허용되어서는 안"된다고 역설한다.

이 같은 문제의식에 따르면, 볼프룸의 역사정책 이론은 포용과 화해의 '역사정책'이 부재하다는 비판이 가능해진다. 볼프룸이 소통과 타협이라는 부분에 대해서 역할자의 원론적 역할을 강조하는데 그치고 있다는 것이다. 반면에 알라이더 아스만(Aleider Assmann)이 홀로코스트에 대한 기억과 회상에 대한 연구에서 '비극적 역사'의 대책으로써 '역사정책'을 제시하고 있는 점에 주목할 필요가 있다. 아스만 주장의 핵심은 가해자들이 피해자의 기억을 그들의 집단기억으로 수용하여야 한다는 것이다. 그리고 이 같은 과정만이 화해를 이끌어 낼 수 있다는 주장이다.[8]

독일에서의 논의와 그것을 동북아시아의 역사갈등 현장에 적용해보려 시도한 박상욱의 논지는 일국 내의 국가폭력이나 주변국에 의한 국가폭력을 극복하기 위해서는 가해자 또는 가해집단, 나아가 가해국이 피해자, 피해집단, 피해국의 피해에 대한 집단기억을 수용하는 과정이 필요하며, 그것

---

8 이상 박상욱의 논지는 위의 글, 244~245쪽 참조.

을 이끌어 낼 수 있는 역사정책, 역사정치가 필요하다는 것으로 요약할 수 있다. 이 책의 역사정치 개념은 그 같은 문제의식을 공유하고 있다.

Ⅳ. 역사교육과 교과서의 정치현실과 대안 모색

이 책은 크게 두 부분으로 나뉘어 있다. 1부는 일반적인 역사정치 관점에서 '행위자'의 정치적 의도를 분석한 글들, 2부는 역사정치적 화해와 포용을 지향한 글, 즉 역사갈등을 넘어선 역사교육의 대안 모색 관련 글들을 묶었다.

먼저 1부에서는 한국에서 진행된 역사갈등의 요소들이 어떠한 정치적 맥락에서 전개되었는지, 그리고 이런 정치적 논란들이 어떤 과제를 남기고 있는 지를 주로 다루었다. 앞머리에 놓인 이정빈의 두 글은 한국 고대사를 둘러싸고 진행된 역사갈등을 식민주의, 그리고 민족주의와 발전론이라는 한계 속에서 그 정치적 배경을 찾고 있다. 김정인의 글은 한국사 교과서 국정화 논란을 1987년 이후의 역사갈등이라는 좀 더 넓은 차원에서 살핌으로써 그 정치적 의미를 추적하고 있다. 김육훈의 글은 국정화 논란이후 강화되고 있는 역사부정론이 역사교육에 미치고 있는 영향을 밝히고 있다.

이정빈의 「고대사파동, 식민지 이후의 식민주의」는 2010년대 이후 격화되고 있는 고대사파동이 '유사역사학'에 기반한 국수주의적 한국사 인식을 정치적으로 후원하고 인용하는 정치세력을 배경으로 하고 있음을 밝히고 있다. 또 그 같은 정치적 의도가 역사교과서 국정화 프로젝트와 맞물려 있음을 지적하고 있다. 나아가 식민주의 역사학이 내포하고 있는 타자성, 폭력성, 억압성과 같은 편견에 주목할 필요성을 강조한다. 그러한 시야에서 유사역사학이 주장하는 고대사인식이 자신들이 비판의 대상으로 내세운 식민주의와 동일한 제국주의와 국수주의에 바탕하고 있음을 논파한다. 이를 통해 한국사의 자주성과 발전성을 바탕으로 전개되었던 반식민주의적 한국 고대사 연구가 주변부에 대한 관심, 자연·생태환경에까지 그 시야를 넓혀 나가야 함을 주장하고 있다.

「역사교과서의 국수적 한국사 체계와 역사정책 성찰」은 역대 역사교과서의 한국사 체계가 가지는 문제점을 고대사 서술을 중심으로 분석했다. 그를 통해 현행교과서의 고대사 서술이 청동기 시대 '여러 나라'의 국가 형성과 다양한 경로의 발전 과정이 배제된 채 고조선의 역사에 종속되는 체계를 형성하고 있음을 비판한다. 나아가 개화기부터 현재까지의 역사교육이 국민적 정체성을 확립하기 위해 선택한 국수성을 극복하기 위해서는 다원적 고대사회 이해가 선행되어야 한다는 점을 강조한다.

김정인의 「정치적 무기로서의 역사, 역사전쟁의 다섯 국면」은 역사갈등의 배경을 현재진행형의 정치투쟁으로 규정하면서, 1987년 이후의 역사전쟁을 다섯 국면으로 나누어 살펴보고 있다. 저자는 그 다섯시기 모두에 정치적 이슈들이 역사논쟁의 배경으로 작용했고, 역사전쟁의 본질이 대중의 역사인식을 전유하기 위한 싸움이었음을 밝히고 있다. 그 과정에서 역사학계가 진보세력의 편에서 친일 대 반일, 독재 대 민주와 같은 이분법에 매몰됨으로써, 다른 한편에서 등장했던 탈민족주의적 경향들이 대중적 지지를 받지 못하는 상황을 초래했고, 나아가 반일종족주의라는 보수세력의 새로운 비판을 불러왔음을 지적하고 있다.

김육훈의 「역사부정 현상과 학교 역사교육의 과제」는 최근 등장한 '역사부정'이 정치권의 5·18 폄훼, 반민특위 비판 등의 발언을 직접적 배경으로 하고 있음을 보여주면서, 『반일종족주의』를 비롯한 다양한 역사부정의 사례와 그 대응을 소개하고 있다. 또 역사부정이 다양한 미디어 공간을 통해 탈진실이 확산되는 현상과 연결되어 있는, "의도를 갖고 과거를 악용하는 일"임을 역설하고 있다. 그는 역사부정을 극복하기 위한 방안을 찾아 현행 교과서들을 검토하면서, 교과서들이 인권·평화 교육의 관점에서 참혹했던 폭력의 역사를 기술하는 방법, 혹인 '부인에서 시인으로'라는 문제의식을 담기에는 아쉬움이 있다고 지적한다. 나아가 교실을 넘어 학생들이 한 사람의 시민으로서 역사의식을 형성하고 실천하는 과정에서 역사교육의 역할을 함께 고민해 나갈 것을 제안한다.

이 책의 2부는 모두 다섯 편의 역사교육 대안 모색 관련 글들을 묶었다. 그중 앞의 세 편은 독일과 한국의 이론적 논의에 관한 것이고, 뒤의 두 편은 현행 교과서의 서술 사례를 통해 대안을 모색해 보는 글이다.

정용숙의 「평화 지향 역사교육을 위한 독일의 사례-노르트라인베스트팔렌 중등II 역사 핵심교수계획(2014)」은 독일에서 역사교육과 평화교육이 어떻게 만나고, 어떻게 변화되고 있는지를 소개하면서 한국의 적용 가능성을 모색하고 있다. 그 주된 논의는 독일에서 전쟁사 학습에 어떻게 평화적 관점을 도입하려고 노력하는 지에 대한 소개이다. 즉, 독일의 대중적 평화운동과 평화연구, 그리고 평화사 연구의 경험이 역사교육에 접목되는 과정에 주목하고 있다. 그중에서도 교육과정에 특별히 평화체제를 명시하여 차별화와 체계화를 시도하고 있는 노르트라인베스트팔렌주의 중등 역사 교육과정을 소개한다. 또 학생들의 미디어 비판 능력, 읽기 역량, 표현력과 언어역량, 인식능력과 판단 능력 등을 양성할 수 있도록 하는 교사들의 제언을 소개한다. 결론적으로 유럽에서 '냉전의 역설적 평화'라는 상태가 얼마나 취약한 지를 인식하면서 평화지향 역사교육이 평화만들기로 방향을 잡았던 사례를 교훈으로 제시하고 있다.

김육훈의 두 편의 글은 한국의 역사교과서 국정화 논란 이후 대안 모색의 과정에서 제기된 논의를 소개하고 적극적인 대안을 찾고 있다. 먼저 「2015 교육과정 이후 역사교육을 위한 상상력-평화, 민주주의를 지향하는 역사교육의 가능성」은 역사교과서 국정화 논란 이후의 새로운 교육과정이 어떻게 본질적인 역사갈등 해소의 방향으로 나아갈 수 있을지를 탐색한다.

구체적으로 2013년 8월 유엔에서 채택된 「역사서술과 역사교육(역사교과서)에 관한 문화적 권리 분야 특별 조사관의 보고」 등 국제사회의 권고와 다양한 경험을 유념할 것을 제안한다. 나아가 평화−민주주의 관점, 교실 혁신을 위한 동시적인 정책 추진, 집단지성의 활용, 계열화 등 기존 교육과정 탈피, 국민통합 관념 극복, 현대사 비중 확대, 교실과 교과서의 플랫폼화 등의 교육과정 개정 방향을 제안하고 있다.

「논쟁성을 살리는 역사교과서 서술 체제 탐색」은 평화와 민주주의에 기반한 교육과정 개편의 방향을 논의하는 연장선상에서 역사교과서의 서술이 논쟁성을 강화하는 방향으로 나아갈 것을 제안하고 있다. 그는 논쟁성 개념이 교과서 국정화 논란 이후를 전망하면서 제기되었고, 역사교육이 본원적으로 논쟁적이라는 명제에서 출발했음을 밝히고 있다. 또 그것이 1970년대 독일의 보이텔스바흐 합의의 교화 금지, 논쟁성, 학생 삶과 관련짓기라는 기본방향에서 출발한 이후 한국의 논의 과정을 거치며 새롭게 발견된 대안적 역사교육 개념으로 설명하고 있다. 그가 제기하는 논쟁성은 "역사가 구성된 이야기란 점을 인정하면서도 역사의 오남용을 경계해야 한다는 긴장을 담은 개념"이다. 그 같은 개념을 기반으로 교실과 교과서가 다양한 논쟁을 통해 역사학습의 플랫폼 역할을 할 수 있어야 함을 역설하고 있다.

김정인의 두 글은 현행 교과서에 대한 대안 제시이다. 「3.1운동 사례를 통해 본 역사교과서의 시각과 구성에서의 변화 가능성 모색」은 3·1운동에 대한 현행 교과서들의 기술 사례를 분석하고, 이들 기술이 해방 직후 구성된 이래 지속되고 있는 시계열적·인과론적 구성과 민족주의적 서사에 머물고 있음을 비판한다. 그는 3·1운동 서술이 최근의 연구성과들을 반영하고 있지 않다는 사실을 통해 역사교육에서 사실확인의 중요성을 제기한다. 또 민족주의적 시각을 넘어선 민주주의적 시각과 주제사적 접근을 통해 3·1운동을 조망하고 해석해, 새로운 역사성을 부여하는 동시에 더욱 풍성한 사실과 해석에 입각한 3·1운동의 역사상을 마련할 것을 제안한다.

「이행기 정의의 관점에서 본 과거사 청산에 관한 서술－고등학교 한국사 교과서를 중심으로」는 현행 교과서의 과거사 청산 관련 기술이 정의회복의 대표적 세 가지 모델, 즉 '정의모델(형사적 정의)', '진실 화해 모델(회복적 정의)', '배상모델(배상적 정의)'에 비추어 어떻게 해석할 수 있는지를 살피고 있다. 현행 교과서들의 형사적 정의와 관련한 서술로 반민족행위처벌법에 의한 친일파 처리 문제와 전두환·노태우 등 5·28민주화운동의 학살 책임자에 대한 재판 관련 서술을 분석하고 있다. 회복적 정의와 관련된 사례로는 식민지배, 일본군'위안부', 강제동원에 대한 일본 정부의 사과 문제, 4·3사건과 한국전쟁 전후 민간인 학살 문제, 독재 정권에 의해 저질러진 인권 침해에 대한 재심 재판, 1987년 6월 항쟁 이후 과거사 청산의 실행기구로서의 각종 위원회 설립과 활동 등에 관한 서술을 살펴보고 있다. 배상적 정의와 관련한 사례로는 식민지배와 그로 인한 피해에 대한 배상문제가 다루어지고 있음을 살피고 있다.

이 책에 실린 글들이 모두 동일한 '역사정치' 개념에 입각해 작성되었다고 하기는 힘들다. 그렇지만 모든 글들이 역사서술과 역사교육이 정치적 성격을 띠고 있다는 점을 적극적으로 수용하고 있다. 또 논쟁을 통해 학생이나 독자 스스로 역사인식을 형성해 나가는 것이 중요함을 역설하고 있다. 또한 화해와 포용을 위해 가해자 또는 가해국들이 피해자들의 입장을 수용하는 역사정치가 이해되어야 한다는 기초위에 놓여 있다. 그 연장선상에서 민족주의에 기반한 국민정체성의 형성과 같은 고정적인 역사교육의 근대적 목표를 넘어보려 하고 있다.

이 같은 전제하에 우리는 몇 가지를 확인할 수 있다. 먼저 이 책의 글들이 지향하고 있는 역사교육의 방향은 논쟁과 다양성을 중요시하면서, 민주시민 양성이나 평화지향의 역사교육에 기여해야 한다는 점이다. 두 번째로 학교와 학교 밖을 단절적이지 않고 유기적으로 결합하여 사고하여야 한다는 사실이다. 세 번째로 학교 현장은 논쟁을 통한 역사 수업을 통해 자신이 형성해 나갈 다양한 역사인식의 의미를 파악할 수 있는 능력을 키워가는 공간이 되어야 한다는 점이다.

한국 사회는 짧게는 지난 20여 년간, 길게는 개항기 이래로 지속적으로 역사논쟁을 반복해 오고 있다. 그 강도는 최근으로 올수록 격렬해졌을 뿐 아니라, 전사회적으로 확장되고 있다. 그것은 역사교육뿐 아니라 기억과 기념의 정치를 국민정체성 형성의 수단으로 강요하려는 정치적 의도와 깊이 관련되어 있다. 한편으로는 타국에 대한 지배를 정당화하려는 식민주의적 역사인식과의 싸움 때문이기도 했다. 우리는 그 같은 갈등이 쉽게 해결될 수 없다는 사실을 역사적 경험을 통해 잘 알고 있다.

이 책이 그 같은 갈등을 해소하는 직접적인 대안이 되기는 어렵겠지만, 다양한 대안을 진지하게 고민해 보는 또 하나의 사례가 되기를 기대해 본다.

총론: 역사인식, 교과서, 그리고 역사정치 / 5

1부 교과서와 정치환경

고대사파동, 식민지 이후의 식민주의 ··· 이정빈

Ⅰ. 고대사파동의 재연, 성찰의 필요성　　　　　　　　　　27
Ⅱ. 유사 역사학의 식민주의 인식과 국수주의　　　　　　　32
Ⅲ. 역사학계의 식민주의·국수주의 비판과 성찰　　　　　　41
Ⅳ. 한국고대사학의 탈식민 모색과 과제　　　　　　　　　52

역사교과서의 국수적 한국사 체계와 역사정책 성찰 ························· 이정빈

Ⅰ. 머리말　　　　　　　　　　　　　　　　　　　　　61
Ⅱ. 현행 역사교과서의 한국사 체계와 민족서사　　　　　　63
Ⅲ. 국수적 한국사 체계의 계보와 계보적 인식　　　　　　　71
Ⅳ. 원초적 민족 이해의 고착과 현행 교육과정　　　　　　　80
Ⅴ. 맺음말　　　　　　　　　　　　　　　　　　　　　89

정치적 무기로서의 역사, 역사전쟁의 다섯 국면 ····························· 김정인

Ⅰ. 머리말   95
Ⅱ. 민주화 전후, 민족－민중사학의 대중화   97
Ⅲ. 과거사 청산과 뉴라이트 담론의 등장   102
Ⅳ. 보수정권의 회귀와 자유민주주의 파동   106
Ⅴ. 종북 담론과 역사교과서 국정화 강행   111
Ⅵ. 촛불시민혁명과 '반일종족주의' 현상   115
Ⅶ. 맺음말   119

역사부정 현상과 학교 역사교육의 과제 ······························· 김육훈

Ⅰ. 머리말   123
Ⅱ. 역사부정의 개념: 기원과 동학   126
Ⅲ. 역사부정 현상의 교육적 의미와 역사교육의 방향 전환   139
Ⅳ. 역사부정과 부인문화 너머의 역사교육: 변화를 만들어낸 한 사례   149
Ⅴ. 맺음말   156

2부 역사교육 현장의 대안모색

평화 지향 역사교육을 위한 독일의 사례 ····························· 정용숙
: 노르트라인베스트팔렌 중등 Ⅱ 역사 핵심교수계획(2014)

Ⅰ. 역사교육의 평화교육의 만남   165
Ⅱ. 역량중심 개정안의 새로움과 문제점   170
Ⅲ. 내용영역 분석: '근대의 평화조약과 평화체제'   174
Ⅳ. 수업 모델: '평화는 만들 수 있는가?'   178
Ⅴ. 연구와 교육의 대화를 위하여   185

2015 교육과정 이후 역사교육을 위한 상상력 ····························· 김육훈

    Ⅰ. 머리말   193

    Ⅱ. 역사 갈등과 갈등극복을 위한 역사교육 탐색   195

    Ⅲ. 학교 역사교육의 현주소와 변화를 위한 모색들   202

    Ⅳ. 2015 이후 역사교육정책과 교육과정개정 방향   214

    Ⅴ. 맺음말   221

논쟁성을 살리는 역사교과서 서술 체제 탐색 ····························· 김육훈

    Ⅰ. 머리말: 아직도 교과서인가   227

    Ⅱ. '논쟁성을 살리는 역사교육'을 어떻게 개념화할까?   230

    Ⅲ. 논쟁성을 살리는 역사교과서 서술 체제의 가능성   240

    Ⅳ. 맺음말   264

3·1운동 사례를 통해 본 역사교과서의 시각과
구성에서의 변화 가능성 모색 ····························· 김정인

    Ⅰ. 머리말   269

    Ⅱ. 한국사 교과서의 3·1운동 서술의 시각과 구성에 대한 검토   274

    Ⅲ. 민주주의적 시각과 주제사적 구성에 따른 3·1운동 연구 사례   293

    Ⅳ. 맺음말   299

이행기 정의의 관점에서 본 과거사 청산에 관한 서술 ····················· 김정인
: 고등학교 한국사 교과서를 중심으로

    Ⅰ. 머리말   303

    Ⅱ. 이행기 정의로서의 과거사 청산   307

    Ⅲ. 이행기 정의의 관점에서 본 교과서의 과거사 청산 서술   312

    Ⅳ. 맺음말   342

1부
교과서와 정치환경

고대사파동, 식민지 이후의 식민주의 / 이정빈

역사교과서의 국수적 한국사 체계와 역사정책 성찰 / 이정빈

정치적 무기로서의 역사, 역사전쟁의 다섯 국면 / 김정인

역사부정 현상학교과 학교 역사교육의 과제 / 김육훈

고대사파동, 식민지 이후의 식민주의*

이정빈

Ⅰ. 고대사파동의 재연, 성찰의 필요성

2010년대 중반 한국 역사학계는 이중의 압박에 직면하였다. 박근혜 정부는 역사교과서의 국정 전환을 강행하였고, 역사학계 안팎에서는 공론을 부정하고 국가주의적·국수주의적 한국사 인식을 강요하였다.[1] 양자의 압박은 표리와 같았다. 역사교과서의 국정 전환은 국가주의적·국수주의적 한국사 인식을 지향하였고, 그와 같은 인식을 공유한 일각의 인사는 정부의 시책에 부응 내지 편승하고자 했다. 한국고대사 분야에서도 마찬가지였다.

국수주의적(chauvinism) 한국사 인식이 성세였다. 그 토양은 유사 학문의 일종인 유사 역사학 내지 사이비 역사학이었다.[2] 역사 연구의 기초 자료인

---

* 이 글은 이정빈, 「고대사 파동과 식민주의, 한국고대사학의 성과와 과제」, 『역사교육연구』 37, 2020, 209~247쪽을 수정 보완하였다.

1 김한종, 『역사교과서 국정화, 왜 문제인가』, 책과함께, 2015, 125~144쪽; 김육훈, 「박근혜 정부의 역사교육정책과 역사교과서 국정화」, 『교육비평』 37, 2016; 역사교과서 국정화 진상조사위원회, 『역사교과서 국정화 진상조사 백서』, 역사교과서 국정화 진상조사위원회, 2018 참조.

2 로널드 프리츠 지음, 이광일 옮김, 『사이비역사의 탄생』, 이론과실천, 2010, 14~27쪽; 이문영, 『만들어진 한국사』, 파란미디어, 2010; 『유사역사학 비판-『환단고기』와 일그러진 고대사』, 역사비평사, 2018, 22~37쪽; 기경량, 「사이비역사학과 역사파시즘」, 젊은역사학자모임, 『한국

사료를 왜곡해 국수주의적 한국사 인식을 사실처럼 재현하고자 했다.[3] 몇 종의 대중서로 유명세를 얻은 이덕일의 행태가 대표적이었는데, 대중서 저술에서 나아가 사회의 저명인사와 더불어 조직적인 사회 활동을 전개했다.

2014년 3월 '식민사학 해체 국민운동본부'를 발족하였고, 2016년 6월 백여 개의 단체를 그에 동참하도록 하여 '미래로 가는 바른 역사 협의회'를 결성했다. 그들은 역사학계의 대부분이 일제시기 식민주의 역사학을 청산하지 못했고, 오히려 그를 맹종하여 한국고대사를 왜곡해 이해한다고 비난하였다. 그러므로 그에 입각한 정책 연구과제는 폐기되어야 하며, 역사교과서 서술도 바꾸어야 한다고 강변했다.

이와 같은 국수주의적 유사 역사학의 주장은 정치권과 사회 일각의 지지를 받았다. 예컨대 2013년 박근혜 대통령은 광복절 경축사에서 국수주의적 한국사 인식에 기초해 위작된 『환단고기』의 한 구절을 인용했다.[4] 청와대·교육부 내 국수주의적 한국사 인식을 공유한 일부 인사와 교감하면서 정책 연구를 지시했다고 한다.[5] 2015년 4월 17일 국회에서 열린 '동북아역사 왜곡대책특별회의'에서는 유사 역사학자를 증인으로 내세워 역사학계의 성과를 부정하는 목소리를 높였다. 동북아역사재단의 'EKP(Early Korea Pro-

---

고대사와 사이비역사학」, 2017, 14~16쪽; 최성철, 「진실을 가장한 허구: 서양에서의 유사역사학 사례들」, 『韓國史學史學報』 38, 2018, 368~371쪽; 오항녕, 「사이비 역사학의 평범성에 대하여 – 역사학의 전문성을 위한 단상」, 『역사학보』 241, 2019, 115~116쪽.

3 송호정, 「최근 '한국상고사' 논쟁의 위험성에 대하여」, 『내일을 여는 역사』 56, 2014; 「최근 한국상고사 논쟁의 본질과 그 대응」, 『역사와 현실』 100, 2016; 임기환, 「한사군은 '어디에 있었나? 그리고 '어떤 역사인가?'」, 『내일을 여는 역사』 60, 2015; 젊은역사학자모임, 『한국고대사와 사이비 역사학』, 역사비평사, 2017; 기경량, 「최근 한국 상고사 논쟁의 현황과 문제점」, 『靑藍史學』 26, 2017; 「한국 유사 역사학의 특성과 역사 왜곡의 방식」, 『江原史學』 30, 2018; 조인성, 「'고대사파동'과 식민주의 사학의 망령」, 『역사비평』 118, 2017; 김대현, 「사이비역사학자들의 이상한 민족주의 – 상고사에 숨은 군부독재의 유산」, 『學林』 41, 2018; 정요근, 「박근혜정부의 비호 아래 진행된 국수주의 유사 역사의 세력 확장」, 『내일을 여는 역사』 70, 2018; 이문영, 앞의 책, 2018.

4 하일식, 「광복절 축사에 僞書 인용한 대통령」, 『미디어오늘』, 2013.08.21(2020.04.14 검색).

5 「박근혜정부, 상고사 정립 방안 마련하라고 지시했다」, 『코리안스피릿』 2013.04.27(2020.04.14 검색).

ject)'와 '동북아역사지도 편찬사업'이 주된 공격 대상이었다. 결국 두 사업은 좌초되었다.[6]

이러한 가운데 2015년 11월 3일 황우여 교육부 장관은 역사학계의 강력한 반대에도 불구하고 "중·고등학교 교과용도서 국·검·인정 구분(안)"을 확정 고시하면서, 역사교과서를 검정에서 국정으로 전환했다. 한국고대사 분야에서는 국수주의적 유사 역사학의 주장과 인식이 역사교과서에 반영될 수 있었다. 실제 2017년 발행 예정이었던 국정 한국사 교과서(최종본)를 보면, 국수주의적 유사 역사학의 주장이 일부 수용된 것으로 분석된다.[7] 국수주의적 유사 역사학이 일으킨 하나의 파동이었다. '고대사파동'이라고 부를 수 있다.

1970년대 중반~1980년대의 고대사파동이 연상된다. 당시에도 일부 국수주의적 유사 역사학이 왕성하였다. 국사찾기협의회를 중심으로 상당한 조직을 갖추고 광범위한 정치·사회 활동을 전개하였다. 이를 '고대사파동'이라고 부른다.[8] 그 파장은 3차 교육과정(국정) 이후 역사교과서 서술에도 일부 영향을 미쳤다. 고조선의 강역과 한사군(漢四郡) 서술, 그리고 고대의 해외 경략설이 대표적이다. 2010년대 중반의 고대사파동의 토양이었던 국수주의적 유사 역사학의 주장은 대부분 이를 전후하여 제기되었다. 그렇기 때문에 2010년대 중반의 고대사파동은 1970년대 중반~1980년대의 고대사파동이 재연된 것으로 이해된다.[9]

---

6 이상의 전말은 주3 참조.
7 이정빈, 「국정 역사교과서의 한국고대사 서술과 유사역사 문제」, 『역사교육연구』 31, 2018 참조.
8 자세한 사정은 김창호, 「古朝鮮문제를 둘러싼 논쟁과 금후의 과제」, 『창작과 비평』 16-3, 1988, 314~320쪽; 趙仁成, 「國粹主義史學과 현대의 한국사학-古朝鮮史를 중심으로」, 『韓國史市民講座』 20, 一潮閣, 1997, 2~9쪽; 「고대사 파동'과 고조선 역사지도」, 『韓國史研究』 172, 2016, 5~12쪽; 윤종영, 『국사교과서 파동』, 혜안, 1999; 李基東, 「古朝鮮 강역 '논쟁'의 始末-한時代의 證言」, 『전환기의 韓國史學』, 一潮閣, 1999, 241~248쪽; 宋鎬晸, 「재야사학자들의 환상적인 고대사 인식과 그 문제점-단군과 고조선사 인식을 중심으로」, 『靑藍史學』 12, 2005, 3~9쪽 참조.
9 조인성, 앞의 논문, 2016, 27쪽.

거듭된 고대사파동 전말과 국수주의적 유사 역사학의 문제점은 이미 몇 차례 검토되었다.[10] 역사학계의 능동적인 대응이었다. 사료를 자의적으로 편집·왜곡한 면면을 드러냈고, 역사 인식의 문제를 지적했다. 국수주의적 한국사 인식은 황국사관의 재판이자, 일제시기의 식민주의가 망령처럼 자리하고 있다고 하였다. 반지성주의와 파시즘의 양상이 보인다고 하였다.

이와 같은 노력은 일정한 성과를 거둔 것으로 보인다. 2010년대의 고대사파동은 1970년대 중반~1980년대의 고대사파동과 달리 장기간 지속되지 못했다. 박근혜 대통령 탄핵으로 국정 역사교과서의 발행이 실현되지 않았기 때문만은 아니었다. 역사학계의 대응에 시민사회와 언론도 호응하였고, 그의 비판도 엄정했다. 역사학계의 호소와 경고에 폭넓은 공감대가 마련되었다. 한국의 시민사회가 그만큼 성장한 결과일 것이다.

다만 고대사파동의 파장은 아직 그치지 않았다. 사회의 호응이 미진하다고 하지만, 2010년대 중반 고대사파동을 주도하였던 몇몇 유사 역사학자의 활동은 여전하다. 반드시 유사 역사학으로 재단하기는 어렵지만, 유사 역사학자의 주장에 공명하는 연구자도 상존한다. 이미 1970년대 중반~1980년대의 고대사파동을 회고하며 재연의 가능성이 지적되었거나와,[11] 시세의 변화에 따라 고대사파동이 또 다시 재연되지 않으리란 보장이 없다. 반복된 고대사파동에 대한 다각적인 성찰이 요청된다.

본고에서는 두 차례의 고대사파동에서 일제시기 식민주의 역사학 청산이 표방된 점에 주목해 보고자 한다. 식민주의는 콜로니얼리즘(colonialism)의 번역어이다. 식민지주의라고도 한다. 1950년대 이후 제국주의의 하위 개념으로 등장했는데, 제국주의의 결과로 나타난 식민지 상태와 이를 목표로 한 제반 정책과 이념을 총칭한다.[12] 한국 역사학계에서는 1961년 이기백의

---

10 주3과 주8 참조.

11 趙仁成, 앞의 논문, 1997, 13쪽; 李基東, 앞의 논문, 1999, 247쪽.

12 淸水學, 「植民地主義」, 『歷史學辭典』 7, 弘文堂, 1994, 331~333쪽; 위르겐 오스터함멜 지음, 박

『국사신론』「서문」에서 처음 제기되었다. 1960년대 이후 식민주의 청산은 비단 한국 역사학계만 아니라 사회의 당위이자 공리와 같았다. 그렇기 때문에 국수주의적 유사 역사학의 식민주의 청산이란 구호는 반식민주의 · 민족주의 역사학으로 포장되어 일정한 설득력을 발휘하였고 하나의 파동으로 비화할 수 있었다.[13]

후술하겠지만, 국수주의적 유사 역사학의 한국사 인식은 20세기 후반 많은 수의 식민지 독립국가에서 그러하였던 것처럼 식민지 기억을 망각하고 역사를 창출하려는 충동에서 비롯되었다고 생각한다.[14] 국수주의적 한국사 인식이 창출의 대상이었다면, 식민주의 역사학은 망각의 대상이었을 것이다. 식민지 이후의 식민주의였다. 이와 같이 보면, 국수주의적 유사 역사학의 식민주의 역사학 인식은 비단 그의 문제만 아니라 식민주의 청산을 과제로 성장해 온 한국 역사학계의 이해를 점검하는 데에도 하나의 거울과 같을 수 있다.

물론 국수주의적 유사 역사학의 식민주의 역사학 인식과 역사학계의 비판은 차이점이 크다. 특히 국수(國粹) · 국수주의에 대한 이해의 차이를 분명히 짚어둘 필요가 있다. 본고에서는 그에 첫 번째 목표를 두고자 한다. 다만 역사학계의 비판 방식은 다양하였다. 그런 만큼 국수주의적 유사 역사학의 식민주의 역사학 인식은 역사학계의 성과와 아울러 반성의 지점도 드러낼 수 있다.[15] 그러하다면 반식민주의를 넘어 탈식민 · 탈근대를 모색 중인 한국고대사학의 과제도 시사할 수 있다고 생각한다. 본고의 두 번째 목표이다.

은영 · 이유재 옮김, 『식민주의』, 역사비평사, 2006, 13~44쪽; 권태억, 「식민지/식민주의」, 『역사학사전』, 서울대학교 역사학연구소, 2015, 1096~1098쪽.

13 김헌주, 「'사이비역사학' 개념의 의미와 한계, 그리고 '올바른 역사'의 딜레마」, 젊은 역사학자모임, 2017, 281~284쪽; 오항녕, 앞의 논문, 2019, 129~132쪽.

14 릴라 간디 지음, 이영욱 옮김, 『포스트식민주의란 무엇인가』, 현실문화연구, 2000, 16~17쪽.

15 이와 관련하여 반식민주의 역사학의 문제를 검토한 다음의 연구가 참고된다. 김종준, 「한국사학계 반식민 역사학 정립 과정에서 실증사학의 위상 변화」, 『역사문제연구』 31, 2014; 장용경, 「한국 근현대 역사학의 反植民 主體와 歷史의 '正常化'」, 『역사문제연구』 31, 2014; 윤해동, 「식민주의 역사학 연구 시론」, 『한국민족운동사연구』 85, 2015.

Ⅱ. 유사 역사학의 식민주의 인식과 국수주의

2010년대 중반 국수주의적 유사 역사학의 식민주의 역사학 인식과 관련하여 우선 다음이 주목된다.

> 조선총독부가 만든 고대사관의 핵심은 크게 둘이다. 하나는 한사군 한반도설로서 한반도 북부에는 중국의 식민지인 한사군이 있었고, 다른 하나는 임나일본부설로서 한반도 남부에는 일본의 식민지인 임나일본부가 있었다는 것이다. 이 두 사관은 한국사를 모두 반도에 가둔 반도사관인데, 아무런 사료적 근거가 없음에도 한사군 한반도설은 아직껏 유지되고 있고, 임나일본부설은 '삼국사기 초기기록 불신론'으로 조금 형태만 바뀐 채 유지되고 있는 실정이다.[16]

2010년대 중반 고대사파동을 주도한 '미래로 가는 바른 역사 협의회'에서 발간한 책(이하『미래』)의 일부이다. 식민주의 역사학에 대한 이해가 간명히 정리되어 있다. 식민주의 역사학을 조선총독부의 사관이라고 하였는데, 그 핵심을 한사군 한반도설과 임나일본부설로 대별하였다. 식민주의 역사학의 핵심으로 반도사관을 지목하며 한국사의 공간적 무대를 기준으로 삼은 것이다. 이에 한사군과 임나일본부의 내용보다 한사군과 임나의 지리적 위치에 주목했다. 한사군과 임나의 위치를 한반도 안에서 찾으면 곧 식민주의 역사학이었고, 반대로 대륙과 일본열도에서 찾는 것이 반식민주의·민족주의 역사학이었다.

2010년대 중반 고대사파동은 1970년대 중반~1980년대 고대사파동의 재연이었다고 했다.

---

16 이덕일, 「조선총독부의 사관이 아직도」, 미래로 가는 바른 역사협의회 편, 『미래로 가는 바른 고대사』, 사단법인 유라시안 네트워크, 2016, 223~224쪽.

㉠ 소위 『조선사』의 基本原理는 半萬年을 상회하는 우리 韓國史의 시폭을 위작한 일본사 邪馬臺國(야마다이)의 연대와 맞추어서 二千年未滿의 短期 國史로 개찬하였고 저 바이칼湖水에서 근원하여 내외몽고 만주 중원대륙에 이르기까지 역사활동을 전개한 우리 한국사의 역사강역을 무시하고 한국민족은 先世以來로 韓半島 안에서 꾸물거리고 살았다고 하는 인식을 고정관념화시키고 永世化하기 爲하여 소위 반도사관을 양출한 것이다. 게다가 韓半島의 北端 大同江邊(平壤) 근처에는 낙랑군이 있고 황해도 경기 일부에는 대방군이 있고 咸鏡南北道에는 현도군, 심지어 한수 이남에는 진번군이 자리잡아 韓國史는 上古史에서부터 漢四郡의 植民地라고 꾸미며 더욱이 오늘날의 金海地方은 日本의 植民地로서 임나일본부가 다스리던 땅이라고 날조주장함으로써 웅대했던 대한민국사를 좌절과 체념 속으로 몰아넣기 위하여 과학적으로 교묘하게 꾸며낸 것이 皇國植民史觀 조선사의 목표이고 지도이념이었던 것이다. ㉡ 그들의 주장을 보면 '大陸의 한 끝에 달라붙어 있는 半島라고 하는 지정학적 조건은 大陸이나 이웃 섬나라 日本의 정세 정정의 변화에 따라 일희일비하는 주제성 없는 부용성 뇌동성 사대성을 유발하기에 알맞은 조건일 뿐 아니라 대내적으로는 자학과 絶望意識의 돌파구로 당쟁과 중상 모략으로 끝없는 정체 악순환만이 되풀이 된 역사가 조선반도사였다'고 역설하고 있다. ㉢ 이러한 소위 朝鮮史의 함정을 不幸히도 光復三十年이 되는 이 시공에서도 불식하지 못하고 『韓國史』-진단학회-나 유명 무명의 많은 國史書, 그리고 종전의 檢認定 國史 심지어는 今般의 國定 國史에 이르기까지 이 所謂 '朝鮮史의 原則'을 깨뜨리기는 고사하고 오히려 이를 부연하고 해설하는 식의 復習을 되풀이하고 있다해도 過言이 아니니 참으로 딱한 일이라 아니할 수 없다.[17]

1970년대 중반~1980년대 고대사파동을 주도한 단체는 국사찾기협의회였다고 하였다. 그 구성단체 중의 하나가 한국정사학회(韓國正史學會)와 한국고전문우회(韓國古典文友會(韓國古典硏究會))였다. 임승국이 국사찾기협의회와 한국정사학회 회장이었고, 인승국·안호상·문정창·안동준 등은 한국고전연구회의 강사로 활동했다고 한다. 『한국고대사관견』은 안동준이

---

17 安東濬·林承國 共著(韓國古典硏究會 編), 『韓國古代史管見』, 景仁文化史, 1978, 1~3쪽.

임승국과 함께 두 단체의 회론(會論)으로 묶어 낸 책이었다.[18]

인용문의 ⓛ에 식민주의 역사학의 주장이 요약되어 있다. 반도사관에 기초하여 타율성과 정체성의 역사를 주장했다고 하였다. 이와 같은 식민주의 역사학의 주장은 미시나 쇼에이(三品彰英)의 『朝鮮史槪說』(1940, 弘文堂書房)에서 정연히 표명되었다.[19] 안동준·임승국은 그와 같은 식민주의 역사학의 주장이 해방 이후 한국의 역사학계에 이어졌다고 하였다. ⓒ에 보이듯 '조선사의 원칙'에 사로잡혀 있기 때문이란 것이다. '조선사의 원칙'이란 ⓛ에서 서술한 『조선사』의 基本原理로 한국사의 시공간에 대한 축소를 지칭한다.

안동준·임승국은 비단 남한만 아니라 북한의 역사학계도 비난하였다.[20] 비록 북한의 역사학계는 이지린·김석형 등의 연구를 통해 고조선의 강역을 명쾌히 기술하였고 분국론과 같은 격찬 받을 성과를 냈지만, 식민주의 역사학에서 탈피하지 못했다고 하였다. 『조선통사(상)』(1962)에서 낙랑을 평양 일대로 보았기 때문이란 것이다. 더욱이 북한의 역사학은 민족과 국가가 아니라 그의 해체를 통한 공산사회를 추구하므로, 그의 민족주의 역사학은 연막에 불과한 위장사학이라고 하였다.

안동준·임승국의 북한 역사학 이해는 반공 이념을 전제로,[21] 제한된 정보를 갖고 도출되었다. 그렇기 때문에 여러 면에서 오류를 보이지만,[22] 오류의 시비 여부를 떠나 낙랑과 같은 한사군의 위치를 평가의 지표로 삼았

---

18 安東濬·林承國 共著(韓國古典研究會 編), 앞의 책의 「序文」, 1978.
19 三品彰英, 『朝鮮史槪說』, 弘文堂書房, 1940, 1~11쪽; 『朝鮮史槪說(增補)』, 弘文堂, 1952, 1~11쪽.
20 安東濬·林承國 共著(韓國古典研究會 編), 앞의 책, 1978, 160~171쪽.
21 1970년대~1980년대 국수주의적 유사 역사학의 반공 – 냉전사관은 김대현, 앞의 논문, 2018, 261~264쪽 참조.
22 1950년대 후반 이후 북한 역사학계의 변화, 특히 고조선사 연구의 민족주의적 경향을 잘못 이해하였다. 예컨대 과학원 력사연구소, 『조선통사(상)』, 과학원 출판사, 1962에서는 고조선의 중심지가 요령성 서부 지역이었다고 했고, 낙랑군도 그로부터 압록강 이남 일부 지역에 설치되었다고 하였다(41·45·48쪽). 해방 이후 1950년대 중반까지 소수설이었던 민족주의 역사학 계열의 주장이 통설로 수용된 것이다.

다는 점이 주목된다. 식민주의 역사학 이해의 기준이 어디에 있었는지 잘 보여주기 때문이다. 즉 식민주의 역사학의 핵심이 반도사관이었다고 보았는데, 반도사관의 기준으로 한국사의 공간적 무대를 제시한 것이다.

이처럼 1970년대 중반~1980년대 그리고 2010년대 중반 국수주의적 유사역사학의 식민주의 역사학 인식은 동일하였다. 따라서 반식민주의 · 민족주의를 표방한 역사서술도 다르지 않았다. "바이칼湖水에서 근원하여 내외몽고 만주 중원대륙에 이르기까지 역사활동을 전개한 우리 한국사의 역사강역"을 천명하여야 온전한 반식민주의 · 민족주의 역사학이었다. 반도가 아닌 대륙 지향의 역사상을 찾아 반도와 대륙의 도치를 추구했다. 그의 입장에서 반도와 대륙은 식민주의 역사학과 민족주의 역사학이란 이항 대립적 개념의 표상이었던 셈이다. 이와 같은 한국사 기획은 어디서 비롯되었을까.

> 滿洲大陸을 中心으로 發生한 東亞의 空前한 大風雲은 朝鮮民族에게 一大 衝激을 주었으니, 그것은 地理的으로 接境하고 歷史와 文化的으로 日本보다 一層 더 密接한 關聯性을 가진 朝鮮民族에게는 重大한 民族的 反省을 促求하고, 또 全世界의 耳目은 滿洲問題를 通하여 日本과 朝鮮問題에 集中되었으며, 朝鮮은 民族的 根本問題의 主觀性과 客觀性을 再認識하고 그 歷史的 大振動을 觸感하게 되었다. 卽 朝鮮民族으로서는 現實을 超越한 그 民族精神의 大乘的 復活이요, 또 民族的 反省의 深度와 그 反撥振幅의 增大이었다. (중략) 筆者가 當時 朝鮮과 滿洲의 關聯性의 現實的 및 回顧的 硏究에서 發見한 問題는 朝鮮上古民族史硏究의 絶對 必要性과 그 重大性이었다. 故로 筆者의 朝鮮上古史의 硏究는 如斯히 滿洲의 風雲을 契機하여 朝鮮民族將來에 對한 關心에서 시작한바 於焉間 三十年을 經過하였다.[23]

최동의 『朝鮮上古民族史』 권두언이다. 주지하다시피 최동은 의학자였다. 그리고 역사저술가이기도 했다.[24] 1970년대 중반~1980년대 국수주의적 유

---

23 崔棟, 「卷頭言」(1963年 春), 『朝鮮上古民族史』, 東國文化社, 1966, 6~7쪽.
24 최동의 저술 내용은 이문영, 앞의 책, 2018, 92~99쪽 참조.

사 역사학의 효시였다. 위의 인용문은 그의 고대사 연구가 시작된 계기를 말하고 있다. 인용문에서 만주대륙을 중심으로 발생한 동아의 대풍운은 1931년 만주사변과 1932년 만주국의 건국을 가리킨다. 일제의 만주침략과 만주국 수립을 계기로 조선과 만주의 관련성을 자각하였고, 고대사 연구를 시작하였다고 하였다.[25]

인용문 중에서 중략된 서술을 보면, 최동은 1932년『朝鮮問題を通して見たる滿蒙問題』(大海堂印刷株式會社)를 발간하였다고 밝혔다.[26] 그는 이 책을 통해 일본·조선·만주·몽고이란 타타르계 몽골족의 대민족주의를 표방하며, 조선 농민의 북만주 이주를 통해 일제의 만주 지배를 공고히 하고, 제국 발전을 도모하자고 주장하였다.[27] 20세기 초반 흑룡회(黑龍會)와 같은 일제의 지식인이 구상한 대아시아주의를 수용해 제국 속의 조선을 추구한 것이다.[28]

일제의 대아시아주의는 차후 대동아공영권 이념으로 나아갔다고 할 수 있는데,[29] 유럽의 범게르만주의·범슬라브주의와 같은 범민족주의(pan-nationalism)의 일종으로 구성된 것이었다.[30] 해방 이후 그의 한국고대사 인식과 서술은 일제의 대아시아주의를 한국의 그것으로 치환한 데 불과했다.[31] 유럽-일본을 거쳐 재구성된 한국식 범민족주의였던 셈이다.

---

25 최동이 고대사에 관심을 가진 배경과 관련하여 1960년대의 민족사 복원 시도에서 만주를 민족운동의 상징 공간으로 단순·획일화해 복원하였다는 지적(신주백, 「한국사 학계의 만주·만주국에 관한 집단기억-만주 표상의 변화를 중심으로」, 『만주연구』 28, 2019, 61~67쪽)이 참고된다.

26 원문은 국립중앙도서관 http://viewer.nl.go.kr:8080/main.wviewer에서 열람할 수 있다.

27 『朝鮮問題を通して見たる滿蒙問題』의 요지는 이규식·양정필·여인석, 「최동의 생애와 학문」, 『의사학』 13-2, 2004, 290~294쪽 참조.

28 이관수, "'위해서' 유감」, 『자연과학』 24, 2007, 84~85쪽. 특히 투라니즘의 영향을 받은 것으로 분석된다. 이문영, 앞의 책, 2018, 63~68·92~99쪽.

29 강창일, 『근대 일본의 조선 침략과 대아시아주의』, 역사비평사, 2002, 27~34·296~317쪽 참조.

30 나인호, 『증오하는 인간의 탄생-인종주의는 역사를 어떻게 해석했는가』, 역사비평사, 2019, 327·476~477쪽.

31 이문영, 앞의 책, 2018, 82~83쪽; 나인호, 앞의 책, 2019, 477~478쪽.

1970년대 중반~1980년대 고대사파동을 주도한 안호상·안동준·임승국 등의 한국고대사 인식과 서술도 마찬가지였다. 안호상·안동준·임승국은 물론이고 『미래』까지 한국사의 고대 민족은 동이제족(東夷諸族)을 망라했다.[32] 안동준·임승국은 한국이 동이문화권의 종주국으로 동양사 개편의 주역이 되어야 한다고 역설했다.[33] 『미래』에서는 '새로운 역사'를 통해 한국이 유라시안 네트워크의 허브가 되는 데 원동력이 될 수 있다고 하였다.[34]

이처럼 최동은 일제의 대아시아주의를 전유하여 대륙 지향의 한국사를 기획하였는데, 이후의 국수주의적 유사 역사학은 이를 계승했다. 20세기 전반 일제의 대륙 침략과 이념을 모방해 한국사를 기획한 것이다. 반면 식민지 기억은 망각하고자 했다.

여기 安浩相 박사가 오셨는데, 安 박사가 흔히 인용하는 말이 있습니다. (중략) 孝子 金氏 어머니 강간범 복수 기념비라. 생각해 보세요. 어머니 강간범 복수기념비가 김씨 門中에 영광이 되겠습니까? 김씨 자신에게 영광이 되겠습니까? 만약 이 비석을 세우지 않았다면, 자기 어머니 강간 당했는지 어쨌든지 누가 알아요? 조금만 지나면 다 잊어버리죠. 세상은 망각이 아주 심해요. 망각은 하나의 병인데, 한 몇십년 지나면 깨끗이 다 잊어 버릴텐데 그놈의 金石文을 세워 놓았으니, 대대로 그 놈의 집안의 치욕이 온 세상에 퍼질 것 아닌가 그 말이에요. (중략) 우리 국사상 가장 핵심적인 부분이. 내 딱 한 가지만 얘기하겠습니다. 漢四郡問題입니다. 餘他 모든 문제가 다 해결되었다고 해도 漢四郡 문제가 과거 일본 植民史學의 잔재가 벗겨지지 않는 한 그 史學의 改正은 쓸모 없는 겁니다. 일본놈들이 우리 歷史를 오용하는 데 가장 역점을 둔 곳이 어디냐? 바로 한사군 문제입니다.[35]

32 安東濬·林承國 共著(韓國古典研究會 編), 앞의 책, 1978, 75~95쪽; 박정학, 「고대사의 서술방향」, 미래로 가는 바른 역사협의회 편, 앞의 책, 2016, 185~187쪽.
33 安東濬·林承國 共著(韓國古典研究會 編), 앞의 책, 1978, 226쪽.
34 이민화, 「발간사」, 미래로 가는 바른 역사협의회 편, 앞의 책, 2016, 5~7쪽.
35 林承國, 「討論 1」, 『韓國上古史의 諸問題』, 韓國精神文化研究院, 1987, 231~234쪽.

1987년 2월 한국정신문화연구원에서 주관한 학술회의 토론 녹취록 중 일부이다. 사회문제로 비화된 고대사파동의 결과, "이른바 재야사학자들과 강단사학자들 간의 폭넓은 의견교환"을 위해 마련된 자리였다. 1970년대 중반~1980년대 고대사파동의 한 장면이었다.

여기서 임승국은 독립기념관의 명칭을 반대했다. 독립이란 단어를 사용함으로써 식민의 역사가 노출된다는 것이다. 위의 인용문은 그에 대한 비유였다. 본래 안호상의 비유였다고 했는데, 식민지의 역사를 모친에 대한 강간에 견주고, 이는 망각하는 편이 낫다고 하였다. 근대의 민족주의·제국주의만 아니라 반식민주의·민족주의의 관점에서도 제국과 식민지는 남성과 여성으로 은유되었는데,[36] 외부의 침략과 지배는 모친에 대한 강간으로 묘사한 경우가 많았다.[37] 안호상·임승국의 인식 역시 그와 다르지 않았다.[38] 식민지 역사 인식은 고대사에서도 마찬가지였다.

국수주의적 유사 역사학에서 민족은 고유했다. 강역도 고유했다. 한국사의 강역은 유구한 민족의 고유 영토였다.[39] 이때 역사와 영토는 민족이란 하나의 인격을 구성한 정신과 신체(지리체, Geo-Body)로 감각되었다.[40] 이러한 입장에서 한사군 설치는 고유 영토의 상실로, 신체의 상실 내지 그 순결성에 대한 훼손과 같았다. 모친에 대한 강간에 비유한 까닭이었다. 그러므로 이를 어느 문제보다 이를 중시하지 않을 수 없었다고 파악된다. 식민

---

36 예컨대 崔棟은 "日韓合邦"이 '혈기왕성한 청년과 미숙한 사춘기 소녀의 결혼'으로 표현하고, 양자의 관계를 부부생활에 비유하였다(『朝鮮問題を通して見たる滿蒙問題』, 大海堂印刷株式會社, 1932, 2~3쪽).

37 아쉬스 난디 지음, 이옥순 옮김, 『친밀한 적』, 신구문화사, 1993, 32쪽; 에드워드 W. 사이드 지음, 박홍규 옮김, 『오리엔탈리즘(개정 증보판)』, 교보문고, 2009, 358~368쪽; 존 맥클라우드 지음, 박종성 외 편역, 『탈식민주의 길잡이』, 한울, 2013, 123~126쪽.

38 1970~80년대 중반 국수주의적 유사 역사학이 민족 혈연의 순수성과 성의 보수성을 강조한 태도가 참고된다(김대현, 앞의 논문, 2018, 265~268쪽).

39 安東濬·林承國 共著(韓國古典研究會 編), 앞의 책, 1978, 「序文」.

40 지리체(Geo-Body) 용어와 이를 투사한 역사 인식은 통차이 위니짜꾼 지음, 이상국 옮김, 『지도에서 배어난 태국-국가의 지리체 역사』, 진인진, 2019, 53~54·305~347쪽 참조.

지의 역사가 근대의 치욕이었다면, 한사군은 고대의 치욕이었다. 식민지 기억은 물론 이를 상기시키는 고대사 역시 망각하고자 했던 것이다.

> 우리가 지금 圖書館에 가 보면 푸른 빛깔表紙로 장정한 日本語로 된 三十五卷의 어마어마한 조선사 한 질을 볼 수 있다. 이 책이 바로 日人植民史學者들이 식민지정책과 황국화정책에 입각하여 날조한 朝鮮史이다. 해방 후에도 한질로서는 이만한 대질을 아직은 우리 정부도 내놓지 못하고 있다. 그런데 필자는 한국 국민의 한 사람으로서 국사에 관하여 감히 의견의 一端을 개진한다면 우리 文化當局은 용단을 갖고 총독부의 植民史學書『조선사』(三十五卷)을 폐기처분하라고 말하고 싶다. 뿐만 아니라 조선사에 중독된 반도사관을 타파하고 반도사관에 입각하여 쓰여진 모든 사서를 주체적 민족사관에 배치되는 國學書라는 낙인을 찍어 버리고 새로운 가치관과 역사관에 의해서 국사를 광복시키고 바로 잡으라고 권하고 싶다.[41]

안동준·임승국은 반도사관에 입각한 모든 역사서술을 폐기하고 새로운 가치관과 역사관에 의하여 국사를 광복하자고 하였다. 반도의 역사를 대륙의 역사로 대체하자는 것이다. 그리고 망각으로 생긴 고대사의 공백은 대륙에서 전개된 "위대하고 찬란한 역사"로 창출하고자 했다. 20세기 후반 많은 수의 식민지 독립국가에서 그러하였던 것과 같은 충동으로, 저항의 대상이었던 제국주의·식민주의의 사유방식에 포섭된 것이다. 식민지가 남긴 심성의 상흔이자 식민지 이후의 식민주의였다.[42]

여기서 신채호를 비롯한 일제시기 민족주의 역사학과 비교된다. 고대사 파동을 주도한 국수주의적 유사 역사학의 민족·한국사 인식은 일제시기 민족주의 역사학과 유사하다. 일제시기 민족주의 역사학 역시 민족의 고유

---

41 安東濬·林承國 共著(韓國古典研究會 編), 앞의 책, 1978, 1쪽.
42 릴라 간디 지음, 이영욱 옮김, 앞의 책, 2000, 16~17쪽; 김택현, 「제국주의, 역사주의, '차이의 역사(학)'」, 『서양사론』 90, 2006, 76~77·84~91쪽; 朴龍熙, 「제국과 식민지를 연구하는 또 하나의 시각: '트랜스내셔널 역사학'과 '다양한 근대성(multiple modernities)'의 관점」, 『歷史學報』 203, 2009, 343~344쪽.

성을 전제로 역사와 영토를 정신과 신체로 감각하였고, 자민족과 타민족의 이분법적 대립구도 속에서 한국사를 인식했다. 그러므로 일부의 민족주의 역사학자는 국수주의적 유사 역사학에 호응하기도 하였다고 보인다.[43]

다만 일제시기 민족주의 역사학과 고대사파동을 일으킨 국수주의적 유사 역사학이 동일하지는 않았다. 사료의 왜곡 여부가 가장 큰 차이점이었다고 할 수 있지만, 사학사 이해에서도 차이를 보인다. 예컨대 신채호의 민족주의 역사학은 중국의 중화주의를 축으로 대립구도를 설정하였다. 최동 역시 "千年以來에 事大主義에 걸려 歷史의 記錄이 錯誤"되었다고 하였다.[44] 중세의 중화주의 · 사대주의를 우선적인 극복의 대상으로 삼았던 것이다. 1960년대 후반부터 달라진 모습이었다.

> 도리켜 보건데 軍國日本의 朝鮮經略은 朝鮮을 恒久的으로 支配함에 있었고, 白鳥庫吉의 滿洲歷史地理와 朝鮮歷史地理는 그러한 强占을 歷史的 論理的으로 合理化시키기 위한 作業이었고, 關野貞 等의 이른바 漢樂浪郡 古蹟調査事業은 그러한 作業을 이른바 考古學的인 面에서 받침 · 支援함에 있었던 것이다. 朝鮮總督府는 이와 같이 하여 꾸며낸 朝鮮上世史를 各級學校에서 强要하였으매, 解放後 이 나라 一部 史家들이 그것을 正說로 하여 各級 學校에서 가르쳐 왔으므로 오늘날에 이르러서는 國民一般의 歷史常識化하였다.[45]

문정창은 당시의 역사 상식이 일제에서 비롯되었다고 하였다.[46] 군국일본(軍國日本)이 조선을 강점하기 위해 꾸며낸 조선상세사를 해방 이후까지 상식으로 받아들였다고 한 것이다. 안동준 · 임승국 역시 "日人 植民史學者들이

---

43 가령 崔棟, 張道斌의 1966에 실린 「序文」(1960年 3月), 3~4쪽 참조.

44 崔棟, 앞의 책, 1966, 「序文」의 3쪽.

45 文定昌, 「序文」, 『古朝鮮史研究』, 柏文堂, 1969, 5쪽.

46 국수주의적 유사 역사학이 식민주의 청산을 표방하며 역사학계를 비난한 사실과 배경은 이문영, 앞의 책, 2018, 107~113쪽 및 「1960~1970년대 유사역사학의 식민사학 프레임 창조와 그 확산」, 『역사문제연구』 39, 2018 참조.

식민지정책과 황국화정책에 입각하여 날조한 朝鮮史"에서 "국사를 광복"해야한다고 주장하였다.[47] 『미래』에서도 해방 이후 역사학계의 한국사 서술이 조선총독부에서 만든 것이었다고 했다.[48] 중세 이후의 여러 역사서술과 연구를 외면·부정하고, 역사학계의 한사군 이해가 식민주의 역사학에서 비롯되었다고 강변했다.[49] 사학사의 맥락을 거세하고 대립의 축을 일제시기 식민주의 역사학으로 단순화하여 설정함으로써 그들의 국수주의적 한국사 인식과 서술을 반식민주의·민족주의 역사학으로 포장하고자 한 것이다.[50]

이처럼 두 차례의 고대사파동에서 국수주의적 유사 역사학은 식민주의 역사학을 대립 축으로 설정하고, 반식민주의·민족주의 역사학을 표방했다. 그리고 이에 그와 부합하지 않는 한국사 연구를 식민주의 역사학의 소산으로 비난하며 망각하자고 했다. 이로써 국수주의적 한국사 인식의 창출을 정당화한 것이다. 그런데 국수주의적 유사 역사학이야말로 일제의 대아시아주의를 모방·전유한 것으로, 제국주의·식민주의의 사유방식이자 그 산물이었다. 반식민주의에 감추어진 식민주의였던 것이다. 그렇다면 역사학계의 식민주의 비판은 어떠하였을까. 차이점과 아울러 성찰의 여지를 생각해 보자.

Ⅲ. 역사학계의 식민주의·국수주의 비판과 성찰

한국 역사학계의 식민주의 역사학 비판은 1961년 이기백의 『국사신론』

---

47 법학자 최태영도 1985년부터 한국고대사에 관심을 두었다고 하는데, 당시의 한국사가 "'皇統史 식민사관' 그대로"였다는 데 경악한 것이 계기였다고 했다(최태영, 『최태영 회고록·인간 단군을 찾아서』, 학고재, 2000, 189~190쪽).
48 이덕일, 「조선총독부의 사관이 아직도」, 미래로 가는 바른 역사협의회 편, 2016, 223쪽.
49 위가야, 「'한사군 한반도설'은 식민사학의 산물인가」, 젊은역사학자모임, 앞의 책, 2017, 참조.
50 조인성, 앞의 논문, 2017, 13~14쪽.

「서문」에서 처음 제기되었다. 이기백은 우선 미시나 쇼에이의 『朝鮮史概說』에서 정리된 타율성론을 비판했다.

> 이 같은 論理에 의하면 韓國은 남에 의지하지 않고는 살 수 없는 가련한 孤兒이다. 그리고 그 원인은 인간의 힘으로는 변화시킬 수 없는 지리적 조건이기 때문에, 말하자면 韓國은 어머니 뱃속에서부터 事大의 굴레를 쓰고 나온 孤兒인 셈이다. 이러한 주장을 내세운 목적이 무엇이었는가는 설명을 기다리지 않고도 분명하다. 韓國의 自主性을 말살함으로써 日本의 침략을 정당화하려는 것이다. 이러한 御用學者의 說에 진실이 있을 수 없음은 뻔한 일이다. 그럼에도 불구하고 이러한 說에 귀를 기울이는 學者도 있는 것이다(李仁榮, 「우리 民族史의 性格」 學風1, 1948 및 『國史要論』, 1950). 물론 선천적 민족성을 부인하고 進取的이고 獨創的인 民族文化의 건설을 부르짖는 입장에 서는 것이기는 하다. 그러나 지리적 조건을 강조하는 理論과 선천적 민족성을 부정하는 주장과의 사이에는 理論의 모순이 있음을 인정하지 않을 수 없다. 단순히 韓國史의 主體가 한국 민족 자신임을 주장함으로서도 이 모순이 해결되는 것은 아니다. 그것은 前記 日人의 說에 있어서도 부인되었던 것은 아니기 때문이다. 또 한편으로는 이러한 지리적 제약을 벗어나기 위한 민족적 노력을 北進運動에서 찾아보려는 견해가 있다(金龍德, 「國史의 基本性格」 思想界 1953년 11월호 및 『國史概說』, 1958). 그러나 이것도 타율적 숙명론에 동조하는 입장에 서는 이상 꼭 같은 모순을 여전히 면할 길은 없을 것이다. 韓國의 歷史가 上記한 지리적인 조건으로 인하여 만들리 苦難에 찬 歷史가 되었음을 부인하려는 것은 아니다. (중략) 어쨌든 지리적 결정론을 가지고 歷史를 해석하려는 이론에 우리는 承服할 수가 없다. 물론 지리적 조건이 歷史에 작용하는 하나의 要因이 될 것임에는 틀림이 없다. 그러나 거기에는 일정한 線이 그어져 있는 것이다. 즉 지리적 조건은 인간 사회의 內的 發展의 法則과의 關聯下에서만 고려될 수 있는 것이다.[51]

---

51 李基白, 「植民主義的 韓國史觀 批判」, 『民族과 歷史』, 一潮閣, 1971, 3~4쪽(「緖論」, 『國史新論』, 1961).

이기백은 미시나 쇼에이의 타율성론이 일본의 침략을 위한 주장이었다고 비판했다. 해방 이후 이인영과 김용덕의 논설도 비판하였다.[52] 이인영은 비록 선천적 민족성을 부정한다고 했지만, 한국사의 기본성격을 반도의 농촌사회에서 찾았다. 이 때문에 내적으로 소극적 정체성을 지닌다고 하였고, 외적으로 타율성을 갖는다고 하였다.[53] 김용덕은 고구려에서 고려·조선 초기의 북진운동을 예시하며 변화의 가능성을 타진하였지만, 조선에서 성공하지 못했다고 하였고, 반도란 지리적 조건에 따른 한국사의 정체성과 타율성을 인정했다.[54] 이와 같은 분위기 속에서 이기백이 미시나 쇼에이의 타율성론을 비판하면서 역점을 둔 것은 지리적 결정론이었다.[55]

이기백은 지리적 조건이 역사에 작용하는 한 요소이지만, 결정적인 요인이었다고 할 수 없다고 했다. 이 점에서 국수주의적 유사 역사학의 식민주의 역사학 인식도 비판하였다.

> 식민주의사관은 영토가 넓어야 강대국이 된다는 지리적 결정론에 입각해 있는데, 그들도 바로 그러한 지리적 결정론의 신봉자이며, 일제의 어용학자들과 동일한 이론적 근거에 서 있다. (중략) 그러므로 이 같은 지리적 결정론에 입각하는 한, 식민주의사관을 극복할 수가 없는 것이며, 결국 스스로 식민주의사관의 신봉자가 되고 말 것이다.[56]

식민주의 역사학이 지리적 결정론에 입각해 있다는 점을 자각해야 하며, 이를 추종하면 식민주의 역사학의 함정에 빠진다고 하였다. 그러므로 "植

---

52 이인영에 대한 보다 구체적인 비판은 李基白, 『韓國史學의 方向』, 一潮閣, 1978, 116~119쪽 (「新民族主義史觀과 植民主義史觀」, 『文學과 智性』 가을호, 1973) 참조.
53 李仁榮, 「우리 民族史의 性格」, 『學風』 1, 1948, 11~17쪽.
54 金龍德, 「國史의 基本性格」, 『國史槪說』, 東華文化社, 1958.
55 더 자세한 내용은 李基白, 「半島的 性格論 批判」, 『韓國史市民講座』 1, 一潮閣, 1987 및 『韓國史學의 再構成』, 一潮閣, 1991 참조.
56 李基白, 앞의 책, 1991, 6쪽(「植民主義史觀 論爭」, 『翰林學報』, 1985.04.16).

民主義史觀의 극복은 역사관의 근본적인 변혁 자체가 이루어져야만 가능하다"고 하였고, "넓은 영토를 개척하여 군사적 강대국이 되어야만 위대한 국가가 된다는 낡은 역사관 자체로부터 벗어나야 한다"고 하였다.[57] 이기백은 식민주의 역사학을 배태한 일제의 국수주의·제국주의에 주목했다.

> 더구나 일제의 식민주의사관은 바로 일본의 국수주의자들에 의해 주창되었다는 사실이 주목되었나. 말하자면 국수수의사관과 식민주의사관은 한 물체의 두 면에 불과하며, 식민주의사관이 비판되어야 할 것이라면 그와 마찬가지로 국수주의사관도 비판되어야 한다는 것이다.[58]

일제의 식민주의 역사학과 국수주의적 유사 역사학은 동전의 양면과 같다고 하였다. 인식의 토대를 공유하고 있기 때문이란 것이다. 이기백은 1970~1980년대 중반의 고대사파동을 두고, "19세기 후반기 明治時代에 일본 역사학계에 휘몰아쳤던 것과 비슷한 파동이 우리나라에서는 20세기 후반기에 불어닥친 셈"이었다고 하였다.[59] 조인성도 국수주의적 유사 역사학이 일제의 황국사관과 다를 바 없었다고 하였다.[60]

이와 관련하여 이기백의 일제시기 민족주의 역사학 연구가 주의된다. 그는 일찍부터 일제시기 민족주의 역사학이 "민족의 역사적 발견에" 의의를 갖는다고 하였지만, 크게 두 가지 문제점이 있다고 지적하였다.[61] 민족 관념이 지나치게 고유성을 강조하고, 역사적 발전에 대한 개념이 결여되어 있다는 것이다. 이 중에서 고유성 강조의 문제점은 이른바 민족성론을 염두에 두고 있었다.

---

57 李基白, 앞의 책, 1991, 26쪽.
58 李基白, 앞의 책, 1991, 5쪽.
59 李基白, 앞의 책, 1991, 119쪽(「總說」, 『歷史學報』 84, 1979).
60 趙仁成, 앞의 논문, 1997, 10~12쪽.
61 李基白, 앞의 책, 1971, 20~21쪽(「民族主義史學의 問題」, 『思想界』 2월호, 1963).

이기백은 이광수와 최남선에 의해 민족성 논의가 시작되었다고 파악했는데, 시대와 사회를 초월한 영구적인 민족성의 존재를 의심한다고 하였고, 역사적 변화를 중시해야 한다고 하였다.[62] 민족성 논의의 배경을 주목해야 한다고 하였다.

> 民族性은 흔히 民族의 優劣과 결부시켜 논의되어 왔다. 그러나 이것은 帝國主義的인 侵略者들이 民族의 優劣을 핏줄기에 의하여 선천적으로 결정되는 것이라고 선전함으로써-이 경우에 물론 침략자들은 스스로 優秀民族으로 자처해 왔다-그들의 침략을 正當化하려는 의도에서 만들어 낸 이론이었다. 우리는 이러한 낡은 思考方式에 의해서 민족성을 논할 수가 없다. 민족성은 그 민족이 처해 있는 시대적 사회적 배경 속에서 이해되어야만 할 것이다.[63]
>
> 고유성의 강조는 日帝의 侵略 속에서 민족정신을 고취하려는 것이었으며, 따라서 그럴 만한 역사적 의의가 있는 것이다. 그러나 이 이론은 韓國民族을 人類로부터 고립시키고 韓國史를 世界史로부터 유리시키는 결과를 가져올 것이다. 또 결국은 民族의 優劣論으로 기울어져서 독일의 나치즘이나 日本의 軍國主義를 자라나게 한 같은 溫床을 제공해 주는 결과를 가져올 염려도 있다. 그러므로 이것은 결코 바람직한 이해 방법이라고는 할 수가 없다.[64]

19세기 이후의 민족성 논의가 우열론으로 전개되었고, 이는 제국주의적인 침략주의 이론이었다고 했다. 민족의 고유성·영구적인 민족성이란 제국주의의 인종주의에 다름이 아니었다고 본 것이다. 일제시기의 민족주의 역사학 역시 이러한 위험성을 안고 있다고 했다. 민족의 고유성·영구적인 민족성 논의는 제국주의의 온상과 같다고 하였다. 더욱이 민족의 고유성 내지

---

62 李基白, 앞의 책, 1971, 113~115·119~120쪽(「韓國民族性의 長短點 論議」, 『新世界』 4·5월호 1963).
63 李基白, 앞의 책, 1971, 137쪽(「韓國民族의 成長과 民族性」, 『20世紀 韓國大觀』, 1964).
64 李基白, 앞의 책, 1978, 132~133쪽(「韓國史의 普遍性과 特殊性」, 『梨花史學研究』 6·7, 1973).

영구적인 민족성은 선천적인 속성이므로, 역사적 변화의 가능성을 차단한다고 하였다.[65] 식민주의에 포섭될 수 있다는 것이다. 이러한 관점에서 이광수의 민족성론은 패배적인 민족주의이자 반(反)민족주의였다고 평가했다.[66]

이처럼 이기백은 일제시기 식민주의 역사학의 타율성론을 내용보다 인식과 논리의 측면에서 비판하였다. 타율성론의 전제가 된 지리적 결정론을 비판해야 한다고 하였고, 이를 공유한 반식민주의 역사학을 경계하였다.[67] 나아가 식민주의 역사학을 배태한 국수주의·제국주의를 염두에 두고, 그의 민족성론·인종주의를 비판하였다. 그러므로 1970년대 중반~1980년대의 국수주의적 유사 역사학이 일으킨 고대사파동에서도 위기의식을 갖고 비판적인 입장을 견지하였던 것이다.[68] 강만길 역시 일제시기 민족주의 역사학이 심한 정신주의에 치우쳐 복고주의를 강화하고 독재주의에 이용될 수 있다고 하였다.[69] 국수주의와 국가주의를 경계한 것이다. 역사학계 다수의 입장이었다고 이해된다.

이기백은 일제시기 민족주의 역사학이 역사적 발전에 대한 개념이 결여되어 있었다고 비판했는데, 이러한 면모는 국수주의적 유사 역사학도 마찬가지였다. 이와 비교해 한국 역사학계에서는 타율성론만큼이나 정체성론에 깊은 관심을 두고 식민주의 역사학을 비판하였다.

> 우리는 이 停滯性의 理論이 제기되게 된 緣由를 살핌으로써 어느 정도나마
> 장차의 解決에 대한 展望을 제기할 수 있으리라고 믿는다. 동양 사회의 停

---

65 李基白, 앞의 책, 1971, 123~124쪽(「民族性과 民族改造論」, 『새교육』 1월호).

66 이광수·최남선 등의 민족성론은 이미 일제시기부터 파시즘의 이데올로기로 비판받았고, 반제국주의·민족주의와 분립하였다(이지원, 『한국 근대 문화사상사 연구』, 혜안, 2007, 350~360쪽 참조).

67 김종준은 이기백이 민족사학과 식민사학의 이항대립적 구도의 문제점을 선구적으로 인식하였다고 평가하였다(앞의 논문, 2014, 60~61쪽).

68 李基白, 제1장 「植民主義史觀波動과 國史敎科書 問題」의 1991에 수록된 여러 글 참조.

69 姜萬吉, 「日帝時代의 反植民史學論」, 韓國史硏究會 編, 『韓國史學史의 硏究』, 乙酉文化社, 1985, 246~247쪽.

滯性 理論은 소위 西勢東漸의 결과로 東洋 諸國이 西歐 列强의 植民地 내
지 半植民地로 化하였다는 現實에 대한 해명의 필요에서 생겨난 역사적인
산물이었다. (중략) 때문에 이 理論에는 의식적이건 무의식적이건 간에 西
洋人의 優越感과 東洋人의 劣等感이 작용하고 있다고 보아야 할 것이다.
그러므로 나아가서 동양 사회가 서양 사회와 어깨를 겨누게 되는 날에는
필연적으로 동양 사회의 발전적인 요소를 탐구하려는 노력이 행해질 것은
의심 없는 일이다.[70]

이기백은 정체성론이 19~20세기 전반 서구 제국주의의 역사적 산물이었
다고 이해했다. 현실의 변화에 따라 정체성 이해의 방식도 바뀔 것으로 전
망했다. 장차 발전적인 요소를 탐구할 수 있을 것으로 본 것이다. 주지하다
시피 이와 같은 연구를 주도한 것은 김용섭이었다. 그는 1960년대 전반부터
이기백과 더불어 식민주의 역사학의 형성과 논리를 비판했다.

이에 관해서는 여러 가지 문제가 논의되겠지만, 가장 커다란 문제, 그리고
지금까지도 집요하게 주장되고 있는 것은 두 가지가 있다. 그 하나는 한국
사 또는 한국문화의 발전에는 주체성이 결여되어 있다는 타율성의 문제이
고, 다른 하나는 한국사에는 내적 발전이 결여되어 있다는 정체성이론의
문제이다.[71]

김용섭은 식민주의 역사학을 타율성론과 정체성론으로 대별하였다. 주
체성과 발전성의 문제로 집약해 본 것이다.

韓國史가 近代的인 歷史學으로서 研究되고 敍述되는 것은 日本人들에 依
해서 비롯된다. (중략) 그리하여 이렇게 해서 형성된 근대사학으로서의 한
국사는 開國傳說의 역사사실을 부정하고, 한국의 역사는 중국과 일본의 식

---

70 李基白, 앞의 책, 1971, 10쪽(「緒論」, 『國史新論』, 1961).
71 김용섭, 『역사의 오솔길을 가면서 — 해방세대 학자의 역사연구 역사강의』, 지식산업사, 2011,
   484~485쪽(「日帝官學者들의 韓國史觀」, 『思想界』 2월호, 1963).

민지로부터 시작하는 것으로 되어, 여기에 한국사에서의 타율성의 문제는 제기되었으며, 이와 아울러 봉건제 결여설에서 오는 정체성이론도 한국사의 본질로서 내세워지게 되었다.[72]

한국사를 식민지에서 시작하는 것에서 타율성론이 제기되었고, 봉건제 결여설에서 정체성론이 수립되었다고 하였다. 주로 고대사에서 타율성론의 문제를, 중세사에서 정체성론의 문제를 안고 있었다고 본 셈이다. 그는 이와 같은 식민주의 역사학의 문제가 사실의 왜곡보다 한국사를 대하는 태도에서 비롯되었다고 생각하였다.[73] 이기백과 같이 제국주의 침략이란 식민주의 역사학의 시대적 배경에 주목한 것이다.

> 歷史를 對하는 姿勢 問題를 選定하는 데 있어서의 價値觀을 달리해야 한다. 極端的인 例가 되겠지만, 姿勢와 價値觀이 달라지면 任那日本府가 있다 없다가 問題되는 것이 아니라 三韓時代나 三國時代의 日本에는 도리혀 우리나라의 分國이 있었다는 結論이 나온다. 또 姿勢와 價値觀을 달리하면 朝鮮後期의 社會는 沈滯된 어두운 社會인 것이 아니라 封建制에서 벗어나려고 躍動하는 앞날이 보이는 밝은 社會인 것이다. 그러므로 植民史觀의 克服은 歷史家個人의 歷史에 대한 認識過程의 變化如何에서 비롯되는 것이라 하겠다. 그러나 歷史를 對하는 그와 같은 態度가 日本人들의 植民史觀을 克服하는 데만 目的을 두는 激情的인 排日感에서 오는 것이어서는 아니 된다. 새로운 韓國史觀의 樹立이라는 커다란 展望이 前提되어야 한다. 그리고 그것은 오늘날의 歷史學이 指向하는 世界史의 發展過程이라고 하는 一般性 위에 韓國史의 特殊性이 살려진 그러한 歷史觀이어야 할 것이다.[74]

---

72 金容燮, 「日本・韓國에 있어서의 韓國史敍述」, 『歷史學報』 31, 1966, 129~131쪽; 앞의 책, 2011, 496~501쪽.
73 金容燮, 앞의 논문, 1966, 146쪽; 앞의 책, 2011, 536쪽.
74 金容燮, 앞의 논문, 1966, 146쪽; 앞의 책, 2011, 536~537쪽.

김용섭은 식민주의 역사학의 극복을 위해서는 새로운 한국사관의 수립이 요청된다고 하였다. 세계사적 일반성 위에서 한국사의 특수성을 추구해야 한다고 하였다. 특히 "넓은 시야와, 체제적인 연구, 세계사적 관련에 대한 태세"를 갖추어야 한다고 하였듯, 세계사적 보편성을 강조하였다. 정체성의 문제에 초점을 맞추었다고 할 수 있다. 이에 따라 식민주의 역사학이 한국사의 여러 요소 중 그늘진 요소만 제시해 "어두운 社會"로 보았다면, "봉건제에서 벗어나려고 약동하는" 밝은 사회를 보아야 할 것으로 생각하였다. 식민주의 역사학의 정체성론을 비판하고 한국사의 발전적인 요소를 구명하는 것을 연구의 주된 과제로 제시한 것이다.

이처럼 이기백·김용섭을 비롯한 한국 역사학계에서는 식민주의 역사학의 정체성론이 제국주의의 산물이었다고 이해하고, 그를 비판·극복하기 위해 한국사의 발전적인 요소를 탐구하고자 했다. 이른바 내재적 발전론이었다.[75] 이를 통해 제국주의·식민주의의 편견 속에서 주목받지 못한 한국사의 여러 면모가 밝혀질 수 있었다고 평가된다. 다만 이기백이 타율성론 비판에서 제기하였던 것처럼 정체성론의 인식과 논리를 해부·전복하는 데는 이르지 못하였다고 생각된다.

이기백·김용섭이 한국사의 사회상을 "어두운 사회"와 "밝은 사회"로 구분하고, "동양 사회가 서양 사회와 어깨를 겨누게 되는 날에는 필연적으로 동양 사회의 발전적인 요소를 탐구"할 것으로 전망했듯, 1990년대까지 한국 역사학계에서는 서구 중심의 근대사회를 발전한 "밝은 사회"로, 현실의 한국과 동아시아를 "어두운 사회"로 간주하는 경향이 있었다. 무의식적이나마 서구 중심의 근대사회를 보편적 발전으로 지향하였던 것이다.

주지하다시피 정체성론은 19세기 이후 서구에서 내세워진 문명발전론에

---

75 사학사적 배경은 김정인, 「식민사관 비판론의 등장과 내재적 발전론의 형성」, 『사학연구』 125, 2017 참조. 북한·일본을 포함한 사학사의 흐름은 신주백, 「관점과 태도로서의 '내재적 발전'의 형성과 1960년대 동북아시아의 知的 네트워크」, 『韓國史研究』 164, 2014 참조.

기초하였다. 사회진화론에 토대를 둔 서구 중심의 단선적인 발전론이었다. 따라서 한국사의 여러 발전적인 요소를 부각시킨다고 해도, 서구 중심의 근대사회에 비추어 정체적인 요소를 탈각하기 어려울 수 있었다.[76] 동아시아 여러 나라와 마찬가지로,[77] 제국주의·식민주의 역사학의 인식과 논리에 함몰될 위험성이 내재되어 있었던 것이다.[78] 반(反)정체성론의 한계였다. 이와 같은 한계는 이기백도 충분히 주의했다.

> 요컨대 歷史를 지배하는 법칙은 여럿인 것이며, 이 多元的 법칙들이 여러 民族의 歷史를 다양한 것으로 만들었던 것이다. (중략) 工業化를 절대적인 것으로 생각하여 이루어 놓은 近代文明의 결과로 발생한 公害 문제가 인류의 生存 자체를 위협하고 있다는 하나의 사실만 생각해 보더라도 이 점은 짐작이 가리라고 믿는다.[79]
> 아시아적 生産樣式의 문제도 그러한데, 서양은 고대·중세·근대로 발전하였으나 동양은 특별히 아시아적 생산양식으로 일관하였다고 규정하는 경우에, 그 결과가 동양을 열등사회로 낙인찍는 방향으로 작용할 것임은 분명한 일이다. 이러한 의견들은 그러므로 유럽형의 식민주의사관일 수 있으며, 무턱대로 추종할 수만은 없다고 나는 생각한다.[80]

이기백은 다원적인 법칙, 즉 다원적인 발전상을 고려하였다. 그는 이와 아울러 민족의 역사성을 강조했다고 하였다. 시대와 사회에 따른 변화를 감안해 민족·민족문화를 살펴봐야 한다고 역설했고,[81] 관념적인 민족의 고

---

76 장용경, 앞의 논문, 2014, 29~33쪽.

77 프라센지트 두아라 지음, 문명기·손승희 옮김, 「단선론적 역사와 국민국가」, 『민족으로부터 역사를 구출하기−근대 중국의 새로운 해석』, 삼인, 2004.

78 이와 관련한 논의는 김택현, 앞의 논문 2006 및 朴龍熙, 앞의 논문, 2009 참조.

79 李基白, 앞의 책, 1978, 138~139쪽.

80 李基白, 『研史隨錄』, 一潮閣, 1994, 259쪽(「나의 책 『韓國史新論』을 말하다」, 『오늘의 책』 창간호, 1984).

81 李基白, 앞의 책의 제5장 「民族文化論」, 1971 및 『韓國傳統文化論』, 一潮閣, 2002에 실린 여러 편의 글 참조.

유성보다 사회적인 민중·민족을 중시하였다.[82] 다만 그의 입장에서 세계사란 민족사의 총합이었고, 한국사의 주체는 어디까지나 민족이었다.

> 사실 일찍이 우리 조상들이 활동하던 역사무대가 만주와 한반도를 포함한 지역이었음은 분명한 일이다. (중략) 최근 考古學의 발굴 성과가 크게 진전되면서, 만주가 우리 조상들의 활동무대였음은 더욱 분명하게 되었다. 예컨대 琵琶刑銅劍과 같은 청동기는 유독 만주와 한반도에서만 발견되고, 중국이나 시베리아 같은 데서는 발견되지는 않는다. (중략) 그것은 하나의 文化圈을 나타내는 것으로 이해하여야만 옳을 것이다. (중략) 그렇더라도 청동기시대에 우리 민족이 넓은 활동무대에서 생을 누리고 있었음은 분명한 일이다. 이러한 상태는 아마 신석기시대부터라도 해도 좋을 듯하다.[83]

이기백은 신석기시대 이후 민족의 원형이 형성되었고, 청동기시대 이후 문화권을 갖추었으며, 고조선을 비롯한 여러 고대 국가의 성립으로 이어진 것으로 파악했다. 비록 민족의 고유성·영구적인 민족성은 부정하였지만, 한국사 연구의 중심은 현재의 민족을 기준으로 하였고, 역사에 선행하여 민족을 인식하였다. 민족을 통해 한국사의 체계를 수립하고자 한 것이다. 그러한 한국사는 곧 민족의 발전사로, 이기백에게 발전의 지표는 자유와 평등이었다.[84]

연구자마다 발전의 기준은 다양하였지만, 민족을 주체로 한 발전은 비단 이기백만 아니라 1990년대까지 역사학계 대다수가 구상한 한국사 체계였다. 이와 같은 역사학계의 한계가 지적된 것은 1990년대부터였다.

---

82 李基白, 앞의 책, 1978, 97~99쪽(「新民族主義史學論」, 1972); 앞의 책, 1991, 148~151쪽.
83 李基白, 앞의 책, 1991, 14~15쪽.
84 이기백, 『韓國史散稿』, 一潮閣, 2005, 114~115쪽(「한국사의 진실을 찾아서」, 『한국사 시민강좌』 35, 일조각, 2004).

Ⅳ. 한국고대사학의 탈식민 모색과 과제

1990년대 이후 역사학계에서는 한국사 연구에 내재된 민족주의를 다양한 각도에서 조명하였고, 서구 중심의 근대사회를 보편적인 발전으로 간주해 온 근대주의를 반성하였다.[85] 근대 역사학을 성찰하며 식민주의만 아니라 반식민주의를 통해 제시된 한국사의 자주성과 발전성도 회의한 것이다. 근대주의에 입각한 반식민주의가 아니라 탈근대주의의 관점에서 탈식민주의를 모색한 셈이다. 이에 따라 이를 넘어서기 위한 시도가 이어지고 있다. 한국고대사 연구에서도 마찬가지였다.

노태돈은 한국고대사 연구 100년을 회고하면서 연구의 방법인 실증은 물론이고, 연구의 주체이자 지향이었던 민족과 발전에 대해 성찰하였다.[86] 근대의 민족을 고대로 투영해 초역사적인 실체로 다루었다고 하였고, 왕권과 국가 중심의 이해에 함몰되었다고 하였다. 원시사회에서 고대사회로의 내재적 발전을 구명하는 데 초점을 맞추고, 근대국가로의 발전 도상 속에서 완성된 고대국가, 즉 중앙집권적 영역국가를 전일적으로 중시하여 온 연구 경향에 대한 반성이었다. 이성시 역시 식민주의의 문제를 넘어 근대 한국사학의 문제를 바라보아야 한다고 제언하였다.[87]

그럼에도 불구하고 아직까지 『삼국사기』 초기기록과 같은 사료비판의 문제나 남북국시대론과 같은 한국사 체계의 문제를 식민주의·반식민주의

---

85 임지현,「한국사학계의 '민족' 이해에 대한 비판적 검토」,『역사비평』 26, 1994; 이성시 지음, 박경희 옮김,『만들어진 고대-근대국민 국가의 동아시아 이야기』, 삼인, 2001을 비롯해 임지현·이성시 엮음,『국사의 신화를 넘어서』, 휴머니스트, 2004; 도면회·윤해동 엮음,『역사학의 세기-20세기 한국과 일본의 역사학』, 휴머니스트, 2009 등에 실린 여러 편의 글 및 후속 연구가 상당하다. 최근 역사학계의 분위기는 최종석,「내재적 발전론 '이후'에 대한 몇 가지 고민」,『역사와 현실』 100, 2016; 한국사연구회,『한국사 한걸음 더』, 푸른역사, 2018 참조.
86 노태돈,「고대사 연구100년-민족, 발전, 실증」,『한국고대사연구』 52, 2008, 9~10·14~15쪽.
87 이성시,「한국고대사연구와 식민주의-그 극복을 위한 과제」,『한국고대사연구』 61, 2011, 206~215쪽.

의 구도 속에서 바라보는 경우도 있으며, 초역적인 민족의 설정과 그의 단선적인 발전론에서 온전히 벗어나지 못한 모습도 보이고 있다. 예를 들어 최근 출판된 어느 고등학교『한국사』교과서의 삽화를 보면, 삼국과 부여·가야의 국왕이 단선의 트렉에서 경주하고 있는 모습을 그리고 있다. 중앙집권적 국가체제를 형성한 삼국은 순차적으로 결승전에 다가서고 있고, 부여와 가야는 한참 뒤쳐진 모습이다. 중앙집권적 국가체제를 단선의 발전으로 상정하고 고대사의 목적처럼 여겼기에, 중앙집권적 국가체제에 부합하지 않는 여러 고대사회를 미완의 역사로 취급한 것이다. 이제 여러 형태의 고대사회를 염두에 두고,[88] 각각의 차이를 고민할 시점이 아닐까 한다.

단선적인 발전은 국제관계사 연구에서도 논의의 전제로 나타난다. 동아시아에서 가장 먼저 중앙집권적 국가체제를 구비한 중원지역의 문물을 모두 선진으로 간주하고, 그와 다른 문물을 모두 후진으로 바라보며 전자에서 후자로의 문화전파와 발전을 논의하는 사례가 적지 않다. 이와 같은 시각은 그대로 고대 일본에 투사되어 우월의식을 내비치기도 한다.[89] 가령「2015 개정 교육과정 집필지침」을 보면, "고대국가의 문화교류를 동아시아 고대 문화의 유사성과 차별성, 상호 교류의 시각에서 서술하여 일방적인 문화 전파로 인식되지 않도록 유의한다"고 하였지만, "삼국 문화의 일본전파와 함께 일본으로 이주한 사람들이 일본 고대 국가의 성립과 발전에 기여하였음에 유의한다"고 하였다.

일제시기의 식민주의 역사학이 한국사에 타율성을 부여한 것은 반도의 역사로 보았기 때문이고, 한국사를 반도의 역사로 본 것은 조선·만주·만선·만몽과 같은 자의적인 지역·역사단위의 설정 때문이었다.[90] 제국의 입장에서

---

88 이와 관련하여 박대재,『의식과 전쟁─고대 국가를 바라보는 새로운 시각』, 책세상, 2003이 주목된다.

89 조인성, 앞의 논문, 2017, 34~35쪽 참조.

90 旗田巍 지음, 李基東 옮김,「滿鮮史'의 虛像─日本 東洋史家의 韓國觀」,『日本人의 韓國觀』, 一潮閣, 1993, 147~149쪽 및 中見立夫 지음, 김준영 옮김,「地域槪念의 政治性」,『만주연구』9,

식민지의 주체성을 인정하지 않고 타자화한 것이다. 정체성을 강조한 것은 서구 중심의 문명발전론을 전유하였기 때문으로, 이로써 여러 제국주의처럼 식민지에 대한 폭력과 억압을 은폐하고자 했다. 타자성·폭력성·억압성이란 식민주의의 속성이 타율과 정체의 역사상으로 표현된 것이다.

이와 같이 보건대 일제시기 식민주의 역사학은 타율성론과 정체성론으로 정리되었지만, 타율과 정체의 내용보다 그에 내재된 타자성·폭력성·억압성과 같은 속성 내지 편견에 주의해야 한다고 생각한다. 이기백의 타율성론 비판은 반도의 역사란 내용보다 그를 배태한 제국주의·국수주의를 직시하였다. 그렇기에 국수주의적 유사역사학이 반도와 대륙을 도치해 대륙 지향의 한국사를 기획하고자 하였을 때, 그 안에 담긴 제국주의·식민주의를 읽어낼 수 있었다고 생각한다. 두 차례의 고대사파동에 직면해 의연히 대응할 수 있었던 까닭이었다.

그런데 돌이켜보면, 한국고대사 연구에서도 타자성·폭력성·억압성이 전무하였다고 보기는 어렵다. 일국사의 대안으로 고민 중인 동아시아 내지 동부유라시아 단위의 역사 연구 또한 마찬가지이다. 역사서술의 단위를 확장하여 일국사의 폐쇄성을 넘어서고자 하였지만, 한편으로 여전히 중원왕조 내지 주요 강국이 중심과 선진으로 그 밖의 역사는 후진과 주변으로 종속한 경향이 없지 않았다. 문명과 도시의 발달을 발전으로 중시하였고 자연과 생태환경의 문제는 충분히 시야에 두지 못했다.

고대의 국가와 사회, 종족과 성별, 지역과 문화, 인간과 자연·생태환경을 바라보는 여러 시각을 점검할 필요가 있다. 식민주의로부터 탈피하고자한다면, 위로부터가 아닌 아래, 중심이 아닌 주변에도 눈길을 돌려야 한다고 생각한다.[91] 예컨대 고대의 읍루·말갈·옥저·동예 등은 한국고대사의

2009 참조.

91 탈식민주의 연구에서 이와 같은 시각은 로버트 J. C. 영 지음, 김용규 옮김, 『아래로부터의 포스트식민주의』, 현암사, 2013 참조.

외부 내지 주변으로 타자화되었다.[92] 국가를 형성하지 않고 읍락 단위의 생활을 영위하였던 제사회는 원시사회의 유제를 간직한 고대사회의 전사(前史)처럼 취급되었고, 주체성을 부여받지 못했다. 낙랑사와 가야사에서도 그와 같은 면모를 발견할 수 있다고 지적된다.[93] 앞으로는 그의 시각에서 한국고대사, 나아가 동아시아사를 바라보려는 노력이 요청된다.[94]

식민주의를 충분히 해부하고 전복해야 그로부터 온전히 벗어날 수 있으며, 그래야 새롭고 다양한 역사상의 모색도 가능하다고 믿는다. 또 다른 고대사파동의 재연을 방지하는 길이기도 할 것이다.

---

92 박노자, 「고구려는 정말 제국이었나」, 『거꾸로 보는 고대사』, 한겨레출판, 2010; 정다함, 「근대 한국의 역사 서술과 타자화된 여진족」, 비교역사문화연구소 기획, 『근대 한국, '제국'과 '민족'의 교차로』, 책과함께, 2011, 131~135쪽; 이승호, 「'주변'이 된 역사 온전히 바라보기 – 부여 옥저 동예 말갈」, 한국사연구회 편, 앞의 책, 2018 참조.
93 오영찬, 「낙랑군 연구와 식민주의」 및 윤선태, 「가야(加耶), 우리 안의 오리엔탈리즘」(노태돈 교수 정년기념논총 간행위원회, 『한국 고대사 연구의 시각과 방법』, 사계절, 2014)에 수록)
94 미흡하지만 이정빈, 「6세기 중·후반 遼西靺鞨과 돌궐·고구려」, 『동북아역사논총』 61, 2018; 「양맥·숙신의 難, 변경에서 본 3세기 후반 동아시아와 고구려」, 『韓國史硏究』 187, 2019는 그를 위한 초보적인 시도였다.

| 참고문헌 |

1. 자료

三品彰英, 『朝鮮史槪說』, 弘文堂書房, 1940.

三品彰英, 『朝鮮史槪說(增補)』, 弘文堂, 1952.

淸水學, 「植民地主義」, 『歷史學辭典』7, 弘文堂, 1994.

崔棟, 『朝鮮問題を通して見たる滿蒙問題』, 人海堂印刷株式會社, 1932.

2. 단행본

강창일, 『근대 일본의 조선 침략과 대아시아주의』, 역사비평사, 2002.

권태억, 「식민지/식민주의」, 『역사학사전』, 서울대학교 역사학연구소, 2015.

旗田巍 지음, 李基東 옮김, 『日本人의 韓國觀』, 一潮閣, 1993.

金龍德, 「國史의 基本性格」, 『國史槪說』, 東華文化社, 1958.

金容燮, 『역사의 오솔길을 가면서 – 해방세대 학자의 역사연구 역사강의』, 지식산업사, 2011.

김한종, 『역사교과서 국정화, 왜 문제인가』, 책과함께, 2015.

나인호, 『증오하는 인간의 탄생 – 인종주의는 역사를 어떻게 해석했는가』, 역사비평사, 2019.

노태돈 교수 정년기념논총 간행위원회, 『한국 고대사 연구의 시각과 방법』, 사계절, 2014.

도면회·윤해동 엮음, 『역사학의 세기 – 20세기 한국과 일본의 역사학』, 휴머니스트, 2009.

로널드 프리츠 지음, 이광일 옮김, 『사이비역사의 탄생』, 이론과실천, 2010.

로버트 J. C. 영 지음, 김용규 옮김, 『아래로부터의 포스트식민주의』, 현암사, 2013.

릴라 간디 지음, 이영욱 옮김, 『포스트식민주의란 무엇인가』, 현실문화연구, 2000.

文定昌, 『古朝鮮史硏究』, 柏文堂, 1969.

미래로 가는 바른 역사협의회 편, 『미래로 가는 바른 고대사』, 사단법인 유라시안 네트워크, 2016.

박노자, 『거꾸로 보는 고대사』, 한겨레출판, 2010.

박대재, 『의식과 전쟁 – 고대 국가를 바라보는 새로운 시각』, 책세상, 2003.

비교역사문화연구소 기획, 『근대 한국, '제국'과 '민족'의 교차로』, 책과함께, 2011.

아쉬스 난디 지음, 이옥순 옮김, 『친밀한 적』, 신구문화사, 1993.

安東濬 · 林承國 共著(韓國古典研究會 編), 『韓國古代史管見』, 景仁文化社, 1978.

에드워드 W. 사이드 지음, 박홍규 옮김, 『오리엔탈리즘(개정 증보판)』, 교보문고, 2009.

역사교과서 국정화 진상조사위원회, 『역사교과서 국정화 진상조사 백서』, 역사교과서 국정화 진상조사위원회, 2018.

위니짜꾼 지음, 이상국 옮김, 『지도에서 태어난 태국 — 국가의 지리체 역사』, 진인진, 2019.

위르겐 오스터함멜 지음, 박은영 · 이유재 옮김, 『식민주의』, 역사비평사, 2006.

윤종영, 『국사교과서 파동』, 혜안, 1999.

李基東, 『전환기의 韓國史學』, 一潮閣, 1999.

李基白, 『民族과 歷史』, 一潮閣, 1971.

李基白, 『韓國史學의 方向』, 一潮閣, 1978.

李基白, 『韓國史學의 再構成』, 一潮閣, 1991.

李基白, 『研史隨錄』, 一潮閣, 1994.

李基白, 『韓國傳統文化論』, 一潮閣, 2002.

李基白, 『韓國史散稿』, 一潮閣, 2005.

이문영, 『만들어진 한국사』, 파란미디어, 2010.

이문영, 『유사역사학 비판 — 『환단고기』와 일그러진 고대사』, 역사비평사, 2018.

이성시 지음, 박경희 옮김, 『만들어진 고대 — 근대국민 국가의 동아시아 이야기』, 삼인, 2001.

이지원, 『한국 근대 문화사상사 연구』, 혜안, 2007.

임지현 · 이성시 엮음, 『국사의 신화를 넘어서』, 휴머니스트, 2004.

젊은역사학자모임, 『한국고대사와 사이비역사학』, 역사비평사, 2017.

조지 모스 지음, 서강여성문학연구회 옮김, 『내셔널리즘과 섹슈얼리티』, 소명출판, 2004.

존 맥클라우드 지음, 박종성 외 편역, 『탈식민주의 길잡이』, 한울, 2013.

崔棟, 『朝鮮上古民族史』, 東國文化社, 1966.

프라센지트 두아라 지음, 문명기 · 손승희 옮김, 『민족으로부터 역사를 구출하기 — 근대 중국의 새로운 해석』, 삼인, 2004.

韓國史研究會 編, 『韓國史學史의 研究』, 乙酉文化社, 1985.

한국사연구회, 『한국사 한걸음 더』, 푸른역사, 2018.

韓國精神文化研究院, 『韓國上古史의 諸問題』, 韓國精神文化研究院, 1987.

최태영, 『최태영 회고록 · 인간 단군을 찾아서』, 학고재, 2000.

3. 논문

기경량, 「최근 한국 상고사 논쟁의 현황과 문제점」, 『靑藍史學』 26, 2017.

기경량, 「한국 유사 역사학의 특성과 역사 왜곡의 방식」, 『江原史學』 30, 2018.

김대현, 「사이비역사학자들의 이상한 민족주의-상고사에 숨은 군부독재의 유산」, 『學林』 41, 2018.

金谷燮, 「日本 · 韓國에 있어서의 韓國史敍述」, 『歷史學報』 31, 1966.

김육훈, 「박근혜 정부의 역사교육정책과 역사교과서 국정화」, 『교육비평』 37, 2016.

김정인, 「식민사관 비판론의 등장과 내재적 발전론의 형성」, 『사학연구』 125, 2017.

김종준, 「한국사학계 반식민 역사학 정립 과정에서 실증사학의 위상 변화」, 『역사문제연구』 31, 2014.

김창호, 「古朝鮮문제를 둘러싼 논쟁과 금후의 과제」, 『창작과 비평』 16-3, 1988.

김택현, 「제국주의, 역사주의, '차이의 역사(학)'」, 『서양사론』 90, 2006.

노태돈, 「고대사 연구100년-민족, 발전, 실증」, 『한국고대사연구』 52, 2008.

朴龍熙, 「제국과 식민지를 연구하는 또 하나의 시각: '트렌스내셔널 역사학'과 '다양한 근대성(multiple modernities)'의 관점」, 『歷史學報』 203, 2009.

宋鎬晸, 「재야사학자들의 환상적인 고대사 인식과 그 문제점-단군과 고조선사 인식을 중심으로」, 『靑藍史學』 12, 2005.

송호정, 「최근 '한국상고사' 논쟁의 위험성에 대하여」, 『내일을 여는 역사』 56, 2014.

송호정, 「최근 한국상고사 논쟁의 본질과 그 대응」, 『역사와 현실』 100, 2016.

신주백, 「관점과 태도로서의 '내재적 발전'의 형성과 1960년대 동북아시아의 知的 네트워크」, 『韓國史研究』 164, 2014.

신주백, 「한국사 학계의 만주 · 만주국에 관한 집단기억-만주 표상의 변화를 중심으로」, 『만주연구』 28, 2019.

오항녕, 「'사이비 역사학'의 평범성에 대하여-역사학의 전문성을 위한 단상」, 『역사학보』 241, 2019.

윤해동, 「식민주의 역사학 연구 시론」, 『역사문제연구』 31, 2015.

이관수, 「"위해서" 유감」, 『자연과학』 24, 2007.

이규식 · 양정필 · 여인석, 「최동의 생애와 학문」, 『의사학』 13-2, 2004.

李仁榮, 「우리 民族史의 性格」, 『學風』 1, 1948.

이문영, 「1960~1970년대 유사역사학의 식민사학 프레임 창조와 그 확산」, 『역사문제연구』 39, 2018.

이성시, 「한국고대사연구와 식민주의 – 그 극복을 위한 과제」, 『한국고대사연구』 61, 2011.

이정빈, 「국정 역사교과서의 한국고대사 서술과 유사역사 문제」, 『역사교육연구』 31, 2018.

이정빈, 「6세기 중·후반 遼西靺鞨과 돌궐·고구려」, 『동북아역사논총』 61, 2018.

이정빈, 「양맥·숙신의 難, 변경에서 본 3세기 후반 동아시아와 고구려」, 『韓國史研究』 187, 2019.

임기환, 「한사군은 '어디에 있었나?' 그리고 '어떤 역사인가?'」, 『내일을 여는 역사』 60, 2015.

임지현, 「한국사학계의 '민족' 이해에 대한 비판적 검토」, 『역사비평』 26, 1994.

장용경, 「한국 근현대 역사학의 反植民 主體와 歷史의 '正常化'」, 『역사문제연구』 31, 2014.

정요근, 「박근혜 정부의 비호 아래 진행된 국수주의 유사 역사의 세력 확장」, 『내일을 여는 역사』 70, 2018.

趙仁成, 「國粹主義史學과 현대의 한국사학 – 古朝鮮史를 중심으로」, 『韓國史 市民講座』 20, 一潮閣, 1997.

조인성, 「'고대사 파동'과 고조선 역사지도」, 『韓國史研究』 172, 2016.

조인성, 「'고대사파동'과 식민주의 사학의 망령」, 『역사비평』 118, 2017.

中見立夫 지음, 김준영 옮김, 「地域槪念의 政治性」, 『만주연구』 9, 2009.

최성철, 「진실을 가장한 허구: 서양에서의 유사역사학 사례들」, 『韓國史學史學報』 38, 2018.

최종석, 「내재적 발전론 '이후'에 대한 몇 가지 고민」, 『역사와 현실』 100, 2016.

역사교과서의 국수적 한국사 체계와 역사정책 성찰*

이정빈

I. 머리말

해방 이후 한국 역사학의 주된 과제는 식민주의 역사학 비판과 극복이었다. 이를 위해 한국 역사학계는 20세기 전반의 민족주의 역사학과 마르크스주의 역사학을 계승하고자 하였는데, 한편으로 그의 한계를 성찰하였다. 민족주의 역사학의 경우 국수성(國粹性)을 비판·성찰하였다. 원초적·영속적 민족 이해와 고정불변의 민족성 부여를 비판하였고, 그로부터 비롯된 국수주의 역사학을 경계하였다.[1] 나아가 한국사 연구와 교육에서 민족주의적 서술과 시각이 갖는 문제점을 보완·개선하고자 하였다.[2]

---

* 이 글은 이정빈, 「역사교과서의 국수적 한국사 체계와 역사정책 성찰」, 『역사와 교육』 33, 2021, 383~420쪽을 수정 보완하였다.

1 李基白의 史論集(『民族과 歷史』, 一潮閣, 1971;『韓國史學의 方向』, 一潮閣, 1978;『韓國史學의 再構成』, 一潮閣, 1991)에 그와 같은 생각이 잘 나타나 있다.

2 한국사 교육과 관련하여 다음의 논의가 주목된다. 임지현, 「한국사 학계의 '민족' 이해에 대한 검토」, 『민족주의는 반역이다-신화와 허무의 민족주의 담론을 넘어서』, 소나무, 1999; 徐毅植, 「포스트모던시대의 韓國史認識과 國史教育」, 『歷史教育』 80, 2001; 김한규, 「역사 교과서의 민족주의적 왜곡」, 『세계의 신학』 54, 2002; 양정현, 「역사교육에서 민족주의를 둘러싼 최근 논의」, 『歷史教育』 95, 2005; 「국사 교과서 고대사 서술에서 민족·국가 인식의 변천」, 『韓國古代史研究』 52, 2008; 김기봉, 『역사를 통한 동아시아 공동체 만들기』, 푸른역사, 2006; 강

그런데 역사교과서를 둘러싼 정치적·사회적 환경은 보완과 개선의 노력에 굴곡을 초래하기도 하였다. 1970년대 중반~1980년대 군사정부 시기의 국정 역사교과서가 그러하였고, 2015년 박근혜 정부에서 추진한 국정 역사교과서가 그러하였다. 고대사 분야의 경우 국수주의·국가주의의 성향이 짙어지기도 하였다. 이 중에서 박근혜 정부에서 추진하였던 국정 역사교과서는 성공하지 못했고, 그의 국수주의·국가주의 성향이 비판받았다. 그럼에도 불구하고 아직까지 역사교과서 안에는 원초적·영속적 민족 이해 내지 서술이 전제되어 있으며, 이로부터 한국사 체계를 설정하고 있다고 생각한다. 역사교과서 서술의 바탕이 된 역사정책도 성찰의 여지가 있다고 생각한다.

본고는 역사교과서의 한국사 체계가 갖는 문제점을 드러내고, 대안 모색의 기초를 모색해 보고자 한다. 이를 위해 현행 역사교과서에서 시작해 그와 같은 한국사 체계의 계보를 추적해 보고자 한다. 한국사 체계의 성립 과정에 관해서는 이미 주목할 만한 연구와 이해가 제시되었지만,[3] 역사교과서 분석은 상대적으로 미진했다.

논의의 초점은 중등 교육과정의 역사교과서 내에서 고대사 분야에 맞추어 보고자 한다.[4] 중등 교육과정에서 본격적인 한국사 교육이 시작되며, 고

종훈, 「최근 한국사 연구에 있어서 탈민족주의 경향에 대한 비판적 검토」, 『韓國古代史研究』 52, 2008; 노태돈, 「고대사 연구 100년」, 『韓國古代史研究』 52, 2008; 김나연, 「국사(한국사) 교과서 속 〈민족〉 서술의 변화와 그 배경」, 『한국문화연구』 27, 2014; 정동준, 「『한국사』 교과서의 민족주의적 역사서술 분석－고대사 부분의 서술내용을 중심으로」, 『先史와 古代』 59, 2019.

3 김기봉, 「한국 고대사의 계보학」, 『韓國古代史研究』 52, 2008; 앙드레 슈미드 지음, 정여울 옮김, 『제국 그 사이의 한국 1895~1919』, 휴머니스트, 2007; 도면회, 「국사는 어떻게 구성되었는가?－한국 근대 역사학의 창출과 통사체계의 확립」, 도면회·윤해동 엮음, 『역사학의 세기－20세기 한국과 일본의 역사학』, 휴머니스트, 2009; 야기 다케시 지음, 박걸순 옮김, 『한국사의 계보－한국인의 민족의식과 영토인식은 어떻게 변화왔는가』, 소화당, 2015.

4 최근 다음의 연구가 참고된다. 송호정, 「학교에서의 한국고대사 교육 현황과 교과서 서술의 올바른 방향」, 『韓國古代史研究』 84, 2016; 朴美先, 「역사교육에서 고대사 영역의 내용 체계와 계열성 검토－2011 교육과정과 2013 검정교과서를 중심으로」, 『歷史教育』 147, 2018; 「중등교과서의 한국 고대사 내용요소와 체계화 방안」, 『歷史教育』 152, 2019; 조영광, 「새 중등 역사

대사에서 제시된 한국사 체계가 중세사에서 근·현대사까지 이어진다는 점에서 이를 중심으로 한 논의가 효과적이라고 판단하였기 때문이다. 역사정책의 경우 교육부에서 고시한 교육과정에 집중하여 역사교과서를 중심으로 한 논의에서 이탈하지 않고자 한다.

먼저 현행 역사교과서에 보이는 한국사 체계를 검토해 보고자 한다. 다음으로 그와 같은 한국사 체계가 어디서 비롯되었으며, 그에 입각한 역사교육의 추이는 어떠하였는지 정리보고자 한다. 이를 통해 현행 교육과정의 한계와 과제를 생각해 봄으로써 역사정책에 대한 성찰도 겸하고자 한다. 본고를 통해 선행 연구에서 제시된 이해를 환기·점검하고 조금이나마 보완할 수 있기를 기대한다.

Ⅱ. 현행 역사교과서의 한국사 체계와 민족서사

현재 중등 교육과정에서 한국사는 『중학교 역사②』와 『고등학교 한국사』를 통해 교육되고 있다. 『중학교 역사②』 7종과 『고등학교 한국사』 9종이 사용 중이다.[5] 대부분 2019년에 검정을 통과해서 2020년 3월에 발행된 것으로,[6] 논의의 편의상 이를 '현행 역사교과서'라고 하겠다. 그의 한국사

교육과정 한국고대사 내용 구성에 대한 제언」, 『民族文化論叢』 72, 2019; 「2015 개정 교육과정에 따른 역사 교과서의 한국 고·중세사 서술 검토-교육과정과의 연계성을 중심으로」, 『韓國史學報』 80, 2020; 장창은, 「2020 발행 『중학교 역사 ②』 교과서 「선사문화와 고대국가의 형성」 지도·그림자료 검토」, 『한국학논총』 55, 2021.

5 『중학교 역사②』 7종은 금성출판사(김형종 外, 2020.3); 동아출판(노대환 外, 2020.3); 리베르스쿨(이익주 外, 2021.3); 미래엔(김태웅 外, 2020.3); 비상교육(이병인 外, 2020.3); 천재교육(김덕수 外, 2020.3); 지학사(박근칠 外, 2020.3)이다. 『고등학교 한국사』 9종은 금성출판사(최준채 外, 2020.03); 동아출판(노대환 外, 2020.3); 리베르스쿨(이익주 外, 2021.3); 미래엔(한철호 外, 2020.3); 비상교육(도면회 外, 2020.3); 씨마스(신주백 外, 2020.3); 지학사(송호정 外, 2020.3); 천재교육(최병택 外, 2020.3); 해냄에듀(박중현 外, 2019.3)이다.

6 리베르스쿨의 『중학교 역사②』와 『고등학교 한국사』만 2020년에 검정을 통과해서 2021년 3월에 발행하였다.

체계와 관련하여 먼저 현행 「2015 개정 교육과정」에서 제시한 내용체계가 주목된다.[7] 대주제부터 살펴보자.

<표 1> 2015 한국사 내용체계 – 대주제

구분	중학교	고등학교
대주제	선사 문화와 고대 국가의 형성 남북국 시대의 전개 고려의 성립과 변천 조선의 성립과 발전 조선 사회의 변동 근·현대 사회의 전개	전근대 한국사의 이해 근대 국민 국가 수립 운동 일제 식민지 지배와 민족 운동의 전개 대한민국의 발전

<표 1>에서 보듯 중학교 역사교과서가 고대사 · 중세사를 중심으로 하였다면, 고등학교 역사교과서는 근 · 현대사를 중심으로 하였다. 「2015 개정 교육과정」에서 제시한 학교 급별 교육의 목표가 그와 같았기 때문이다.[8] 『고등학교 한국사』의 한국사 체계를 파악하기 위해서는 「전근대 한국사의 이해」의 소주제까지 살펴보아야 한다.

『고등학교 한국사』에서 「전근대 한국사의 이해」의 소주제는 "고대 국가의 지배 체제, 고대 사회의 종교와 사상, 고려의 통치 체제와 국제 질서의 변동, 고려의 사회와 사상, 조선 시대 세계관의 변화, 양반 신분제 사회와 상품 화폐 경제"이다. 대략 「고대사 – 중세사(고려사 – 조선사)」의 구성이다.

이처럼 현행 『중학교 역사②』 7종과 『고등학교 한국사』 9종의 대주제는 <표 1>과 일치한다. 소주제의 경우 몇 종이 달리 구성하였지만,[9] 큰 차이는 없다. 이와 같이 보면 현행 중등 교육과정의 역사교과서에서 한국사는 대

---

7 교육부, 『중학교 교육과정(교육부 고시 제2018-162호 별책 3)』, 교육부, 2018, 118쪽; 교육부, 『고등학교 교육과정(교육부 고시 제2018-162호 별책 4)』, 교육부, 2018, 166쪽.

8 교육부, 『중학교 교육과정』, 116쪽; 교육부, 『고등학교 교육과정』, 165쪽.

9 해냄에듀(박중현 外, 2019.3)가 눈에 띤다. 이 책은 내용체계와 달리 17개의 소주제로 재구성하였다. 동아출판(노대환 外, 2019)과 비상교육(도면회 外, 2019.3)은 "조선의 정치 운영과 세계관의 변화"로 소주제 1개의 문구를 달리한 정도이다.

체로 「고대사 - 중세사(고려 · 조선) - 근대사 - 현대사」의 시대구분이 적용되고 있다고 할 수 있다.

고대사 분야의 내용이 풍부한 중학교 역사교과서에 주목해보자. 중학교 교육과정의 한국사 내용체계 중에서 고대사 분야의 소주제는 다음과 같다.

〈표 2〉 2015 한국사 내용체계 - 고대사 분야 대주제·소주제

대주제	소주제
선사 문화와 고대 국가의 형성	선사 문화와 고조선
	여러 나라의 성장
	삼국의 성립과 발전
	삼국의 문화와 대외 교류
남북국 시대의 전개	신라의 삼국 통일과 발해의 건국
	남북국의 발전과 변화
	남북국의 문화와 대외 관계

현행 7종의 『중학교 역사②』 중에서 6종이 〈표 2〉와 일치하고, 1종이 미세한 차이를 보이는 정도이다.[10] 7종 교과서는 소주제의 구성마저 거의 같은 셈이다. 이에 따라 갖추어진 고대사 체계는 「고조선 - 여러 나라 - 삼국 - 남북국」으로 정리된다.

이 중에서 먼저 고조선과 '여러 나라'의 관계가 주목된다. 7종 교과서 모두 고조선은 "청동기 문화를 바탕으로 성립"하였고, '여러 나라'는 "철기 문화를 바탕으로 성립"하였다고 하였다. 고조선과 '여러 나라'의 성립이 각기 청동기 문화와 철기 문화에 대응된다고 한 것이다. 이와 관련하여 다음과 같은 서술이 참고된다.

A-1. 고조선에 전파된 철기 문화는 만주 지역을 비롯하여 한반도 각지로 확

---

10 동아출판(노대환 外, 2020.3) 1종이 소주제 "선사 문화와 고조선"과 "여러 나라의 성장"을 "선사 문화의 변천과 국가의 등장"으로 묶었을 뿐이다.

산되었다. (중략) 이를 바탕으로 고조선에 이어 만주와 한반도 지역에서 여러 나라가 성립하였다. (금성, 16쪽)

A-2. 고조선이 세력을 떨치고 있을 무렵 한반도와 만주 지역에도 철기 문화가 보급되었다. (중략) 그리하여 부여, 고구려, 옥저, 동예, 삼한 등이 성립하였다. (동아, 18쪽)

A-3. 만주와 한반도에는 기원전 5세기경부터 철기가 유입되어 사용되었다. (중략) 이러한 변화를 거치면서 부여, 고구려, 옥저, 동예, 삼한 등 여러 나라가 등장하였다. (리베르, 16·17쪽)

A-4. 고조선 멸망을 전후하여 많은 사람이 남쪽으로 이주하여 삼한 사회의 형성과 발전에 영향을 주었다. (중략) 기원전 5~4세기 고조선에 전파된 철기 문화는 만주 지역에서 한반도 전역으로 확산되었다. (중략) 이러한 철기 문화의 발전과 사회 변화를 배경으로 만주와 한반도에서 연맹 왕국으로 성장한 부여와 고구려를 비롯해 옥저, 동예, 삼한이 등장하였다. (미래엔, 20쪽, 22쪽)

A-5. 고조선이 멸망한 후 압록강 중류의 토착민들은 부족을 이루며 살았다. 부여에서 내려온 세력이 토착민과 결합하여 고구려를 세우고, 졸업을 도읍으로 정하였다(기원전 37). (중략) 고조선이 멸망한 후 많은 유민이 한반도 남부 지역으로 내려와 우수한 철기 문화를 전파하였다. 철기 문화를 바탕으로 마한, 진한, 변한이 생겨났는데, 이를 삼한이라고 한다. (비상, 21~22쪽)

A-6. 고조선이 발전하는 과정에서 철기가 차츰 퍼졌다. (중략) 철기 문화는 만주와 한반도 북부 지방을 중심으로 시작되어, 한반도 남쪽까지 차츰 퍼져 나갔다. 이는 고조선이 멸망한 후 유민들이 남쪽으로 이주한 것과도 관련이 있다. (천재교육, 20쪽)

A-7. 기원전 5~4세기경에 시작된 철기 문화는 기원전 2~1세기에 한반도 전역으로 퍼져 나갔다. (중략) 이러한 철기 문화를 바탕으로 만주와 한반도 지역에는 부여, 고구려, 옥저, 동예, 삼한 등의 여러 나라가 등장하였다. (지학사, 18쪽)

7종 교과서마다 서술의 차이가 보이지만, 대체로 고조선에서 수용한 철기 문화를 바탕으로 부여·고구려·옥저·동예·삼한 등이 성립하였다고 하였다. 3종의 교과서는 고조선 유민의 직접적인 활동을 서술하였다(A-4, A-5, A-6). '여러 나라'의 성립이 고조선에서 비롯되었다고 한 것이다. '여러 나라'가 고조선의 갈래처럼 설명된 셈이다. 선후의 계통이 설정된 것으로 이해된다.

고조선의 역사적 경험과 유민이 '여러 나라'의 성립에 중요한 역할을 하였다는 사실은 부정하기 어렵다. 통설적인 이해이다.[11] 그런데 '여러 나라'의 역사가 오로지 고조선의 유산을 상속해 개시된 것이었다고 할 수는 없다.

예컨대 부여의 국가 형성은 기원전 10~3세기 송화강 유역의 서단산(西團山) 문화(청동기)와 이를 계승한 포자연(包子沿) 문화(철기)에,[12] 고구려는 기원전 4~3세기 압록강 중류 적석총 집단의 청동기~철기 문화에 기초하였다.[13] 옥저·동예는 기원전 3세기~기원후 1세기 연해주~한반도 동해안의 단결(團結)-크로우노프카 문화(철기)의 영향을 받아 성장하였다.[14] 이와 비교해 삼한의 국가적 성장은 고조선과 밀접하다고 보는 편이지만, 이는 기원전 9~8세기 이후의 송국리 문화(청동기)와 이를 이은 기원전 3~2세기 세형동검 문화를 바탕으로 한 것이었다.[15]

이처럼 '여러 나라'는 대부분 고조선의 멸망에 앞서 각지의 청동기·철기 문화를 바탕으로 성장하였고, 고대 사회를 형성 내지 전망하였다. 또한 고조선만 아니라 동아시아 각지와 교류하며 문물을 수용하였다. 가령 부여는 일찍부터 유라시아 초원지대의 청동기·철기 문화를 수용하였고,[16] 기원전

---

11 송호정, 「고조선·부여·삼한」, 한국고대사학회 편, 『한국 고대사 연구의 새 동향』, 서경문화사, 2007, 16쪽; 여호규, 「국가의 형성」, 한국사연구회 편, 『새로운 한국사 길잡이(上)』, 지식산업사, 2008, 76~79쪽.

12 박경철, 「부여」, 김정배 편저, 『한국고대사입문』 1, 신서원, 2006, 233~237쪽; 송호정, 「고조선·부여·삼한」, 앞의 책, 2007, 19쪽; 한국고고학회, 『(개정 신판) 한국 고고학 강의』, 사회평론, 2010, 88·159쪽.

13 양시은, 「고구려 성립 전야의 물질문화」, 동북아역사재단 한국고중세사연구소 편, 『고구려의 기원과 성립-고구려 통사①』, 동북아역사재단, 2020, 161~171쪽.

14 강인욱, 「동아시아 고고학·고대사 연구 속에서 옥저문화의 위치」, 강인욱 외, 『고고학으로 본 옥저문화』, 동북아역사재단, 2008, 71~72쪽; 한국고고학회, 앞의 책, 162~163쪽.

15 송호정, 「고조선·부여·삼한」, 한국고대사학회 편, 앞의 책, 22~24쪽; 김장석, 「원시 시대의 전개와 사회의 복합화」, 한국사연구회 편, 앞의 책, 60~65쪽.

16 이종수, 「부여와 만주의 초원문화와 한반도」, 중앙문화재연구원 편, 『북방고고학개론』, 진인진, 2018, 507~510쪽.

3~2세기 연(燕)과 한(漢)의 철기 문화를 수용하였다.[17] 여타 '여러 나라'의 성장도 지역마다 차이를 보였는데, 이에 따라 다양한 형태의 국가와 사회가 공존한 모습이었다.[18] 그러므로 이미 지적된 것처럼 "고조선＝청동기 문화, 여러 나라＝철기라는 이분법적인 이해는 주의"가 필요하다.[19]

지금까지의 연구 성과에 비추어 보아 현행 역사교과서의 서술은 '여러 나라'의 다원적인 기원과 다양한 경로의 사회변화를 생략한 채, 고조선과 '여러 나라'를 선후의 계통으로 연결하였다고 생각한다. 이로부터 마련된 한국사 체계는 〈그림 1〉과 같이 정리된다.

〈그림 1〉에서 한국사의 여러 나라는 모두 고조선에서 기원한 것으로 그려졌다. 비록 '여러 나라'와 삼국 그리고 남북국이 병립하기도 하였지만, 모

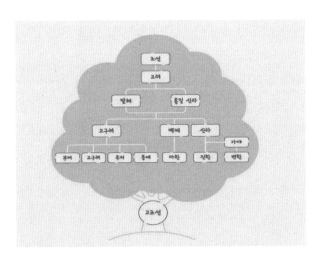

〈그림 1〉『고등학교 한국사』(미래엔, 10쪽)의 한국사 계통도

---

17 송호정, 「고조선·부여·삼한」, 한국고대사학회 편, 앞의 책, 19쪽; 여호규, 「국가의 형성」, 한국사연구회 편, 앞의 책, 76쪽.
18 김장석, 「원시 시대의 전개와 사회의 복합화」, 한국사연구회 편, 앞의 책, 60~65쪽; 여호규, 「국가의 형성」, 한국사연구회 편, 앞의 책, 79~80쪽.
19 박현숙, 「중학교 『역사』(상)의 古代史 서술체계와 내용을 통해 본 韓國古代史像」, 『東國史學』 51, 동국역사문화연구소, 2011, 17쪽.

두 고조선이란 줄기에서 갈라진 가지와 같았다. 마치 고조선에서 시작된 부계(父系)의 계보처럼 인식된다. 고조선이란 한국사의 "원형이 역사의 유전자처럼 계승"된다고 본 것이다.[20] 이와 관련하여 "만주와 한반도를 중심으로 독자적인 청동기 문화권이 발달하면서 점차 우리 민족이 형성되었다"[21]고 한 서술이 참고된다.

비록 여타의 교과서에서 민족 형성에 대한 직접적인 서술은 찾아보기 어렵지만, 대부분의 교과서에서 만주~한반도의 독자적인 청동기 문화권을 강조하였고, 이를 고조선의 문화 범위로 설명했다.[22] 어느 역사교과서의 서술처럼 만주~한반도에서 "청동기 문화를 바탕으로 우리 민족 최초의 국가인 고조선"이 성립하였다고 한 셈이다.[23] 그런데 이는 만주~한반도의 청동기 문화권이 곧 고조선의 세력 범위이고, 고조선을 통해 민족이 형성되었다고 이해하기 쉽다.[24] 청동기 시대 각종 유적·유물의 지역적 시기적 차이를 간과한 채,[25] 단일한 청동기 문화에서 형성된 민족과 고조선이 한국사 체계의 뿌리이자 단일한 줄기와 같이 제시된 것이다.

후술하듯 청동기 시대 만주와 한반도 지역이 광의의 문화권을 형성하였고, 주변의 다른 지역과 구분된다는 이해는 일찍부터 통설이었고,[26] 제5차

---

20 김기봉, 앞의 논문, 2008, 26쪽.

21 한철호 外, 『중학교 역사②』, 미래엔, 2020, 16쪽.

22 노대환 外, 『중학교 역사②』, 동아출판, 2000, 14쪽; 이익주 外, 『중학교 역사②』, 리베르스쿨, 2021, 14쪽; 이병인 外, 『중학교 역사②』, 비상교육, 2020, 16쪽; 김덕수 外, 『중학교 역사②』, 천재교육, 2000, 14·17쪽; 박근칠 外, 『중학교 역사②』, 지학사, 2020, 14쪽.

23 이익주 外, 『중학교 역사②』, 리베르스쿨, 2021, 8쪽에서 이와 같은 서술을 확인할 수 있다.

24 고조선의 문화범위가 갖는 문제점은 이미 조인성, 「'고대사 파동'과 고조선 역사지도」, 『韓國史研究』 172, 2016, 2~4·15~23쪽; 임기환, 「3~7차 교육과정 국정 국사 교과서의 고조선, 한군현 관련 서술의 변화」, 『사회과교육』 56-1, 2017, 26~28쪽에서 자세히 지적하였다.

25 임기환, 앞의 논문, 2017, 26쪽; 정동준, 앞의 논문, 2019, 212쪽; 장창은, 앞의 논문, 2021, 394~396쪽.

26 金貞培, 「靑銅器文化」, 韓國史研究會 編, 『韓國史研究入門』, 知識産業社, 1981, 102쪽; 李基白·李基東, 『韓國史講座-古代篇-』, 一潮閣, 1982, 306쪽; 邊太燮, 『四訂版 韓國史通論』, 三英社, 1986, 41~44쪽; 이기백, 『한글판 한국사신론』, 일조각, 1999, 24~25쪽; 한영우, 『다시찾는 우리 역사』, 경세원, 2004, 70~74쪽; 한국고고학회, 앞의 책, 2010, 83쪽; 노태돈, 『한국고대사』, 경세원, 2014, 26쪽.

교육과정부터 역사교과서에 반영되었다.[27] 어느 주요 개설서의 경우 이를 한민족의 형성으로 설명하기도 하였다.[28] 하지만 이때의 청동기 문화권이란 어디까지나 광의의 문화권이었다. 다시 강조하지만, 광의의 청동기 문화권 안에서 "지역적 특징을 갖는 청동기 문화가 각지에서 전개되었으며, 고조선을 비롯한 한국 고대사상의 여러 정치체가 명멸하였다"고 이해된다.[29]

보다 엄밀히 말하자면 고조선은 광의의 청동기 문화권 속에서 성장한 여러 나라의 하나였다. 다만 문헌기록상 가장 일찍 국가를 형성한 것으로 여겨질 뿐이다.[30] 더욱이 고조선 후기의 중심지가 지금의 대동강 유역이었음은 비교적 분명한 편이지만, 여전히 청동기 문화권 안에서 지역별 구분은 물론이고 고조선이 구체적으로 어떠한 지역에서 국가를 형성하고 성장해 갔는지는 분명하지 않다.[31] 고조선을 통해 민족의 형성을 말하기 어려움은 물론이다.

사실의 선택·배제·강조·종속을 통해 서사가 구성된다고 한다.[32] 현행 교과서는 고조선이 선택·강조되고, '여러 나라'는 배제·종속된 모습인데, 이를 통해 제시된 것은 민족 최초의 국가 고조선이자 이로부터 시작하는 한국사 체계이다. 만주와 한반도의 청동기 문화권 속에서 민족이 형성되고 고조선이 성립하였으며, 그로부터 '여러 나라'가 기원하였다고 하였다. 단일민족의 민족서사를 구성한 것이다. 그러므로 현행 역사교과서의 한국사 체계는 단일민족의 국수성에 기초해 있다고 생각한다. 이를 '국수적 한국사 체계'라고 할 수 있을 것이다. 국수적 한국사 체계는 어디서 비롯되었을까. 그 궤적을 쫓아가 보자.

---

27 조인성, 앞의 논문, 2016, 12~15쪽.
28 한영우, 『다시찾는 우리 역사』, 경세원, 2004, 70~74쪽.
29 한국고고학회, 앞의 책, 2010, 83쪽.
30 李基白, 「古朝鮮의 國家 形成」, 『韓國古代政治社會史硏究』, 一潮閣, 1996, 16~17쪽.
31 한국고고학회, 앞의 책, 2010, 87~88쪽 ; 노태돈, 앞의 책, 2014, 27쪽; 오강원, 「고조선은 언제 어디에 있었을까」, 동북아역사재단 편, 『고조선 단군 부여』, 동북아역사재단, 2015, 39~42쪽.
32 헤이든 화이트 지음, 천형균 옮김, 『메타 역사: 19세기 유럽의 역사적 상상력 1』, 지식을만드는지식, 2011, 22~23쪽의 주5.

Ⅲ. 국수적 한국사 체계의 계보와 계보적 인식

개화기~제7차 교육과정에서 제시된 한국사 체계(고대사·중세사)는 대략 다음의 표와 같이 정리할 수 있다.[33]

〈표 3〉 개화기~제7차 교육과정의 한국사 체계

구분			한국사 체계
㉮	개화기		고조선(단군·기자) – 삼한 – 위만·사군 – 삼국 – 고려 – 조선
㉯			태고(고조선·삼한) – 상고(삼국·통일신라·후삼국·발해) – 중고(고려) – 근세(조선)
㉰	교수요목기		상고(고조선·남북 여러 나라 – 삼국) – 중고(대신라 – 고려) – 근세(조선)
①	제1차	高	부족사회(고조선·여러 나라) – 삼국 – 통일신라·발해 – 고려 – 조선
		中	부족국가(고조선·여러 나라) – 삼국 – 민족국가(통일신라·발해) – 고려 – 조선
②	제2차	高	부족국가(고조선·여러 나라) – 삼국 – 통일신라 – 고려 – 조선
		中	원시(고조선) – 고대국가(삼국) – 민족국가(통일신라 – 고려) – 조선
③	제3차	高	고대 사회(부족국가: 고조선 – 고대국가: 삼국·통일신라·발해) – 고려·조선 사회
		中	고조선·부족국가 – 삼국 – 통일신라·발해 – 고려 – 조선
④	제4차	高	고대사회(고조선·삼국·통일신라·발해) – 중세사회(고려·조선)
		中	고조선·여러 나라 – 삼국 – 통일신라·발해 – 고려 – 조선
⑤	제5차	高	고대사회(고조선·삼국·통일신라·발해) – 중세사회(고려·조선)
		中	고조선·여러 나라 – 삼국 – 통일신라·발해 – 고려 – 조선

---

33 국사편찬위원회 우리역사넷(http://contents.history.go.kr)에 수록된 다음의 자료를 활용하였다. ㉮ 學部 編輯局, 『朝鮮歷史』, 學部 編輯局, 1895; ㉯ 玄采, 『中等敎科東國史略』, 日韓印刷株式會社, 1906; ㉰ 震檀學會, 『國史敎本』, 軍政廳 文敎部, 1946; ① 역사교육연구회 엮음, 『중등국사』, 정음사, 1961; 홍이섭, 『우리나라 문화사〈고등국사〉』, 정음사, 1957; ② 강우철 外, 『중학교 새사회 2』, 탐구당, 1969; 문교부, 『국사』, 대한교과서주식회사, 1973; ③ 국사편찬위원회, 『중학교 국사』, 국정교과서주식회사, 1979; 국사편찬위원회, 『고등학교 국사』, 국정교과서주식회사, 1979; ④ 국사편찬위원회, 『중학교 국사(상)』, 국정교과서주식회사, 1982; 국사편찬위원회, 『고등학교 국사(상)』, 국정교과서주식회사, 1982; ⑤ 국사편찬위원회, 『중학교 국사(상)』, 대한교과서주식회사, 1990; 국사편찬위원회, 『고등학교 국사(상)』, 대한교과서주식회사, 1990; ⑥ 국사편찬위원회, 『중학교 국사(상)』, 대한교과서주식회사, 1996; 국사편찬위원회, 『고등학교 국사(하)』, 대한교과서주식회사, 1996; ⑦ 국사편찬위원회, 『중학교 국사』, 두산, 2002; 국사편찬위원회, 『고등학교 국사』, 두산동아, 2002.

구분			한국사 체계
⑥	제6차	高	고대사회(고조선·삼국·통일신라·발해) – 중세사회(고려·조선)
		中	고조선·여러 나라 – 중앙집권 국가(삼국) – 통일국가(통일신라·발해·고려) – 귀족사회(고려)·양반사회(조선)
⑦	제7차	高	고대(고조선·삼국·남북국) – 중세(고려·조선)
		中	국가의 성립(고조선·여러 나라) – 삼국 – 통일신라·발해 – 고려 – 조선

〈표 3〉에서 한국사 체계는 크게 세 시기로 나누어 볼 수 있다.[34] 첫째, 개화기~교수요목기이다. 「표 3」-㉮의 『朝鮮歷史』(1895)를 비롯해서 1906년까지의 편년체 형식의 역사교과서를 제외하고, 신사체 형식 도입 이후의 교과서를 보면, 「표 3」-㉯의 『중등교과 동국사략』처럼 대체로 「태고·상고－중고－근세」와 같이 현재를 기준으로 한 遠近의 시대구분 속에서 한국사 체계를 제시하였다.[35]

둘째, 제1~3차 교육과정이다. 이 중에서 「표 3」-①·②는 「부족 국가－민족 국가」처럼 국가의 형태에 따라 시대를 구분하였는데, ③의 『고등학교 국사』는 「고대 사회－고려·조선 사회－근대 사회－현대 사회」처럼 사회구성에 따라 시대를 구분하였다. 「표 3」-②의 『중학교 새사회 2』는 양자가 혼재된 양상으로, 「표 3」-①·②와 ③의 『고등학교 국사』를 종합해 보면, 「원시 부족국가－고대 국가·민족국가－중세 민족국가」의 한국사 체계였다고 할 수 있다.

셋째, 제4~7차 교육과정이다. 「표 3」-④~⑦에 해당하는데, 이 중에서 고등학교 역사교과서를 보면 「고대－중세－근세－근대－현대」의 시대구분이 정착되었다. 그리고 고대 사회의 범주에서 「고조선과 여러 나라－삼국·남북국(통일신라·발해)」을 서술하였다. 현행 역사교과서의 한국사·고대사

---

34 해방 이후~7차 교육과정까지 역사교과서의 시대구분 변화는 김한종, 『역사교육과정과 교과서 연구』, 선인, 2006, 337~345쪽 참조.

35 李萬烈, 『韓國近代歷史學의 理解』, 文學과知性社, 1981, 151쪽; 朴杰淳, 『韓國近代史學史研究』, 國學資料院, 1998, 45~50쪽; 도면회, 「국사는 어떻게 구성되었는가? – 한국 근대 역사학의 창출과 통사체계의 확립」, 앞의 책, 2009, 194~211쪽 참조.

체계와 거의 같다.

이처럼 개화기~제7차 교육과정의 현행 역사교과서까지 한국사 체계의 대략을 정리하고 보면, 3시대·5시대의 시대구분이 정착되었고, 고조선을 비롯한 여러 나라를 원시 사회의 부족사회 내지 부족국가로 보던 데서 고대 사회의 국가 속에서 이해하는 방향으로 변화하였다고 할 수 있다. 이와 같은 변화는 1960~1970년대 한국사 연구의 성장에 따른 결과였다.

1969년 작성된『중·고등학교 국사교육개선을 위한 기본방향』(김용섭·이기백·이우성·한우근)이 참고된다.[36] 연구 성과를 바탕으로 역사교육의 방향을 제시한 것으로, 세계사적 보편성에 입각한 시대구분과 한국사의 내재적 발전을 강조하였다. 고대사 분야에서는 '원시사회의 해체와 고대사회의 성립'을 한층 분명히 정의하였고, 고대 사회에서 부족국가를 비롯한 국가의 형성을 이해해야 한다고 하였다. 제3차 교육과정의 역사교과서는 그와 같은 취지를 일부 반영했지만 과도기적 모습을 보였고,[37] 제4차 교육과정부터 본격적으로 반영되었다고 할 수 있다.[38]

예컨대 「표 3」-④의『고등학교 국사(상)』을 보면, '씨족 사회가 붕괴되며 정치적 사회가 출현하였고, 지배 조직을 갖춘 국가가 형성되었으며, 청동기 시대에 고조선'이 등장하였다고 하였다.[39] 고조선의 국가 형성을 고대 사회 속에서 설명한 것이다. 그리고 '고조선의 멸망 이후 철기 시대가 개막되면서 여러 나라가 국가를 형성'하였다고 하였다.[40] 현행 역사교과서와 거의 같은 이해였다.

그런데 위 표를 통해 살펴볼 수 있듯이 개화기~현행 역사교과서의 한국

---

36 장신, 「해제-『中高等學校 國史教育改善을 爲한 基本方向』」, 『역사문제연구』 36, 2016 참조.
37 이정빈, 「제3차 교육과정기 고등학교 『국사』의 한국고대사 서술과 특징」, 『역사와교육』 27, 2018, 88~93쪽 참조.
38 박찬홍, 「제3차~제7차 교육과정 고등학교 『국사』 교과서의 고대 국가 발달단계론에 대한 서술 검토」, 『역사와 담론』 54, 2016, 85~86쪽.
39 국사편찬위원회, 『고등학교 국사(상)』, 앞의 책, 1982, 8~11쪽.
40 국사편찬위원회, 『고등학교 국사(상)』, 앞의 책, 1982, 12~13쪽.

사 체계는 시대구분과 그 성격에 대한 이해의 변화에도 불구하고, 고조선에서 시작해서 삼국-통일신라·발해-고려-조선의 순으로 여러 왕조를 선후의 계통으로 연결하였다는 점에서 공통된다. 「표 3」-㉠부터 예외가 아니었다. 그러고 보면 「표 3」-㉠의 『朝鮮歷史』(1895)는 중세 역사서의 편년체 형식으로, 일찍이 『東國通鑑』(1485)에서 마련된 한국사 체계를 계승한 것이었다.

『동국통감』은 『資治通鑑』처럼 왕조사와 왕조사를 관통한 통사였다.[41] 단군의 고조선에서 고려왕조까지 왕조사와 왕조사를 이어서 서술하였다. 한국사학사에서 현전하는 최초의 통사이자 현재 한국사 체계의 원형이 제시된 것으로 평가된다.[42] 다만 고조선을 시작으로 고대사 체계를 설정한 것은 그보다 앞선 여러 사서에서 살필 수 있다. 일연(一然, 1206~1289)의 『삼국유사』와 이승휴(李承休, 1224~1300)의 『제왕운기』(1287)가 대표적이다.

『삼국유사』에서 일연은 『古記』와 『삼국사기』 고구려본기 그리고 『壇君記』를 인용했는데, 특히 『단군기』에 주목해 북부여·동부여와 고구려 왕실이 모두 단군의 후손이었다고 하였다.[43] 또한 고조선-삼한과 삼한-삼국이 계승 관계를 갖는다고 설명하였다.[44] 단군의 고조선을 중심으로 한국 고대 여러 나라의 계보를 상정한 것이다. 고조선을 시작으로 한 고대사 체계였다.[45] 『제왕운기』의 다음과 같은 서술도 주목된다.

---

41 권중달, 「『자치통감』의 사학사적 의미」, 『韓國史學史學報』 21, 2010, 218~221쪽.

42 鄭求福, 「朝鮮前期의 歷史敍述」, 李佑成·姜萬吉 編, 『韓國의 歷史認識(上)』, 創作과批評社, 1976, 264·250쪽; 李基白, 『韓國史學史論』, 一潮閣, 2011, 77쪽; 김기봉, 「세계화시대에서 근대 사학사 서술을 어떻게 할 것인가-서구중심주의와 민족주의를 넘어서기 위한 하나의 시론」, 『역사와 담론』 45, 2006, 220~221쪽.

43 『삼국유사』 권1, 왕력1. "第一東明王 甲申立 理十一八 姓高名朱蒙 一作鄒蒙 壇君之子"(韓國精神文化研究院, 2002, 『譯註 三國遺事』 1, 以會文化社, 20쪽); 『삼국유사』 권1, 기이2 고구려. "壇君記云 君與西河河伯之女要親 有産子 名曰夫婁 今據此記 則解慕漱私河伯之女 而後産朱蒙 壇君記云 産子名曰夫婁 夫婁與朱蒙異母兄弟也"(韓國精神文化研究院, 앞의 책, 2002, 199쪽).

44 『삼국유사』 권1, 기이2 馬韓·七十八國.

45 李基白, 「三國遺事의 史學史的 意義」, 李佑成·姜萬吉 編, 앞의 책, 1976, 125쪽; 金泰永, 「三國遺事에 보이는 一然의 歷史意識에 대하여」, 李佑成·姜萬吉 編, 앞의 책, 1976, 142쪽.

B-1. 처음에 누가 開國해서 세상을 열었는가. 釋帝의 자손으로 이름은 檀君이었네〈『本紀』에 다음과 같이 전한다. (중략) 이를 檀雄天王이라고 부른다고 하였다. [단웅천왕은 孫女에게 약을 먹여 사람의 몸이 되게 하고 檀樹神과 혼인하여 아들을 낳게 하였으니, 檀君이라고 이름하였다. [단군은] 朝鮮지역을 차지하고 왕이 되었으므로, **尸羅 · 高禮 · 南北沃沮 · 東北扶餘, 穢와 貊이 모두 단군의 후손[壽]이었다**〉. (『제왕운기』 권下, 東國君王開國年代)

B-2. 三韓은 각기 몇몇 州縣이 있었지만, 어지럽게 호수와 산지에 흩어져 있었네. 각기 나라를 자칭하고 서로 침범하였으니, 수가 70개 이상으로도 어찌 충분하다고 할 수 있을까. 그 중에 어떤 나라가 大國이었는가. 먼저 扶餘〈『檀君本紀』에 다음과 같이 전한다. "[단군이] 非西岬 하백의 딸과 혼인하여 남자 아이를 낳으니, 부루라고 이름하였다. (중략)"〉· 沸流를 말할 수 있고〈『東明本紀』에 다음과 같이 전한다. "沸流王 松讓이 말하기를 '나는 仙人의 후손으로 대대로 왕을 하였소. (중략)" 즉 이[비류왕 송양] 역시 단군의 후손일 것이다.〉, 다음으로 尸羅와 高禮, 南北沃沮와 穢貊이 이어졌네. 이들 [대국의] **여러 君長은 누구의 후손인가. 世系가 역시 檀君으로부터 계승되었네.** (『제왕운기』 권下, 東國君王開國年代)(강조는 인용자)

　　『제왕운기』의 단군 관련 서술 중 일부이다. 먼저 사료 B-1의 注文에 보이는 『본기』가 주목된다. 『본기』는 사료 B-2의 주문(注文)에 보이는 『단군본기』의 약칭으로 파악되는데,[46] 여기서 시라 · 고례 · 남북옥저 · 동북부여, 그리고 예맥이 모두 단군의 후손이었다고 하였다. 이승휴는 이와 같은 『단군본기』의 서술을 수용했다. 그리하여 삼한의 여러 나라 중 대국(大國)의 군장(君長)이 모두 단군의 후손이었다고 하였고, 나아가 고조선[단군 · 기자 · 위만]에서 사군(四郡)―삼한―삼국의 계보를 정리하였다. 역시 고조선을 시작으로 한 고대사 체계였다.[47]

　　이와 같은 고대사 인식은 일연과 이승휴가 참고하였던 『단군기』 · 『단군

46 『단군기』와 『단군본기』 및 양자의 관계에 대한 諸說은 서영대, 「전통시대의 단군 인식」, 노태돈 편, 『단군과 고조선사』, 사계절, 2000, 162~164쪽; 金成煥, 『高麗時代의 檀君傳承과 認識』, 景仁文化社, 2002, 56~57쪽 참조.

47 李基白, 앞의 책, 2011, 39~40쪽.

본기』 등에서 이미 단초를 보였다. 그런데 1세기 『論衡』에 보이는 부여의 건국신화와 5세기 「광개토왕릉비문」에 보이는 고구려의 건국신화, 「동명왕편」에 보이는 『舊三國史』 등을 통해 보건대 고조선과 부여·고구려 왕조 등 여러 나라의 계보가 고려 전기보다 앞서 성립하였다고 생각하긴 어렵다. 건국신화에서 부여와 고구려의 왕실은 저마다 천손(天孫) 의식을 가졌고, 조선(前朝) 내지 선조(先朝)는 상정하지 않았기 때문인데,[48] 이를 담은 『구삼국사』가 대체로 고려 전기에 편찬되었다고 여겨지기 때문이다.[49]

『단군기』·『단군본기』에 보이는 고조선과 여러 왕조의 계보는 민간의 신앙과 전승으로 이어지다가 고려 사회에서 정리된 것으로 파악된다.[50] 고려 후기의 일연과 이승휴는 이를 바탕으로 고조선과 여러 나라의 계보를 설명하고자 했다. 보다 구체적인 설명을 위해 일연은 이종(異種)의 신화를 결합하였다. 일연은 북부여·동부여와 고구려 왕실이 모두 단군의 후손이었다고 하였는데, 고조선 단군신화와 고구려의 주몽신화를 결합해 얻은 이해였다.

일연은 두 신화 속의 단군과 해모수를 동일 인물로 간주했다.[51] 이에 고조선(단군)·북부여(해모수)와 동부여(해부루)·고구려(주몽)의 시조를 부자 내지 형제로 설명하였던 것이다. 사료 B-2에서 이승휴 역시 송양(松讓)을 단군의 후손으로 간주하였듯 나름의 신화 읽기를 통해 한국 고대사의 여러 나라를 단군의 후손으로 설명했다. 고려 후기 일연과 이승휴는 고대 여러 나라의 건국신화를 재구성 또는 재해석함으로써 주요 왕조의 혈연적 계보를 구축한 것이다.

일반적으로 고려 후기에 고대사 체계가 정리된 것은 몽골제국의 압박 내

---

48 노태돈, 「단군과 고조선사에 대한 이해」, 노태돈 편, 앞의 책, 2000, 20~21쪽.
49 申瀅植, 「高麗前期의 歷史認識」, 韓國史研究會 編, 『韓國史學史의 研究』, 乙酉文化社, 1985, 44~45쪽; 李基白, 앞의 책, 2011, 32~33쪽.
50 노태돈, 『한국사를 통해 본 우리와 세계에 대한 인식』, 풀빛, 1998, 100~104쪽.
51 야기 다케시 지음·박걸순 옮김, 앞의 책, 2015, 142~144쪽 참조.

지 지배란 대외적인 위기상황 속에서 대내적으로 자국사 의식을 강화한 결과였고,[52] 자국사 의식은 조선 전기까지 꾸준히 성장하였다고 이해된다.[53] 그 결과 『동국통감』과 같은 통사에서 고조선에서 시작하는 한국사 체계가 성립하였던 것이다. 왕조 중심의 한국사 체계였다. 이는 조선 후기를 통해 한층 자세히 마련되었다. 홍만종(1643~1725)의 『東國歷代總目』(1705)이 주목된다.[54]

비록 『동국통감』에서 고조선에서 시작하는 한국사 체계를 처음 제시하였다고 하지만, 이 책에서 고조선(단군·기자·위만)은 (외기)外紀였다. 이와 비교해 『동국역대총목』은 동국통계(東國統係)를 제시했고, 고조선의 단군을 '최초의 神君[首出之神君]'으로 부각하였다. 또한 단군의 시대(世代)와 사적(事蹟)을 서술하였다. 예컨대 단군 원년(元年)의 사적으로 "敎民編髮蓋首"를 적었고, 이로부터 군신남녀(君臣男女)의 의식주[飮食居處] 제도가 시작하였다고 하였다.[55] 여타 다수의 유학자·성리학자와 달리 기자(箕子)가 아닌 단군의 고조선에서 곧장 문명이 시작하였다고 한 것이다.

17세기 중·후반 조선 사회 일각에서는 중화 계승의식을 표방하였는데, 『동국역대총목』 역시 그러하였다. 단군의 고조선과 마한정통론을 강조함으로써 왕조의 정통성과 유구성을 강조하고자 하였던 것이다.[56] 그런데 홍

---

52 金泰永, 「三國遺事에 보이는 一然의 歷史意識에 대하여」, 李佑成·姜萬吉 編, 앞의 책, 1976, 133~137쪽; 鄭朋三, 「일연」, 조동걸·한영우·박찬승 엮음, 『한국의 역사가와 역사학(상)』, 창작과비평사, 1994, 92쪽; 李基白, 앞의 책, 2011, 44쪽; 야기 다케시 지음, 박걸순 옮김, 앞의 책, 2015, 144~150쪽.

53 서영대, 「전통시대의 단군 인식」, 노태돈 편, 앞의 책, 2000, 162~169쪽.

54 韓永愚, 「17세기후반~18세기초 洪萬宗의 會通思想과 歷史意識」, 『韓國文化』 12, 1991; 韓明基, 「홍만종」, 조동걸·한영우·박찬승 엮음, 앞의 책, 1994; 김경수, 「『동국역대총목』의 사학사적 고찰」, 『韓國史學史學報』 34, 2016; 고려대학교 한국사연구소 편, 『東國歷代總目』, 『역주 고조선사료집성-국내편』, 새문사, 2019, 407~420쪽 참조.

55 『東國歷代總目』, "〈戊辰〉元年〈唐堯二十五年〉敎民編髮蓋首〈君臣男女飮食居處之制 亦自此始云〉"(고려대학교 한국사연구소 편, 『東國歷代總目』 앞의 책, 2019, 411쪽)

56 許太榕, 「17세기 말~18세기 초 中華繼承意識의 형성과 正統論의 강화」, 『震檀學報』 103, 2007, 77~78쪽; 고려대학교 한국사연구소 편, 『東國歷代總目』 앞의 책, 2019, 407~409쪽.

만종의 『동국역대총목』은 17세기 중·후반 조선에서 무난히 수용되지 못하였다. '位號를 表列하고 年月을 編序해 僭越하다고 평가받았고, '襃貶·子奪'의 문제를 보인다고 하였다.[57] 사대의 사법(史法)과 정치성이 문제된 것이다. 『동국역대총목』의 단군 치적 서술은 안정복(1712~1791) 등으로부터 사료의 전거 문제와 해석의 오류를 지적받기도 했다.[58]

그럼에도 불구하고 『동국역대총목』은 18세기 이후 영조(재위: 1724~1776)와 재야 일각에서 주목받았다.[59] 그리고 『증보문헌비고』(1903~1908)의 단군·고조선 관련 서술에 수용되었다.[60] 개화기 역사교과서에서도 『동국역대총목』의 단군·고조선 서술을 수용하였다.[61] 비록 『동국역대총목』과 같은 마한정통론은 채택 여부에서 차이가 있고 시기별 변화의 양상이 보이지만,[62] 단군·고조선을 시작으로 역대 왕조의 계보를 제시하고 이를 통해 한국사 체계를 수립한 점은 동일하였다. 『동국역대총목』의 정치사 서술은 왕권 지향의 면모를 보였다고 하는데,[63] 한국사 체계 또한 왕조 정통성과 유구성을 강조한 것이었기에 왕권 지향의 입장에서 환영받을 수 있었다. 18세기 이후 『동국역대총목』이 주목·수용된 까닭이었다고 생각한다.

이처럼 고조선에서 시작하는 한국사 체계는 고려 후기~조선 전기에 형성되었고, 조선 후기를 통해 한층 자세히 마련되었다. 그리고 「표 3」-㉮의 『조선역사』(1895)를 비롯한 개화기 역사교과서에 수용되어 현행 역사교과서까지 지속되고 있다. 현행 역사교과서의 한국사 체계는 중세 이후의 역

---

57 『숙종실록』 권45, 숙종 33년(1707) 7월 18일.
58 안정복, 『순암집』 권10, 동사문답.
59 韓永愚, 앞의 논문, 1991, 420~421쪽.
60 정욱재, 「단군 인식의 계보와 대종교 - 『증보문헌비고』·『단조사고』·『신단실기』를 중심으로」, 『역사문제연구』 39, 2018, 136~138쪽.
61 양정현, 앞의 논문, 2008, 121쪽 주5.
62 양정현, 앞의 논문, 2008, 120~131쪽; 도면회, 「국사는 어떻게 구성되었는가? - 한국 근대 역사학의 창출과 통사체계의 확립」, 도면회·윤해동 엮음, 앞의 책, 2009, 196~198쪽.
63 韓明基, 「홍만종」, 조동걸·한영우·박찬승 엮음, 앞의 책, 1994, 215쪽.

사적 산물인 셈이다. 다만 지금과 비교해 보면 민족이 아니라 왕조의 계보를 중심으로 한 한국사·고대사 체계였다는 점에서 중요한 차이점이 있다.[64] 중세 역사학의 한국사 체계는『동국역대총목』의 표현처럼 동국통계(東國統係)였던 것이다. 이 점은 사료 B-2에서 보다 분명히 드러난다.

이승휴는 '여러 군장(君長)이 단군의 후손이고, 단군에서 세계(世系)가 계승'되었다고 읊었다. 주요 왕조의 왕실 계보가 고조선의 단군에서 시작되었다고 인식한 것이다. 사료 B-1에 인용된『본기』의 서술도 이와 같은 맥락에서 이해된다. 여러 나라의 군장(君長)이 단군의 후손이었다고 한 것이다. 왕조의 계보를 중심으로 한 한국사 체계는『동국통감』은 물론이고 조선 후기까지 여러 사서에서 공통된 모습으로, 다만 조선 시기 사서의 경우 혈통보다 도덕과 명분에 따른 정통(正統)을 더욱 중시하였다는 점에서 차이가 있을 뿐이었다.[65]

중세 사회에서 동국통계(東國統係)와 같은 왕조의 계보는 가문의 족보를 확장한 형태였다. 그러므로 여러 면에서 가문의 족보와 유사했다. 가문의 족보처럼 수직선 형태였고, 유일의 부계(父系) 시조를 가졌다. 계보의 단절을 용인하지 못했고, 적통(嫡統)을 찾아 정통(正統)의 선명성을 추구했다. 그러고 보면 현행 역사교과서의 한국사 체계는 왕조가 아닌 민족을 중심으로 하고 있다는 점에서 차이가 있지만, 고조선을 민족의 시조처럼 여기고 그로부터 한국사의 여러 나라가 부계의 계보를 갖는 것처럼 묘사한다는 점에서 계보적 인식이란 속성을 공유한다. 현행 역사교과서의 국수적 한국사 체계는 중세의 왕조 계보 인식에서 비롯되었던 것이다.

이처럼 한국사 체계의 면에서 보자면, 단군이 역대 왕조의 시조에서 민족의 시조로서 재구성되었을 뿐,[66] 중세의 왕조사-통사에서 근대의 민족사-

---

64 김기봉, 앞의 논문, 2006, 222쪽.
65 趙珖, 「朝鮮後期의 歷史認識」, 韓國史研究會 編, 앞의 책, 1985, 155~161쪽.
66 앙드레 슈미드 지음, 정여울 옮김, 앞의 책, 2007, 428~434쪽.

국사로의 전환은 계보적 인식이란 점에서 연속성을 갖고 있었다. 이는 비단 한국사만 아니라 동아시아 여러 나라의 자국사가 마찬가지로, 서구를 비롯한 여타 지역의 역사학과 비교해 특징적인 면모였다고 지적된다.[67] 이를 중세 역사학의 근대적 변용이었다고 할 수 있는데,[68] 한편으로 지금의 한국사 체계에 담긴 중세적 속성을 보여준다고 할 수 있지 않을까 한다. 근대의 민족사-국사에서 한국사 체계를 살펴봄으로써 논의를 지속해 보자.

Ⅳ. 원초적 민족 이해의 고착과 현행 교육과정

역사교과서의 민족 서술과 관련하여 우선 다음이 주목된다.

> C. 제1장 三國의 突起. 檀氏가 쇠약해진 이후에 **반도의 강산**에는 異族이 가득하였다. 箕氏가 가면 衛氏가 오고, 위씨가 가니 劉氏가 와서 천여 년의 역사상 外族이 세력을 專擅하고 **우리 신성한 扶餘族**은 북방의 한 모퉁이에서 명맥을 겨우 보전하였다. 天運이 다시 돌아와서 三國이 돌연 일어났다. 이에 저 기씨·유씨의 支那族이 항복의 깃발을 세우며 패배한 군대를 거두었었으니, 이후 수천 년 동안 山海關 바깥으로는 단 한 발도 다시 내딛지 못하였다. 이는 **우리의 사천 년 역사상**에 가장 장하고 가장 영광스러운 시대였으니, 독자는 그 눈을 씻고 자세히 보아야 할 것이다.[69] (『中等敎科 大東靑史』 1책, 中古史 第2編 扶餘族의 雄飛時代)(강조는 인용자)

자료 C는 『중등교과 대동청사』로 황의돈(1890~1964)의 저술이었다.[70]

67 김기봉, 앞의 논문, 2006, 226쪽.
68 앙드레 슈미드 지음, 정여울 옮김, 앞의 책, 2007, 414~418쪽; 도면회, 앞의 논문, 2009, 202쪽.
69 우리역사넷(http://contents.history.go.kr/front/ta/webBook.do?levelId=ta_p101r_0020_0010)의 번역을 참고해서 수정.
70 심승구, 「황의돈」, 조동걸·한영우·박찬승 엮음, 앞의 책, 1994, 124~130쪽; 趙東杰, 『現代 韓

1909~1910년에 저술하였는데,[71] 종래의 역사교과서와 달리 왕조가 아니라 민족을 중심으로 한국사를 서술하였다.[72] 자료 C에서 '우리 부여족'이 주목된다.『중등교과 대동청사』에서 한국사 서술의 중심인 민족은 부여족으로 명명하였다. 신채호(1880~1936)의『讀史新論』(1908)처럼 한국사의 주된 종족으로 부여족을 제시하고, 부여족을 중심으로 민족이 형성되었다고 한 것이다.『중등교과 대동청사』는『독사신론』의 민족 개념이 적용된 역사교과서였다.[73]

잘 알려진 것처럼 서구의 민족 개념은 20세기 초반 대한제국에서 수용되었다.[74] 1907년 이후 널리 사용되었다고 한다. 신채호의『독사신론』과 황의돈의『중등교과 대동청사』는 이 무렵의 저술이었다.『대한매일신보』와『황성신문』등의 언론 기고문을 보면, 민족의 정체성은 단군에서 형성된다고 하였다.[75] 단군의 고조선 건국과 더불어 민족의 정체성이 부여된 것이다. 그러므로 민족 고유의 정신과 문명 즉 국수(國粹)를 강조하였는데,[76] 이 점은『중등교과 대동청사』도 마찬가지였다.

자료 C에 보이듯 부여족의 한국사는 단군의 건국에서 시작하였고, '반도의 강산'이란 민족의 공간 속에서 4천 년의 역사를 지속한 것으로 인식하였다. 왕조사에서 민족사로 전환된 것이다. 대체로 민족이 한국사의 주체로 부상하면서 종래의 정통론에서 탈피한 것으로 이해된다.[77] 그런데 단군이

國史學史』, 나남출판, 1998, 148~153쪽; 박걸순,『植民地 시기의 歷史學과 歷史認識』, 景仁文化社, 2004, 51~52쪽; 박종린,「'朝鮮史'의 서술과 역사지식 대중화─黃義敦의『中等朝鮮歷史』를 중심으로」,『역사문제연구』31, 2014, 248~249쪽. 생몰연대는 박종린, 앞의 논문, 2014, 248쪽의 주3 참조.

71 趙東杰, 앞의 책, 1998, 149쪽의 주219.
72 심승구,「황의돈」, 조동걸·한영우·박찬승 엮음, 앞의 책, 1994, 128~129쪽.
73 도면회, 앞의 논문, 2009, 213쪽. 諸교과서의 민족 개념 검토는 양정현, 앞의 논문, 2008, 126~131쪽 참조.
74 백동현,「러·일전쟁 전후 '民族' 용어의 등장과 민족인식─『皇城新聞』과『大韓每日申報』를 중심으로」,『韓國史學報』10, 2001, 169~177쪽; 박찬승,『민족·민족주의』, 小花, 2010, 68~78쪽.
75 백동현, 앞의 논문, 2001, 175~176쪽; 박찬승, 앞의 책, 2010, 77~78쪽.
76 백동현, 앞의 논문, 2001, 176쪽; 박찬승, 앞의 책, 2010, 78쪽.

민족의 시조로서 재인식되며,[78] 민족의 계보는 여전하였다. 정통론 역시 여전하였다.[79]

예컨대 『독사신론』에서는 단군의 적통(嫡統)이 부여왕조로 이어졌다고 하였고, 부여를 매개로 고조선－고구려·발해·고려의 정통을 구상하였다.[80] 자료 C에서도 부여족과 이족(異族)·외족(外族)·지나족(支那族)을 구분하였고, 부여족의 왕조와 이족(異族)의 왕조를 구분하였으며, 부여족의 왕조를 중심으로 한국사의 흥망성쇠를 이해하였다. 단군의 고조선을 민족의 적통으로 한 민족 정통론이 수립된 것이다.[81] 왕조사가 아닌 민족사의 계보를 구상한 셈이다. 현행 역사교과서의 민족서사는 이와 같은 민족사의 계보를 통해 탄생하였다.

일제시기 민족서사에 입각한 역사교육은 민족운동 내지 독립운동의 차원에서 전개되었지만, 제도권의 역사교육에서는 잠복할 수밖에 없었다.[82] 민족서사에 입각한 역사교육은 해방 이후 본격적으로 재개하였다.

> D-1. **우리 민족은 동북아시아 종족의 일파**로서 서북대륙 방면으로부터 동남으로 내려와 백두산을 가운데에 두고 만주 일대와 반도에 걸쳐 분포된 것이다. (중략) 지리적 환경과 대륙 세력의 충동에 의하여 **남북 각지에 걸쳐있던 우리 여러 부족 사이에 수많은 나라가 버러졌다**. (중략) (가)『민족의 통일』. 오랫동안 갈려 있던 백제 사람과 고구려 사람을 신라 국가라는 **큰 우리에 넣어 일대 민족으로 재출발**을 하게 되었다. (震檀學會, 『國史敎本』, 軍政廳 文敎部, 1946, 1·4·22쪽)

---

77 양정현, 앞의 논문, 2008, 130쪽.

78 앙드레 슈미드 지음, 정여울 옮김, 앞의 책, 2007, 423~434쪽.

79 도면회, 앞의 논문, 2009, 199~200쪽.

80 申采浩, 『讀史新論』, 1909; 『단재신채호전집』 3, 독립기념관 한국독립운동사연구소, 2007, 318~319쪽.

81 도면회, 앞의 논문, 2009, 211쪽.

82 이와 관련하여 다음과 같은 최신의 연구가 참고된다. 朴峻亨, 「해방 직후 간도에서 발행된 『우리國史』의 체재와 한국사 인식－桂奉瑀의 『最新東國史』에서 『우리國史』로」, 『歷史敎育』 159, 역사교육연구회, 2021.

D-2. 고조선. 역사상에 제일 먼저 나타난 나라가 檀君 조선이니, 그 시조는 곧 우리가 **민족적 시조로** 받드는 단군 王儉이다. (중략) 이 한씨 조선[기자 조선] 남쪽에는 眞番, 동쪽에는 臨屯, 동북쪽에는 濊貊이란 **부족연맹의 사 회**가 있고, 먼 북쪽에는 夫餘란 나라가 있고, 한강 이남 역시 **여러 부족의 연맹 단체**가 있어, 이를 辰國이라 총칭하였으니, 대개 **언어 풍속을 같이 한 우리 민족**이었다. (李丙燾, 『중등사회 생활과-우리나라의 생활(역사)』, 同 志社, 1949, 1950년 修正發行本, 7~8쪽)(강조는 인용자)

자료 D는 해방 이후 6 · 25 전쟁 이전의 역사교과서(남한)이다. 자료 D-1 즉 『국사교본』은 김상기(1901~1977) · 이병도(1896~1989)의 저술이었고, 자료 D-2 즉 『중등사회생활과-우리나라의 생활(역사)』는 이병도의 저술이었다.

먼저 자료 D-1을 보면 "우리 민족"이 주어로 나온다. 우리 민족은 동북아 시아 종족의 일파로 만주와 반도에 분포하였고, 민족의 여러 부족이 여러 나라를 형성하였다고 하였다. 자료 D-2에서는 고조선과 진번 · 임둔 · 예 맥 · 부여 · 진국이 부족연맹이었다고 하면서, "언어 풍속을 같이 한 우리 민 족"이었다고 하였다. 이를 보면 해방 직후부터 단일민족의 형성을 전제로, 고대사를 서술하였던 것으로 생각할 수 있다.[83] 여기서 자료 D-1 · D-2에 보 이는 종족 · 부족 · 민족의 용어가 주의된다. 다음에 보다 구체적인 설명이 보인다.

E. [참고] 氏族 · 部族 · 民族의 구별. 씨족은 즉 핏줄을 같이한, 同祖의 작은 集團으로, 고대 사회의 單位를 이루던 것이니, 씨족이 붙고 늘면 여러 작은 씨족으로 나누어진다. 小씨족의 結合體를 부족이라 하고 부족들의 결합체를 종족이라 한다. 이 핏줄을 같이한 여러 종족이 같은 地域에서 오랜 역사를 통하여 언어 風習 종교 도덕 미술 기타를 같이하고, 약간의 다른 민족의 피 를 섞어도 자체가 뚜렷한 것을 민족이라 한다. (李丙燾, 앞의 책, 1949, 6 쪽)

---

83 김나연, 앞의 논문, 2014, 154~159쪽.

이병도는「씨족-부족-종족」으로 혈연공동체의 단위를 설명하였고, 역사를 통해 여러 종족이 민족을 구성한다고 하였다. 이와 같은「씨족-부족-종족-민족」개념은 1930~1940년대 마르크스주의 역사학과 그의 고대국가 발전단계론에서 비롯되었다고 할 수 있는데, 해방 이후 손진태가 이를 변용해서 제시한「원시 부족사회-부족국가-부족연맹」의 개념이 폭넓게 수용되었다.[84] 자료 D의「씨족-부족-종족」개념도 그러한 맥락에서 살필 수 있다.[85]

그런데 마르크스주의 역사학에서 민족은 근대 자본주의 사회의 중앙집권 국가에서 형성된다고 하였다.[86] 다만 고대 · 중세사에서도 민족의 원형을 상정하였는데, 백남운의 경우『朝鮮社會經濟史』에서「씨족-부족-종족-종족동맹」의 발전 과정을 상정하였고,「종족 · 종족동맹」에서 민족형성의 단초가 마련되었다고 이해하였다.[87] 보다 구체적으로 신라의 삼국통일을 통해 중세 집권적 봉건국가(아시아적 봉건제 · 국가적 농노제가 성립하였고 하였다.[88] 통일신라란 중세의 중앙집권 국가에서 민족의 형성을 전망하였던 것이다.

백남운의 시대구분 및 민족형성 이해는 해방 이후 1950년대 중 · 후반까지 북한 역사학계의 통설처럼 수용되었다. 해방 이후 남한 역사학계에도 적지 않은 영향을 미친 것으로 보인다.[89] 자료 D-1에서는 삼국이 신라의 통일을

---

84 여호규, 「국가의 형성」, 한국사연구회, 앞의 책, 2008, 69~71쪽.
85 보다 구체적인 이해를 위해서는 京城大學 朝鮮史研究會, 『朝鮮史槪說』, 弘文書館, 1949, 6~8쪽 참조.
86 맑스 · 엥겔스, 김기연 譯, 『공산당선언』, 새날, 1991, 20쪽; 임지현, 「맑스엥겔스와 민족문제」, 앞의 책, 소나무, 1999, 93쪽.
87 白南雲, 『朝鮮社會經濟史』, 改造社, 1933; 하일식 譯, 『朝鮮社會經濟史』, 이론과실천, 1994, 118~119쪽.
88 白南雲 · 하일식 譯, 앞의 책, 1994, 359 · 374~375쪽; 白南雲, 『朝鮮封建社會經濟史(上)』, 改造社, 1937; 하일식 譯, 『朝鮮封建社會經濟史(上)』, 이론과실천, 1994, 20쪽.
89 이와 관련하여 京城大學 朝鮮史研究會, 앞의 책, 1949, 144~145쪽에서 통일신라를 봉건적 귀족국가(통일 귀족국가)로 정의한 사실이 주목된다.

통해 "일대 민족으로 재출발"하였다고 하였고, 이병도의『중등사회 생활과
－우리나라의 생활(역사)』에서는 신라의 삼국통일을 두고, "반도의 민중이
한 정부, 한 법령, 한 제도 아래에 뭉키어 단일(單一) 민족, 단일 국민을 이루
기는 이때부터니, 우리 역사상에 있어 큰 획기적 사실"이었다고 하였다.[90]

　이처럼 해방 이후 역사교과서에서 통일신라의 민족 형성을 염두에 두고,
부족·부족연맹·국가를 설명했다. '우리 민족'이란 표현처럼 민족은 역사
에 선행한 한국사의 주체였지만,[91] 신라의 삼국통일을 통해 역사적으로 형
성된 것으로 파악하였다. 이와 같은 설명 방식은 1960년대까지 일반적이었
다.[92] 〈표 3〉에 보이듯 제3차 교육과정의「부족국가－민족국가」는 그 정형
(定型)이었다. 정형은 제4차 교육과정에서 변화하였다.

　〈표 7〉에서 살펴본 것처럼「원시 부족국가」란 개념이 수정되었다. 청동
기 시대 국가를 형성한 고조선부터 고대 사회로 설명하기 시작했다. 한국
사의 내적 발전이 강조된 결과였는데, 이에 따라 민족 형성의 시점이 상향
되었다. 청동기 시대에 "우리 민족의 바탕이 마련"되었다고 하였고,[93] 혹은
"민족의 기틀이 이루어지게 되었다"고 하였다.[94] 원초적·영속적 민족 이해
가 강화된 것이다. 주요 개설서에서 역시 신라의 삼국통일이 "장차 한국사
의 주류를 이루게 된다는 점"에서 민족사적 의의가 있었다고 하였지만,[95]
이미 청동기 시대 고대 동북아시아 지역이 공통된 문화권을 형성하였다고
하였다.[96] 이러한 가운데 제5차 교육과정에서부터 청동기 문화권과 고조선

90 李丙燾,『중등사회 생활과－우리나라의 생활(역사)』, 同志社, 1949(1950, 修正發行本), 45쪽.
91 김기봉, 앞의 책, 2006, 109~111쪽.
92 李基白,『韓國史新論』, 一潮閣, 1967, 90쪽. "만일, 三國이 각기 독립된 상태로 내려왔더라면
　그것은 각기 특이한 文化를 가진 독립된 民族이 되었을 것이다. 그러나, 新羅의 통일은 그와
　는 달리 오늘날의 韓國民族을 이룩하게끔 만들었다."
93 국사편찬위원회,『중학교 국사(상)』, 앞의 책, 1982, 9~10쪽.
94 국사편찬위원회,『고등학교 국사(상)』, 앞의 책, 1982, 3~4쪽.
95 李基白·李基東, 앞의 책, 1982, 301쪽.
96 李基白·李基東, 앞의 책, 1982, 46~50쪽.

의 관계가 한층 강조되었다.

예컨대 『국사(상)』(1990)을 보면 요령 지역과 한반도의 청동기 문화가 같은 계통이었다고 하였고, 이를 바탕으로 고조선이 국가를 형성하였다고 하였다. 비록 청동기 시대에 성립한 정치적 사회는 규모가 크지 않았다고 했지만, 고조선의 영역은 요령을 중심으로 한반도를 포괄하였다고 하였다.[97] 만주~한반도의 청동기 문화를 단일의 문화권으로, 이를 고조선의 영역으로 설명한 것이다. 청동기 문화를 고조선의 '세력 범위'로 지도에 표현하기도 하였다.

이와 같은 서술과 표현은 제5차 교육과정의 역사교과서에서 처음 등장한 것으로, 1987년에 마련된 「국사편찬준거안」에서 제시된 사항이었다. 여기서 "우리 나라의 청동기 문화가 요녕 지방과 동일 문화권임을 주시시킨다(청동기의 상한과 국가기원과 중요한 관계가 있음)"고 하였다.[98] 그런데 이러한 「국사편찬준거안」은 1970년대 중반~1980년대의 '고대사 파동'과 무관치 않았다. '고대사 파동'에서 제기된 국수주의적 한국사 인식을 의식하였던 것이다.[99]

현행 역사교과서의 민족 이해와 한국사 체계는 제5차 교육과정의 역사교과서와 비교해 어느 정도 개선된 것으로 평가된다.[100] 예컨대 제7차 교육과정–2009 개정 교육과정에서 고조선의 '세력 범위'는 '문화 범위'로 수정하였고, 이를 '유물·유적의 분포'로 표시하기도 하였다.[101] 원초적·영속적 민족 이해에 관한 직접적인 표현은 드문 편이다. 2014년 검정본까지 다수의

---

97 국사편찬위원회, 『국사(상)』, 교육부, 1990, 11~15쪽.
98 조인성, 앞의 논문, 2016, 11~12·15쪽.
99 조인성, 앞의 논문, 2016, 11~12·18쪽; 임기환, 앞의 논문, 2017, 24~25쪽; 장미애, 「민족의 국사 교과서, 그 안에 담긴 허상–4·5차 교육과정기 고등학교 국사 교과서를 중심으로」, 『역사비평』 117, 2018, 260~266쪽.
100 교육과정 변화의 내용과 의미는 향후 보다 구체적인 검토가 요청된다. 본고에서는 대략적인 추이만 제시해 둔다.
101 조영광, 앞의 논문, 2020, 64~65쪽.

역사교과서에서 청동기 시대에 민족이 형성되었다고 하였지만,[102] 이제 그와 같이 직접적으로 서술한 역사교과서는 소수에 불과하다.

다만 여전히 대부분의 역사교과서가 만주~한반도의 독자적인 청동기 문화권을 강조하고 이를 고조선의 세력 범위처럼 이해하게 한다. 전술하였듯 청동기 문화권 속에서 민족과 고조선이 성립하였다고 하였다. 제5차 교육과정에서 고착된 원초적·영속적 민족 이해에서 이탈하였다고 보기는 어렵다.

현행 역사교과서(2020 발행)는 「2015 개정 교육과정」에 따라 고시(2018.07.31)된 「중학교 역사·고등학교 한국사 집필기준」(이하 「집필기준」)과 「역사과 편찬상의 유의점 및 검정기준」(이하 「검정기준」)에 맞추어 서술·검정된 것이다.[103] 이와 같은 「집필기준」·「검정기준」은 국정으로 기획된 역사교과서의 문제를 보완하기 위한 것으로, 「집필기준」이 "다양한 교과서를 집필하는 데 제약이 될 수 있다는 지적에 유의하며 대주제별로 최소한의 기준을 제시하는 데 주력"하였다고 한다.[104] 내용과 해석의 다양성을 강조한 것이다. 이와 같은 개편의 취지는 긍정적인 평가를 받고 있다.[105] 향후에도 그와 같은 방향으로 나가야 한다는 데 다수가 공감할 것으로 생각한다.

그런데 앞에서 살핀 것처럼 현행 역사교과서는 대주제만 아니라 단원명도 「집필기준」에서 벗어나지 않았다. 이와 같은 현실은 「집필기준」·「검정기준」이 여전히 역사교과서의 서술을 제약하고 있음을 보여준다. 「집필기준」·「검정기준」의 바탕이 된 교육과정이 아울러 주의된다. 가령 중학교 역사의 「집필기준」에서는 "고조선의 성립과 발전, 그 뒤를 이은 여러 나라

---

102 정동준, 앞의 논문, 2019, 201쪽.
103 교육부, 『중학교 교육과정(교육부 고시 제2018-162호 별책 3)』, 앞의 책, 2018, 117~135쪽; 교육부, 『고등학교 교육과정(교육부 고시 제2018-162호 별책 4)』, 앞의 책, 2018, 144~152쪽 및 한국교육과정평가원, 『중학교 역사·고등학교 한국사 집필기준』, 한국교육과정평가원, 2018; 한국교육과정평가원, 『역사과 편찬상의 유의점 및 검정기준』, 한국교육과정평가원, 2018.
104 신항수 外, 『2015 개정 교육과정 총론에 따른 중학교 역사·고등학교 한국사 집필기준 시안 개발 연구』, 교육부, 2018, 36쪽.
105 조영광, 앞의 논문, 2020, 75~76쪽.

의 성장을 설명한다"고 하였는데, 교육과정의 「내용체계 및 성취기준」 해설을 보면, "우리나라 최초의 국가인 고조선의 성립과 철기 문화를 바탕으로 성장한 여러 나라들의 생활 모습을 파악한다"고 하였다.[106] 이와 같이 보면, 현행 역사교과서의 국수적 한국사 체계는 교육과정에 충실하였던 것으로, 보완 내지 개선을 위해서는 교육과정부터 검토해야 한다고 할 수 있다.

이와 관련하여 주의되는 것이 국가 중심의 한국사 체계와 서술이다. 이미 지적된 것처럼 교육과정에서는 고조선과 '여러 나라'에 이어 삼국을 강조하였다. 「집필기준」에서 "삼국이 제도 정비와 영토 확장을 통해 중앙 집권 국가로 발전하는 과정을 서술한다"고 하였고,[107] 「내용체계 및 성취기준」 해설에서 '삼국의 성장·통치 체제·문화·대외 교류'를 규정하였다.[108] 이렇듯 삼국 중심의 고대사 서술은 중앙 집권 국가에 초점을 맞추고 있고, 그와 같은 국가 체제를 발전의 당위처럼 간주하고 있다. 따라서 그와 다른 형태의 국가와 사회는 소외되거나 종속될 수밖에 없는 형편이다.

이제 국가 중심에서 벗어나 여러 형태의 사회를 고민할 수 있도록 해야 한다. 이를 위해 고대 국가와 고대 사회를 구분하고 고대 사회란 보다 포괄적인 개념 속에서 국가를 바라볼 필요가 있다는 지적이 참고된다.[109] 민족 형성이란 결과를 중심에 두고 삼국 내지 통일신라와 같은 강국의 역사에 민족서사를 이입하기보다 그에 포섭되지 않은 다양한 소수 집단의 관점이 함께 고려되어야 한다고 생각한다.[110] 이를 위해서는 무수히 지적되었듯 동아시아처럼 보다 광역의 역사단위에서 한국사를 상대화해 보려는 노력이 수반되어야 할 것이다. 향후 교육과정 개편에서 유념해야 할 사항으로 생각한다.

---

106 교육부, 『중학교 교육과정(교육부 고시 제2018-162호 별책 3)』, 앞의 책, 2018, 128쪽.
107 한국교육과정평가원, 『중학교 역사·고등학교 한국사 집필기준』, 앞의 책, 2018, 3쪽.
108 교육부, 『중학교 교육과정(교육부 고시 제2018-162호 별책 3)』, 앞의 책, 2018, 128쪽.
109 임기환, 「한국고대사의 연구성과와 역사교과서 서술의 방향」, 정기문 외, 『역사학의 성과와 역사교육의 방향』, 책과함께, 2013, 194~197쪽; 박미선, 앞의 논문, 2019, 17쪽.
110 정동준, 앞의 논문, 2019, 208~209쪽.

이와 관련하여 토론식 수업과 주제식 구성의 역사교과서가 필요하다는 제안도 참고되는데, 역시 교육과정의 개편이 중요하다고 하였다.[111] 토론식 수업과 주제식 구성의 역사교과서 역시 국수적 한국사 체계의 문제를 개선하는 데 도움을 줄 것으로 생각한다.

물론 국수적 한국사 체계의 문제가 비단 교육과정에 한정되지는 않을 것이다. 여러 방면의 역사정책에서도 마찬가지의 주의가 필요하다. 연구자의 의식적 자각도 중요하다. 국수적 한국사 체계는 연구자 사고 역시 제약할 수 있기 때문이다. 제약에서 벗어난 문제의식 설정과 연구가 지속되어야 할 것으로 생각한다. 교육과정과 각종 역사정책은 이를 위한 환경을 조성하는 데 유념해야 한다고 제언한다.

V. 맺음말

현행 중등 교육과정의 역사교과서에서 한국사는 예외 없이 「고대사−중세사(고려·조선)−근대사−현대사」의 시대구분 속에서 「고조선−여러 나라−삼국−남북국」의 고대사 체계를 공유하고 있다. 이 중에서 고조선과 '여러 나라'는 선후 계통으로 연결된다고 하였다. 청동기 시대 고조선이 국가를 형성하였고, '여러 나라'가 이를 계승해 철기 시대에 성립하였다고 하였다. 청동기 시대 '여러 나라'의 국가 형성과 다양한 경로의 발전 과정이 배제된 채 고조선의 역사에 종속된 셈이다. 이를 통해 고조선의 역사를 선택적으로 강조하였다고 할 수 있다. 고조선에서 시작한 단일민족의 민족서사를 구성한 것이다. 이 점에서 현행 역사교과서의 한국사 체계는 국수성을 갖고 있다고 생각한다.

---

111 조영광, 앞의 논문, 2018, 411쪽.

고조선에서 시작하는 한국사 체계는 고려 후기~조선 전기에 형성되었고, 조선 후기를 통해 한층 자세히 마련되었다. 그리고 개화기 역사교과서에 수용되어 현행 역사교과서까지 이어지고 있다. 현행 역사교과서의 한국사 체계는 중세 이후의 역사적 산물인 셈이다. 다만 지금과 비교해 보면 중세의 역사서~개화기 역사교과서는 민족이 아니라 왕조의 계보를 중심으로 한 한국사·고대사 체계였다는 점에서 중요한 차이점이 있었다. 그럼에도 불구하고 단군을 왕조의 시조로 하였던 데서 고조선을 민족의 시원으로 여기고 그의 계통을 중시한다는 점에서 계보적 인식을 계승했다. 왕조의 정통에서 민족의 정통으로 대체되었을 뿐이다.

20세기 초 서구의 민족 개념 수용과 더불어 민족을 중심으로 한 한국사 서술이 등장하였다. 역사교과서 중에는 『대동청사』(1909~1910)가 주목된다. 이 책에서도 민족의 정체성은 단군에서 찾았다. 민족은 단군의 후손으로 역사적 운명공동체였다고 하였다. 이와 비교해 해방 이후 역사교과서에서는 마르크스주의 역사학과 그의 고대국가 발전단계론의 영향을 받아 민족의 역사성을 의식하기도 하였다. 신라의 삼국통일에서 민족 형성의 토대가 마련되었다고 하였다. 그런데 1970년대 이후 고대국가 발전단계론에서 한국사의 내적 발전이 강조되었고, 청동기 시대의 고조선에서 고대 국가 형성을 이해하였다. 이에 따라 민족 형성의 시점은 상향되었다. 청동기 문화권에서 민족 형성의 토대를 전망했다. 민족의 형성을 전제하고 한국사의 시작과 체계를 상정한 것이다. 한국사 체계의 국수성이 강화됨 셈이다.

현행 역사교과서의 국수적 한국사 체계는 교육과정에 의해 유지되고 있다. 국수성을 지양하고 연구와 교육의 간극을 좁힐 필요가 있다. 이를 위해 교육과정의 보완 내지 개선이 요청된다. 다원적인 고대 사회 이해를 추구할 필요가 있다. 역사교과서의 서술만 아니라 한국사 체계란 구성의 면에서 한층 다양한 시각이 마련될 수 있기를 기대한다.

| 참고문헌 |

1. 단행본

강인욱 외, 『고고학으로 본 옥저문화』, 동북아역사재단, 2008.

고려대학교 한국사연구소 편, 『역주 고조선사료집성-국내편』, 새문사, 2019.

김기봉, 『역사를 통한 동아시아 공동체 만들기』, 푸른역사, 2006.

金成煥, 『高麗時代의 檀君傳承과 認識』, 景仁文化社, 2002.

김정배 편저, 『한국고대사입문』 1, 신서원, 2006.

김한종, 『역사교육과정과 교과서연구』, 선인, 2006.

노태돈, 『한국사를 통해 본 우리와 세계에 대한 인식』, 풀빛, 1998.

노태돈 편, 『단군과 고조선사』, 사계절, 2000.

노태돈, 『한국고대사』, 경세원, 2014.

도면회 · 윤해동 엮음, 『역사학의 세기-20세기 한국과 일본의 역사학』, 휴머니스트, 2009.

동북아역사재단 편, 『고조선 단군 부여』, 동북아역사재단, 2015.

동북아역사재단 한국고중세사연구소 편, 『고구려의 기원과 성립-고구려 통사①』, 동북아역사재단, 2020.

맑스 · 엥겔스 지음, 김기연 옮김, 『공산당선언』, 새날, 1991.

박걸순, 『韓國近代史學史研究』, 國學資料院, 1998.

박걸순, 『植民地 시기의 歷史學과 歷史認識』, 景仁文化社, 2004.

박찬승, 『민족 · 민족주의』, 小花, 2010.

백남운 지음, 하일식 譯, 『朝鮮封建社會經濟史(上)』, 이론과실천, 1994.

백남운 지음, 하일식 譯, 『朝鮮社會經濟史』, 이론과실천, 1994.

변태섭, 『四訂版 韓國史通論』, 三英社, 1986.

앙드레 슈미드 지음, 정여울 옮김, 『제국 그 사이의 한국 1895~1919』, 휴머니스트, 2007.

야기 다케시 지음, 박걸순 옮김, 『한국사의 계보-한국인의 민족의식과 영토인식은 어떻게 변화왔는가』, 소화당, 2015.

이만렬, 『韓國近代歷史學의 理解』, 文學과智性社, 1981.

이우성 · 강만길 편, 『韓國의 歷史認識(上)』, 創作과批評社, 1976.

이기백, 『韓國史新論』, 一潮閣, 1967.

이기백, 『民族과 歷史』, 一潮閣, 1971.

이기백, 『韓國史學의 方向』, 一潮閣, 1978.

이기백, 『韓國史學의 再構成』, 一潮閣, 1991.

이기백, 『韓國古代政治社會史研究』, 一潮閣, 1996.

이기백, 『한글판 한국사신론』, 일조각, 1999.

이기백, 『韓國史學史論』, 一潮閣, 2011.

이기백·이기동, 『韓國史講座-古代篇-』, 一潮閣, 1982.

임지현, 『민족주의는 반역이다－신화와 허무의 민족주의 담론을 넘어서』, 소나무, 1999.

정기문 외, 『역사학의 성과와 역사교육의 방향』, 책과함께, 2013.

조동걸, 『現代 韓國史學史』, 나남출판, 1998.

조동걸·한영우·박찬승 엮음, 『한국의 역사가와 역사학(상)』, 창작과비평사, 1994.

중앙문화재연구원 편, 『북방고고학개론』, 진인진, 2018.

한국고고학회, 『(개정 신판) 한국 고고학 강의』, 사회평론, 2010.

한국고대사학회 편, 『한국 고대사 연구의 새 동향』, 서경문화사, 2007.

한국사연구회 편, 『새로운 한국사 길잡이(上)』, 지식산업사, 2008.

韓國史研究會 編, 『韓國史研究入門』, 知識産業社, 1981.

韓國史研究會 編, 『韓國史學史의 研究』, 乙酉文化社, 1985.

한영우, 『다시찾는 우리 역사』, 경세원, 2004.

헤이든 화이트 지음, 천형균 옮김, 『메타 역사: 19세기 유럽의 역사적 상상력 1』, 지식을만드는지식, 2011.

2. 논문

강종훈, 「최근 한국사 연구에 있어서 탈민족주의 경향에 대한 비판적 검토」, 『韓國古代史研究』 52, 2008.

권중달, 「『자치통감』의 사학사적 의미」, 『韓國史學史學報』 21, 2010.

김경수, 「『동국역대총목』의 사학사적 고찰」, 『韓國史學史學報』 34, 2016.

김기봉, 「세계화시대에서 근대 사학사 서술을 어떻게 할 것인가－서구중심주의와 민족주의를 넘어서기 위한 하나의 시론」, 『역사와 담론』 45, 2006.

김기봉, 「한국 고대사의 계보학」, 『韓國古代史研究』 52, 2008.

김나연, 「국사(한국사) 교과서 속 〈민족〉 서술의 변화와 그 배경」, 『한국문화연구』 27, 2014.

김한규, 「역사 교과서의 민족주의적 왜곡」, 『세계의 신학』 54, 2002.

노태돈, 「고대사 연구 100년」, 『韓國古代史研究』 52, 2008.

박미선, 「역사교육에서 고대사 영역의 내용 체계와 계열성 검토 - 2011 교육과정과 2013 검정교과서를 중심으로」, 『歷史敎育』 147, 2018.

박미선, 「중등교과서의 한국 고대사 내용요소와 체계화 방안」, 『歷史敎育』 152, 2019.

박종린, 「'朝鮮史'의 서술과 역사지식 대중화 - 黃義敦의 『中等朝鮮歷史』를 중심으로」, 『역사문제연구』 31, 2014.

박준형, 「해방 직후 간도에서 발행된 『우리國史』의 체재와 한국사 인식 - 桂奉瑀의 『最新東國史』에서 『우리國史』로」, 『歷史敎育』 159, 2021.

박찬흥, 「제3~7차 교육과정 고등학교 『국사』 교과서의 고대 국가 발달단계론에 대한 서술 검토」, 『역사와 담론』 54, 2016.

박현숙, 「중학교 『역사』(상)의 古代史 서술체계와 내용을 통해 본 韓國古代史像」, 『東國史學』 51, 2011.

백동현, 「러·일전쟁 전후 '民族' 용어의 등장과 민족인식 - 『皇城新聞』과 『大韓每日申報』를 중심으로」, 『韓國史學報』 10, 2001.

서의식, 「포스트모던시대의 韓國史認識과 國史敎育」, 『歷史敎育』 80, 2001.

송호정, 「학교에서의 한국고대사 교육 현황과 교과서 서술의 올바른 방향」, 『韓國古代史研究』 84, 2016.

양정현, 「역사교육에서 민족주의를 둘러싼 최근 논의」, 『歷史敎育』 95, 2005.

양정현, 「국사 교과서 고대사 서술에서 민족·국가 인식의 변천」, 『韓國古代史研究』 52, 2008.

이정빈, 「제3차 교육과정기 고등학교 『국사』의 한국고대사 서술과 특징」, 『역사와 교육』 27, 2018.

임기환, 「3~7차 교육과정 국정 국사 교과서의 고조선, 한군현 관련 서술의 변화」, 『사회과교육』 56-1, 2017.

장미애, 「민족의 국사 교과서, 그 안에 담긴 허상 - 4·5차 교육과정기 고등학교 국사 교과서를 중심으로」, 『역사비평』 117, 2018.

장신, 「해제 - 『中高等學校 國史敎育改善을 爲한 基本方向』」, 『역사문제연구』 36, 2016.

장창은, 「2020 발행 『중학교 역사 ②』 교과서 「선사문화와 고대국가의 형성」 지도·그림자료 검토」, 『한국학논총』 55, 2021.

정동준, 「『한국사』 교과서의 민족주의적 역사서술 분석 - 고대사 부분의 서술내용을 중심으로」, 『先史와 古代』 59, 2019.

정욱재, 「단군 인식의 계보와 대종교-『증보문헌비고』·『단조사고』·『신단실기』를 중심으로」, 『역사문제연구』 39, 2018.

조영광, 「새 중등 역사교육과정 한국고대사 내용 구성에 대한 제언」, 『民族文化論 叢』 72, 2019.

조영광, 「2015 개정 교육과정에 따른 역사 교과서의 한국 고·중세사 서술 검토- 교육과정과의 연계성을 중심으로」, 『韓國史學報』 80, 2020.

조인성, 「'고대사 파동'과 고조선 역사지도」, 『韓國史研究』 172, 2016.

한영우, 「17세기후반~18세기초 洪萬宗의 會通思想과 歷史意識」, 『韓國文化』 12, 1991.

허태용, 「17세기 말~18세기 초 中華繼承意識의 형성과 正統論의 강화」, 『震檀學報』 103, 2007.

3. 기타

한국사데이터베이스 http://db.history.go.kr
우리역사넷 http://contents.history.go.kr
한국고전종합DB http://contents.history.go.kr

정치적 무기로서의 역사, 역사전쟁의 다섯 국면*

김정인

Ⅰ. 머리말

정치 현실에서 역사는 무기의 역할을 한다. 즉 역사담론이 정치담론으로서 힘을 발휘한다. 그러므로 역사 담론은 더 정확히 말하면 역사─정치 담론이라 할 수 있다. 현재진행형의 정치 투쟁이 바로 역사, 즉 역사─정치 담론을 둘러싼 갈등의 진원지인 것이다. 1987년 6월 항쟁 이후 민주화가 진전되는 가운데 본격화된 역사전쟁의 배경과 전개과정, 그리고 결과가 자리한 곳에는 언제나 정치투쟁이 자리하고 있었다. 지난 30여 년간의 역사전쟁은 정치적 주류 자리를 둘러싼 보수와 진보 세력 간의 치열한 정치투쟁·권력투쟁의 궤적과 함께 했다.[1] 도발자는 보수세력이었다.[2] 그러므로 역사전쟁

---

* 이 글은 김정인, 「정치적 무기로서의 역사, 역사전쟁의 다섯 국면」, 『백산학보』 117, 2020, 5~26쪽에 게재되었다.

1 이 글에서는 한국 현대 정치사의 양대 주체를 보수세력과 진보세력이라 호명하고자 한다. 여기서 보수세력은 해방 이후 반공·독재·산업화의 가치에 기반해 정치 권력을 장악했던 세력을 가리킨다. 반면 진보세력은 민주·민족·민중의 가치에 기반해 보수에 저항하거나 도전하면서 민주화를 이끈 세력을 가리킨다. 그간 진보세력은 보수세력을 친일·친미에 기반한 사대주의 세력이라 공격해왔고 보수세력은 진보세력을 친북적인 좌파라고 공격해왔다.

2 보수세력은 '대한민국사＝선(善)'이라는 잣대로 역사교과서를 공격대상으로 삼아 그것이 '자

을 들여다본다는 것은 곧 민주화 이후 30여 년 만에 이뤄진 보수에서 진보로의 주류 교체의 과정에서 역사, 즉 역사-정치담론이 수행한 정치적 역할을 살피는 것이기도 하다. 또한 정쟁의 소용돌이 속에서 발발한 역사전쟁에서 '진보의 전사'로 싸웠던 역사학이라는 학문이 '지금 여기'에서 성찰해야 할 것은 무엇인지 짚어보는 작업의 일환이기도 하다.

이 글에서는 그동안 역사전쟁에 대한 축적된 연구 성과들을 기반으로 1987년 민주화 전후부터 오늘날까지 치열한 정쟁 속에 보수에서 진보로의 정치적 주류의 교체가 이뤄지는 과정과 역사전쟁이 얽혀 있음에 주목해 그 전개 과정을 다섯 국면으로 나누어 재구성하고자 한다.

첫째 국면으로 1987년 6월 항쟁을 전후한 시기에 역사학에서 진보사관인 민족-민중사학이 등장해 역사 대중화 운동을 통해 확산되는 과정을 살피고자 한다. 둘째 국면으로 김영삼 정부를 거쳐 김대중·노무현 정부에서 본격화된 정권 차원의 과거청산과 이에 대한 보수세력의 대응 논리로서의 뉴라이트 담론의 등장을 고찰하고자 한다. 셋째 국면으로 이명박 정부가 들어서자마자 불붙은 2008년 촛불시위 이후 정부가 여당·보수언론과 함께 보수세력의 편에서 역사학계3를 공격하면서 자유민주주의 파동으로까지 확산되는 과정을 살펴보고자 한다. 넷째 국면으로 박근혜 정부에 들어와서는 종북 담론이 강력한 정치적 힘을 발휘하면서 통합진보당을 해산하는 강수를 둔 정부가 교학사 교과서 파동에 이어 역사교과서 국정화를 강행하면서 국민적 저항에 부딪히는 과정을 짚고자 한다. 다섯째 국면으로 2017년 박근혜 대통령 탄핵과 함께 정권교체가 이루어지자 극우보수세력을 중심

학사관에 입각했다고 비판했다. 이처럼 보수세력이 정치투쟁의 수단으로 역사교과서에 주목하면서 역사전쟁을 도발하는 양상은 신자유주의 시대를 맞아 뉴라이트와 같은 신보수가 등장해 반사회주의적인 시장주의와 국가주의 노선을 추구하면서 미국, 영국, 독일, 호주 등 여러 나라에서 일어났던 보편 현상이었다.

3 역사전쟁에서 한국사학계를 중심으로 한 역사학계는 역사교육계와 연대해 보수세력의 공격과 비판에 대응했다. 본고에서는 편의상 역사학계와 역사교육계를 아울러 역사학계로 통칭하기로 한다.

으로 태극기부대가 형성되는 것과 맞물려 뉴라이트가 쓴 『반일종족주의』가 큰 화제를 모으며 베스트셀러에 오른 현상의 의미를 살피고자 한다. 또한 이와 같은 역사전쟁의 다섯 국면에 대한 분석과 검토를 기반으로 그동안 정치'색'을 띨 수밖에 없었던 역사학이 성찰해야 할 것은 무엇인지 드러내고자 한다.

II. 민주화 전후, 민족 – 민중사학의 대중화

1987년 6월 항쟁 전후는 40년 동안 명맥을 유지해온 독재체제를 넘어 민주화를 실현하기 위한 산고를 감내해야 하는 격변의 시기였다. 역사학계에서도 소장학자들이 이끄는 지형 변화가 일어났다. 그 근저에는 5·18이 자리하고 있었다. 5·18은 역사학자들로 하여금 '어떤 눈으로 역사를 바라봐야 하고 지금 여기서 어떤 실천을 해야 하는지'를 되물었다. 5·18의 주체였던 평범한 사람들인 민중의 눈으로 역사를 재해석하고 민중의 역사로부터 배우고자 하는 움직임이 생겨났다.[4] 이러한 진보적 성향을 지닌 소장학자의 세력화는 역설적이지만, 1970년대 박정희 정부의 국학 연구 지원 강화 정책에 따라 신진 역사학자들이 크게 늘어난 데 기반하고 있었다. 1970년대에 일어난 노동자·농민·빈민 주체의 운동과 5·18에서 보여준 민중의 역량을 목도하면서 진보적 성향을 갖고 학문의 길에 들어선 그들이 내놓은 것이 바로 민중사학이었다.

여기서 민중사학이란 "역사발전의 주체는 민중이라는 선언적 명제에 기초하여 역사를 민중의 주체성이 확대되어가는 과정으로 해석하고, 이를 토

---

4 김득중, 「1980년대 민중의 발견과 민중사학의 성과와 한계」, 『내일을 여는 역사』 24, 2006, 53쪽.

대로 민중이 주인 되는 사회를 건설하기 위한 변혁의 전망을 모색하는 실천적인 학문"을 뜻했다.[5] 민중사학의 이론적 기반은 마르크스주의로 변혁론적 성격을 강하게 띠었다. 역사학을 통한 현실 문제 해결이라는 실천의 매개체는 학술운동이었다. 학술운동의 동력은 소장학자들을 중심으로 잇달아 만들어진 역사학 관련 연구소와 학회들이었다. 망원한국사연구실(1984), 역사문제연구소(1986), 한국근대사연구회(1987), 한국역사연구회(1988), 구로역사연구소(1988) 등이 그것들이다.

이처럼 다른 학문 분야와 다르게 역사학에서 민주화를 전후한 시기에 민중사학을 내세우며 소장 학자들이 조직적으로 활발하게 활동할 수 있었던 배경에는 1960년대에 제기된 유물사관적 경향의 내재적 발전론과 1970년대에 나온 통일민족주의론, 민중민족주의론이 자리하고 있었다. 근대 학문은 대부분 일제 시기의 그것에 뿌리를 두고 있었던 바, 해방이 되고 나서 그것과의 단절 혹은 청산을 고민하는 분야는 거의 없었다. 하지만 역사학계는 달랐다. 1960년 4·19로 민족주의 흐름이 부상하면서 역사학계에서는 식민사학의 청산을 주장했고 대안 사론으로 내재적 발전론을 정립했다.[6] 30대의 소장학자인 김용섭은 식민사학의 극복과 함께 유물사관적 관점으로 사회경제사 분야에서 한국사의 내재적·주체적 발전을 규명하고자 하는 내재적 발전론을 내놓았다. 이처럼 역사학은 정치에서도 학문에서도 친일 청산의 움직임이 없던 시절에 소장학자를 중심으로 식민사학 청산에 노력했다.[7] 당시 김용섭과 같은 연배로서 자본주의 맹아론을 탐구하던 강만길은 1970년대에 들어와 통일민족주의론을 주장했다. 그는 20세기 전반기가 식민지 통치에서 벗어나는 일을 최고 목적으로 삼았던 식민지 시대라면, 20세기 후반기

---

5 김성보, 「'민중사학' 아직도 유효한가」, 『역사비평』 16, 1991, 49쪽.
6 김정인, 「내재적 발전론과 민족주의」, 『역사와 현실』 77, 2010, 188~191쪽.
7 1980년대 민중사학의 등장의 배경으로서 식민사학의 청산과 함께 내재적 발전론, 통일민족주의론, 민중민족주의론을 대안 사론으로 제시한 김용섭, 강만길, 이만열, 정창렬 등은 모두 1930년대 생이었다.

는 민족분단의 역사를 청산하고 통일민족국가의 수립을 민족사의 일차적 과제로 삼는 통일운동시대이므로[8] 역사학도 분단국가주의적 역사학에서 통일민족주의적인 역사학으로 나가야 한다고 주장했다.[9] 또한 같은 민족주의적 자장 안에 있는 것이긴 하지만, 민족주의적 과제의 실행 주체를 민중으로 보는 민중민족주의론도 대안 사론으로 제시되었다. 강만길은 역사 담당 주체인 민중의 성장을 저해하는 역사학은 반시대적이라고 주장했고,[10] 이만열은 민중의식을 기반으로 하는 민족사관의 정립을 주장했다.[11] 정창렬은 한국 근대사에서 민중적 민족 형성의 코스에 주목했다.[12] 이처럼 유물사관적 경향의 내재적 발전론[13], 통일민족주의론, 민중민족주의론이 1980년대 민주화 시기 전후해서 역사학에 실천성과 운동성을 불어넣었다.

1980년대에 등장한 민중사학은 앞선 대안사론들과 달리 계급사관적 성격을 띠고 있었다. 그러므로 종전의 민중민족주의론에 대해 '민족 속에서 민중을 발견하고 그 실체를 인정했지만, 여전히 민중을 민족 구성원의 일원으로만 파악하여 계급 혹은 계급연합적 실체로서의 민중이 제대로 자리 잡지 못했다'고 비판했다.[14] 민중사학의 파장이 가장 컸던 분야는 한국 근현대사 연구였다. 민주화를 전후해 그동안 홀대받았던 한국 근현대사 연구가 본격화되었다. 민주화의 열망을 민족운동사를 비롯한 한국 근현대사 연구에 투영하려는 분위기 속에 신진 학자들이 쏠림현상을 보이기까지 했다.

---

8 강만길, 『분단시대의 역사인식』, 창작과비평사, 1978, 14~15쪽.
9 역사문제연구소, 『학문의 길 인생의 길』, 역사비평사, 2000, 195쪽.
10 강만길, 앞의 책, 1978, 37쪽.
11 김태영, 「개화사상가 및 애국계몽사상가의 사관」, 『한국인의 역사인식(하)』, 창작과비평사, 1976, 420쪽.
12 정창렬, 「백성의식 평민의식 민중의식」, 『현상과 인식』 54, 1981, 126쪽.
13 내재적 발전론은 한국사의 주체적 발전 과정을 법칙적으로 파악하고 체계화하려는 유물사관적 경향과 발전의 양적 측면을 강조하는 근대화론적 경향으로 대별된다(김정인, 앞의 논문, 190~191쪽).
14 이세영, 「1980, 90년대 민주화 문제와 역사학」, 『한국사 인식과 역사이론』, 지식산업사, 1997, 158쪽.

민중사학의 두드러진 특징 중 하나는 출발부터 역사 대중화에 관심을 보였다는 사실이다. 2000년대에 들어와 본격화된 미디어를 비롯한 소비 매체에 의한 역사 대중화에 앞서 역사학자라는 전문성을 갖춘 학자들에 의해 1980년대 말 역사 대중화 운동이 먼저 일어났던 것이다. 민중사학자들은 학술운동의 일환으로 '변혁적 역사 인식' 계몽을 위한 대중서 발간에 주력했다. 민중사학이 내놓은 첫 대중서로서 한국 통사였던 『한국 민중사』(1987, 풀빛)는 출판사 대표가 구속되는 필화사건을 일으킬 만큼 파장이 컸다. 이러한 정권의 탄압에도 불구하고 한국역사연구회는 한국통사인 『한국사 강의』(1988), 『한국역사』(1992), 구로역사연구소는 『바로 보는 우리 역사』(1990) 등을 잇달아 내놓아 주목을 받았다. 1994년에 한길사에서 발간한 『한국사』는 민중사학자들의 주도로 원시사회에서 현대에 이르는 한국사의 발전과정을 체계화하고 집적한 27권에 달하는 통사였다.[15] 이와 함께 민중사학을 기반으로 한 한국근현대사 관련 대중서들이 잇달아 발간되어 관심을 끌었다. 망원한국사연구실은 『한국근대민중운동사』(1989)를, 한국역사연구회는 『한국현대사』1~4(1991)를 출간했다. 한편, 학술서로서 출간된 한국역사연구회의 『1894년 농민항쟁 연구』(1994), 역사문제연구소의 『한국근현대사 입문』(1989)과 『쟁점과 과제 – 민족해방운동사』(1990), 그리고 한국역사연구회와 역사문제연구소가 공동으로 발간한 『3・1민족해방운동사 연구』(1989) 등도 대중서 못지않은 주목을 받았다. 공동연구라는 문화에 기반한 이러한 대중서의 발간은 교과서에서 배운 공식 역사에 익숙했지만, 민주화의 흐름 속에 지나온 역사를 '제대로' 알고 싶다는 욕망을 가진 대중에게 환영받았다. 학회와 연구소 등에서 개최하는 대중 강좌에도 많은 사람들이 몰렸다. 그것은 민주화 전후, 역사학계 내에서 진보적 흐름이 주류화하는 가운데 진보적 역사인식의 대중화가 이루어지고 있음을 의미했다.[16]

---

15 이윤갑, 「한국 현대의 민족사학의 전개와 민중사학」, 『한국학논집』 22(계명대), 1995, 22~23쪽.

이와 같은 민중사학의 대중화 과정에서 각광을 받은 대중서들은 계급사관인 민중사학을 표방하면서도 내재적 발전론, 통일민족주의론, 민중민족주의론이 제시한 사관을 수렴하는 양상을 보였다. 민중사학자들이 주도했지만, 그들이 대중화한 역사는 민족-민중사학이었던 것이다. 역사 대중화의 열기 속에 민족-민중사학에 입각한 연구 성과들이 1990년대 중반부터 역사교육에 반영되기 시작했다. 그것은 곧 보수적 역사인식과의 충돌을 예비하는 것이었다. 진보적 역사인식과 보수적 역사인식 충돌의 첫 분화구는 현대사 용어였다. 1994년 국사교육내용전개준거안연구위원회는 공청회를 열어 현대사 관련 용어의 수정을 제안했다. 문제가 된 것은 '제주도4·3사건'과 '대구폭동사건'을 '4·3항쟁', '10월항쟁'으로 표기하자는 것이었다. 즉각 보수언론이 반발했다. 『조선일보』는 '국사 교과서 집필 준거안'이 대한민국의 정통성을 부정하는 좌파적 시각에 근거한다고 비판했다. '우익보다 좌익이, 남한보다 북한이 상대적으로 정통성에서 우위를 점하고 있는 듯한 인상을'[17] 준다는 것이다. 보수 정치 세력도 일제히 나서 역사학에 친북과 좌파라는 꼬리표를 달았다. 해방 이후 반공주의를 무기로 주류로서의 지위를 오래도록 누렸던 보수세력이 역사교과서를 둘러싼 충돌에서 내놓은 역사-정치 담론도 역시 친북-좌파 담론이었던 것이다.

결국 교육부는 '국사교육내용전개준거안'을 확정하면서 '제주도 4·3사건', '대구폭동사건'으로 표기하도록 했다.[18] 이 '준거안 파동'은 보수세력의 승리로 끝난 듯 보였지만, 역사학계의 한국근현대사 연구성과의 축적과 역사교육계의 한국 근현대사 교육에 대한 열망이 고등학교 선택 과목인 '한국

---

16 민중사학에 기반한 대중서를 통해 동학농민전쟁에서 독립운동을 거쳐 민주화운동에 이르는 역사에 정당성을 부여하는 역사관이 대중화되어갔다. 이를 최장집은 '운동론적 역사관'이라 명명했다(최장집, 『민중에서 시민으로』, 돌베개, 2009, 183쪽).

17 「북한 선전자료 복사판 우려」, 『조선일보』 1994.03.24.

18 김한종, 「'항쟁'인가 '폭동'인가-국사 교과서 준거안 파동」, 『역사교육으로 읽는 한국 현대사』, 책과함께, 2014, 321~337쪽.

근현대사'의 탄생으로 이어지면서 새로운 국면을 맞았다. 1997년 제7차 교육과정 개정에 따라 새로 집필될 예정인 '한국 근현대사'에는 1980년대부터 본격화된 한국 근현대사 연구의 성과가 담길 수밖에 없었다. 그것은 민족-민중사학에 입각한 진보적 역사인식이 통설화되는 것으로, 보수세력에게는 '체제전복적인 친북-좌파'의 역사-정치 담론의 확산이라는 위기 국면의 도래를 의미하는 것이었다.

Ⅲ. 과거사 청산과 뉴라이트 담론의 등장

4·19 직후 일어난 과거사 청산 움직임은 5·16쿠데타로 깊은 좌절을 맛봐야 했다. 그리고 독재의 긴 터널을 지나 민주화의 시대가 도래하자 다시 과거사 청산의 목소리가 나오기 시작했다. 하지만 노태우 정부는 5·18과 관련해 명예회복과 보상에 그쳤고 김영삼 정부에 와서야 5·18의 진상조사와 책임자 처벌이 이루어졌다. 나아가 김영삼 정부는 한국전쟁 당시 거창에서 일어난 민간인 학살에 대한 진상 규명과 피해자의 명예 회복에 나섰다. 김대중 정부는 4·3사건과 민주화운동 과정에서 일어난 의문사 사건의 진상규명을 위한 위원회를 설치했다.

정부 주도의 본격적인 과거사 청산은 노무현 정부에서 이뤄졌다. 2004년 노무현 대통령이 탄핵 위기를 극복하고 여당인 열린우리당이 의회 권력까지 장악한 가운데, 노무현 대통령은 8·15 경축사를 통해 본격적인 과거사 청산에 들어 갈 것임을 대내외에 천명했다.

지금 이 시간, 우리에게는 애국선열에 대한 존경만큼이나 얼굴을 들기 어려운 부끄러움이 남아있습니다. 광복 예순 돌을 앞둔 지금도 친일의 잔재가 청산되지 못했고, 역사의 진실마저 제대로 밝혀지지 않았기 때문입니다. (중략) 독립운동을 했던 사람은 3대가 가난하고 친일했던 사람은 3대가 떵떵거린다는 뒤집혀진 역사 인식을 지금도 우리는 씻어내지 못하고 있는 것입니다. 우리는 이 왜곡된 역사를 바로잡아야 합니다. 진상이라도 명확히 밝혀서 역사의 교훈으로 삼아야 합니다. (중략) 반민족 친일 행위만이 진상 규명의 대상은 아닙니다. 과거 국가권력이 저지른 인권 침해와 불법 행위도 그 대상이 되어야 합니다. 진상을 규명해서 다시는 그런 일이 없도록 해야 할 것입니다.[19]

그리고 정부 주도의 과거사 청산 작업에 시동을 걸었다. 국정원, 국방부, 경찰청 등 권력기관들의 과거사위원회가 민·관 합동으로 설립되었으며, 친일반민족행위진상규명위원회, 친일반민족행위자재산조사위원회, 일제강점하강제동원피해진상규명위원회, 진실과화해를위한과거사정리위원회, 군의문사진상규명위원회 등이 설립되어 과거사 청산 작업을 펼쳤다.

노무현 대통령의 과거사 청산의 천명은 보수세력의 응집력을 공고히 하는 계기가 되었다. 보수세력은 2000년대에 들어와 김대중 정부에 이어 노무현 정부가 들어서자 연이은 집권 좌절의 충격에 본격적인 시민운동에 뛰어들었다. 바로 그들을 강하게 결집시킨 계기가 2004년 노무현 대통령의 8·15 경축사였던 것이다. 보수세력은 과거사 청산 작업이 주류로서의 자신들의 정체성을 위협할 것이라 우려했다.[20]

이에 대한 보수세력의 첫 대응이 바로 역사교과서에 대한 비판이었다. 과거사 청산과 함께 국가보안법과 사립학교법 개폐 등이 정치 쟁점으로 떠오르던 2004년 10월 자신들의 기득권에 위협을 느끼고 있던 보수세력은 채택률이 가장 높은 금성출판사의 『한국근·현대사』 교과서(이하 금성 교과서)를 문제 삼으며 정쟁의 불을 댕겼다. 야당인 한나라당 권철현 의원은 교

---

19 대통령기록관 사이트(http://www.pa.go.kr/)
20 김정인, 『역사전쟁, 과거를 해석하는 싸움』, 책세상, 2015, 22~23쪽.

육인적자원부 국정감사에서 이 교과서가 친북·반미·반재벌의 관점에서 서술되었다고 비판했다.[21] 보수언론이 이 소식을 전하자 새마을운동본부, 사학연합회 등도 비판에 나섰다. 이에 여당 열린우리당 의원들과 교과서 집필진이 권철현 의원의 문제 제기를 반박하면서 정쟁이 뜨거워졌다. 역사학계도 나서 '역사 연구와 역사교육의 자율성을 보장하고 역사교육을 당리당략이나 이념 공세의 수단으로 삼는 행위를 중단하라'고 요구했다. 교육인적자원부 역시 교육과정에 따른 서술이므로 문제가 없다는 입장을 취했다.[22]

한편, 금성 교과서가 정쟁화되던 무렵 뉴라이트가 노무현 정부의 과거사 청산 작업을 문제 삼으며 보수 대안 세력으로 등장해 주목받았다. 최초의 뉴라이트 단체로 2004년 11월 23일에 출범한 자유주의 연대는 창립선언문에서 노무현 정부의 과거사 청산 작업에 대해 '국민적 예지를 모아 선진국 건설에 일로매진해야 할 이 무한경쟁의 시대에 자학사관을 퍼뜨리며 지배세력 교체와 기존질서 해체를 위한 과거와의 전쟁에 자신의 명운을 걸고 있다'라고 비판했다. 그런데 자유주의연대는 1980년대 말에 NL계 학생운동권이 전개한 북한바로알기운동을 차용해 신북한바로알기운동에도 나섰다. 북한의 식량난과 경제파탄, 인권유린과 우상 숭배, 마약 및 위조지폐 생산 등 교과서에 나오지 않는 북한의 진실을 알리는 운동을 하겠다는 것이었다.[23] 이들은 뉴라이트를 표방하기는 했지만, 처음부터 반공·반북 담론을 들고 나왔다는 점에서 올드라이트와 차별성을 보이지 않았다. 하지만 뉴라이트가 과거사 청산을 문제삼으며 진보세력과의 싸움터를 역사교과서로

---

21 「701개 고교 '민중사관 교과서' 수업」, 『조선일보』 2004.10.05.

22 금성 교과서를 둘러싼 논쟁에는 이미 배포되기 전부터 보수세력과 진보세력이 충돌한 전사를 갖고 있었다. 2001년 검정을 통과한 6종의 『한국근·현대사』 교과서는 전시본이 발간될 때부터 정쟁의 대상이 되었다. 이유는 전시본이 이전 정부인 김영삼 정부를 부정적으로, 현 정부인 김대중 정부를 긍정적으로 서술하는 편향성이 보였다는 것이었다. 보수언론이 먼저 논란을 제기하자 한나라당이 합세하며 정쟁화되었다. 한나라당은 교과서가 정권 홍보용으로 전락한 책임을 물어 진상 규명과 책임자 문책을 요구했다. 결국 국회는 교과서진상특별위원회를 구성했고 교육인적자원부는 교과서 검정 제도의 개선을 발표했다(김정인, 앞의 책, 41~43쪽).

23 홍진표 외, 『교과서가 가르쳐 주지 않는 북한의 진실』, 시대정신, 2005, 6~7쪽.

기획한 점이 주효하며 보수의 대안 세력으로 주목을 받게 된 것이었다.

이듬해인 2005년 1월에는 교과서 전쟁, 즉 역사전쟁에서 보수세력 대표 주자 역할을 할 뉴라이트 단체인 교과서포럼이 결성되었다. 교과서포럼은 "대한민국의 근현대사와 관련된 각종 교과서를 분석·비판하고 대안을 제시하면서 사실을 추구"함을 내세우며 창립선언문에서 금성 교과서가 '대한민국=악'의 이미지를 심어주는 자학 사관에 근거하고 있어 청소년들이 자랑스러운 대한민국이 이룩한 업적과 성취를 배우지 못하고 있다고 비판했다. "우리의 미래 세대는 교과서와 참고서를 통하여 대한민국이 잘못 태어났고, 성장에 장애를 겪고 있는 국가라고 배우고 있다"는 것이다.[24]

교과서포럼은 창립 당일 학술회의를 개최하고 금성 교과서에 대해 첫째 건국의 정통성을 대한민국이 아닌 북한에서 찾고 있다고 주장했다. 정통성의 기준을 친일파 청산 여부에 두고 건국 과정에서 대한민국은 친일파를 척결하지 못했지만, 북한은 친일파를 척결함으로써 정통성을 확립했다고 기술하고 있다는 것이다. 둘째 6·25전쟁을 서술하면서 내전설의 입장에서 북한의 책임을 희석하고 있다고 주장했다. 셋째 이승만과 박정희의 독재는 부정적으로 서술한 반면에 김일성과 김정일의 독재는 중립적으로 서술했다고 주장했다. 넷째 한국의 경제개발은 부정적으로 서술한 반면에 북한 경제의 낙후성은 호의적으로 기술하고 있다고 주장했다.[25] 이 네 가지 주장 모두 친북–좌파 담론에 기반한 특징을 갖고 있었다.

뉴라이트 담론, 즉 친북–좌파 담론은 반북주의사관과 시장주의사관에 근거한 것이었다. 반공주의를 공통분모로 하는 올드라이트와 뉴라이트 모두에게 남북대결보다 남북평화를 추구하는 진보세력의 집권은 체제 위기 그 자체였다. 여기에 권력 상실감이 대북 증오감으로 응집되면서 반북주의

---

24 「'자학사관 비판' 교과서포럼 창립」, 『조선일보』 2005.01.26.
25 김정인, 앞의 책, 113~121쪽.

가 더욱 공고해졌다. 한편, 앞서 금성교과서를 반재벌이라고 비판한 데서 알 수 있듯이, 뉴라이트는 친시장주의적 시각에 서 있었다.[26] 이처럼 반북주의와 시장주의적 시각에 기초한 뉴라이트의 담론, 즉 친북─좌파 담론은 교과서를 수단으로 정치적 상대를 친북·좌파로 몰아가기 위한 이념적 공격 무기였다.

Ⅳ. 보수정권의 회귀와 자유민주주의 파동

2007년 대통령 선거가 다가오면서 보수세력은 정권교체를 목표로 응집했다. 뉴라이트 단체인 자유주의연대의 경우, 신당 창당 등을 통해 정치에 뛰어 들 것을 고민하다가 결국 포기하고 보수 재집권을 목표로 한나라당 대선 후보와의 정책연합을 시도했다. 또한 뉴라이트는 시민운동도 전개했다. 2002년 대선의 패배가 보수 시민운동이 없어서라는 인식에서 나온 것이었다. 전국적으로 대중적인 안보 강연을 시도했으며 시청료 거부운동과 낙선운동 등의 유권자운동을 추진했다. 2005년에 결성된 뉴라이트전국연합은 '정권교체를 통해 친북좌파정권의 재집권을 저지시켜야 한다'는 목표를 내세우고 유권자운동을 펼쳤다.[27] 좌파정권 종식에 동의하는 모든 세력을 아우르는 우파 대연합도 추진했다. 뉴라이트를 앞세운 보수세력의 재집권 운동은 이명박 한나라당 후보가 당선됨으로써 성공했다.

이명박 정부가 출범한 2008년은 1년 내내 격렬한 역사전쟁이 이어진 한 해였다. 3월에는 교과서포럼이 『대안 교과서 한국 근·현대사』를 출간했다. 그런데 그 무렵 광우병 파동으로 촛불시위가 일어났다. 보수세력은 고

---

26 김정인, 위의 책, 170~174쪽.
27 김당 외, 『한국의 보수와 대화하다』, 미디어북스, 2007, 363쪽.

등학생들까지 참여해 갓 출범한 이명박 정부를 위기에 몰았던 촛불시위의 배후로 역사교육, 특히 한국현대사에 대한 비판적 시각을 키워준『한국 근·현대사』교과서를 다시 지목했다. 이번에는 이명박 정부가 직접 보수 세력의 편에서 역사전쟁의 도발자로 나섰다. 5월 14일 김도연 교육과학기술부 장관은 '역사교육이나 교과서가 다소 좌편향이므로 앞으로 전문가들의 의견을 들어 수정하겠다'고 밝혔다.[28]

그 해 7월은 한 달 내내 건국절 파동과『한국 근·현대사』교과서 수정 논란을 겪으며 보내야 했다. 먼저 한나라당 국회의원 13명은 광복절을 건국절로 바꾸는 내용의 개정법안을 발의했다. 역사학계가 강하게 반대하고, 광복회 등 독립운동 관련 단체가 반발하면서 한나라당은 결국 발의를 취소했다. 한편, 교육과학기술부의 의뢰를 받은 통일부와 국방부를 비롯한 17개 기관이『한국 근·현대사』교과서를 검토한 수정 의견을 제출했다. 수정 의견 중에는 4·3사건을 좌익의 반란이라고 지적한 경우도 있어 제주도민과 4·3사건 관련 단체의 항의를 받기도 했다. 7월 23일에는 교육과학기술부가 이들 17개 기관의 의견을 정리해 국사편찬위원회에 검토를 의뢰했다. 그런데 교육과학기술부가 일방적으로 교과서 수정을 주도하는 것에 대한 비판이 높아지자 국사편찬위원회는 각 항목에 대한 개별 의견은 생략한 채, 49개 항의 서술 방침만을 제시하면서 논란을 피해갔다.

가을에도 역사전쟁은 계속되었다. 9월에는 교과서포럼이『한국 근·현대사』교과서를 분석하고 내용 수정을 요구하는 건의안을 교육과학기술부에 제출했다. 교과서포럼은 친북-좌파 담론을 준거로 금성 교과서의 현대사 내용만을 집중검토해 대한민국의 정통성을 부정하고 북한을 옹호한다고 비판했다. 교육과학기술부는 10월에 역사교과전문협의회를 구성해『한국 근·현대사』교과서의 수정 작업에 들어갔다. 그리고 55개 항목의 수정권

---

28 「김도연 장관 "역사교과서 좌편향" 발언 파문」,『한겨레』 2008.05.15.

고안을 교과서 출판사와 집필자들에게 전달했다. 이 중 38개가 금성 교과서에 해당되는 것이었다. 이에 교과서 집필자 중 대학교수들이 한국근현대사집필자협의회를 구성하고 교육과학기술부에 검정 제도의 취지를 훼손하는 수정 권고를 철회하라고 요구했다. 그리고 역으로 출판사별로 수정권고안을 검토한 뒤 이에 대한 수정 의견을 교육과학기술부에 제출했다. 하지만, 교육과학기술부는 집필자들의 수정 의견을 무시하고 다시 수정권고안 내용을 반복한 수정지시안을 내놓았다. 하지만 집필자들은 수정권고안을 검토한 수정 의견을 냈으니 동일한 내용의 수정지시안은 받아들일 수 없다며 재차 수정을 거부했다. 이처럼 수정 여부를 놓고 논란이 일어나자 보수세력은 금성 교과서를 표적삼아 출판사 앞에서 시위를 하고 해당 교과서를 사용하는 학교 명단을 공개했다. 또한 금성 교과서를 다른 출판사의 것으로 교체하도록 압력을 넣는 활동을 벌였다. 보수적인 정부와 교육청, 여기에 교장 등이 가세하면서 연수, 행정 지시 등을 빌미로 역사 교사들에게 교과서 교체를 압박했다. 결국 금성출판사는 집필자의 동의 없이 교육부의 수정지시안을 그대로 반영한 수정 의견을 교육과학기술부에 제출했다. 집필자의 동의 없이 교과서가 수정되는 사태가 일어난 것이다. 이에 금성 교과서 집필자들이 법원에 저작권 침해 금지 가처분을 신청했으나 기각되었다. 그리고 2009년에 사용할 『한국 근·현대사』 교과서를 바꾼 350개 학교 가운데 339개 학교가 금성 교과서를 다른 출판사의 교과서로 교체했다.

이와 같은 이명박 정부를 앞세운 보수세력의 역사전쟁 도발에 역사학계는 전문성, 중립성, 자율성 담론을 내세우며 맞섰다. 21개 역사학 관련 학회들은 공동 성명을 발표해 역사학의 전문성 및 역사교육의 정치적 중립을 보장하라고 요구했다. 무엇보다 학회들은 정부가 헌법에 보장된 교육의 정치적 중립성을 부정하고 있다고 비판했다. 역사 교사와 역사교육 관련자 1,300여 명은 '역사교육자선언을' 발표하고 교육과학기술부의 부당한 수정 요구를 중단하라고 주장했다. 역사교육연대회의가 발표한 성명서의 제목은

'근조! 대한민국 역사교육'이었다.[29]

2008년의 역사전쟁을 치른 이명박 정부는 2009년의 교육과정 개정을 통해 노무현 정부 시절에 만든 2007 개정 교육과정을 무력화하는 데서 더 나아가 불과 2년 만인 2011년에 다시 교육과정을 개편하며 다시 역사전쟁을 일으켰다. 원인은 국사편찬위원회 산하의 역사교육과정개발정책연구위원회가 제출한 교육과정에 명시된 '민주주의'란 용어를 교육과학기술부가 임의로 '자유민주주의'로 고쳐 발표한 데 있었다. 이는 뉴라이트 계열의 한국현대사학회가 "대한민국의 국가적 정체성이 자유민주주의 체제라는 사실을 분명하게 명시할 것과 그 정체성을 구체화하여 가르칠 수 있는 충분한 내용 구성이 가능하도록 교육과정의 항목을 보강해 주실 것"을 교육부에 건의한 직후에 일어난 일이었다.[30] 그러자, 역사교육과정개발정책연구위원회 위원 24명 중 21명이 사퇴하며 성명서를 발표했다.

> 우리 정책위 위원들은, 대한민국의 미래를 담당할 학생들에게 바람직한 역사교육을 시행하는 데 미력이나마 보탠다는 일념으로 교과부가 구성한 논의구조 속에서 수많은 지침을 충실히 지켰고, 역시 교과부가 설정한 겹겹의 검증 과정을 모두 통과한 끝에 교육과정안을 제출하였다. 그런데도 그 핵심 개념이 교과부에 의해 하루아침에 일방적으로 변경되었다는 사실을 확인하고 참담한 심경을 금할 길 없다. 우리 정책위 위원들은 교육과정안 작성의 절차적 합리성, 학생들에게 바른 역사를 가르칠 수 있는 교육과정의 일관성, 헌법 정신을 구현하는 개념을 인정받아온 정당성을 모두 갖추고 있는 '민주주의'를 역사 교육과정에 되살릴 것을 강력히 요구한다.[31]

---

29 역사교육연대회의, 『뉴라이트 위험한 교과서, 바로 읽기』, 서해문집, 2009, 325~326쪽; 2008년 12월에도 역사전쟁이 이어졌다. 교육과학기술부가 건국 60주년 기념사업의 일환으로 '기적의 역사'라는 DVD를 만들어 전국 초·중·고등학교에 교육용 교재로 배포했다. 그런데 여기에 '4·19혁명'을 '4·19데모'로 표현한 것이 알려지면서 비판이 잇따르자, 교육과학기술부가 전량 회수하여 폐기했다(김한종, 「이명박 정부의 역사 인식과 역사교육 정책」, 『역사비평』 96, 2011, 205~209쪽).

30 이인재, 「역대 대한민국 헌법의 민주주의와 자유민주적 기본 질서」, 『역사와 현실』 82, 2011, 456쪽.

그렇게 2011년 역사전쟁은 자유민주주의 파동의 형태로 전개되었다. 역사학계는 자유민주주의는 정당의 정강에 사용되는 정치적 개념으로 아직 학문적 검토가 미비한 용어이지만, 민주주의는 미군정기부터 교육과정에서 자유와 평등을 내포하며 사용된 개념이라고 주장했다. 또한 뉴라이트가 주장하는 민주주의는 결국 평등을 배제한 경쟁에서 이겨 사유재산을 많이 확보한 개인을 위한 자유주의를 의미한다고 비판했다. 뉴라이트도 역사학계의 민주주의 개념을 집중 비판했다. 첫째 '대한민국은 헌법 제4조에 명시된 대로 자유민주적 질서를 지향하고 있는 자유민주주의 국가인데도 종전의 역사교과서가 민족주의와 민중주의에 함몰되어 자유민주주의적 가치가 뚜렷하게 드러나지 않았다'고 비판했다. 둘째 역사학계가 민주화에 최고 가치를 부여하며 역사를 민주 대 독재라는 이분법적 시각에서 좁게 보고 있다고 비판했다. 셋째 민주화를 민족과 민중을 앞세우는 운동 세력의 독점적 성과물로 인식한다는 점을 지적했다. 넷째 민주주의 발전은 경제발전과 이에 따른 사회 계층 구조 변화, 즉 사회 경제적 변동과 밀접한 관련이 있는데, 여기에는 관심이 없다고 비판했다.

역사학계와 뉴라이트 간의 민주주의 논쟁으로 비화한 자유민주주의 파동은 정치권에서 공방이 이어질 만큼 파장이 컸다. 보수언론을 앞세운 보수세력은 가짜 민주주의인 인민민주주의와 구별하기 위해 자유민주주의를 써야 한다며 이명박 정부를 비호했다. '자유민주주의를 반대하는 사람들은 북한에 가라'는 발언까지 등장했다. 다시 친북―좌파 담론이 작동한 것이다.[32] 이처럼, 이명박 정부는 집권 내내 보수세력의 편에서 역사전쟁의 도

---

31 이성호, 「2011년 역사교육과정과 집필 기준 논란 자료」, 『역사와 교육』 5, 2012, 194쪽.
32 '자유민주주의 파동'은 '집필기준안 파동'으로 이어졌다. 2011년 10월 17일 집필기준 초안을 발표하는 공청회가 개최되었다. 그런데 현대사 부분에서 독재라는 표현이 빠져 논란이 되었다. 교육과학기술부가 임의로 넣은 '자유민주주의'는 살아 있었다. 교육과학기술부가 11월 8일 사실상 초안 그대로 집필 기준을 발표하자 집필기준 공동 연구진의 책임자가 교육과학기술부의 일방적인 태도에 반발해 사퇴했다. 게다가 집필기준에 친일파 청산 노력, 5·16군사 정변, 4·19혁명, 5·18민주화운동, 6월민주항쟁 등이 빠졌다는 사실이 알려지면서 비판 여론이 거

발자 역할을 도맡았다. 그것은 역사학계가 중립성 담론을 무기로 사용할 만큼 노골적인 행태였던 바, '잃어버린 10년'에 대한 보상심리와 함께 다시는 잃고 싶지 않은 미래를 담보하기 위한 보수세력의 총력전이었다. 하지만 민족―민중사학에 기반한 역사학계는 진보적 시민운동과 진보 언론의 후원을 받고 연대하며 강한 응집력으로 보수세력에 맞섰다. 역사전쟁이 치열했던 것은 보수권력에 맞선 진보세력의 저항이 만만치 않았기 때문이었다. 또한 뉴라이트를 비롯한 보수세력의 논리는 자유민주주의 파동에서도 종전의 친북―좌파 담론에 기반한 반북주의·시장주의를 벗어나지 못했다. '자유민주주의가 아니면 인민민주주의냐'는 이분법을 반복했을 따름이었다.

V. 종북 담론과 역사교과서 국정화 강행

2012년 대통령 선거에서 다시 보수세력의 지지에 힘입어 박근혜 후보가 당선되었다. 박근혜 정부 취임 첫 해인 2013년에는 친북―좌파 담론의 변형이자 더욱 극우적인 종북담론이 위세를 떨쳤다. '국정원 대선 개입 의혹 사건'에서 벗어나기 위해 박근혜 정부는 '이석기 의원 내란 음모 사건', '노무현 대통령 NLL포기 발언 사건' 등을 기획하며 종북몰이에 나섰다. '종북세력의 수뇌부' 이석기 의원에 대한 체포동의안 처리, '종북의원' 이석기와 김재연 의원에 대한 제명 공세, '종북당'인 통합진보당 해산 시도, 이석기 의원 체포 동의안에 찬성표를 던지지 않은 31명의 '종북의원' 색출작업에 '종북대통령' 노무현론까지 종북담론이 극성을 부렸다.[33] 하지만 2014년 봄까

세게 일어났다. 역사학계와 역사교육계는 이명박 정부가 교육과정과 집필기준을 개정하면서 민주주의 가치와 절차를 파괴하는 행태를 일삼는 데 크게 반발했다.
33 김정인, 앞의 책, 137~139쪽.

지 공안사회라는 말이 나돌 만큼 위력을 발휘하던 종북담론은 4월 16일 세월호 참사를 계기로 힘을 잃었다. 세월호 참사는 '국가란 무엇인가'라는 질문을 던졌고 국민은 박근혜 정부의 무능한 대응에 분노했다. 그러자 박근혜 정부는 보수단체를 동원해 세월호 유가족과 시민단체들을 공격했다. 이 과정에서 올드라이트는 물론 뉴라이트까지 정권의 동원 대상으로 전락했다. 그 결과 뉴라이트 시민운동을 비롯한 보수 시민운동이 정권 보위 운동으로 전락하고 말았다.

종북 담론이 기승을 부리던 2013년, 교학사 교과서 검정 파동이 일어났다. 최종 검정을 통과한 교학사 『한국사』 교과서(이하, 교학사 교과서)는 1,000개가 넘는 오류와 친일·독재 미화의 서술로 문제가 되었다. 그리고 교육부는 출판사가 내용 수정을 제대로 하지 않아 검정 합격 취소 사유가 발생했는데도 묵과했다. 이처럼 교학사 교과서 검정 파동에서 박근혜 정부 역시 보수세력의 편에 확실하게 섰다. 박근혜 정부는 교학사 교과서의 부실 논란이 계속되자 편법을 쓰면서까지 구조에 나섰다. 목적은 강력한 의지로 교과서를 바로 잡아 전쟁에 임하는 자세로 '박근혜 정권 5년 내에 좌파를 척결'하는 데 있었다.[34] 대통령이 직접 검정을 통과한 모든 고등학교 한국사 교과서를 전면 수정 보완할 것을 지시했고 교육부는 유독 『한국사』 교과서만 전체 교과서 검정 시스템에서 빼내 한국사의 수능 필수화를 빌미로 교학사 교과서를 포함한 8종 모두에 재차 수정 지시를 내렸다. 하지만, 교학사 교과서는 채택률 0퍼센트대를 기록하고 말았다.

뉴라이트가 집필한 교학사 교과서의 교육 현장 진입이 실패한 후 박근혜 정부가 내놓은 카드가 바로 역사교과서 국정화였다. 2013년 9월 17일 박근혜 대통령의 "교과서가 이념 논쟁의 장이 되는 일은 바람직하지 않다. 논란이 반복되는 원인을 검토해 대책을 마련하라"는 지시를 시작으로 역사교과

---

34 역사교과서국정화진상조사위원회, 『역사교과서 국정화 진상조서 백서』, 2018, 17쪽.

서 국정화 논의가 이루어졌다.[35] '하나의 교과서라야 국론 분열을 막는다'는 게 논리였다. 이때부터 정홍원 국무총리, 서남수 교육부 장관, 그리고 새누리당이 역사교과서 국정화 여론을 조성하기 시작했다.[36] 하지만 보수언론조차도 사설을 통해 공개적으로 국정화에 반대하면서 난항에 부딪혔다.

> 국정교과서는 별 소득 없는 위험한 발상이며, 바람직한 대안이 아니다. 우리 사회가 용인할 수 있는 상식의 범위 안에서 다양한 사고를 보장하려는 민주사회의 원칙은 반드시 지켜져야 한다. 이는 한국사 교과서에도 적용된다. 교과서에 적용돼야 할 상식이란 우리 역사의 공과 과를 균형 있게 다루는 것이다. (중략) 정부가 집필·검정 기준을 정하면 민간 출판사가 참여해 그 기준에 맞춰 자유롭게 교과서를 내는 게 검정 체제다. 교육부가 고민해야 할 대책은 상식의 선을 지키면서 다양한 시각과 사고를 담은 교과서가 나오도록 검정 체제의 실효성을 높이는 것이어야 한다. (중략) 검정 체제가 보장하려는 다양성을 훼손하는 정도까지 국가가 개입해서는 곤란하다. 이번 역사 교과서 파동으로 상식이 설 자리는 갈수록 좁아지고 있다. 다양한 시각을 부정하려는 극단과 비상식이 판을 치면서 우리 교육이 위기를 맞고 있다. 이럴수록 정부는 발행 체제를 크게 흔들지 않고 교과서 문제를 해결할 수 있는 방안을 찾아야 한다. 이게 순리다.[37]

하지만 박근혜 정부는 역사교과서 국정화를 포기하지 않았다. 2014년 가을 교육부의 국정화 계획을 청와대에 보고하고 '한국사 교과서 발행 체제 개선 방안(안)'을 마련하면서 국정화 추진 계획이 거의 확정되었다. 그럼에도 발표는 미뤄졌다. 세월호 참사 이후 대통령 지지율이 하락하고 국정화에 대한 긍정적 여론 확산이 기대만큼 이뤄지지 못했기 때문이었다.

역사교과서 국정화는 2015년에 들어 다시 추진되었다. 이 과정에서 청와

---

35 「국정교과서는 보수의 '족보'인가」, 『시사IN』 321, 2013.11.04.
36 김한종, 『역사교과서 국정화, 왜 문제인가』, 책과함께 2915, 223쪽.
37 「다시 국정교과서로 돌아갈 수는 없다」, 『중앙일보』 2014.01.11.

대는 국정화 결정 및 실행 과정에 구체적으로 개입했다. 7월부터 국정화 추진 프로세스가 본격적으로 작동되었는데, 그 진원지는 청와대였다. 그리고 여당과 정부 책임자들의 국정화 발언이 이어졌다. 7월 31일 미국을 방문 중이던 새누리당 김무성 대표가 "좌파 세력이 준동하며 미래를 책임질 어린 학생들에게 부정적인 역사관을 심어주고 있어 역사교과서를 국정교과서로 바꾸기 위한 노력을 하고 있다"고 발언한 데 이어 8월 5일 황우여 교육부 장관은 언론 인터뷰에서 "교실에서부터 국민이 분열되지 않도록 역사를 하나로 가르쳐야 한다"며 "필요하면 국정화도 배제하지 않고 있다"고 발언했다. 이때도 보수 진보 구분없이 대부분 언론이 시대 역행 혹은 시대착오라는 제목을 달아 국정화에 반대하는 사설들을 실었다.[38] 그럼에도 9월 2일 김무성 새누리당 대표는 다시 국회 대표 연설을 통해 '국정 역사교과서 도입'을 주장했다.

이와 같은 박근혜 정부와 새누리당의 국정화 강행 움직임을 탐지한 역사학계는 재빨리 대응했다. 9월 2일 서울대 역사학 교수들은 황우여 교육부 장관에게 국정화 불가론을 담은 의견서를 직접 전달했다. 역사교사 2,255명은 국정화 반대를 선언했다. 이틀 후에는 독립운동가 후손들이 국정화에 반대하는 기자회견을 열었다. 역사학자들은 전국적인 집필 거부 선언으로 역사교과서 국정화에 맞섰다. 초초해진 박근혜 정부는 극우보수세력을 동원해 10월 30일에 열린 학술행사인 역사학대회장에 조직적으로 난입하도록 배후조종하는 일까지 불사했다. 11월 3일 국정화가 확정 고시될 때까지 매일같이 국정화 반대 시위와 성명 소식이 이어졌다. 사실상 역사교과서 국정화가 국민적 저항에 부딪힌 셈이었지만, 박근혜 정부와 새누리당은 강행했다.

---

38 「한국사 교과서 국정화는 시대 역행적 발상이다」, 『국민일보』 2015.08.06; 「한국사 교과서 국정화, 시대착오적 미련 버려야」, 『한국일보』 2015.08.07.

이처럼 박근혜 정부는 집권 초기부터 친북—좌파 담론의 뿌리를 둔 종북 담론으로 진보세력을 옭아매고 역사교과서 국정화를 추진했다. 역사교과서 국정화라는 무리수는 2016년에 드러난 국정농단사건의 전조였으며, 이에 반대해 일어난 국민적 저항 역시 2016년 가을부터 타올랐던 촛불시위의 예고편이었다. 박근혜 정부의 몰락이 역사교과서 국정화 강행으로부터 시작된 바, 보수세력이 역사교과서를 싸움터로 삼아 친북—좌파 담론에 입각한 뉴라이트 사관, 즉 보수적 역사 인식을 정설화하려는 시도는 결국 실패로 끝나고 말았다. 그들은 역사교과서는 역사학의 연구 성과에 기반해 쓰여진다는 상식을 결코 받아들일 수 없었다. '친북좌파가 역사학계를 장악했기 때문이었다'. 그래서 권력의 힘으로 밀어붙이려 했던 것이었다.

Ⅵ. 촛불시민혁명과 '반일종족주의' 현상

박근혜 정부는 2015년 역사교과서 국정화 파동에 이어 12월 '한일 위안부 졸속 합의'로 커다란 논란을 일으켰다. 게다가 2016년에 들어서자마자 테러방지법을 밀어붙이고 개성공단을 폐쇄하고 사드 배치를 검토하기 시작했다. 박근혜 정부의 일방독주는 4·13 총선에서 여당인 새누리당의 패배라는 결과를 낳았다. 이처럼 박근혜 정부가 극우보수의 길을 노골화하면서 보수세력의 균열이 시작되었다. 보수 언론은 박근혜 대통령과 김기춘·우병우로 대표되는 청와대 참모진, 그리고 친박세력의 독주를 비판했다. 조선일보는 최순실 관련 의혹을 보도했고 '우병우 청와대 민정수석 처가 부동산 의혹'을 제기했다. 그러자 새누리당 김진태 의원의 폭로한 '대우조선 호화여행' 건을 빌미로 송희영 주필이 사임을 해야 했고, 이석수 특별감찰관과의 통화를 이유로 이명진 사회부장이 압수수색을 당했다. 조선일보의 최순실 보도 의혹 이후 JTBC와 한겨레 등이 나서 실체를 파고들기 시작했다. 그러자 박근혜 대통령의 비선 실세인 최순실의 측근들이 동요했다.

그 해 가을에 들어서 박근혜 정부의 공안통치적 행태에 공분하는 사건이 일어났다. 2015년 11월 14일 민중총궐기대회에서 경찰이 쏜 물대포에 맞아 쓰러진 백남기 농민이 2016년 9월 25일에 영면했다. 그러자 대통령 주치의 출신이 원장으로 있는 서울대병원은 사인을 '병사'라고 기록했고, 경찰은 강제부검을 시도했다. 국가폭력에 의해 죽은 국민을 또다시 죽이려는 정권에 분노하는 가운데 국정농단사건이 터졌다. 박근혜 대통령이 국회에서 개헌 발언을 한 10월 24일 저녁 JTBC 뉴스룸이 최순실의 태블릿 PC를 폭로했다. 그리고 마침내 그 주말인 10월 29일 첫 촛불을 밝힌 이래 2017년 3월 4일까지 19차례에 걸쳐 거리로 나온 1,500만 시민은 거리에서 '박근혜 퇴진'을 외쳤다. 12월 3일에는 무려 270만 시민이 촛불시위에 참여했다. 여론의 압박에 국회는 12월 9일 299명 의원 중 234명의 압도적 찬성으로 '대통령 탄핵소추안'을 가결했고 헌법재판소는 2017년 3월 10일 탄핵을 인용했다.

넉 달간의 촛불시민혁명 과정에서 주목할 만한 변화 중 하나는 보수 세력의 분열과 이에 따른 극우보수의 세력화였다. 우선 여당인 새누리당이 분열했다. 바른정당이 떨어져 나왔고 친박계는 당명을 자유한국당으로 바꿨다. 토요일마다 서울시청 광장에서는 탄핵 반대를 외치는 극우보수세력의 '태극기 집회'가 열렸다. 그 자리에 참여한 압도적 다수는 박정희 18년 집권기를 산업의 역군으로 살았던 60, 70대 노인들이었다. 그들은 대통령 탄핵이 결정되자 곧장 불복을 선언했다. 일부 자유한국당 국회의원들도 '태극기 집회'에 나와 탄핵 반대를 외쳤다.

2017년 5월 10일 대통령선거를 통해 문재인 후보가 당선되면서 정권교체가 이뤄졌다. 그리고 취임 3일 만에 '대통령 업무 지시 2호'로 박근혜 정부가 강행해서 만든 국정 교과서를 적폐로 규정하고 폐지를 지시했다. 그리고 그 해 9월에는 역사교과서 국정화 진상조사위원회가 구성되어 2018년 4월까지

활동했다.[39]

한편, 문재인 정부가 들어선 후 '태극기부대'의 규모는 더욱 커지고 조직화되었다. 주말마다 광화문에 모여 집회를 열고 '문재인 정권 퇴진'을 외쳤다. 촛불시민혁명에 대한 반작용으로서의 '태극기집회'가 이어지는 가운데 2019년 7월 10일 뉴라이트 학자들이 『반일종족주의』를 출간했다. '학술서와 대중서, 정치적 선전물 사이에서 줄타기'[40]를 하고 있는 이 책은 일본을 적대적인 악의 종족으로 간주하는 세계관을 반일종족주의로 명명하고 한국 사회에서의 반일종족주의의 기원과 형성, 그리고 확산과정을 다뤘다.[41] 이와 같은 뉴라이트의 반일종족주의 담론에 가장 열광한 것은 '태극기 부대', 그러니까 극우보수세력이었다. 주류로서의 지위를 잃은 상실감과 반문재인 정서에 기반해 한국 사회를 바라보고 있는 그들은 주류로 올라선 진보세력의 역사 인식을 정면으로 반박하는 반일 종족주의 담론에 환호했다. 그 덕에 『반일종족주의』는 발간한 지 두 달 만에 약 10만부가 팔렸다. 교보문고에서는 8월 2주차부터 종합 베스트셀러 1위 자리에 올랐다. 일본에서는 문예춘추출판사에 의해 11월 14일에 발간되면서 곧바로 온라인 서점인 '아마존 재팬'에서 종합순위 1위에 올랐다.[42]

주류 교체가 마무리되는 시점에서 심각한 위기감에 빠진 극우보수세력은 친일파로 불려도 상관없다는 태도를 보였다. 이 책의 출간 직후인 7월 18일 대구에서 열린 북콘서트에서는 박근혜 정부 시절 청와대 대변인이던 윤창중이 "사실은 제가 '토착왜구입니다'"라고 주장했다.[43] 8월 1일에는 엄마부대 대표 주옥순이 아베 총리에게 '국민의 한 사람으로서 사죄드립니다'

39 역사교과서국정화진상조사위원회, 앞의 책, 3~11쪽.
40 김헌주, 「반일 종족주의 사태'와 한국사 연구의 탈식민 과제」, 『백산학보』 116, 2020, 250쪽.
41 이영훈 외, 『반일종족주의』, 미래사, 2019, 20~21쪽.
42 강성현, 『탈진실의 시대, 역사부정을 묻는다』, 푸른역사, 2020, 48쪽.
43 「한국 내 '신친일파'…일 우익과 '판박이'」, 『노컷뉴스』 2019.08.13(https://www.nocutnews.co.kr/news/5197163).

라고 발언했다.[44] 연세대 사회학과 류석춘 교수는 "이영훈이 옳다고 생각한다"고 주장하며 일본군위안부에 대해 "살기 어려워서 매춘하러 간 것"이라고 발언해 사회적 파장을 불러 일으켰다.[45]

이처럼 뉴라이트와 극우보수세력이 반일종족주의 담론을 공유할 수 있었던 것은 바로 그들이 한국 사회에서 주류로서의 지위를 상실한 공통점을 갖고 있기 때문이었다. 뉴라이트는 세력화를 꾀할 당시, 역사교과서를 싸움터로 삼는 기획을 내놓아 성공했다. 그런데 당시에는 친북-좌파 담론을 내놓았지만 다시 진보세력이 집권하자 이번에는 반일종족주의 담론을 들고 나왔다. 하지만 반일 정서는 진보와 보수를 아우르는 국민적 정서이므로 반일종족주의 담론이 극우보수세력을 넘어 보수세력 전반에 수용되어 대항 논리가 되기는 어려울 듯하다. 다만, 일본의 극우보수세력과 연계되었다는 점, 그리고 유튜브, 페이스북, 카톡 등 SNS를 통해 형성된 '대중적 네크워크가 존재한다는 점이 종전의 뉴라이트 현상과는 다른 양상을 보이고 있음은 분명하다.[46] 최근 『반일종족주의』의 후속편으로 『반일종족주의와의 투쟁』이 출간되었는바, 화제성에서 전편만 못한 듯하다.[47]

한편, 역사학계를 비롯한 학계에서는 반일종족주의 현상에 대해 즉각적으로도 민감하게도 반응하지 않았다. 진보 언론을 통해 사실과 실증의 차원에서 비판하거나 『반일 종족주의, 무엇인 문제인가』, 『일제종족주의』, 『반대를 론하다』, 『탈진실의 시대, 역사부정을 묻는다』, 『반일종족주의의

---

44 「엄마부대 주옥순 대표 "아베 수상님에게 사죄" 발언 논란」, 『연합뉴스』 2019.08.06(https://www.yna.co.kr/view/AKR20190806150800004?input=1195m).

45 「연세대 류석춘 교수, 강의서 "위안부는 매춘부"」, 『프레시안』 2019.09.21(https://www.yna.co.kr/view/AKR20190806150800004?input=1195m).

46 강성현, 앞의 책, 43~48쪽.

47 『반일종족주의』의 저자들은 2020년 5월 『반일종족주의』에 '쏟아진 비판에 성의껏 대답하고 겸하여 이전 책의 미진했던 부분을 보충할 목적으로 『반일종족주의와의 투쟁』을 출간했다. 여기서 이영훈은 『반일종족주의』의 베스트셀러화를 "많은 한국인이 이 책을 통해서 해방과 자유의 기쁨을 맛볼 수 있었기 때문이 아닌가"라고 해석했다(이영훈 외, 『반일종족주의와의 투쟁』, 미래사, 2020, 5~6쪽).

오만과 거짓』, 『누구를 위한 역사학인가』 등의 책을 잇달아 발간해 논박했다.[48] 하지만 역사학계가 종전처럼 연대해 대응하지 않았다. 이러한 다소 소극적인 입장은 반일 종족주의 현상이 매우 극우보수적인 양상을 띠므로 학문적으로나 교육적으로 대응하기 곤란하다는 판단에서 비롯된 것이었다. 역사-정치 담론을 둘러싼 갈등 국면이 역사교과서 국정화의 강행과 폐지 과정을 거치면서 다소 누그러졌다는 판단도 그러한 대응에 영향을 미쳤다.

VII. 맺음말

민주화 이후 30여 년에 걸친 보수에서 진보로의 주류세력의 변화는 역사전쟁을 수반했다. 그 싸움터는 늘 역사교과서였던 바, 그것은 역사전쟁의 본질이 대중의 역사인식 전유를 위한 싸움이었음을 뜻한다. 여기서 뉴라이트로 대표되는 보수세력 대 역사학계라는 전선이 형성된 것은 역사학계가 어느 학문 분야보다 빠르고 폭넓게 민족-민중사학을 기반으로 진보세력화되었기 가능했던 일이었다. 친일 청산을 공론화하고 실행하며 부단히 대안 사론을 마련하고 역사 대중화를 시도했던 역사학계는 진보적 성향의 강한 응집력을 갖고 있었다. 이에 맞선 뉴라이트는 새로운 보수 대안 세력으로 주목받기는 했으나, 그들의 친북-좌파 담론은 해방 이후 오래도록 주류의 삶을 누렸던 보수세력의 그것과 차별성이 없었다. 또한 그들 대부분은 보수정권이 들어서면서 정계로 진출하거나 정부에 들어갔다. 그로 인해 박근혜 정부의 역사교과서 국정화를 밀어붙일 때, 이를 대중에게 전파하는

---

48 김종성, 『반일 종족주의, 무엇이 문제인가』, 위즈덤하우스, 2019; 황태연 외, 『일제 종족주의』, 넥센미디어, 2019; 정혜경 외, 『반대를 론하다』, 도서출판선인, 2019; 강성현, 앞의 책; 전강수, 『반일종족주의의 오만과 거짓』, 2020, 한겨레출판; 우석대 동아시아평화연구소, 『누구를 위한 역사인가』, 2020, 푸른역사.

이데올로그로서의 뉴라이트는 거의 없었다. 더욱이 일부 뉴라이트는 박근혜 정부를 거쳐 문재인 정부 아래 극우보수화되어 태극기부대에 합류했다. 주류세력의 교체와 더불어 역사전쟁의 공고한 한 축이 무너져갔던 것이다. 대신에 이번에는 뉴라이트가 제기하고 극우보수세력이 적극 호응한 반일 종족주의 현상이 나타나 현재진행 중이다.

이처럼 지난 30여 년 동안 역사학계는 역사전쟁에서 진보적인 시민단체와 진보언론 등과 연대해 보수, 특히 뉴라이트에 맞섰다. 뉴라이트가 친북·좌파 담론으로 공세를 펼칠 때 역사학계는 친일·독재 미화 담론으로 상대를 공격했다. 그런데 역사전쟁 중에도 역사학에서는 민족주의적 연구 풍토를 벗어나 다양한 주제와 방법론에 입각한 새로운 해석들이 등장해 각광을 받았다. 그럼에도 역사전쟁에서는 역사학계가 진보세력의 편에서 친일 대 반일, 독재 대 민주와 같은 이분법에 기반해 싸우면서 그와 같은 새로운 연구 경향은 역사학의 담장 밖까지 확장되지 못했다. 그리고 역사학계가 공격 무기로 사용했던 친일 프레임이 역사소비시대를 맞아 대중적인 인기를 누리게 된 대중 역사가들에 의해 확대재생산되고 문재인 정부가 강경한 대일 외교 기조를 유지하면서 대중의 반일 포퓰리즘 정서는 더욱 공고화되었다.[49] 보수세력은 그것을 반일종족주의라 명명하고 공격했다. 그 결과 대중 역사가 추동하는 반일 포퓰리즘과 보수세력의 공격 무기가 된 반일종족주의는 적대적 공생관계를 이루며 대중 심리를 장악해 가고 있다. 그만큼 역사학과 대중의 거리는 멀어져가고 있다. 그러므로 지금이야말로 지난 30여 년 간의 역사전쟁을 되짚으며 새로운 길을 모색하기 위한 진지한 성찰이 필요한 때이다.

---

[49] 김정인, 「역사소비시대, 대중역사에서 시민역사로」, 『역사학보』 241, 2019, 1~3쪽.

| 참고문헌 |

1. 단행본

강만길, 『분단시대의 역사인식』, 창작과비평사, 1978.

강성현, 『탈진실의 시대, 역사부정을 묻는다』, 푸른역사, 2020.

김당 외, 『한국의 보수와 대화하다』, 미디어북스, 2007.

김정인, 『역사전쟁, 과거를 해석하는 싸움』, 책세상, 2015.

김정인, 「역사소비시대, 대중역사에서 시민역사로」, 『역사학보』 241, 2019.

김종성, 『반일 종족주의, 무엇이 문제인가』, 위즈덤하우스, 2019.

김태영, 「개화사상가 및 애국계몽사상가의 사관」, 『한국인의 역사인식(하)』, 창작
과비평사, 1976.

김한종, 『역사교육으로 읽는 한국 현대사』, 책과함께, 2014.

김한종, 『역사교과서 국정화, 왜 문제인가』, 책과함께, 2015.

역사교과서국정화진상조사위원회, 『역사교과서 국정화 진상조서 백서』, 2018.

역사교육연대회의, 『뉴라이트 위험한 교과서, 바로 읽기』, 서해문집, 2009.

역사문제연구소, 『학문의 길 인생의 길』, 역사비평사, 2000.

이세영, 「1980, 90년대 민주화 문제와 역사학」, 『한국사 인식과 역사이론』, 지식산
업사, 1997.

이영훈 외, 『반일종족주의』, 미래사, 2019.

이영훈 외, 『반일종족주의와의 투쟁』, 미래사, 2020.

정혜경 외, 『반대를 론하다』, 도서출판선인, 2019.

최장집, 『민중에서 시민으로』, 돌베개, 2009.

홍진표 외, 『교과서가 가르쳐 주지 않는 북한의 진실』, 시대정신, 2005.

황태연 외, 『일제 종족주의』, 넥센미디어

2. 논문

김득중, 「1980년대 민중의 발견과 민중사학의 성과와 한계」, 『내일을 여는 역사』 24,
2006.

김성보, 「'민중사학' 아직도 유효한가」, 『역사비평』 16, 1991.

김정인, 「내재적 발전론과 민족주의」, 『역사와 현실』 77, 2010.

김한종, 「이명박 정부의 역사 인식과 역사교육 정책」, 『역사비평』 96, 2011.

김헌주, 「'반일 종족주의 사태'와 한국사 연구의 탈식민 과제」, 『백산학보』 116, 2020.

이윤갑, 「한국 현대의 민족사학의 전개와 민중사학」, 『한국학논집』 22(계명대), 1995.

이인재, 「역대 대한민국 헌법의 민주주의와 자유민주적 기본 질서」, 『역사와 현실』 82, 2011.

정창렬, 「백성의식 평민의식 민중의식」, 『현상과 인식』 54, 1981.

역사부정 현상과 학교 역사교육의 과제*

김육훈

Ⅰ. 머리말

최근 몇 년 사이 역사부정이란 단어는 더 이상 낯설지 않게 됐다. 역사부정으로 개념화될 문제 상황은 이전에도 있었으나, 2019년을 경유하면서 역사부정은 하나의 사회 현상으로 분명한 모습을 드러냈다.

연초부터 제1야당 인사들이 국회에서, 5·18은 북한군이 개입한 폭동이라 주장하거나 5·18 유공자를 세금을 축내는 괴물 집단으로 폄훼했다. 얼마 뒤에 그 당 원내 대표가 공식 석상에서 "해방 직후 반민 특위가 국민을 분열시켰다"는 발언도 했다. 일본 정부와 우익 세력의 역사 부정은 더욱 노골화됐으며, 급기야 '대한민국은 약속을 지키지 않는 나라'라거나, '국제적 반일 세력의 공세에 맞서 역사전을 벌이자'며 오히려 가해와 피해를 전도하려 했다.

이영훈 등이 펴낸 『반일종족주의』[1]는 이 같은 흐름의 연장선에 서 있으

---

* 이 글은 김육훈, 「역사부정 현상의 확산과 학교 역사교육의 과제」, 『歷史敎育論集』第77輯, 2021, 39~81쪽을 수정 보완하였다.

면서, 이러한 흐름을 증폭시켜 역사부정을 하나의 사회적 현상으로 파악해야 할 필요성을 확인시켜주었다. 이영훈 등은 이승만TV란 유튜브 방송에서 강의한 내용을 중심으로 이 책을 펴냈는데, 역사부정의 흐름을 타고 많은 독자들의 선택을 받았다. 이후 진행된 상황을 강성현은 '반일종족주의 현상'으로 칭했는데, 책 내용이 다양한 미디어를 통해 사회화됐으며, 한일 우익 사이의 네트워킹이 다층적으로 이루어지는 데 영향을 미친 점에 주목한 표현이었다.[2]

2019년 한 해 동안 이 같은 흐름은, 구체적 행동으로까지 이어졌다. 5·18에 즈음하여 광주에서 역사부정 내용으로 집회를 개최한다거나, '위안부' 평화비 철거를 주장하는 활동이 진행됐고, 서울의 한 고등학교에서 일부 학생이 '반일 사상 독재' 반대를 주장하며 행동에 나서자 많은 우파 미디어와 단체들이 합류하여 학교와 교육 당국을 공격하는 일도 일어났다. 제1야당은 2019년에 검정을 통과한 한국사 교과서가 심각하게 편향됐다면서, "교과서를 좌파 독재 사상교육 도구로 삼고 자신들의 교육 현장을 이념교육장으로 전락시킨 문재인 정권은 대한민국의 적이다"이란 성명을 내고 우파 단체와 교과서를 비난하는 행사를 치렀고, 일부 우파 단체는 교과서를 불태우는 시위도 벌였다.

이처럼 2019년 한 해 동안 역사 인식을 둘러싼 사회 정치적 갈등이 거의 전방위적으로 일어났다. 그런데 내용은 이전보다 극단화됐는데도 제1야당까지 합세하는 등 지지자가 늘어났으며, 단순한 발화에 그치지 않고 집단 행동으로 이어졌다.

이 장면에서 여러 역사교육자들은 권위주의 정권 시절 학생 단체가 보수 단체-언론과 연결하여 교사의 수업을 감시하는 활동을 벌였던 일, 일베를

---

1 이영훈·김낙년·김용삼·주익종·정안기·이우연, 『반일 종족주의: 대한민국 위기의 근원』, 미래사, 2019.
2 강성현, 『탈진실 시대 역사부정을 묻는다』, 푸른역사, 2020.

통해 역사부정 논리가 구성되어 확산되던 상황과 그 문제의 심각성을 느끼면서 교육적 대안을 모색했던 기억을 떠올렸다.[3] 그런데 2019년 이후 상황은 이보다 훨씬 심각했다. 그래서 여러 역사교육자들은 앞서 열거한 현상들을 '역사부정'이란 개념 속에서 파악하고, 상황을 진단하면서 학교 역사교육의 과제를 탐색했다. 역사교육연구소와 전국역사교사모임은 그 중심에 있었다. 2020년 연초에는 역사부정에 대처할 역사교육자의 역할을 탐색하는 공개토론회를 개최했고, 2020년 2월에는 두 단체가 공동 연구팀을 꾸려 연구와 조사 활동을 진행했고, 일부 구성원들은 실천 가능한 교재를 구성하고 수업을 통해 문제 해결의 방향을 학생들과 함께 탐색했다. 구성원들이 대거 참여한 학술대회를 개최했으며, '역사부정과 역사교사가 할 일'을 주제로 한 교사 연수도 진행했다.[4]

학습과 토론을 이어가면서, 모임 구성원들은 역사부정은 일부 이상한 사람의 황당한 주장이라거나, 2019년 한국만의 특수한 상황이 아니며, 진실이 널리 알려지면 자연스레 소멸될 음모도 아니라는 데 공감했다. 과거 청산

3 강화정, 「고등학생의 민주주의 이해 양상」, 『역사와 세계』 45, 2014; 이해영, 「5·18 민주화 운동에 대한 광주·대구·서울 학생의 역사 인식 비교」, 『역사와교육』 13, 2016.
4 이 모임에 참가한 역사교육자들이 학회나 회보 등을 통해 발표한 글은 다음과 같다.
강태원, 「일본에서 역사부정 그 비판과 수업 실천」, 『역사와 세계』 58, 2020; 강화정, 「역사교사의 교실 속 역사부정 접근법」, 『역사와 세계』 58, 2020; 강화정·맹수용·문순창·박상민·안민영, 「직면과 대처: 역사부정과 마주한 역사교사들―역사교사 대상 설문 리서치 분석」, 『역사교육』 131, 2020; 김민수, 「5·18 부정에 대한 고등학생들의 인식 역사부정에 대한 교육적 시사」, 『역사와 세계』 58, 2020; 김육훈, 〈탈진실 시대, 역사부정을 묻는다〉에 대한 토론문」, 『위안부' 연구회 2021년 총회 자료(미간행), 2020(1); 김육훈, 「지금 우리가 직면하게 된 역사부정이란 현실」, 『전시 성폭력과 공공역사 심포지움' 자료집(서울대 아시아연구소 동북아시아센터, 전국역사교사모임 공동 주최, 미간행), 2020(2); 김육훈, 「역사 부정은 무엇이며 어떻게 대처해야 할까」, 『역사와교육』 20, 2021; 맹수용, 「역사부정에 맞서는 수업실천기―5·18 민주화운동 수업 사례」, 『역사교육연구』 39, 2021(1); 맹수용, 「냉전적 인식을 성찰하는 한국전쟁 수업, 그 방향성 탐색」, 『역사와 교육』 20, 2021(2); 문순창, 「일본군 '위안부' 수업 실천의 성찰적 진화」, 『역사와 교육』 20, 2021; 박상민, 「국가 형성기 '항쟁' 사건 수업―국가 폭력의 부인을 넘어 교육의 가능성 찾기」, 『역사와 교육』 20, 2021 ; 방지원, 「기억의 정치와 역사부정, 역사교육은 어떻게 대처할까?」, 『역사와 세계』 58, 2020; 안정은, 「초등학교에서 일본군 '위안부' 교육을 어떻게 해야 할까?」, 『역사와 교육』 20, 2021; 양정현, 「『반일종족주의』의 역사인식과 역사교육에서의 비판적 사고」, 『역사와 세계』 58, 2020; 이경훈, 「역사 부정의 파고 속, 일본군 '위안부' 역사교육, 어떻게 해야 하나?」, 『역사와 교육』 20, 2021.

이 제대로 이루어지지 못한 결과이자 오래 동안 뿌리내린 부인문화의 반영이며, 우울하지만 앞으로도 지속될 수 있으며 특정한 조건이 되면 격렬한 갈등을 동반한 사회문제로까지 치달을 수 있다는 데 공감했다.

이 글은 모임 구성원으로 참가하여 같이 공부하고 토론하면서 도달한 내용을 참조하되, 사안의 성격을 분명히 드러내고 학교 역사교육의 방향 전반에 걸쳐 참조해야 할 문제 지점을 확인하는 걸 과제로 한다. 구체적으로 하나의 사회 현상으로서 역사부정의 개념, 그것의 기원과 동학(動學)을 정리하고, 이를 바탕으로 역사부정 현상이 시사하는 역사교육적 의미를 바탕으로 역사교육이 나아가야 할 방향을 포괄적으로 논의한 뒤, 현장의 실천과 정책적인 변화가 교재 구성과 수업 실천의 변화를 가져온 사례를 확인해보고자 한다.

Ⅱ. 역사부정의 개념: 기원과 동학

1. 역사부정과 부인 문화

『반일종족주의』 출간 이후, 역사부정을 '분석과 대처가 필요한 하나의 사회 현상'이란 차원에서 개념화한 것은 강성현이었다. 그는 이 책 내용을 상세하게 분석하여, 수정주의적 역사 해석이 아니라 역사부정이란 점을 분명히 했다. 새로운 학술 연구라기보다, 특정한 의도를 갖고 자료 왜곡, 잘못된 사례 선별, 비교 오류, 논리 비약을 저질렀다고 보았다. 그는 이영훈 등을 학자라기보다 '탈진실 선동가'로 이해하면서, 이들의 주장은 상당한 파급력을 갖고 구체적인 행동들로 이어진다는 걸 우려하며 적극적인 대응을 제안했다. 강성현은 이들이 하는 주장이 거짓됨을 알림과 동시에, 그들이 거짓을 말하는 위치를 드러내고 거짓말을 상대화하는 방향으로 논쟁해야 한다고 제안했다.

방지원은 역사교육의 역할에 주안점을 두고, 역사부정의 기원과 동학을 정리했다. 그는 기억 정치의 차원에서 역사부정이 등장하여 확산되는 과정을 프랑스와 일본 사례를 중심으로 설명했고, 한국의 역사부정이 일본 우익의 논리를 전유하면서 참여정부의 과거사 청산을 반대하는 기억 정치의 산물로 보았다. 이를 바탕으로 역사교육이 해야 할 몫을 정리했다. 김민수는 5·18 역사부정을 다루었다. 그는 강성현·방지원의 문제의식에 공감하면서도 '역사부정과 부인 문화'란 차원에서 개념화하면서, 오늘날 5·18 부정의 기원과 주체를 정리하고 역사부정 논리가 학생들에게 수용되는 양상을 다루었다. '역사부정과 부인 문화'란 방식의 개념화는 강화정 등의 조사 연구에서도 확인할 수 있는데, 공동 연구를 진행한 팀에서는 '위안부', 5·18 외에도 한국전쟁 전후 민간인 학살, 세월호 정부 책임 부인 등을 포함한 여러 사안을 함께 거론했다.[5]

당초 강성현이 사용한 역사부정은 서구에서 홀로코스트 부정과 관련하여 널리 사용되는 말로, 영어 denial, negation을 번역한 말이다. 대학살은 없었고, 가스실도 없었다거나, 학살된 유대인은 약 20만 명인데 대개 연합군의 폭격에 희생됐다거나, 나치즘은 공산주의 위협에 맞설 뿐이었고 유대인은 공산주의자여서 죽었다. 대학살이란 주장은 시온주의 계획의 일부로 발명됐다는 주장 등이 얼개를 이룬다.[6] 일본 역사 수정주의자들이 난징 대학살이나 '위안부' 피해를 부정하는 방식도 논리적으로 매우 비슷하다.[7]

---

5 강화정·맹수용·문순창·박상민·안민영, 앞의 논문; 김민수, 앞의 논문; 방지원, 앞의 논문.
6 허버트 허시 지음, 강성현 옮김, 『제노사이드와 기억의 정치』, 책세상, 2009, 63쪽.
7 '종군위안부'는 매춘 여성이었으며, 난징 사건의 중국인 희생자는 극히 일부였고, 조선의 식민지화와 중일 전쟁의 책임은 일본에는 없고, 당시의 위협은 러시아(소련) 및 구미 열강이었다. 그런데도 '국내외의 반일 세력'이 사건을 날조하고 있다. 다카하시 데쓰야 지음, 이규수 옮김, 「부정론의 시대」, 『국가주의를 넘어서』, 삼인, 1999, 264쪽.

역사부정 대신 부인(否認)으로 번역하자고 제안하는 이들도 있다. 그런데 역사교육계에서는 역사부정이란 용어를 더 많이 사용한다. 객관적 사실의 실재 여부, 이와 관련한 책임의 부인이란 점에서 부인과 부정이 지시하는 바가 크게 다르지 않으나, 의도를 갖고 역사적 진실을 부인할 뿐 아니라, 역사적 진실을 밝히려는 행위를 반대하고 공격하며, 심지어 가해와 피해를 전도하려 한다는 뉘앙스를 담고 싶기 때문이다. "전쟁과 독재에 의한 피해를 부정하고, 가해 사실을 은폐하고 조작하려던 폭력 당사자들의 시선으로 피해자들에게 또 다른 가해를 저지르는 일"이며, "인권의 소중함과 민주·평화란 가치를 허구화한다"는 개념화가 이런 경우다.[8]

역사부정과 아닌 것의 구별이 쉽지만은 않다. 『반일 종족주의』 저자들을 부정론자로 호명할 수는 있겠으나, 책 내용 중에는 객관적으로 사실인 경우도 많고 진실과 거짓으로 일도양단하기 어려운 부분도 많다. 스탠리코언이 부인을 문자적 부인, 해석적 부인, 함축적 부인으로 유형화하고, 이를 다시 세부적인 여러 유형으로 나누어 분석한 것처럼, 부인 행위에는 여러 층위가 있다.[9] 또한 역사부정이 탄생하고 확산될 수 있는 토양으로서 부인 문화의 역할도 생각해봐야 한다. 역사교육자들이 역사부정이란 번역어를 채택하면서도, '역사부정과 부인/부인 문화'와 같은 방식으로 개념화하려 했던 이유다.

역사부정을 몇몇의 엉뚱한 행위라거나, 극단적 외래 논리를 추종한 결과로만 보기 어렵다. 『반일 종족주의』 저자들의 과거 활동과 관련된 뉴라이트에 대해 살펴보자. 뉴라이트란 단어는 2004년에 탄생한 신조어다.[10] 이

---

8 김육훈, 「2015 교육과정 이후 역사교육을 위한 상상력」, 『역사교육논집』 74, 2020.
9 스탠리 코언 지음, 조효제 옮김, 『잔인한 국가, 외면하는 대중』, 창비, 2009; 김보경, 「누가 역사를 부인하는가―5·18 과거청산 부인의 논리와 양상」, 『트라우마로 읽는 대한민국』, 역사비평사, 2014.
10 미국이나 영국에서는 진작부터 이 말이 쓰였다. 한국의 신 우익은 이들의 주장을 상당 부분 수용했다. 하비 케이 지음, 오인영 옮김, 『과거의 힘』, 삼인, 2004, 103~172쪽.

단어는 당시 동아-조선일보가 두 차례 대선에서 연속으로 패배하고, 탄핵에 실패하고 의회 권력까지 넘겨준 한국 우익 세력의 변신을 촉구하는 차원에서 제창했다. 두 신문사가 뉴라이트의 상징인 양 부각했던 자유주의 연대란 단체가 조선일보 주필을 지낸 인사와 과거 학생운동권 출신 인사 몇몇이 손잡은 데서 드러나듯, 뉴라이트란 이름을 내건 단체 구성원들 상당수가 이전의 보수 진영과 크게 다르지 않았다.[11] 뉴라이트 역사 인식을 대변한다고 할 교과서 포럼이 도발한 역사전쟁의 논리 역시 구 우파의 논리와 큰 차이가 없다. 일본 우익이 사용한 '자학사관'이란 낯선 단어를 들고 온 점, 영미 신우익이 강조한 신자유주의적 논리를 적극 구사한 점 등이 달랐지만, 남북의 화해 협력을 반대하고 불행했던 국가 폭력의 역사를 청산하려는 시도에 반발하면서 상대를 친북 좌파로 낙인찍어 공격한다는 점에서 신우익은 구우익의 계승이란 측면이 강했다.

5·18 부정의 등장과 확산 과정 역시 큰 차이가 없다. 오래 동안 안보 논리가 일방적으로 강조되면서, 군대와 경찰이 가해자였던 사건은 망각을 강요받았다. 4·3이나 여수 순천의 10·19 사건을 비롯한 국가 건설 시기 국가 폭력, 보도연맹 사건과 한국전쟁 중 민간인 학살 사건, 베트남 전쟁 시기 민간인 학살 사건, 군의문사 사건들이 이런 경우였다. 민주화와 함께 진상규명 요구가 분출하고 최소한의 과거사 정리 작업이 시도되자 반발하는 이들이 적지 않았다. 5·18의 경우 사건 당시의 가해자와 소극적인 협력자들이 부인 행위에 가세했고, 전두환-노태우로 이어지는 신군부 출신 정치인들을 지지하는 세력도 동참했다.

부정론의 형성과 확산을 부인 문화와 관련지어 살펴야 한다는 점은 일본이나 독일도 마찬가지다. 1990년대 이후 일본에서 역사 수정주의가 모습을

---

11 신진욱, 「보수 단체 이데올로기의 개념구조, 2000~2006」, 『경제와 사회』 78, 2008; 김정인, 「전향 우익 분석」, 『문화과학』 91, 2017; 김성일, 「한국 우익진영의 대응사회운동 전개와 정치과정」, 『문화과학』 91, 2017.

드러내서 지배적인 기억으로 자리 잡는 과정은 일본 국민들 내부에 만연한 '자신들도 피해자'란 인식,[12] 이를 정치적 동원의 수단으로 활용하려는 적극적인 역사 정치를 빼고는 설명할 수 없다. 독일의 홀로코스트 부정도 독일의 평범한 국민들 사이에서 자신들도 나치의 피해자라거나, 연합군의 폭격과 소련군의 공격 과정에서 많은 피해를 입었다는 생각이 확산된 사실과 무관하지 않다.[13] 최근 폴란드에서 일어나는 새로운 유형의 역사부정 사례는 역사부정이 희생자 민족주의와 어떤 관련을 갖는지 잘 보여준다.[14]

2. 역사부정의 내부와 외부 그리고 동학

언뜻 무관해 보이지만, 5·18 부정과 '위안부' 피해 부정을 비롯한 여러 유형의 역사부정과 부인 행위는 상당히 관련되어 있다. 가해자나 협력자들의 소극적인 부인 행위와 무관하게, 일부 인사들이 5·18 역사부정론을 공론장에 의제화한 때는 2002년이었다. 주역은 지만원으로, 이후 그는 '5·18 은 폭동일 뿐'이란 주장을 공론화하려 애썼다. 2003년부터 전사모(전두환 전대통령을 사랑하는 모임)란 온라인 네트워크가 활동했다. 그런데 지만원은 2005년 '위안부 문제를 해부한다'라는 글을 통해, 식민 통치를 옹호하고 "수요집회에 참가하는 위안부는 가짜"라고 주장했다.[15] 많은 비판이 쏟아졌

---

12 다카하시 데쓰야 엮음, 임성모 옮김, 『역사인식논쟁』, 동북아역사재단, 2008; 임지현, 『기억전 쟁 – 가해자는 어떻게 희생자가 되었는가』, 휴머니스트, 2019; 하종문, 「일본의 '교과서 우익'과 전쟁 피해의 전략적 활용 – 중학교 역사 교과서의 기술과 정치권의 동향을 중심으로」, 『동북 아역사논총』 59, 2018; 이지영, 「일본 원폭 피해자의 고통의 감정과 일본의 피해자 정체성」, 『일본학』 51, 2020.

13 윤용선, 「『공산주의 흑서』 논쟁과 자유주의의 역사정치」, 『기억은 역사를 어떻게 재현하는 가』, 한울, 2017; 이진일, 「독일 역사수정주의의 전개와 '희생자 – 가해자'의 전도」, 『근현대사 기념관 한일공동심포지엄 자료집 한일 뉴라이트의 '역사부정'을 검증한다』, 2019.

14 2차대전 최대의 희생자란 인식을 민족정체성의 중요한 일부로 삼는 폴란드에서, 2차 대전 기 간 동안 폴란드인들 중에서 나치와 협력하거나 행동 대원이 되어 유대인을 학살하는데 가담한 일이 있다는 사실을 부인하여 '희생자 지위'를 유지하려는 일을 가리킴. 임지현, 앞의 책, 82~93쪽.

는데도, "위안부 문제 역시 예전의 5·18처럼 금단의 구역이 되어 있다"고 강변하면서, '일본의 한국 지배는 매우 다행스런 일로, 원망하기보다는 오히려 축복해야 하며, 일본인에게 감사해야 할 것'[16]이라는 말로 충격을 준 한승조의 주장에도 공감했다.

이영훈을 비롯한 뉴라이트 인사들은 지만원의 '위안부' 가짜 주장 등에 공감하지 않았다. 5·18 부정과도 분명히 선을 그었다. 그러나 지만원의 주장 중 상당 부분은 뉴라이트 인사들 속에서도 확인할 수 있다. 그들은 훗날 『반일 종족주의』 주장의 얼개가 되는 식민지 근대화론을 적극적으로 제창했다. 민주화를 반공 자유주의 틀 내에 가두고, 건국과 산업화를 민주화의 전제조건인 양 내세우면서 독재를 미화하고 민주화운동을 폄훼 왜곡했다. 식민 역사 청산과 과거사 정리 작업에 공공연하게 반대했으며, 뉴라이트 활동가들은 과거사 정리를 추구하던 당시 정부 여당과 시민 사회를 '반대한민국 세력'으로 매도했다.

부정주의자의 활동, 뉴라이트 운동의 확산은 연이어 등장한 보수 정부의 역사 정치를 선도했으며, 집권 세력의 거듭된 역사 정치는 부정주의자들의 활동이 확산되는 데 영향을 미쳤다. 2008년에 집권한 이명박 정부는 건국절 논리를 받아들여 대대적인 기념 행사를 조직했고, 진실화해위원회를 중심으로 진행해 온 과거사 정리 작업을 훼손했고, 역사교과서 논란을 도발했으며, 대한민국역사박물관을 개관하여 새로운 근현대사 서사를 제시했다.

이 무렵 지만원 등은 다양한 미디어를 통해 5·18은 북한군 개입에 의한 폭동이란 주장을 반복했다. 이들은 보수 일간지 광고를 통해 자신의 주장을 확산하려 했으며, 임을 위한 행진곡 논란을 일으켜 국가 기념일 행사에서 제창하지 못하도록 했다. 또 다른 대선이 있던 2012년을 거치면서 일베

---

15 지만원, 「위안부 문제를 해부한다」, 동아일보 2005.05.04(검색일 2021.05.01).
16 한승조가 쓴 「공산주의·좌파사상에 기인한 친일파 단죄의 어리석음」이란 글은 일본의 시사 월간지 정론에 기고한 글로, 2005년 3월 4일자 오마이뉴스에 전재됐다(검색일 2021.05.04).

가 역사부정의 중요한 주체로 부상했으며, 일부 종합 편성 채널이 이에 동참했다. 역사교육과정의 민주주의를 모두 자유민주주의로 바꾸는 등, 뉴라이트 활동가들은 '대한민국인가 반대한민국인가'라는 초기의 이분법을 더욱 극단적으로 밀어붙였다. 교사 단체에 대한 이념 공세, 교실 수업에 대한 감시와 통제도 활발해졌으며, 일부 보수 언론은 교사들의 수업을 자극적으로 보도했고, 일부 보수 단체들은 학생들을 앞세워 '편향 수업'을 고발하는 활동을 벌인 일도 있었다.[17]

박근혜 정부는 극단적인 편가르기 정치를 추구했고, 역사부정에 근접한 인사를 총리와 부총리 후보로 지명하더니, 급기야 역사교과서 국정화 소동을 일으켰다. 국정 교과서 집필 과정에서, 당시 청와대는 과거사 정리 작업 과정에서 산출된 사회적 합의와 관련된 내용을 일절 싣지 말라고 요구했고,[18] 청와대가 직접 선임한 국정교과서 편찬위원들은 단독 정부 추진 세력을 건국 세력으로 호명하고 이들의 공로를 적극 기술하며, 권위주의 정권에 의한 경제 발전이 민주주의 발전의 기초가 되었음을 설명하라는 등의 내용이 담긴 '집필참고자료'를 교과서 저자들에게 배포했다.[19] 역사부정론자와 뉴라이트를 구별하는 것이 무의미하며, 역사부정 세력을 극우로 분류하여 보수 본류와 구별하는 것도 불가능해졌다.

역사부정론은 대개 선거를 전후한 시점에 증폭됐고, 이 과정에서 역사정치와 손쉽게 결합했다. 지만원이 5·18 폭동설을 본격적으로 제기한 때

---

17 2010년에 한국청소년미래리더연합이란 고등학생 단체가 출범했다. 이 단체는 2011년에 정치편향교육 사례 폭로 사이트 에듀리크스를 열었으며, 2012년 5월에는 공모대회를 열었다. 국정원 과거사 조사 과정에서 이 단체가 자유총연맹의 후원을 받은 사실이 확인됐다. 경향신문 2017년 9월 25일자에 게재된 「MB정부 비판세력 제압 활동 결과 보고」 전문(검색일 2021.05.09).

18 당시 청와대가 2015년 9월25일에 교육부에 보낸 편찬 기준 수정 의견에는 5개 특별법 관련 내용을 모두 삭제하라는 내용이 포함됐다. 5개 특별법은 다음과 같다. 일제 강점하 친일 반민족 행위 진상규명에 관한 특별법, 대일항쟁기 강제동원 피해 조사 및 국외 강제동원 희생자 등 지원에 관한 특별법, 제주 4·3사건 진상 규명 및 희생자 명예에 관한 특별법, 5·18 민주화 운동에 관한 특별법, 동학농민혁명 참여자 등의 명예회복에 관한 특별법. 역사교과서국정화진상조사위원회, 『역사교과서 국정화 진상조사 백서』, 2018, 69~72쪽.

19 위 백서, 89~91쪽.

는 2002년 대선을 앞둔 시점이었다. 뉴라이트가 등장하고 민주화운동 폄훼가 확산된 때는 2007 대선을 전후한 시점이었고, 일베가 역사부정의 중요한 주체로 등장한 시점은 2012년이었고, 역사교과서 국정화는 2016년 총선을 눈앞에 둔 시점이었다. 2019년에 있었던 충격적인 여러 사건들 역시, 보수 정당이 탄핵 국면을 돌파할 계기로 2020년 총선을 준비하던 정황과 무관하지 않았다. 이처럼 역사의 정치화는 부정론의 증폭, 역사 인식의 극단화를 추동했고, 여러 유형의 부정론들이 서로 영향을 주고받도록 하는 계기가 되었다.

역사부정은 부인 문화의 터전 위에서 구성한 정치 선전이다. 『반일종족주의』 저자들은 자신의 책을 통해 역사를 이야기한 것이 아니라, 역사를 들먹이면서 문재인 정부의 '반일 정책'을 공격했고, 그 원인을 '친북'이라 매도했다. 저자들은 문재인 정부 공격에 유용한 자원이 될 수 있는 담론들은 적극적으로 수용했다. 그래서 이 책은 반공반북과 반–반일(反–反日) 시장자유주의라는 극단화된 뉴라이트 역사인식론을 골간으로 하면서도, 일본 우익의 혐한론, 관제 민족주의 비판 담론, 여성주의 비판 담론 같은 2019년에 유행하던 반문재인-우파 담론을 두루 수용했다. 두 번째 책에서는 반중정서(혐중론)을 적극적으로 수용했다. 이 책이 우파 대중들에게 관심을 끌었던 것은 우파 대중이 듣고 싶은 이야기를 서사화하여 제공했기 때문이다.[20]

어떤 사람이 극단적 주장을 종종 펼친다는 말과 그 사람이 극단주의자란 말은 다르다. 극단주의는 배타성·대화 불가능성과 같은 이야기 구조를 지니기 때문이다. 그런데 극단주의 연구자들은 그 유형 가운데 하나로 홀로

---

[20] 다수의 역사학자들이 내용을 종합적으로 검토한 책은 『누구를 위한 역사인가–뉴라이트 역사학의 반일종족주의론 비판』(푸른역사, 2020)으로 제목을 달았다. 책의 학술적 성격을 일단 인정한 셈인데, 공동 저자 중에는 정치선전물이란 성격에 더 주목한 경우도 있다. 자신이 이전까지 해온 '자기 연구를 부정하는 행위들, 정치적 레토릭'으로 규정한 글도 있다. 저자들과 개인적인 인연이 있는 전강수 역시 이 책 저자들의 생각이 갈수록 극단화된 과정을 기술한 뒤 그들의 '오만과 거짓'을 논의했다. 전강수, 『≪반일 종족주의≫의 오만과 거짓』, 한겨레출판, 2020.

코스트 부인을 든다. 음모론을 다룬 연구자들도 홀로코스트 부인을 사례로 든다.[21] 극단주의나 음모론에서 나란히 거론하는 것 중 하나로 과학부인주의[22]가 있다. 이 역시 진행 중인 연구 혹은 부족한 연구라기보다, 의도적인 부인 행위의 결과물이다. 인종과 젠더를 대하는 태도에서 드러나는 부인주의도 있다. 명백히 존재하는 차별에 의도적으로 눈을 돌리면서, 그 차별로 고통받는 이들이 문제를 제기하고 개선하려 하는 활동에 대하여 '정치적 올바름'(political correctness, PC)이란 묘한 뉘앙스의 언어로 답하거나, 아예 혐오의 시선을 가득 담아서 '정치적 올바름'을 반대하는 운동을 벌이기도 한다.[23] 트럼프 진영은 실로 다양한 유형의 극단주의─부인주의가 뒤엉켜 있었다. 2019년 당시 한국의 제1야당도 역사부정 행각을 벌이면서, 인종주의(반난민─반다문화), 여성주의 반대, 성소수자 공격, 탈원전 정책 비판과 같은 부인주의와 관련이 있는 의제를 거듭 쟁점화했다. 이처럼 역사부정론은 여러 유형의 부인주의와 나란히 있으며, 종종 뒤엉켜 서로를 강화하고 풍부하게 해주며, 빨갱이 혐오, 전라도 혐오, 인종─외국인 혐오, 여성 혐오, 성소수자 혐오 등과 같이 혐오나 증오 행동과 연결되기도 한다.

역사부정이 말로 그치지 않는 사례를 '반일종족주의 현상'을 통해 확인할 수 있다. 책 주장에 공감하는 이들이 징용 노동자상과 '위안부' 평화비

---

21 김태형, 『그들은 왜 극단적일까』, 을유문화사, 2019; 전상진, 『음모론의 시대』, 문학과지성사, 2015.

22 과학 부인주의, 유사 과학의 문제를 다룬 번역서가 여럿이다. 그 동학(動學)과 부인 논리, 이를 극복하기 위한 논의에서 참조할 지점이 많다. 마이클 E. 만·톰 톨스 지음, 정태영 옮김, 『누가 왜 기후변화를 부정하는가』, 미래인, 2017; 크리스 무니 지음, 심재관 옮김, 『과학 전쟁─정치는 과학을 어떻게 유린하는가』, 한얼미디어, 2006; 도다야마 가즈히사 지음, 전화윤 옮김, 『과학자에게 이의를 제기합니다─합리적으로 의심하고 논리적으로 질문할 줄 아는 시민의 과학 리터러시 훈련법』, 플루토, 2019.

23 이졸데 카림은 다음과 같이 설명한다. "우파 포퓰리스트들은 PC운동가들의 '차별받는다'는 주장이 과장됐다고 비판하는 데 그치지 않고, PC 비판을 핵심 정치 전략으로 삼는다. 그들은 PC 운동가들이 언어 테러이자 도덕 테러, 소수자 독재를 자행한다고도 한다. '적은 검열을 통해 다수를 억압한다'고 주장하면서 환상 속의 적을 구성해놓곤 증거를 대지 않는다."(이졸데 카림 지음, 이승희 옮김, 『나와 타자들─우리는 어떻게 타자를 혐오하면서 변화를 거부하는가』, 민음사, 2020, 255~290쪽).

(평화의 소녀상)을 지목하면서, '반일 동상 철거'를 행동 목표로 삼고 지속적으로 활동했다. 『반일종족주의』 저자, 제1야당과 손잡고 역사교과서 전쟁의 한 날개를 담당하던 이들, 여성주의 반대 활동가 등이 두루 참여한 '반일동상공대위'가 탄생했고, 구성원들은 2019년 12월부터 한국 '위안부' 운동의 상징적 공간에서 평화비 철거와 수요집회 중단을 요구했다. '위안부' 피해를 부정하는 데 그치지 않고, '위안부' 피해자(가짜설 유포)와 지원 단체(위안부 비즈니스 중단 요구)를 싸잡아 공격했다. 5·18 부정 세력이 5·18 기념 행사 일정에 맞추어, 운동의 상징 공간이라 할 광주 금남로를 점거하고 부정론을 퍼뜨리는 집회와 시위를 벌이거나, 유공자 문제를 들먹이면서 당사자들을 공격한 것도 또 다른 사례다.

3. 미디어·탈진실, 그리고 역사부정

『반일종족주의』에 대한 본격적인 비판서라 할 강성현의 책은 '탈진실'이란 단어의 정의에서 시작한다. 2016년의 단어로 선정된 post-truth는 2016년에 있었던 브렉시트, 트럼프의 대통령 당선, 독일에서 극우 포퓰리즘의 성장 등을 반영한 말로, "여론을 형성할 때 객관적인 사실보다 개인적인 신념과 감정에 호소하는 것이 더 큰 영향력을 발휘하는 현상(옥스포드 사전)"라는 뜻이다. "거짓말을 동원하는 선동 정치인의 횡행, 클릭 수를 올려 상업적 이익을 얻는 데만 혈안이 된 나쁜 미디어와 컨텐츠 생산자, 진실 여부를 밝히는데 무능력하거나 편파적이란 비난을 듣지 않으려고 과장된 중립성 신화에 함몰된 채 선동가들의 스피커가 되고 말아버리는 무책임한 언론"[24]

---

24 리 매킨타이어 지음, 김재경 옮김, 『포스트트루스 – 가짜뉴스와 탈진실의 시대』, 두리반, 2019, 19쪽. 독일에서도 postfaktisch가 2016년 올해의 단어로 선정됐다. 독일의 사회적 논쟁이 일련의 팩트가 아닌 감성에 기반하여, '감정 정치'를 통해 이루어지는 현상을 설명하려는 단어다. 박채복, 「포스트팍티쉬(postfaktisch)' 정치와 대안적 진실을 넘어」, 『유럽 연구』 37-3, 2019.

이 그 원인이다.

탈진실 시대란 진단은 못된 선동꾼의 존재 말고도, 미디어가 폭발적으로 증가하여 수많은 정보를 쏟아내는 상황에서 그 정보들을 선택적으로 소비하게 만드는 미디어 문법, 사실이건 말건 혹은 멀쩡한 거짓말이라도 경청하는 '진영화된 대중'이 존재하는 사회, 어디엔가 귀속되어 최소한도의 평화를 누리고 싶은 신자유주의 시대 개별화된 주체들의 문제[25]를 아우른다.

'탈진실'은 역사부정의 동학과 매우 닮아있다. 탈진실 선동꾼에 해당하는 기억 정치－역사 정치가 있다. 다양한 역사 정보가 디지털 공간에 넘쳐나서, 이제는 컴퓨터만 사용할 줄 알면 과거 전문가들이나 볼 수 있었던 원사료와 다양한 유형의 역사 재현물을 만날 수 있다. 바로 그 때문에 역사에 관심이 있는 이라면 누구나 자신의 기호와 지향에 따라 '자신만의 역사'를 구성하기 쉬워졌다. 대중의 정서에 영합하여 판매할 수 있는 역사 상품을 만드는 매체도 다양해졌다. 탈진실이 진영화된 사회-분할된 공론장 안에서 일어나는 인식의 극단화 양상을 우려 섞인 시선으로 바라보는 개념이듯, 역사부정 현상 역시 폐쇄된 그룹들 내부에서 집단사고를 거치며 극단화되거나, 정치나 사회 운동의 이데올로기로 단순화되는 과정에서 탄생한다.[26]

여전히 학생의 역사학습에서 교실 수업이 차지하는 비중은 크다. 그러나 역사학습에 참고하기 위해서, 혹은 자신의 궁금증을 해결하기 위해서 학생들은 검색을 통해 정보를 수집하는 활동도 자주 한다. '역덕'이라 불리는 역사를 좋아하는 이들, 혹은 사회 문제에 관심을 갖고 적극적으로 사회 인식을 구성하려 하는 학생들도 있다. 이들의 정보 수집 활동에서 디지털 미디

---

25 이졸데 카림, 앞의 책; 홍태영, 「신자유주의적 통치성과 한국 민족주의의 변환」, 『다문화사회연구』 12(2), 2019.

26 『반일종족주의』에 대한 또 다른 비판서를 쓴 전강수가 그 책을 '일본 극우세력이 반가워할 극단적 주장이며, 곳곳에서 과장과 왜곡, 거짓말을 예사로 일삼는다'고 평가하면서, '1990년대부터 시작된 안병직 사단의 사상적 우경화가 끝까지 가서 도달한 종착'이라고 평가한 것은 이런 맥락이었을 것이다. 전강수, 앞의 책, 8~21쪽.

어 비중이 매우 크다. 도서관에서 책을 찾기보다, 컴퓨터로 검색하거나 관련된 정보가 담긴 유튜브 영상을 찾는다. 그 공간 안에 정보가 무수히 많고, 알고자 하는 내용을 질문하면 알려주는 다른 유저를 쉽게 만날 수 있기 때문이다.

그런데 이 공간이야말로 탈진실 현상·역사부정 현상이 싹트는 곳이기도 하다. 일베 같은 역사부정 플랫폼이 만들어지고, 여러 유형의 부정론이 소통하고 극단화되며, 다양한 유형의 콘텐츠로 제작되어 확산된다. 그래서 특히 근현대사와 관련된 주제나 민감하고 논쟁적인 의제들일수록, 학생들에게 검색을 통해 정보를 수집하여 과제를 해결하는 활동을 권하기 두렵다. 학생들이 정보를 검색할 때 앱이 제공하는 맨 위 자료부터 읽고, 알고리즘에 따라가며 정보를 구하고, 정보를 진중하게 읽고 신뢰성을 검증하기보다 여러 목록에서 원하는 답을 빠르게 구성하는데 더 관심을 갖는다는 보고를 감안하면,[27] 구체적인 상황 파악과 적절한 진단이 필요하겠다.

탈진실 상황을 우려하는 이들은 디지털 리터러시에 대한 논의를 활발하게 진행했으며, 팩트 체크 기법을 발전시켜왔다. 예를 들면 이런 경우다. 출처를 확인하고→제목에 낚이지 말고 본문까지 읽으며→기사 작성자를 확인하고→근거를 확인하며→작성된 시점을 확인하며→풍자·비유인지 사실인지 생각해보고→자신의 확증 편향을 인정하며→전문가에게 물어보라.[28] 역사교육자들도 이 문제를 심각하게 우려했고, 유럽 여러 나라가 함께 추구할 역사교육의 기본 방향을 제안한 〈21세기 양질의 역사교육-원칙과 지침〉에서도 "교육자들은 (중략) 학생들이 e-미디어의 이점과 잠재적 위험을 모두 관찰할 수 있도록 전략을 개발해야 한다"면서, "학생들은 디지털

---

27 이해영, 「고등학생들의 인터넷을 활용한 역사지식 탐색 과정」, 『역사교육논집』 73, 2020; 샘 와인버그 지음, 정종복·박선경 옮김, 『내 손안에 스마트폰이 있는데 왜 역사를 배워야 할까?』, 휴머니스트, 2019.
28 Eugene Kiely and Lori Robertson, *How to Spot Fake News*, https://www.factcheck.org/2016/11/how-to-spot-fake-news/(검색일 2021.05.08)

영상 및 서면 자료를 통해 효과적으로 탐색하기 위해 역사가의 분석 및 비판적 사고 기술을 사용하여 출처를 해석하고 평가한다, (생략)"는 내용을 권고안에 담았다.[29]

그런데 탈진실이나 역사부정 현상은, 팩트체크를 통해 정보의 신뢰성을 확보하는 차원 이상의 대처가 필요하다. 디지털 공간은 학생들의 삶이 이루어지는 작은 세계란 점을 주목하고, 이곳에서 이루어지는 집단사고가 극단화에 큰 영향을 미친다는 극단주의 연구자들의 지적에 귀기울여야 한다.[30] 사실 그 공간 밖에 있는 사람이 아무리 애써서 팩트체크를 해준다 해도, 그 말을 믿지 않는다는 점이야말로 탈진실–역사부정론의 특징이다. 미치코 가쿠타니가 저장탑 효과를 거론하면서, '사람들이 편파적 저장탑과 필터 버블에 갇혀서 공통의 현실 감각을, 사회와 종파의 경계를 가로질러 소통하는 능력을 잃고 있다'고 지적한 바로 그 지점이다.[31] 역사부정에 대처하기 위해서는 디지털 공간의 정보 수집 활동 자체가 편향적으로 이루어질 수 있다는 점과 사람들이 쉽게 휘말리는 인지 편향의 양상들을 알고 경계하면서, 학생들이 폭넓게 정보를 수집하고 경계를 넘나들면서 소통할 수 있도록 해야 할 것이다.

더 본질적인 문제가 있다. 오래 동안 지적되었으나 여전히 가장 극복해야 할 사안으로 이야기되는 바로 그 문제다. '단일한 민족 국가 서사를 구성하는 사실을 많이 아는 것'을 역사교육의 본령으로 생각하고 실천하는 문화, 여기서 비롯되는 문제를 넘어서야 한다. 재현되는 과거 속에 다양한 주

---

29 서울시교육청, 『국제적 기준과 함께 생각해보는 학교 민주시민교육』, 서울교육, 2020-44.

30 린 데이비스 지음, 강순원 옮김, 『극단주의에 맞서는 평화교육』, 한울, 2014. 90~98쪽; 윤봉한, 「사이버공간에서 외로운 늑대의 급진 의식화 실태에 관한 연구」, 고려대학교 박사학위논문, 2015.

31 저장탑(silo) 효과는 곡식을 보관하는 높은 저장탑처럼, 서로 간에 높은 장벽을 쌓은 채 각자의 이익만을 추구하는 현상을, filter bubble 현상은 소셜 미디어가 이용자에 맞춰 여과한 정보만 제공함으로써 이용자가 편향된 정보에 갇히는 현상을 가리킨다. 미치코 카쿠타니 지음, 김영선 옮김, 『진실 따위는 중요하지 않다』, 돌베개, 2019, 10~11쪽.

체들이 드러나고, 결과적으로 현실이 된 길 외에도 가지 않은 길을 상상할 수 있어야 하며, 기억 혹은 역사 해석을 둘러싼 차이가 상존하며, 그것이 종종 역사 갈등으로 이어지고, 급기야 노골적인 역사 조작도 자주 이루어진다는 사실을 교재 속에서 다루어야 한다. 다원적 기억의 존재, 기억 갈등의 다양한 양상, 역사 부정이나 조작이 가져온 폐해 등을 교재에 담아 수업할 수 있어야 한다. 그럴려면 역사부정 현상의 교육적 의미를 더 깊이 천착하고, 역사교육의 연구와 실천 방향 전반을 폭넓게 살펴야 할 것이다.

Ⅲ. 역사부정 현상의 교육적 의미와 역사교육의 방향 전환

1. 기억할 의무와 평화·인권 지향의 역사교육정책 수립

허버트 허시가 지적했듯이, 부인은 행위 당시 시작한다. 홀로코스트 가해 주체들도 내면 속에는 자신이 한 일이 잘못이란 사실을 알고 있었던 것이다. 그래서 애써 자신의 행위를 정당화하고 증거를 남기지 않기 위해 관련 자료를 없애고 조작했다. 국군과 경찰의 제복을 입고도 자국민을 무자비하게 학살했던 한국의 국가 폭력 가해자들도 마찬가지였다. 그들도 증거를 남기지 않으려 애썼고, 자신의 행위를 정당화하기 위해 살해당한 이는 빨갱이였다고 주장했으며, 간신히 살아남은 유족들에게 '빨갱이 가족'이란 멍에를 평생 동안 지게 만들었다. 그렇게 부인 문화가 강요됐다.

참혹했던 대학살과 인권 유린, 국가 폭력의 역사를 부인하는 역사부정은 아예 그런 일이 없었다고 부인하거나, 가해자의 시선으로 당시를 재연하려는 시도다. 또한 자신의 책임을 부인하기 위해 그때의 그 행위가 정당했으며 피해자들이 당할만한 이유가 있었다고 주장하며, 죽음만큼이나 무겁게

짓눌러왔던 부인 문화를 뚫고 나와 간신히 증언대에 선 이들을 그때 가해자의 시선으로 심문하듯 한다.

역사부정을 반대하는 이들은 고통스러운 역사를 기억하고 성찰함으로써 다시는 비슷한 일이 반복되지 않길 기대하고, 그래서 인권·평화·민주주의가 뿌리내린 사회로 나아가길 기대한다. 그러나 부정론자들은 공공연하게 인종주의·국가주의를 제창하고, 국가와 민족의 발전을 앞세워 비국민을 배제하는 일, 국민에게 애국심을 요구하는 일을 당연하게 여긴다. '자학사관 반대'를 앞세워 '긍정의 역사'를 구성한다. 어떤 과거는 조직적으로 은폐되고, 오랫동안 잊혀졌던 어떤 과거는 극적으로 살아난다.

반인도적 범죄가 철저하게 청산되어 되풀이해서 안 될 일이란 문화가 뿌리내렸다면 유사한 일의 재발을 막을 수 있었을지 모른다. 그러나 가해자는 처벌되지 않았고, 가해를 정당화한 부인 문화도 오래 동안 살아남았다. 그랬으니 적절한 계기가 주어지자, 오래전 그날 같은 비극적 역사가 극적으로 재현됐다. 냉전 동안 잠재됐던 종교와 민족 갈등이 무자비한 인종 청소와 전시 성폭력으로 이어진 유고 내전이 대표적인 경우이며, 난민 유입을 계기로 갈수록 기승을 부리는 유럽의 극우 정치가 그런 경우다.

역사 부정은 과거를 정치적으로 동원하는 정치 선전의 극단적 부류다. 그리고 역사 연구와 역사교육을 정치적 선동과 헤게모니 구축의 일환으로 악용해온 역사 조작의 연장선에 서 있다. 때론 국가와 민족 간 갈등을 조장하는 수단으로, 또 때로는 참혹했던 국가 폭력의 역사를 청산하려는 노력을 부정하고 왜곡하는 수단으로 악용된다.

그래서 역사가 초래할 위험성을 인식하고, 역사가 갈등을 조장하고 증폭시키지 않도록 역사교육을 바꾸려는 노력도 오래 전부터 있었다. 나아가 역사가 오용되거나 악용되지 않도록 주의를 환기하고, 의도적인 역사 조작에 대한 경계심을 높여왔으며, 국가의 이름으로 이루어진 조직적인 역사 조작이 인권을 침해하고 평화를 해칠 수 있다고 경고해왔다.

유럽에서는 1차 대전 이후부터 국가 간 교과서 대화가 시작됐고, 2차 대전 이후 활발해진 교과서 대화는 유럽의 오랜 평화에 기여했다. 1990년대에 들어서는 아일랜드와 옛 유고 연방에서 역사의 악용이 가져온 참혹한 결과를 직시하면서, 이런 노력은 더 넓고 깊어졌다. 유럽의 여러나라들은 정부와 역사교육계의 국제 교류를 지속하면서, 역사의 악용이 가져올 위험성을 공유하고 역사교육을 통해 갈등을 극복할 수 있는 방안을 탐색했다. 그리고 그 결과를 담은 체계적인 권고안을 여러 차례 갱신하면서 각국 정부에 제안했다.[32]

유엔 차원에서도 대학살의 기억이 잊혀지고 역사부정이 횡행하는 걸 막고, 여전한 반인도적 범죄를 경계하기 위한 노력이 진행됐다. 제노사이드 협약을 토대로 반인도적 범죄를 처벌하였으며, 대학살의 역사를 기억하고 인종주의를 반대하자는, '위안부' 문제를 기억하고 전시 성폭력을 경계하자는 결의안을 채택했다. 집단 기억이 사라지는 것을 막고 부정론자의 주장이 확산되지 않도록 하기 위하여 '진실에 대한 양도할 수 없는 권리'와 '기억할 의무'를 천명한 주아네 보고서,[33] 역사교과서 국정화 반대 운동의 상상력을 풍부하게 해주었던 문화적 권리 분야 유엔 특별보고관 파리다 샤히드 (Farida Shaheed)의 두 보고서들도 특별히 기억할 만하다.[34]

---

[32] 팔크 핑엘 지음, 한운석 옮김, 『교과서 연구와 수정에 관한 유네스코 안내서』, 동북아역사재단, 2010; 윤세병, 「유럽 평의회와 UN의 역사교육 논의」, 『역사교육연구』 25, 한국역사교육학회, 2016.

[33] 48차 유엔인권소위 루이주아네 불처벌 관련 최종보고서
1. 모든 사회는 과거의 사건과 그에 따르는 상황과 원인에 대해서 진실을 알 권리가 있다. 진실에 대한 권리를 충분하고도 효과적으로 행사하는 것은 미래에 그런 행위의 재발을 방지하는 데 필수적이다.
2. 억압의 역사에 대한 민중들의 지식은 그들 유산의 일부로서, 기억할 의무를 수행해야 하는 국가의 적절한 조치를 통해 보호되어야 한다.
이상 인권운동사랑방에서 펴낸 인권하루소식 718호(1996.09.03)에서 옮겼다.

[34] 역사 쓰기와 역사교육(교과서), 분쟁 후 분열된 사회에서 기념화 과정을 다룬 두 결의안.
A/68/296, General August 2013, the Writing and Teaching of History(History Textbooks)/
A/HRC/25/49, General 23 January 2014, Memorialization Processes.

동아시아의 현재는 유럽보다 더 우울하다. 과거사 정리가 일정하게 추진됐고 국가 간 교과서 대화도 이어지지만, 과거청산을 둘러싼 갈등이 국내외적으로 이어지고, 역사부정 움직임이 공공연하게 진행되는 한편, 부정론자들의 국제 연대도 다양하게 이루어지기 때문이다. 그런데도 역사를 왜곡하는 일본 정부를 비난하거나 편향된 역사교육을 한다며 다른 정파를 공격하지만, 늘 자신이 역사인식이 유일하게 올바른 것으로 간주하면서, 역사학과 역사교육이 오용·악용·조작될 수 있다는 사실, 역사 부정으로 치달을 잠재성이 있다는 사실을 강조하지는 않았다.

한국은 오래 동안 국가가 펴낸 유일한 국정 역사교과서만 사용해왔다. 유신 독재란 초유의 군사 독재에서 도입되어 반공 개발 국가주의적 단일민족 서사를 확산시켰다. 때문에 국정화를 추진한 박근혜정부의 역사 인식에 반발하면서도 국정교과서 형식, 민족 국가 서사를 중심에 두는 역사교육의 형식 자체를 지지하는 이들도 적지 않았다. 학교 역사교육이 이런 형국으로 유지되는 한, 역사를 악용하여 이익을 보려고 하는 자들의 유혹에서 벗어나기 쉽지 않다. 역사부정도 상수에 가깝다.

역사교육에 대한 연구와 실천은 이 같은 현실을 직시하면서, 학교 역사교육이 현실에서 실제 수행하는 역할을 섬세하게 들여다보고, 역사부정과 부인 문화에 더 민감하게 반응해야 한다. 국가의 이름으로 자행된 폭력의 역사를 드러내 성찰하는 것은 부끄러운 일이 아니다. 오히려 인권과 민주주의 평화를 공동체가 지향할 가치로 확인하는 과정이며, 그렇게 함으로써 잘못된 과거와 완전히 단절할 수 있는 길이다.

우리 사회는 과거사 정리 작업이 일정하게 진행됐음에도, 문화와 교육을 통한 공공기억화 과정이 원만하게 진행됐다고 하기는 어렵다. 식민 역사 청산 작업이 평화와 민주주의 문화 수립으로 이어지지 못한 채 반일과 반-반일의 프레임 속으로 용해될 위험에 처했다. 전쟁 전후 민간인 학살 사건, 군사 독재 시기 국가 폭력에 의한 인권 침해 사건 등 과거사 정리 작업이

기념과 교육을 통해 새로운 문화적 기억을 만드는데 크게 기여하지 못했다. 그리하여 우리 역사교육은 여전히 국민·민족 정체성을 둘러싸고 경합하면서, 인권과 평화·민주주의를 지향할 가치로 분명히 세우지 못하고 있으니, 참으로 안타까운 일이다.

2. 학교 역사교육에서 역사 인식 교육의 강화

역사부정은 역사학계에서 일반적으로 인정되고 교육자들에게 널리 받아들여지는, 사회적으로도 합의에 이르렀다고 평가될 만한 공식적 지식을 거부하는 일이다. 아울러 역사 연구와 역사 재현 과정에서 당연히 거쳐야 할 진지한 과정을 생략하거나 축소한다. 그리하여 역사학과 역사교육의 근거를 허문다.

부정론자들은 자신의 활동이 엄정한 연구 과정의 산출물이라 주장하면서, 기존 연구에 대한 대안적 해석 혹은 새로운 역사 서술이라 주장한다. 자신을 수정주의자로 부르기도 한다. 그러나 역사부정과 수정주의는 별개다. 새로운 사료를 발굴하거나, 새로운 방법론을 토대로 기존의 역사 해석을 변화시키는 일은 역사 연구에서 늘 있는 일이다. 그걸 수정주의 혹은 수정주의적 역사 해석이라 부를 수도 있겠다.[35] 그러나 홀로코스트 부정이나 '위안부' 피해 부정, 5·18 부정 등은 다르다. 이는 다른 해석이나 보완이 필요한 역사가 아니라 본질적으로 역사가 아니다. 처음부터 결론을 정해놓고 편견에 부합하는 증거들만 모아서 구성한 닫힌 담론 체계이며, 이 담론 체계를 지탱하기 위해서 증거를 맥락에 맞지 않게 사용하고, 증거를 조작하기까지 한다. 당연히 제기되는 반론에 응대하기보다 같은 이야기를 거듭하

---

[35] '수정주의'란 말 자체도 상당히 '오염'되어 조심스러운 측면이 있다. 유럽의 부정론자들이 자신을 수정주의적 역사 해석일 뿐이라며 정당화했고, 일본 우익들이 '자유주의 사관'을 앞세워 역사부정을 일삼을 때, 그들을 향해 역사수정주의란 용어를 사용했기 때문이다.

여 주장함으로써 자신이 설정한 프레임을 고수한다.

그래서 강성현은 '거짓을 발화하는 위치를 드러내고 그 거짓 목소리를 상대화하는 방향으로 논쟁해야 한다'면서, "구체적으로 이영훈이 선별하고 왜곡하며 착취한 문서자료를, 나는 생산 맥락을 고려해가며 말을 걸고 그래서 자료가 들려주는 이야기를 들으려 한다. (중략) 더 나아가 문서, 사진, 영상, 증언 자료를 교차하며 여러 일본군 '위안부' 이야기를 구성하고자 한다"고 자신의 부정론 비판 방법론을 구축했다. 『반일종족주의』 출간의 역사교육적 의미를 다룬 양정현의 접근도 비슷했다. 그는 이 책이 단순한 사실 오류 뿐 아니라 사실의 과장이나 왜곡이 빈번하고 진위 확인이 안되는 이야기가 많다거나 자의적인 해석과 탈맥락화 사례들을 언급하면서, 비판적 사고를 학습할 수 있는 역사 수업의 필요성을 제안했다.[36]

역사부정은 의도를 갖고 과거를 악용한 일이다. 그런데 부정론자를 비판하는 잣대로 역사교육의 현실을 들여다보면, 의도를 갖고 악용하지는 않았지만 과거를 다룰 때 필요한 진지함이나 전문성이 부족했던 경우를 볼 수 있다. 교재를 구성하거나 수업을 실천하면서, 지나치게 간명한 서사를 구성하려 하고, 서사에 부합하는 증거를 선택적으로 이용하는 경우가 적지 않다.

교실 밖에서는 이런 일이 더 자주 일어난다. 오늘날 많은 사람들이 실로 다양한 이유로 과거를 소환한다. 역사 대중화란 말이 널리 쓰이고, 역사 소비[37]란 말이 어울릴 정도로 과거를 컨텐츠로 가공하여 제공하자는 활동이나 사업이 번창하고, 공공 기관들이 앞다투어 과거를 기억하고 기념하기 위한 활동에 자원을 투입하고, 정치 세력들은 기억의 정치를 구사한다. 역사학만의 고유한 방법론과 엄격한 절차가 있지만, 그 문턱이 다른 분과에 비해 반드시 높은 것 아니다.[38] 그래서 더욱 학생들이 재현된 과거를 성찰

---

36 강성현, 앞의 책, 36쪽; 양정현, 앞의 논문.
37 제롬 드 그루트 지음, 이윤정 옮김, 『역사를 소비하다』, 한울아카데미, 2009.
38 사라 마자 지음, 박원용 옮김, 『역사에 대해 생각하기』, 책과함께, 2019.

적으로 대하는 훈련이 필요한데, 그럴 문제의식도 부족하고 훈련용 컨텐츠
는 더 부족하다.

역사교육자들은 역사부정의 논리가 구성되는 방식을 역사인식론의 차원
에서 비판할 수 있어야 하며, 과거가 역사로 구성되는 과정을 학생들이 체
험할 수 있도록 안내자 역할을 해야 한다. 이를 위해서는 역사 연구의 특성
이나 방법론에 대한 역사연구자들의 연구에 지속적으로 관심을 기울여야
하며,[39] 역사와 역사 아닌 것을 구별하려는 민감한 감수성을 견지해야 한
다. 증거에 근거하여 과거를 재현하여 역사로 칭할 수 있다면서도 등급을
나누려 했던 콜링우드의 문제 의식[40]에 귀를 기울여야 하며, 잘못된 역사
대중화가 역사의 토대를 흔든다는 오항녕의 우려,[41] 대중들의 정서에 기대
면서 이를 더욱 극단화시키는 방향으로 치닫는 대중 역사에 대한 김정인의
우려[42]를 감안해야 할 것이다. 증거가 부족하다거나 기억이 없다는 말 이상
으로, 증거는 은폐되고 조작되기도 한다는 사실과 자신의 기억조차 종종
왜곡된다는 사실을 이야기할 수 있어야 한다. 역사 조작이 광범위하게 이
루어지며, 심지어 가짜 역사란 말이 존재한다는 것을 학생들이 경험할 수
있어야 한다.[43]

---

39 사라 마자는 역사연구 방법론의 흐름을 정리한 저작에서, '누구의 역사인가, 어디의 역사인가,
무엇의 역사인가, 역사는 어떻게 생산되는가, 원인이 중요한가 의미가 중요한가, 역사는 사실
인가 허구인가'란 여섯 질문을 던진다. 그리고 "과거가 최상의 목적에 기여하려면, 우리는 과
거를 특정한 위치에 고정시켜서는 안되고 그것에 대해 논쟁해야 한다"면서, 역사가 어떤 이견
도 없는 권위로 굳어질 때 역사는 쓸모없거나 잘 해야 지루한 것이 되며 최악의 경우 위험해
진다고 말한다. 사라 마자, 위의 책, 334쪽.

40 김현식은 콜링우드의 저작들 속에서, "역사란 무엇인가에 답하기 위해서는 역사가 아닌 것은
무엇인지"를 논의했음을 발견한 뒤, 콜링우드가 구성한 독단적 역사, 비판적 역사, 구성적 역
사란 개념에 대해 논의했다. 김현식, 「역사 과잉 시대의 역사학 찾기」, 『서양사론』 100, 2009.

41 오항녕, 「역사 대중화와 역사학 – 역사의 향유와 모독 사이」, 『역사와현실』 100, 2016; 「사이비
역사학의 평범성에 대하여」, 『역사학보』 241, 2019.

42 김정인, 「역사소비시대, 대중역사에서 시민역사로」, 『역사학보』 241, 2019.

43 프리츠 지음, 이광일 옮김, 『사이비 역사의 탄생』, 이론과실천, 2010; 기경량, 「한국 유사 역사
학의 특성과 역사 왜곡의 방식」, 『강원사학』 30, 2018; 최성철, 「진실을 가장한 허구: 서양에서
의 유사역사학 사례들」, 『한국사학사학보』 38, 2018. 최성철은 이 글에서 역사학의 층위를 (1)
학계에서 널리 인정받는 '일반 역사학', (2) 학계에서 논란의 여지가 있는 '논쟁 역사학', (3) 학

3. 교과서와 교실 수업을 플랫폼으로 보려는 정책 전환

2020년부터 학교 현장에서 사용하는 고등학교 한국사 교과서 8종은 모두 '위안부' 문제를 비중 있게 다루었다. 교과서 서술의 준거라 할 교육과정 두 곳에서 관련 성취 기준을 배치한 결과다. 8종 교과서를 비교해서 읽으면 하나의 경향성이 보인다. 역사 속의 '위안부'를 다룬 일제강점기 단원을 예로 들어보겠다. 한 예외를 제외하고는 여자정신근로령에 따른 여성 노동력 동원 전후에 '위안부' 관련 사실을 기술했다. 본문은 길지 않으나, 다양한 장치를 통해 풍부하게 역사상을 복원하려 애썼다. '위안부' 평화비(평화의 소녀상), 수요집회 사진이 거의 모두 등장하며, 당시 '위안부' 사진은 쑹산에서 찍힌 만삭의 임산부와 미얀마 전선의 미치나에서 찍힌 사진만 나온다. 8종 교과서 전체를 통틀어 '위안부'의 증언(관련 설명)이 9개 나오는데, 박영심 3회 김학순 증언이 2회 등장한다. 교과서 본문을 비교해서 읽으면 '피해자로서 할머니', '일본', '어린 여성', '강제 동원', '고통', '성노예' 등이 주된 서사를 이룬다는 느낌이 강하다. 다양한 증언이 채록되고 사료 발굴도 활발한 데다, 연구가 비약적으로 늘어났는데도, 역사 속의 '위안부' 상에 어떤 전형 같은 것이 있다는 느낌을 갖게 된다.[44] 위로부터 강요된 단일한 기억은 아니면서, 그래서 인종·젠더·계급 등에 따라 달리 재구성되기도 하지만, 그래도 한 사회 안에서 폭넓게 공유하는 경향성이 있다면, 이를 역사문화로

계에서 인정받지 못하고 비제도권에서 유행하는 '유사 역사학', (4) 역사소설이나 신화처럼 도저히 역사학으로 분류할 수 없는 '비(非)역사학' 으로 구분했다.

[44] 김육훈, 2020(1); 이경훈 앞의 논문. 이경훈은 이 부분에서 우에노 지즈코가 『전쟁과 성폭력의 비교사』(어문학사, 2020, 36쪽)에서 서술한 '모델 피해자 상'이란 단어를 떠올렸다. 그녀는 "아무것도 모르는 처녀가 어느 날 문득 예고도 없이 강제 연행으로 끌려가 윤간을 당한 후 '위안부' 노동을 하도록 강요받게 되었고 탈출을 꿈꾸지만 가로막히자 견딜 수 없는 고통 속에서 살아 남았다"와 같은 의미로 이 단어를 썼다. 우에노가 말하는 '피해자 모델론'을 비판적으로 검토한 김부자의 연구도 있으나, 이 글에서는 논의를 확산하지는 않겠다. 김부자, 「피해 증언과 역사 수정주의적 페미니즘: 구술사를 미래로 전하기 위하여」, 『한국구술사학회 창립 10주년 국제학술대회 자료집』, 2019.

개념화할 수 있지 않을까?

'역사문화'는 이동기가 공공 역사(public history)를 소개하는 글에서 사용한 개념이다. 그는 '사회적 삶에서 이루어지는 역사의식의 표현'으로 정의하면서, 과거의 사회적 현재화 방식을 폭넓게 살펴야 한다고 제안했다.[45] 박상욱은 전세계적인 현상이라 할 역사붐을 개념화하는 과정에서 독일 역사교육학자와 역사전문가들이 역사문화 이론을 체계화했다면서, 역사문화에 대해 보다 집중적으로 검토했다.[46] 나인호는 역사의식의 형성이 단순히 학술적 교과서나 논문이 아니라, 광범위하게 진행되는 소통 속에서 이루어진다는 점을 강조하면서, 공적 영역에서 일어나는 모든 역사적 재현을 학술적 탐구의 대상으로 삼아야 한다고 지적했다.[47]

그동안 역사교육을 민족·국민·국가 정체성 형성과 관련짓는 논의는 많았다. 그러나 역사학자들은 교과서가 위로부터 정체성을 구성하는 매개물이란 점을 강조하면서 교과서에 담을 역사 지식-서사란 관점에 집중했고, 교과 교육론으로서 역사교육 연구 역시 학교 역사교육이 사회에서 실제 수행하는 정체성 형성과 관련한 역할을 충분히 고려하지 못한 채 역사적 사고 문제에 더 천착했다.[48] 학교 현장에서 역사교육을 실제로 실천하는 교사들로서는 학생의 역사 학습이 교실 안팎을 넘나들면서 이루어지며, 학생의 변화는 새로 알게 된 역사적 지식 이상으로 정서적인 문제와 관련된다는 걸 일상적으로 체험하고 있다. 역사학습에 영향을 미치는, 그리고 그 학습의 결과가 반대 방향으로 작동하는 힘을 만들어내는 어떤 차원이 있다는

---

45 이동기, 「현대사박물관 어떻게 만들 것인가-독일연방공화국 역사의 집과 대한민국역사박물관의 건립 과정 비교」, 『역사비평』 96, 2011; 이동기, 「공공역사: 개념, 역사, 전망」, 『독일연구』 31, 2016.
46 박상욱, 「대중적 역사 현상의 이론적 메커니즘-외른 뤼젠의 역사문화 이론을 중심으로」, 『서양사론』 128, 2016; 박상욱, 「'퍼블릭히스토리'에서 '역사문화'로-독일 '퍼블릭 히스토리'의 작용 메커니즘으로서 '역사문화'」, 『서양사론』 139, 2018.
47 나인호, 「시민을 위한 역사교육으로서 독일의 공공 역사」, 『역사교육논집』 69, 2018.
48 윤세철·최상훈, 「역사의 유용성과 역사교육목표」, 『역사교육』 87, 2003; 박지원, 「역사교육 목적·목표론 연구 동향」, 『한국역사교육의 연구 동향』, 책과 함께, 2011.

것을 체험한다.[49]

한 사람의 역사의식이 사회적 기억 혹은 역사문화의 영향이 내재화되는 과정에서 형성된다면, 그것이 단순히 인지적 차원이 아니라 미학적이거나 정치적 차원을 통해 구성되는 것이라면, 역사학습을 논의하는 방식이 지금과 많이 달라야 할 것이다.[50] 역사 지식의 습득이나 역사가들이 사용하는 연구방법론의 사용 등을 중심으로 논의되는 역사교육 연구의 방향에 대한 재검토, 공공 역사 속에서 재현된 역사가 학습에 미치는 영향과 그것을 적극적으로 활용하는 방향과 이를 위한 조건의 마련 등에 대해 논의해야 할 것이다.

무엇보다 학교 역사 수업, 그리고 교육과정을 하나의 플랫폼으로 생각하려는 발상의 전환이 이루어져야 한다. 교과서·학교 밖의 다양한 자원을 교실 수업과 링크하고, 지역·시민적 삶을 적극적으로 교재화하는 가운데, 교실 밖의 민감하고 논쟁적인 주제들을 교육적으로 다룰 수 있도록 해야 한다. 역사 학습을 단순한 지식 전수·국가 정체성의 주입으로 여기지 않고, 학습자가 주체적으로 역사를 전유함으로써 자신의 정체성을 구성한다는 관점 전환이 이루어지고, 이를 뒷받침할 수 있는 교수학습의 변화, 교육과정과 교과서·평가 등 제도 정책적 변화가 이루어져야 할 것이다.[51]

---

49 황우선·김성해, 「역사 속의 집단 정체성」, 『미디어, 젠더&문화』 30(4), 2015; 박종일·김은정, 「집단 정체성 연구에서 근원주의와 구성주의의 검토」, 『한국사회학회 사회학대회 논문집』, 2008; 김용우, 「인정의 정치와 역사학」, 『HOMO MIGRANS』 56, 2012.

50 뤼젠은 역사의식은 개인의 구성물로 내재화와 사회화 과정에서 밖에서 안으로 구축되고, 역사문화는 집단적 구성물로 외화라는 반대 경로로 형성된다고 설명한다. 그는 역사문화를 미학적·정치적·인지적 영역과 차원이 있는데, 역사문화의 세 차원인 미학(감각), 정치(의지), 인지(지식)가 각각의 방식으로 역사적 의미를 형성하고 매개한다고 설명한다. 마르틴 뤼케·이름가르트 췬도르프 지음, 정용숙 옮김, 『공공역사란 무엇인가』, 푸른역사, 2020, 42~50쪽.

51 김육훈, 「2015 교육과정 이후 역사교육을 위한 상상력─평화·민주주의를 지향하는 역사교육의 가능성」, 『역사교육논집』 74, 2020.

Ⅳ. 역사부정과 부인문화 너머의 역사교육
: 변화를 만들어낸 한 사례

　역사교사들의 '위안부' 수업 사례를 간추린 문순창의 보고는 역사교육자들이 역사부정 문제에 더 깊이 관심을 갖고 실천적 대안을 만들기 위해 애써온 방향을 잘 보여준다. 그는 1990년대 이후 전국역사교사모임의 회보에 실린 '위안부' 관련 수업의 추이를 검토하면서, "'위안부' 문제가 전쟁 범죄를 통해 인간성이 말살된 참혹한 사례라는 점은 역사교사로 하여금 이 역사적 진실을 아이들과 꼭 나누어야겠다"는 책무감을 느끼도록 했다면서도, 그 참혹상 자체 때문이 아니라 "참혹한 역사 이후에 이어간 당사자들의 용기 어린 싸움의 역사"가 갖는 교육적 가치에 많은 교사들이 공감했다고 평가했다. 그는 1990년대 중반 이후 보고된 교사들의 실천 사례를 세 시기로 나누어 정리했는데, 초기에는 진실 알리기 그 자체가 중심이었으며, 2000년대 이후 내용이 풍부해지고 접근법이 다양해졌다고 보았다. 그리고 2010년대 이후에는 인권·평화교육의 문제의식과 접점을 만들고, 시민 사회와 학교 교육이 결합하는 양상도 두루 나타났다면서 최근 사례들을 감수성[고통을 전시하는 수업을 넘어 용기 있는 실천에 공감], 삶과 만난 실천['위안부'를 주제로 한 학생들의 역사하기의 체험들], 보편과 인권의 이름으로 라는 세 개념으로 간추렸다.[52]

　부정론자들은 아예 어떤 사실이 존재하지 않았던 것처럼 과거가 기억되기를, 역사가 서사화되기를 기대한다. 그런데 아무리 시간이 흘러도 지울 수 없는 기억이 있고, 중요하고 충격적인 사건일수록 어떤 형태로든 기록할 수밖에 없다. 기록을 회피하지 못하는 상황에서, 부정론자들은 외부에서

---

52 문순창, 앞의 논문.

발하는 그런 정도 규모가 아니었다고 축소 왜곡하면서 대수롭지 않은 일로 간주한다. 그리고 전쟁 중에는 늘 그런 일이 있기 마련이며 우리만 그랬던 것은 아니라는 식으로 잡아뗀다. 당한 사람은 그럴 만한 이유[폭도, 빨갱이, 유대인가 있었다거나, 우리는 그저 자신을 지키려 했을 뿐이라며 침략을 부인하고 전쟁 책임을 상대편에 떠넘기기도 한다.

'역사부정과 부인 문화 너머의 역사교육'을 실천한다는 것은 이런 시도를 뛰어넘는 일이다. 그것은 또 다른 유형의 배외주의·반일주의와 같은를 고취하거나 특정 정치 세력을 곤궁에 빠뜨리려 하는 일이 아니다. 역사부정 너머를 실천하려는 역사교육자들은, 마땅히 책임져야 할 가해자들이 아니었다면 평범하게 살았을 수도 있을 사람들이, 잔혹한 살인 병기가 되거나 이름 없이 스러져갈 피학살자가 되는 일이 다시는 반복되지 않기를 소망한다. 아울러 지금 이 순간에도 곳곳에서 반복되는 혐오와 폭력이 중단되기를 소망한다.[53]

역사교육자들의 이 같은 바람을 스탠리 코언은 시인(是認)이란 말로 표현했다. 스탠리 코언은 부인(否認)을 정면에서 다룬 방대한 저작 『States of Denial』[54]에서, 부인의 다양한 층위와 논리를 논의한 뒤 이를 시인하는 행동을 조직하는 문제와 결부하려 했다. 부인이 인권 침해와 인간의 사회적 고통을 조장·악화하는 행위라면, 시인은 고통을 해결하는데 사람들이 동참하기를 기대하면서 사용한 개념이다. 그는 타인의 고통에 공감할 줄 알고, 소극적 방관자로 남지 않고 문제 해결을 위해 작은 행동이라도 할 수 있는 사람이 되도록 변화시키는 것을 인권 운동의 제1사명으로 간주했다. 이 논의를 위해 그는 부인이란 행위가 이루어지는, 부인 문화가 지속되는 다양

---

53 각주4에 소개한 강화정·방지원의 글.
54 번역자는 제목의 State를 부인하는 국가 혹은 부인하는 상태를 뜻하는 말로 이해했다. 인권 침해의 가해자이면서도 이를 부인하는 국가(가해자)와 고통을 알면서도 수동적으로 방관하고 있는 일반 대중의 경향을 담은 표현이라 생각하여, 이 책의 제목을 잔인한 국가 외면하는 대중으로 잡았다고 한다. 스탠리 코언, 앞의 책, 19쪽.

한 차원을 논의했고, 역사 속에서 시인하는 행동에 나섰던 구조자들의 사례를 통해 선의 평범성—덕의 평범성을 개념화했다. 그리고 더 많이 시인하게 만들 수 있는 교육 방법론을 논의한다. 그의 방법론에는 고통 그 자체를 다루는 일은 물론, 부인 논리를 탐지하고 이를 물리칠 수 있는 능력, 사회가 잘못 돌아간다고 느껴질 때 뭐가 잘못 됐는지 알아봐야겠다는 마음을 갖도록 하기도 포함된다. 거창한 영웅적 행동을 요구하지도 않지만, 평범한 침묵을 장려하지도 않는다.[55]

코언이 언급한 선의 평범성은 악의 평범성(banality of evil)과 함께 참혹한 폭력의 역사에서 생성된 개념이다. 악의 평범성은 아이히만 재판을 거치면서 한나 아렌트가 개념화했는데, 국가공무원으로서 상부에서 지시한 일을 일상적으로 수행했을 뿐이란 아이히만의 변명에서 비롯됐다. 사람은 평범했는데 시스템이 문제였고, 문제의 시스템 내부에 있으면서도 그게 문제라는 질문을 아예 만들지 않았던 것이 사상 최악의 홀로코스트로 이어졌다는 맥락이다.

그러나 폭력사 연구가 진행되면서, 가해자들은 대개 능동적 행위자였다는 사실이 밝혀졌다. 그리고 평범한 사람이 잔혹한 학살자가 되는 가해자의 자기 형성 과정에 더 주목해야 하며, 그럴 수 있을 때 참혹한 역사의 재현을 막는 문화적 장치를 구축할 수 있다는 주장도 커졌다. 여기서 등장하는 개념이 바로 선의 평범성이다. 대학살의 와중에도 아무런 대가 없이 활동했던 구조자와 조력자가 적지 않았다. 훗날 의인(義人)으로 불린 이들도 당시에는 평범한 시민이었다는 사실, 그들을 영웅적 모범으로 만들어 낯설게 하지 않은 채, 다양하고 복잡했던 구조 행위의 동기를 그 자체로 이해하려 노력하자는 취지에서 나온 개념이다. 그리고 그런 사람을 길러내는 데 교육과 문화가 더 많은 역할을 하자는 취지에서 주로 사용된다.[56] 이 같은

---

55 스탠리 코언, 위의 책, 307~338 · 527~557쪽.

폭력사 연구의 성과와 시인(是認)·선의 평범성 개념 등은 한국의 과기사 정리 과정에서도 적지 않게 수용됐다. 4·3사건과 한국전쟁 전후 민간인 학살 사건을 조사한 진실화해위원회 활동, 5·18 민주화운동 진상 규명 과정이 좋은 사례다.

교사들이 역사부정 문제에 관심을 갖고 대안을 모색하는 과정에서도 이 문제의식은 비중 있게 검토됐다. 이경훈과 문순창의 '위안부' 관련 보고, 한국전쟁 전후 민간인 학살 사건을 다룬 박상민과 맹수용의 보고[57]는 이런 문제의식이 구체적으로 어떻게 구현되었으며 어떻게 발전시킬 수 있는지를 다루었다. 5·18 역사부정의 현실을 진단하고 '5월 교육의 원칙'을 참조하여, "피해자들이 호소하는 목소리에 공감하고, 이들의 곁에 한 발자국 가까이 서서 과거의 문제를 돌아보기, 최소한 피해자들의 상처를 덧내지 않는 인간 되기. 상처를 비집는 사람이 나타난다면 그의 행위를 저지할 수 있는 시민 되기"를 목표로 수업을 설계했던 맹수용의 실천도 이런 경우다.[58]

하지만 우리 사회에는 여전히 시인(是認)은 부족하고 부인은 넘쳐난다. 부인이 가장 극단화된 상황이 역사교과서 국정화였다. 결국 국정화는 폐기됐으나 청산은 미진했기에, 역사전쟁이 증폭한 부인 문화는 더 넓게 퍼졌고 이에 맞서 싸우며 발전시켜 나간 시인(是認)은 충분히 힘을 받지 못했다. 그러나 희미한 선의 불빛 속에서 다른 미래를 상상하듯, 부인의 실체를 확인하고 희미한 시인(是認)에 담긴 희망을 제대로 평가할 수 있다면, 또

---

56 이동기, 『현대사 몽타주』, 돌베개, 2018, 109~173쪽. 그는 이 책의 156쪽에서 '의인(義人)'의 존재에 주목해야 한다면서, "의인들은 무엇보다 상황의 압박이나 '객관적 조건'의 제약에 매달리는 폐쇄적인 역사학을 해체시킨다. 그들은 역사의 대안 가능성을 부각하며, 행위의 여지를 그대로 드러내기에 특별한 의미를 지닌다. 그들의 존재와 행위는 독재의 억압과 가해자들과 동조자들이 만든 신화와 위선을 벗겨낸다"라고 썼다.

57 맹수용, 2021(1); 박상민 앞의 논문.

58 맹수용, 2021(2). 그는 이 글에서 '5월교육의 원칙' 12항목 중에서, 다음 네 원칙을 바탕으로 수업을 설계했다고 밝혔다; ② 5·18이 현재와 관련된 사건임을 확인한다. ③ 그날의 희생이 불가피한 것이 아니었음을 환기한다. ⑦ 야만의 회귀 가능성을 경계한다. ⑧ 시민의 용기와 참여에 주목한다.

다른 미래로 나아갈 수도 있을 것이다. 2015 교육과정에 따라 생산된 두 세계사 교과서를 비교한 소감이다.

2015년에 고시된 역사 교육과정은 역사교과서 국정화를 염두에 두었으며, 국정화를 반대하는 인사들이 배제된 상태에서 만들어졌다. 2년 뒤 국정화 정책은 폐기되고 중학 역사와 고등 한국사 교육과정도 2018년에 수정 고시됐지만, 고등 세계사 교과서는 2015년 고시에 따라 개발됐다. 2015년 고시에 따른 고등 세계사(이하 고등 세계사)와 2018년 고시에 따라 개발된 중학역사1(이하 중학 세계사)는 똑같이 주당 3시간 수업을 염두에 두었으며, 전체 교과서 분량도 비슷하다.59 그런데 역사부정과 부인이란 프리즘으로, 인권과 평화를 진작하는 데 역사교육이 기여할 바를 생각하면서 두 교과서의 현대사 서술을 비교하면 제법 차이가 난다.

중학 세계사는 고등 세계사보다 현대사 비중이 높다. 교육과정의 차이 때문인데, 중학 세계사는 1, 2차 대전 시기 세계를 하나의 대단원으로, 고등 세계사는 1/2 단원으로 구성하도록 했던 것이다.

양자의 차이는 분량 이상이다. 4종의 고등 세계사 교과서 모두, 교과서 본문에서 전쟁 시기의 민간인 학살 사건을 언급조차 하지 않았다. 1, 2차 대전 자체에 대한 서술은 적지 않으나, 전쟁의 발발에서 종식에 이르는 과정을 군사사·국제관계사 차원에서 다루었을 따름이다. 두 전쟁은 총력전의 형태로 치러졌고, 특히 2차 대전의 경우 인종주의를 동반한 무자비한 대학살과 반인도적 범죄들이 전쟁의 본질을 구성한다 할 정도였다. 바로 그 때문에 이런 전쟁이 반복되지 않아야 한다는 인식이 국제사회를 강타할 정도였다. 그러나 교과서들에서 묘사된 전쟁은 국가 간의 관계, 군사적인 문제일 뿐이다. 전쟁 피해와 민간인 '희생'을 다루기도 했지만, 전쟁에 동반된 부수적인

---

59 고등 세계사는 너무 어렵지 않은 선택과목을 지향했고, 중학 세계사는 어쩌면 유일한 학교 세계사 학습이 될 수 있다는 우려로 기본적인 사실을 촘촘히 다루었다. 분량까지 같으니, 두 교과서의 내용이 비슷하다거나 지나치게 사실만 열거했다는 비판이 있다.

영역이란 뉘앙스를 주듯 4종 교과서 모두 특별꼭지에서 다루었다.

그런데 중학 세계사 교과서 6종은 모두 참혹했던 전쟁 시기를 전혀 다른 방향에서 접근했다. 전쟁의 원인과 전개 과정을 한 주제로 먼저 다룬 뒤, 두 전쟁 시기 대량 학살과 인권 침해와 관련된 내용을 별도의 주제로 만들어 상세하게 다루었다. 본문 내용도 많고, 여러 방식으로 관련 내용을 담았다. 2018년 고시 교육과정에서 두 차례 전쟁을 다룬 성취 기준과 별도로, "세계 대전의 과정에서 일어난 대량 학살과 인권 침해 등의 사례를 탐구하고 평화를 유지하기 위한 노력에 대해 알아본다"라는 성취 기준을 넣은 결과다.[60] 이처럼 충격적인 대량 학살과 인권 침해 사건 자체를 풍부하게 다루었다는 사실만으로도, 최소한 망각을 막고 성찰로 가는 길을 여는 의미는 있다.

6종 중 한 교과서는 거기서 몇 걸음 더 나아갔다.[61] 이 교과서는 전쟁의 전개 과정을 다룬 주제의 본문에서도 인종 학살과 엄청난 민간인 희생을 다루었으며, 대학살과 인권 유린을 다룬 별도 주제를 6쪽 분량으로 구성하고, 단원 정리 2쪽을 관련 내용으로 배치했다. 교과서 본문에서 대량 학살과 인권 침해 사실을 소상하게 다루었으며, 그 책임을 따지는 전후 청산전범 재판과정과 과거사 정리를 대하는 태도의 차이[시인과 부인]까지 다루었다. 아이히만 재판을 특별꼭지로 다루어 가해자가 되는 메커니즘을 향한 질문을 던졌으며, 2쪽으로 구성된 특별꼭지에서 대량 학살과 인권 침해를 기억하고 기념하기 위한 공간들을 탐방하고 질문을 던지도록 안내했다. 대단원 마무리 활동에서, '위안부'·홀로코스트·난징대학살을 소재로, '세계의 과거사 청산을 위한 공익 광고 제작하기'란 프로젝트를 제안했다. 몇 가

---

60 국정화 사건을 거치면서, '역사교육이 민주시민교육에 기여해야 한다'는 논의가 활발해진 현실을 반영한 변화다. 홍용진, 「민주시민교육을 위한 서양사」, 『2020년 아시아평화와역사연구소 학술회의−국정교과서 논란 이후 역사교과서 어디로 가고 있나?』, 2020.05.16.
61 김형종 외, 『중학역사1』, 금성출판사, 2019. 180~207쪽.

154 ┃ 1부_ 교과서와 정치환경

지 아쉬움이 있지만, 부인에서 시인으로 시선을 옮겨가는 교과서 서술의 새로운 전형을 만들어가는 사례로 볼 수 있겠다.

그러나 6종 교과서 모두 인권·평화교육의 관점에서 참혹했던 폭력의 역사를 기술하는 방법, 혹은 '부인에서 시인으로'라는 문제 의식을 담기에 아쉬움이 있다. 전범 재판과 책임 인정 두 측면에서 독일과 일본을 대조하는 서술은 거의 모든 교과서가 같다. 의미 있는 비교이지만, 그 한계 또한 지적하지 않을 수 없다. 침략 전쟁, 잔혹한 폭력과 학살의 주체, 반성과 사과의 책임은 국가체제였다. 아이히만 재판을 두 곳에서 다루었으나 평범한 국민이 잔혹한 가해자가 되는 과정을 성찰한다는 문제의식은 부족했다. 폭력의 잔혹함을 묘사하는 과정에서 피해자다움에 갇혀버린 피해자들의 이미지, 잔혹한 폭력을 교과서로 대면하게 될 중학생의 감수성을 충분히 고려하지 않은 묘사도 눈에 띄었다. 세계사 교과서란 점을 감안하면, 역사적 사실로서 제노사이드 협약이나 세계인권선언 제정, 현재적 문제인 역사 부정에 맞서 기억할 의무를 공감하고 있는 국제 사회의 모습 등 역사 성찰이 국제적인 규범의 확립으로 이어진 측면을 적절히 기술했으면 더 좋았을 것이다. 의인을 다룬 교과서는 하나밖에 없었다. '위안부'의 참혹했던 고통과 일본의 역사부정은 모든 교과서가 비중 있게 다루었으나, 피해자가 지원 단체와 함께 전시 성폭력을 반대하며 인권 운동의 주체로 나아가는 모습과 이에 호응하는 시민 사회의 모습을 충실히 담지는 못했다. 폭력사 서술이 가해자(특히 국가)를 비난하고 사과와 반성을 요구하는 데서 그치지 않고, 보통의 시민으로 자랄 학생들이 사회적 고통의 수동적 방관자로 남지 않고 민주적인 시민으로 성장할 수 있도록 하려는 관점이 더 분명해지길 기대한다.

그러나 6종 교과서들은 많은 한계에도 불구하고, 적지 않은 변화를 이루어냈다. 교육과정에서 현대사 비중을 늘리고 평화와 인권을 다루는 성취 기준을 제시함으로써, 교과서 저자들은 사건과 지역·역사와 현재를 아우르면서 주제 중심 접근을 시도하여 연대기식 서사만으로 감당하기 어려운 내용들을 폭넓게 담으려 했다. 일부 교과서는 인권 평화교육의 문제의식을 담은 역사교육자들의 실천 결과가 일정하게 반영됐다. 수업 실천 성과의 축적과 교류, 현장 실천의 교재화를 토대로 역사교육이 평화와 인권, 민주주의 교육에서 해야 할 몫에 대한 활발한 논의의 결과이면서, 교육과정과 교과서의 변화가 또 교실 수업의 변화를 추동하는 한 사례로 봐도 좋겠다.[62]

V. 맺음말

많은 이들이 '역사교육을 역사학계의 연구성과를 잘 간추려 후세에 전하는 행위'로 개념화한다. 역사학계나 역사교육 연구의 논의 방향도 큰 틀에서 비슷하다. 그러나 역사부정 현상을 중심으로 역사교육의 안과 밖을 폭넓게 살펴보면, 교실 역사수업이 서 있는 위치가 꼭 그렇지만 않음을 쉽게 알 수 있다.

이 글에서는 역사부정을 '역사부정과 부인 문화'란 맥락에서 주로 사용했다. 역사부정론을 구분하는 것이 자명하지 않으며, 한국은 물론 일본과 독일의 부정론도 뿌리 깊은 부인 문화와 관련이 있기 때문이다. 역사부정은 그 자체로 음모론이나 극단주의와 같은 닫힌 담론 체계이지만, 그것은 부인 문화라는 폭넓은 역사 문화 속에서 극단화된 결과이고 바로 그 때문에

---

62 2015교육과정에 따라 개발된 국정 한국사 교과서, 그 책이 폐기되고 2018년에 고시된 교육과정에 따라 개발된 한국사 교과서의 한국전쟁 전후 민간인 학살 관련 내용 서술을 대비해도 비슷한 결과가 나온다. 2015 국정 교과서에서는 4·3 당시 "군경과 무장대간 무력 충돌과 진압 과정에서 많은 무고한 제주도민들까지 희생되었다"고 기술하면서 학살의 주체나 피해의 규모 등 기본적인 사실조차 거론하지 않았고, 한국전쟁 시기에 "전선이 오르내리는 동안 좌우 이념 대립은 더욱 격화되었는데, 이 과정에서 양측에 의해 다수의 민간인 학살 사건이 발생하였다"는 서술을 제외하고는 한국전쟁 전후 숱하게 일어났던 민간인 학살 사건에 대한 언급 자체가 없다. 그런데 2018년 고시 이후 개발된 한국사 교과서들에서는 그동안 한국사 연구 성과와 교실 수업 실천경험이 폭넓게 반영됐다.

강화되거나 약화시키는 일이 원천적으로 불가능하지는 않다.

　역사부정론은 대개 선거를 전후한 시점에, 역사를 정치적 동원 수단으로 삼으려는 책략과 결부되어 증폭됐다. 기본적으로 정치 선전의 성격을 갖는데, 여러 유형의 부인주의와 나란히 존재하며 서로를 풍부하게 해주면서 진영 정체성을 구성하는 한 요소로 자리 잡는다. 역사부정의 동학은 탈진실과 비슷하다. 자의적인 역사 구성이 가능해진 디지털 환경, 악용하는 나쁜 정치와 돈을 목적으로 한 컨텐츠 자본과 개별 생산자들, 진영화된 사회와 분할된 공론장 속에서 작동한다는 점에서 그렇다.

　역사부정은 자신의 책임을 은폐하기 위해 사실을 은폐하고 그때의 그 행위가 정당했다고 주장하거나, 피해자들이 당할 만한 이유가 있었다고 주장하면서, 가해자의 시선으로 증언에 나선 피해자를 공격하기도 한다. 역사부정은 폭력을 정당화하고 인종주의나 국가주의를 고취하며, 평시에 잠재되어 있다가도 적절한 계기가 주어지면 다른 부인주의들과 어우러지면서 폭력을 선동하는 정치 선전으로 부활할 위험이 있다.

　역사교육이 갈등을 조장하거나 증폭시킬 위험이 있다는 사실, 역사가 오용되고 악용되며, 조작될 수 있다는 우려는 진작부터 있었으며, 이를 막기 위한 노력이 국제사회에서 오래 동안 이어져왔다. 오래 동안 민족 국가 서사로 구성된 국정교과서를 써온 한국 역시 역사를 악용하려는 이들의 유혹에 늘 노출되어 왔고, 역사부정도 상수라 할 정도다. 역사교육자들은 이 같은 현실에서 학교 역사교육이 이루어진다는 점을 기억하고 역사교육의 수행할 수도 있는 위험성을 민감하게 느껴야 한다. 역사 지식에 대한 교육에 그치지 않고, 역사와 역사 아닌 것을 논의할 수 있는 인식론적 능력을 길러야 하며, 과거가 현재화되는 다양한 방식을 늘 관심 갖고 살피려는 태도를 견지해야 한다.

　역사부정과 부인의 대상인 사실들은 매우 오래 전 일이다. 타인이, 그것도 오래 전 경험한 전쟁과 폭력, 극단적인 인권 침해, 고난으로 점철됐던 민주화운동에 대한 공감이 두고두고 이어질 것이라 생각할 수 없다. 그래서 국가와 공동체는 교육과 기억·기념 활동을 통해 이를 문화적 기억으로 만들려 한다. 그럼에도 불구하고 잊히는 것은 막기 어렵다. 망각 위에서 역사부정이 싹틀 수 있다.

그런데 기억하고 기념하는 일에 동반된 또 다른 문제가 있다. 기억은 선택적 망각을 동반한다. 과거를 현재화하는 과정에서 의도적인 망각이 존재하는 것은 피할 수 없고, 기억을 재현하는 이들의 현재적 관심이 강하게 투영된다. 독재자들이 국정교과서를 통해 하려 했던 일은 단적인 사례이지만, 역사학습이나 기념 행위를 정체성을 드러내는 수단으로 생각하는 한 과거가 현재를 위해 동원되기 쉽다.

다양한 정치 세력이 역사에서 자신을 정당화할 자원을 찾을 것이다. 그렇게 역사가 특정 정당이나 정치 세력에 의해 전유될 때, 바로 이런 상황이야말로 역사부정이 등장하기 딱 좋다. 민주화운동을 부정하지 않으면서도, 그 의미를 상대화하며 깎아내리고 혐오의 언어로 만드는 것이 불가능하지 않다. 폭력 피해자들의 아픔을 이해하고 공감하면서도, 누군가 그들을 앞세워 자신을 향해 공격한다고 느끼는 사람이 있다면 그가 부인하고 사소화하고 가해 행위를 정당화하는 행동을 할 개연성이 높아진다.

일제강점기, 분단이 전쟁으로 이어지던 시기는 물론, 민주화운동도 진작 역사의 영역으로 들어갔다. 그래서 민주화 세대가 이루어놓은 성취와 한계 위에서 새로운 세대가 사회의 주역으로 떠오르고 있다. 민주화를 추구하던 세대가 자신을 이전 세대와 구획 짓는 이상으로, 민주화 이후 세대와 민주화 세대 사이에 간극이 있을 것이다. 『반일종족주의』가 비판의 대상으로 삼았던 민족-국가 서사에 대한 비판은 다른 방향에서 비판받을 또 하나의 닫힌 서사로 여겨질 수 있다는 우려를 새겨 들어야 한다. 40여 년 전에 생성된 인식 틀이 역사교육 서사 체계의 중핵으로 여전한 현실, 민주화 세대의 감수성으로 그들의 정체성을 드러내는 방식으로 기념 문화가 논의되는

현실을 돌아보자는 뜻이다.[63]

2019년을 전후하여 역사부정이 크게 확산됐을 때, 역사학계는 적극적으로 대응하지 않았다. 이미 연구를 통해 사실 확인이 끝났는데, 자칫 거짓 주장을 홍보할 계기만 마련해준다는 속뜻이 있었다. 일견 맞는 말이지만, 현실적으로 부정론자의 잘못된 주장이 폭넓게 확산되는 걸 방치했다는 비판에 자유로울 수는 없다. 그렇다고 그들의 주장이 확산될 수 있었던 역사문화를 비판적 검토의 대상으로 삼아 역사학계가 해야 할 일을 적극적으로 검토했다고 보기도 어렵다. 역사교육 연구자들 대다수 역시 비슷한 비판에 자유로울 수 없다. 학생들의 역사학습이 교과서-교실 밖 역사 체험과 밀접하게 관련되어 있다면, 역사부정 현상이 학생들의 역사학습에 미치는 영향을 중요한 연구 주제로 삼아 적극적으로 검토하고 다양한 층위에서 교육적 대처 방안을 강구해야 했다.

역사교육은 중요한 사회 현상의 일부로 존재한다. 한 사람의 자기 정체성 형성이 '어디에서 와서 누구와 함께 있는지' 탐색하는 가운데 이루어진다는 점을 감안하면, 학습이 이루어지는 교실 안팎의 상황을 폭넓게 살피려는 사회문화적 탐구가 더 활발해져야 한다. 교실 공간에서 이루어지는 활동에 국한하지 않고, 학생들이 한 사람의 시민으로서 역사의식을 형성하고 실천하는 과정에서 역사교육이 하고 있는 일과 해야 할 일을 함께 논의해야 할 것이다. 역사부정을 둘러싼 더 깊은 논의가 앞으로도 계속 필요한 이유다.

---

63 이영제, 「'민주주의 세대'의 출현과 민주주의의 '필수재' 시대의 도래: 강한 민주화와 약한 민주주의 시대의 과제」, 민주화운동기념사업회, 『Issue & Review on Democracy』 21, 2018; 이동기, 「역사학습의 새 형식: 남영동 민주인권기념관의 방향 제언」, 『지구화 시대 기념 문화』, 민주화운동기념사업회, 2020; 최호근, 「세대 간 기억 전승을 위한 민주인권기념관 구상」, 위의 책.

| 참고문헌 |

1. 자료

A/68/296, General August 2013, *the Writing and Teaching of History*(History Textbooks)].

A/HRC/25/49, General 23 January 2014, *Memorialization Processes*.

2. 단행본

강성현, 『탈진실 시대 역사부정을 묻는다』, 푸른역사, 2020.

김태형, 『그들은 왜 극단적일까』, 을유문화사, 2019.

김보경, 「누가 역사를 부인하는가─5·18 과거청산 부인의 논리와 양상」, 『트라우마로 읽는 대한민국』, 역사비평사, 2014.

다카하시 데쓰야 지음, 이규수 옮김, 『국가주의를 넘어서』, 삼인, 1999.

다카하시 데쓰야 지음, 임성모 옮김, 『역사인식논쟁』, 동북아역사재단, 2008.

리 매킨타이어 지음, 김재경 옮김, 『포스트트루스─가짜뉴스와 탈진실의 시대』, 두리반, 2019.

린 데이비스 지음, 강순원 옮김, 『극단주의에 맞서는 평화교육』, 한울, 2014.

마르틴 뤼케·이름가르트 췬도르프 지음, 정용숙 옮김, 『공공역사란 무엇인가』, 푸른역사, 2020.

미치코 카쿠타니 지음, 김영선 옮김, 『진실 따위는 중요하지 않다』, 돌베개, 2019.

사라 마자 지음, 박원용 옮김, 『역사에 대해 생각하기』, 책과함께, 2019.

샘 와인버그 지음, 정종복·박선경 옮김, 『내 손안에 스마트폰이 있는데 왜 역사를 배워야 할까?』, 휴머니스트, 2019.

스탠리 코언 지음, 조효제 옮김, 『잔인한 국가, 외면하는 대중』, 창비, 2009.

이동기, 『현대사 몽타주』, 돌베개. 2018.

이영훈·김낙년·김용삼·주익종·정안기·이우연, 『반일 종족주의: 대한민국 위기의 근원』, 미래사, 2019.

이졸데 카림 지음, 이승희 옮김, 『나와 타자들─우리는 어떻게 타자를 혐오하면서 변화를 거부하는가』, 민음사, 2020.

임지현, 『기억전쟁─가해자는 어떻게 희생자가 되었는가』, 휴머니스트, 2019.

전강수, 『≪반일 종족주의≫의 오만과 거짓』, 한겨레출판, 2020.

전상진, 『음모론의 시대』, 문학과지성사, 2015.

팔크 핑엘 지음, 한운석 옮김, 『교과서 연구와 수정에 관한 유네스코 안내서』, 동북
　　아역사재단, 2010.

허버트 허시 지음, 강성현 옮김, 『제노사이드와 기억의 정치』, 책세상, 2009.

3. 논문

강태원, 「일본에서 역사부정 그 비판과 수업 실천」, 『역사와 세계』 58, 2020.

강화정, 「역사교사의 교실 속 역사부정 접근법」, 『역사와 세계』 58, 2020.

강화정 · 맹수용 · 문순창 · 박상민 · 안민영, 「직면과 대처: 역사부정과 마주한 역사
　　교사들 - 역사교사 대상 설문 리서치 분석」, 『역사교육』 131, 2020.

김민수, 「5 · 18 부정에 대한 고등학생들의 인식 역사부정에 대한 교육적 시사」, 『역
　　사와 세계』 58, 2020.

김육훈, 「2015 교육과정 이후 역사교육을 위한 상상력 - 평화 · 민주주의를 지향하
　　는 역사교육의 가능성」, 『역사교육논집』 74, 2020.

김육훈, 「역사 부정은 무엇이며 어떻게 대처해야 할까」, 『역사와 교육』 20, 2021.

맹수용, 「역사부정에 맞서는 수업실천기 - 5 · 18 민주화운동 수업 사례」, 『역사교육
　　연구』 39, 2021.

맹수용, 「냉전적 인식을 성찰하는 한국전쟁 수업, 그 방향성 탐색」, 『역사와 교육』
　　20, 2021.

문순창, 「일본군 '위안부' 수업 실천의 성찰적 진화」, 『역사와 교육』 20, 2021.

박상민, 「국가 형성기 '항쟁' 사건 수업 - 국가 폭력의 부인을 넘어 교육의 가능성
　　찾기」, 『역사와 교육』 20, 2021.

박상욱, 「대중적 역사 현상의 이론적 메커니즘 - 외른 뤼젠의 역사문화 이론을 중심
　　으로」, 『서양사론』 128, 2016.

박상욱, 「'퍼블릭히스토리'에서 '역사문화'로 - 독일 '퍼블릭 히스토리'의 작용 메카니
　　즘으로서 '역사문화'」, 『서양사론』 139, 2018.

방지원, 「기억의 정치와 역사부정, 역사교육은 어떻게 대처할까?」, 『역사와 세계』
　　58, 2020.

양정현, 「『반일종족주의』의 역사인식과 역사교육에서의 비판적 사고」, 『역사와 세
　　계』 58, 2020.

윤세병, 「유럽 평의회와 UN의 역사교육 논의」, 『역사교육연구』 25, 2016.

이경훈, 「역사 부정의 파고 속, 일본군 '위안부' 역사교육, 어떻게 해야 하나?」, 『역

　　　사와 교육』 20, 2021.

이동기, 「공공역사: 개념, 역사, 전망」, 『독일연구』 31, 2016.

하종문, 「일본의 '교과서 우익'과 전쟁 피해의 전략적 활용 ─ 중학교 역사 교과서의
　　　기술과 정치권의 동향을 중심으로」, 『동북아역사논총』 59, 2018.

홍태영, 「신자유주의적 통치성과 한국 민족주의의 변환」, 『다문화사회연구』 12(2),
　　　2019.

2부
역사교육 현장의 대안모색

평화 지향 역사교육을 위한 독일의 사례 / 정용숙
: 노르트라인베스트팔렌 중등 II 역사 핵심교수계획(2014)

2015 교육과정 이후 역사교육을 위한 상상력 / 김육훈

논쟁성을 살리는 역사교과서 서술 체제 탐색 / 김육훈

3·1운동 사례를 통해 본 역사교과서의 시각과
구성에서의 변화 가능성 모색 / 김정인

이행기 정의의 관점에서 본 과거사 청산에 관한 서술 / 김정인
: 고등학교 한국사 교과서를 중심으로

평화 지향 역사교육을 위한 독일의 사례

노르트라인베스트팔렌 중등 II 역사 핵심교수계획(2014)*

정용숙

I. 역사교육의 평화교육의 만남

'역사의 아버지' 헤로도토스의『역사』는 페르시아 전쟁의 '진실'을 알리고 기억하기 위해 쓰여졌다. 투키디데스의 역작도『펠로폰네소스 전쟁사』였다. 투키디데스는 이 전쟁을 당대의 가장 중요한 사건이라고 보았고 그 원인과 결과를 신중하게 따지고자 하였다. 오늘날에도 예컨대 히스토리채널의 역사 다큐멘터리 가운데 전쟁을 다루는 작품의 비중이 클 뿐만 아니라 인기도 있다. 그러나 민주시민사회를 지향하는 교실에서 전쟁사를 '재미로' 가르칠 수는 없는 노릇이다. 그런 의미에서 전쟁과 폭력을 다루는 일은 역사교육에는 도전적인 일이다. 그러나 피할 수 없으면 주도하라! 교육현장의 노력은 전쟁사 학습에 평화적 관점을 도입하려는 시도로 나타나고 있다.[1]

한국에서 평화 지향 역사교육은 미래 과제인 평화통일, 그리고 민족정체

---

* 이 글은 정용숙,「독일의 평화 지향 역사교육－노르트라인베스트팔렌 중등 II 역사 핵심교수계획(2014)」,『역사교육논집』74, 2020, 45~75쪽을 수정 보완하였다.

[1] 김한종,『민주사회와 시민을 위한 역사교육』, 서울대학교출판문화원, 2017, 제4장 평화의식과 전쟁사교육 참조.

성에 골몰하는 역사교육의 개혁이라는 문제의식에서 출발하였다. 독일의 경우에는 전후 시대의 냉전기 끝에서 성장한 대중적 평화운동이 1970년대의 평화연구와 평화교육으로 이어졌고, 그 위에서 역사학과 역사교육이 협력해 '평화 지향 역사교육'(Historische Friedenserziehung)[2]의 이론화를 시도하였다.[3] 그 선구자 가운데 한 사람인 아네테 쿤(Annette Kuhn, 1934~2019)은 1964년 본 교육대학 중세사 및 근세사 교수로 부임하여 여성사 연구[4] 및 비판적 역사교육 연구에 매진하였고 이를 토대로 평화 지향 역사교육의 방법과 내용을 제시했다.[5]

쿤은 전쟁과 국제분쟁의 역사를 다룰 때 '전쟁은 인간사'라는 식의 인습적 태도로 접근하는 것을 비판하였다. 역사적 경험이 현재와 미래지향적인 정치 행위의 방향 설정을 돕는 '교훈'이 될 수 있다고 보았고, 역사교육을 평화교육에 사용함으로써 정치교육(politische Bildung)[6]의 수단으로 삼고자 하였다.[7] 쿤은 '평화'가 역사보다는 정치, 도덕, 종교 수업 주제로 더 적절하고 유용하다는 통념에 도전하였을 뿐만 아니라, 역사 수업이 전통적으로

---

2 직역하면 '역사적 평화교육'이지만 이 표현이 직관적으로 이해되지 않는다고 판단하여 이 글에서는 '평화 지향 역사교육'으로 옮겼다.

3 1970년대와 1980년대 독일 역사교육에 평화교육의 도입에 대해 정현백, 「역사교육과 평화교육의 만남 – 서독의 사례를 중심으로」, 『역사교육』 80, 2001, 89~121쪽.

4 유대계 페미니스트 역사가로서 독일 여성사 연구의 선구자인 아네테 쿤은 서독 최초의 여성사 정교수(1986)였고 퇴임 후 본 여성사 박물관(Haus der FrauenGeschichte; HdFG) 건립(2012)을 주도했다. 전쟁과 폭력의 시대 여성의 삶, 노동, 법, 정책 등을 연구하고 여성사 사료집을 편찬했다. Annette Kuhn, *Frau in der Geschichte*, 5 Vols, Düsseldorf, Schwann, 1981~1985. 또한 여성사 연구를 역사교육에 연결하였다. Annette Kuhn and Jörn Rüsen (eds.), *Fachwissenschaftliche und fachdidaktische Beiträge zur Sozialgeschichte der Frauen vom frühen Mittelalter bis zur Gegenwart*, Düsseldorf, Schwann, 1986.

5 Annette Kuhn, Gisela Haffmanns, and Angela Genger, *Historisch-politische Friedenserziehung*, München, Kösel, 1972; Annette Kuhn, "10 Jahre Friedensforschung und Friedenserziehung", *Geschichtsdidaktik*, Vol. 5, no. 1, 1980, pp.9~22.

6 '정치교육'으로 직역되는 독일의 시민교육은 민주사회 유지를 위한 기본요소로 여겨진다. 광의와 협의의 개념 정의는 연방정치교육센터(Bundeszentrale für politische Bildung) 홈페이지 참조 https://www.bpb.de/nachschlagen/lexika/handwoerterbuch-politisches-system/202092/politische-bildung(검색일 2020.05.25)

7 정현백, 앞의 논문, 96쪽.

다뤄온 전쟁과 폭력을 '평화실현'이라는 실천적 문제의식의 장으로 옮겼다.

여기에는 평화 및 평화의 역사 연구라는 기반이 있었다. 이동기에 따르면 평화연구의 토대는 전쟁과 폭력으로 얼룩진 국제 갈등이며, 평화사의 출발점은 군사사(Military History)를 비롯해 제노사이드를 비롯한 폭력사(History of Violence)이다.[8] 전쟁과 폭력에 대한 전통 역사학의 인습적 접근을 사회적 구조적 접근으로 대체해 평화를 '만드는' 가능성과 과정을 모색한다.[9] 그 명칭은 '평화사'(Peace History; Geschichte des Friedens), '역사의 평화연구'(Peace Research in History), '역사적 평화연구'(Historische Friedensforschung) 등으로 다양하지만 내용은 대동소이하다. 다만 '평화의 규범적 지향에 따라 수행되는 근대사회의 평화 능력에 대한 역사학적 관점의 연구'라는 의미로 '역사적 평화연구'를 선호하는 편이다.[10]

서독의 평화운동이 정점에 달했던 1980년대 초에 쿨만은 "평화는 역사교과서의 주제가 될 수 없는가?"를 질문하며 당시의 역사교육이 평화를 지향하는 당대의 역사문화[11]와 괴리되어 있다고 지적했다.[12] 이를 시작으로 평화사 연구의 문제의식과 성과를 교과서와 교원양성을 통해 학교 역사 수업으로 연결하려는 노력이 전개되었다. 1983년 브레멘에서 설립된 슈벨레 평화 재단(Stiftung die schwelle)이 대표적 사례.[13] 이런 노력을 발판으로 프

---

8 이동기, 「평화사란 무엇인가」, 『역사비평』 106, 2014, 16~36쪽.

9 Wolfram Wette, "Kann man aus der Geschichte lernen? Historische Friedensforschung", Ulrich Eckern, Leonie Herwartz-Emden, and Rainer-Olaf Schultze (eds.), Friedens- und Konfliktsforschung in Deutschland. Eine Bestandaufnahme, Wiesbaden, VS Verlag, 2004, pp.83~98; Benjamin Ziemann (ed.), Perspektiven der Historischen Friedensforschung, Essen, Klartext, 2002; Ziemann, "Historische Friedensforschung", Geschichte in Wissenschaft und Unterricht Vol. 56, no. 4, 2005, pp.266~281.

10 이동기, 앞의 논문, 25쪽.

11 '역사문화'(Geschichtskultur)는 역사가 대중의 일상에서 호출, 사용, 매개되는 현상 전반을 포괄하는 독일적 개념으로 '퍼블릭 히스토리'와 겹치지만 같지는 않다. 역사문화의 공공역사의 관계에 대한 설명으로 마르틴 뤼케·이름가르트 췬도르프 지음, 정용숙 옮김, 『공공역사란 무엇인가』, 푸른역사, 2020, 제1장 참조.

12 Casper Kuhlmann, Frieden −kein Thema europäischer Schulgeschichtsbücher?, Frankfurt/M, Peter Lang, 1982.

13 Reinhold Lütgemeier-Darvin, "Zwischen Friedenspädagogik und Historischer Friedensforschung",

랑스 및 폴란드와의 역사교과서 대화와 공동교과서 제작이 가능했던 것이다. 2006년 나온 독일 프랑스 공동역사교과서의 독일 측 저자였던 페터 가이스는 본 대학교 역사교육과 교수로 노르트라인베스트팔렌주 역사교육과정에 평화교육의 도입을 주도한 전문가 가운데 한사람이다.[14] 1990년대 이후 독일통일, 그리고 유럽통합이 진전되며 평화에 대한 교육학적 접근의 필요와 정당성이 마침내 넓은 사회적 합의를 얻었고 "평화문화" 진작을 새로운 목표로 세웠다.[15]

이 모든 것의 이론적 출발점은 칸트의 『영원한 평화』 제2절 첫 문장, 평화는 존재하는 상태가 아니라 만들어가는 과정이라는 선언이다.

> 서로 곁에서 살아가는 사람들 사이의 평화상태(Friedesnzustand)는 자연상태(Naturzustand; status naturalis)가 아니다. 자연상태는 오히려 전쟁상태(Zustand des Krieges)이다. 다시 말해, 설령 언제나 적대 행위들이 발발해 있는 것은 아닐지라도, 적대 행위들로 인한 지속적인 위협이 있는 것이다. 그러므로 평화상태는 이룩(설립)되어야만 하는 것이다(Er muss also gestiftet werden).[16]

평화 지향 역사교육이 다루는 내용은 전쟁과 국제분쟁이지만, 그 지향점

Detlef Bald (ed.), *Schwellen überschreiten. Friedensarbeit und Friedensforschung. Festschrift für Dirk Heinrichs*, Essen, Klartext, 2005, pp.83~102, 특히 p.89.

14 가이스가 집필한 독일-프랑스 공동역사의 한국어 번역본은 피터 가이스 지음, 김승렬 옮김, 『독일 프랑스 공동 역사교과서. 1945년 이후 유럽과 세계』, 휴머니스트, 2008. 독일−프랑스, 독일−폴란드 역사 대화와 공동교과서 프로젝트에 대해서는 Rainer Bendick, *Kriegserwartung und Kriegserfahrung. Der Erste Weltkrieg in deutschen und französischen Schulgeschichtsbüchern* (1900~1939/45), Herbolzheim, Centaurus, 1999; 김승렬, 「숙적관계에서 협력관계로: 독일−프랑스 역사교과서 협의」, 『역사와 경계』 49, 2003, 139~170쪽; 한운석, 「역사교과서 수정을 통한 독일−폴란드간의 화해노력」, 『서양사론』 75, 2002, 203~236쪽 등을 참조.

15 Elisabeth Zwick, "Pax iusta: Überlegungen zu Grundlagen und Wegen einer Friedenspädadogik", *bildungsforschung*, Vol. 3, no. 1, 2006, pp.1~18, 인용은 p.11. 유네스코의 목표이기도 한 '평화문화'는 대중의 일상적 사고와 행동이 평화지향적으로 조직되는 상태의 지속을 의미한다. 개념에 대해 Edgar Wolfrum, *Krieg und Frieden in der Neuzeit. Vom Westfälischen Frieden bis zum Zweiten Weltkrieg*, Darmstadt, WBG, 2003, p.20 참조.

16 괄호 안 원문은 필자 삽입. 임마누엘 칸트, 백종현 옮김, 『영원한 평화』, 아카넷, 2013, 113쪽.

은 평화조약을 비롯한 국제평화 질서를 다루는 것이며 이를 통해 평화 유지와 보장을 위한 노력의 역사를 이해하는 것을 최종 목표로 한다. 구체적으로는 폭력의 역사를 '전쟁과 평화'와 같은 항목으로 주제화해 평화적 관점에서 다루는 방식으로 행해진다.

이 글은 독일의 역사교육이 평화교육을 수용하는 방법을 16개 연방 주 가운데 노르트라인베스트팔렌의 중등 역사 교육과정을 통해 조명한다. 모든 연방주가 역사교육에서 '평화'를 다루고 있지만, 노르트라인베스트팔렌 주는 좀 더 적극적으로 내용요소에 '평화체제'를 명시함으로써 차별화와 체계화를 시도한 점이 돋보인다.[17] 이는 노르트라인베스트팔렌 주가 1945년 이후 거의 내내 사회민주당(SPD)의 정치적 아성이었던 것과 무관하지 않다. 예컨대 1999년의 교육과정 『중등 II 교수지침과 교수계획 – 노르트라인베스트팔렌 김나지움/종합학교. 역사』는 내용요소를 위한 11개 주요과제 (Leitproblem) 가운데 열 번째로 '갈등, 전쟁, 평화체제'를 넣었고[18] 2014년의 개정안 『노르트라인베스트팔렌 김나지움/종합학교 중등 II 핵심교수계획 – 역사』(이하 중등 II 역사 핵심교수계획)는 한발 더 나아가 '근대 이후의 평화조약과 평화체제'를 7대 내용요소 중 마지막 항목으로 재구조화했다.[19] 이는 역사교육학자들의 오랜 노력의 결과이다. 예컨대 지겐대학교 역사교

---

17 독일에서 16개 연방주의 교육과정을 만들고 관리하는 일은 연방정부가 아니라 주 정부의 권한이므로 각 주의 역사교육에는 지역의 정치적 지향성과 역사문화가 반영된다. 이와 같은 다양성에 대해서는 박혜정, 「독일 중등교육과정의 유럽사 교육에 대한 비판적 고찰 – 사대 주의 김나지움 역사교수계획안(Lehrplan)을 중심으로」, 『역사교육』 127, 2013, 175~209쪽 참조. 16개 연방주의 다양한 정치적 지향성이 역사교육의 평화교육에서 어떻게 드러나는지 비교한다면 독일의 평화 지향 역사교육의 전체적 면모를 파악할 수 있겠지만 이는 이 글의 범위와 역량을 넘어서는 과제이므로 별도의 후속 연구가 필요하다.

18 Ministerium für Schule und Weiterbildung, Wissenschaft und Forschung des Landes Nordrhein-Westfalen (ed.), *Richtlinien und Lehrpläne für die Sekundarstufe II – Gymnasium/Gesamtschule in Nordrhein-Westfalen,* Geschichte, Düsseldorf, 1999, pp.36 · 42~43.

19 Ministerium für Schule und Weiterbildung des Landes Nordrhein-Westfalen (ed.), *Kernlehrplan für die Sekundarstufe II Gymnasium/Gesamtschule in Nordrhein-Westfalen,* Geschichte, Düsseldorf, 2014, p.19. 이하 약어 KLP Sek II Geschichte 사용.

육과의 베르벨 쿤은 평화를 만드는 역량(과 또는 그 불가능성)이 독립적 분석범주로 존재하는 것 자체가 평화 지향 역사의식을 촉진한다고 주장한다.[20] 이 점에서 '근대 이후의 평화조약과 평화체제'는 베스트팔렌 평화조약으로부터 빈체제, 베르사유 평화체제, 냉전을 거쳐 독일통일, 유럽통합에 이르기까지 유럽 근대 평화사를 관통하는 기획이다.

이 글은 바로 이 2014년의 중등 Ⅱ 역사 핵심교수계획을 분석한다. 2장에서 핵심교수계획의 특징과 기본모델을 구조, 목표, 내용을 검토한다. 3장에서는 개정안의 특징인 '근대의 평화조약과 평화체제' 내용영역의 새로운 시도에 나타난 혁신성과 한계를 분석한다. 4장에서는 이 개정안을 적용한 수업모델을 다룸으로써 '평화체제'를 역사교육 현장에서 어떻게 적용할 수 있는지 논한다. 다만 개정안에 입각한 교과서 분석은 이 글에서 본격적으로 시도하지 않았다. 이는 이후의 과제로 남기고 여기서는 교과과정과 수업모델 분석에 집중한다.

Ⅱ. 역량중심 개정안의 새로움과 문제점

2014년 개정안의 특징은 무엇보다도 김나지움 고학년에 해당하는 10~12학년 역사 수업에서 역량 중심 교육과정을 강화한 점이다. 개정안에 새로이 붙은 '핵심'이라는 접두어는 기존 "역사교육 방법 틀을 건드리지 않고 교과목의 '핵심'에 집중"한다는 의미다.[21] 그 배경에는 2001년 이른바 'PISA 쇼크' 이후 독일 교육계에서 강조된 효율성을 지향하는 개혁 요구가 있다.[22]

---

20 Bärbel Kuhn, "Ordnungen des Friedens im Geschichtsunterricht", Peter Geiss and Peter Arnold Heuser (eds.), *Friedensordnungen in geschichtswissenschaftlicher und geschichtsdidaktischer Perspektive*, Göttingen, V&R, 2017, pp.27~44.
21 KLP Sek Ⅱ Geschichte, p.3.

그 결과로 만들어진 역량 중심 교육과정(kompetenzorientiertes Curriculum)이 2007년 발표된 중등 I 핵심교수계획에 먼저 반영되었고,[23] 2014년에 완성된 중등 II 핵심교수계획도 이를 뒤따랐다. 다만 중등 II 개정안에서 새로운 점은 내용요소의 변화이다. 내용요소의 운용은 일선 교사들의 권한인데, 내용영역별로 제시된 역량을 빠짐없이 달성하기만 하면 된다.

개정안의 기본모델은 특별한 역사교육적 고려를 수용한 흔적을 뚜렷이 드러낸다. 예컨대 과거의 재구성과 역사의 해체를 역사적 사고의 본질적 행위로 기술하는 점이 그렇다.

> 역사과목의 본질은 역사적 사고이다. 이는 역사가 항상 내러티브 구조를 가지고 있다는 점에 의해 특징지어진다. 그러므로 역사적 사고를 구성하는 것은 "(재)구성"(Re-Konstruktion)이다. 이는 역사적 질문을 표현하고, 과거를 탐구하여 그 공시적 또는 통시적 해석을 역사적 관계들에 연결해 (역사적) 맥락이나 전개로 파악하는 것이다. 역사적 사고에는 기존 역사적 방향 제시의 "해체"(Dekonstruktion)도 포함된다. 이는 학생들에게 제공되는 역사문화에서 직면하게 되는 (역사)해석과 서술의 내러티브에 있다. 역사적 사고는 다원적 관점(Multiperspektivität)과 질적 기준(Qualitätskriterien)(역사 내러티브의 적절성)을 특징으로 한다. 이는 역사 서술의 전문성을 보장한다.[24]

개정안은 역사교육의 목표를 '성찰적 역사의식' 함양으로 규정한다. 특히 역사의 인식과 해석에서 '관점'(perspektive)의 중요성을 강조하며 코젤렉이 제시한 '경험공간'(Erfahrungsraum; experience space)과 '기대지평'(Erwartungshorizont; expected horizon) 개념을 적극적으로 끌어들인다.

---

22 고유경, 「독일의 역량중심 교육과정과 역사교육의 변화」, 『독일연구』 35, 2017, 53~87쪽.
23 Ministerium für Schule und Weiterbildung des Landes Nordrhein-Westfalen (ed.), *Kernlehrplan für das Gymnasium – Sekundarstufe I (G8) in Nordrhein-Westfalen*. Geschichte, Düsseldorf, 2007.
24 KLP Sek II Geschichte, pp.11-12.

역사 수업의 과제는 성찰적 역사의식 함양이라는 의무에 초점이 맞춰진다. 역사의식은 과거에 대한 인식과 해석을 현재의 경험과 미래에 대한 기대와 연관시킴을 의미한다. 역사의식 추구는 성찰을 특징으로 한다. 여기서 특히 역사의 구성적 특징, 그 자체의 관점 구속성, 전망성에 대한 인식이 강조된다. 성찰적 역사의식은 역사적 의미를 제시하는 능력과 역사 내러티브를 분석하고 판단하는 능력을 함양하는 것을 의미한다. 그러므로 성찰적 역사의식은 "무(無)정체성"에 대립하는 만큼이나 완고한 역사관에도 대립한다. 이는 경합하는 복수 징체성에 대한 직극직이고 민주직인 접근으로 이어진다.[25]

현재 시점에서 과거의 전쟁을 돌아보는 우리는 그 역사적 결과를 알고 있으며 이에 따라 과거를 본다. 당대인들은 그렇지 않았기에 막연한 희망과 공포, 미래에 대한 예측을 통해 자신의 현재를 판단하고 개념을 끌어냈다. 현재 발생적(gegenwartsgenetisch) 역사 해석이 목적론적이기 쉬운 이유는 당대인이 산출한 텍스트를 읽는 현재 시점의 우리가 자동적으로 이미 일고 있는 '결밀'로 향하게 되기 때문이다. 그러나 이는 역사적 이해에 도움이 되지 않는다는 것이 코젤렉의 생각이다. 당대인의 관점에서 행위의 동기나 결단을 해석할 때 역사적 이해는 더 선명해질 수 있다. 당대인의 진술에는 경험공간의 제약이 있는데, 그들의 경험공간은 우리에게는 "현재의 과거(또는 현존하는 과거)"이다. 여기서 일어난 사건들은 당대인들의 기대지평과 섞여 있으며, 이는 그들에게는 "아직 오지 않은 것"이다. 그리고 그 지평의 방향에는 "경험은 없으며 오로지 추측만"이 존재한다. 이것이 '과거의 현재'라는 말의 의미이며, 그들의 미래는 우리에게는 "지나간 미래"가 된다.[26] 역사적 사고의 '다원성'은 과거의 '낯섦'을 이해함으로써 얻어진다. 이것이야말로, 집단 정체성 형성이 역사의 사회적 기능 중 하나임을 인정하

---

25 Ibid, pp.12~13.
26 라인하르트 코젤렉, 한철 옮김, 『지나간 미래』, 문학동네, 1998.

면서도 역사를 통해 다양한 정체성에 이르는 것을 가능케 한다.

중등 II 역사 핵심교수계획은 7년 앞서 나온 중등 I 역사 핵심교수계획과 마찬가지로 노르트라인베스트팔렌주가 사회교과 과목들에 공통으로 부여한 4대 핵심역량을 채용했다: 사실역량(Sachkompetenz), 방법역량(Methodenkompetenz), 판단역량(Urteilskompetenz), 행동역량(Handlungskompetenz). 그 내용은 다음과 같다.

〈표 1〉 노르트라인베스트팔렌 중등 II 역사 핵심교수계획 4대 역량[27]

역량영역	정의
사실역량 (SK)	역사적 사고에는 시간 개념, 연도 체계, 역사적 시대·과정·구조에 대한 기본지식이 필요하다. 그런 만큼 사실관계에 대한 지식은 사실역량의 전제조건이며 구성요소다. 그러나 이런 지식은 의미를 부여해 연결하고 획득된 해석을 성찰적으로 접근해야만 쓸모가 있다. 따라서 사실역량의 핵심은 내러티브를 다루는 능력이다.
방법역량 (MK)	학생들이 현재로부터 과거에 질문을 던지고 정보를 수집하고 역사적 흐름과 구조를 분석하고 맥락을 설명하고 표현하며 경쟁적 해석들을 다루는 데 필요한 방법을 사용할 수 있는 역량이며, 그 기초는 사료 작업과 서술이다.
판단역량 (UK)	논거를 토대로 판단을 표명할 수 있는 능력. 객관적 판단은 역사적 사건과 맥락을 선택, 연결, 해석할 때 적용된다. 질적 기준은 객관적 적절성, 내적 일치성, 충분히 적절한 논거이다. 가치판단에는 이 외에도 규범적 범주가 역사적 사실관계에 적용되고 공표된다. 각자의 가치 기준이 반영되고, 시대적 조건이나 가치 척도의 지속성이 고려된다. 상이한 관점들을 파악하고 수용하는 능력은 판단역량의 일부다.
행동역량 (HK)	역사적 사고의 과정과 결과를 실세계에 효과적으로 만드는 데 필요한 역량이다. 역사적 성찰을 담은 행동표현. 역사문화와 기억문화에 참여하는 것. 기존 역사상으로부터 얻은 인식이 확장되거나 변화할 때 역사적 사고는 실세계에 영향력을 갖는다. 이 과정에서 학생들은 과거에 대한 자신들의 개념과 태도를 (재)조직한다. 이 과정에서 역사적 세계에 대한 개인 또는 집단의 현재 태도가 명백히 참작되면, 학생들은 자신의 지향을 위해 인식을 사용할 수 있는 능력을 보인다. 스스로의 행동 조건과 가능성을 성찰하고 이 행동의 목표와 전략을 구상하는 데 역사적 경험을 사용하게 되면 사회적으로 구체적 행동을 할 수 있는 행동역량이 드러난다.

일선 교사들은 이 가운데 특히 행동역량의 모호성과 부적합성을 비판한

---

27 KLP Sek II Geschichte, pp. 15~17.

다. 행동역량의 하위 부분역량들이 방법역량이나 판단역량과 뚜렷이 구분되지 않는다고 지적하는데, 이는 사실 역량모델을 채용한 중등 I 역사 핵심교수계획(2007)에 대한 비판에서 이미 나온 것이기도 하다. 이 점에서 고유경은 노르트라인베스트팔렌 모델이 역사적 사고력에 대한 독일 학계의 문제의식을 충실하게 수용하는 반면 역량 모델에서는 다소 혼란스러운 면을 보인다고 지적한 바 있다. FUER 역량 모델을 수용하면서도 해당 모델의 방법역량에 속해 있는 해체와 재구성 역량을 각각 사실역량과 방법역량을 하위역량으로 분류하고 이를 행동역량에서 반복한다는 것이다.[28] 노르트라인베스트팔렌주 역사교사협회는 중등 II 역사 핵심교수계획에 대한 논평에서 "정치 과목의 접근방식을 그대로 채용한 것은 문제"라고 지적했다.[29] 내용영역별로 양성해야 할 역량으로 사실역량과 판단역량만 제시되어 있을 뿐 방법역량과 행동역량에 대한 별도의 지침이 없다는 점도, 이를 실제 수업에 적용해야 하는 교사들에게는 곤혹스러운 일이었다.

Ⅲ. 내용영역 분석: '근대의 평화조약과 평화체제'

중등 II 역사 핵심교수계획이 혁신적으로 평가받는 이유는 그 전과 비교해 김나지움 고학년 역사 수업의 내용요소들을 전면적으로 재구조화함으로써 변화를 주었기 때문이다. 특히 내용영역을 7개로 정리해 제시함으로

---

28 고유경, 위의 논문, 60~62쪽.

29 Landesverband nordrhein-westfälischer Geschichtslehrer e.V., *Stellungnahme des Landesverbandes zum Entwurf des Kernlehrplans für die Sekundarstufe II Gymnasium/Gesamtschule in NRW*, p.3. 여기서는 Magdalena Kämmerling, "Von der Forschung in den Geschichtsunterricht. Teil 1: Der Kernlehrplan Geschichte Sek II in Nordrhein-Westfalen," *Rheinische Geschichte — wissenschaftlich bloggen*, November 6, 2017. http://histrhen.landesgeschichte.eu/2017/11/von-der-forschung-in-den-geschichtsunterricht/(검색일: 2020.04.29)에서 재인용.

써 이전까지의 연대기적 접근을 구조화된 배열원칙으로 대체한 것이 본질
적으로 새롭다는 평가를 받는다(〈표 2〉).

〈표 2〉 노르트라인베스트팔렌 중등 II 역사 핵심교수계획안 7대 내용영역[30]

기초단계 (Einführungsphase)	1. 세계사적 관점의 타자 경험 (Erfahrung mit Fremdsein in welt-geschichtlicher Perspektive)
	2. 이슬람 세계 – 기독교 세계: 중세와 초기 근대 두 문화의 만남 (Islamische Welt – christliche Welt: Begegnung zweier Kulturen in Mittelalter und früher Neuzeit)
	3. 역사적 관점에서의 인권 (Die Menschenrechte in historischer Perspektive)
심화단계 (Qualifizierungsphase): 기본과정(Grundkurs) 성취과정(Leistungskurs)	4. 진보와 위기의 근대 산업사회 (Die moderne Industriegesellschaft zwischen Fortschritt und Krise)
	5. 나치 시대 – 조건, 권력구조, 결과, 해석 (Die Zeit des National-sozialismus – Voraussetzungen, Herrschaftsstrukturen, Nach-wirkungen und Deutungen)
	6. 19~20세기 내셔널리즘, 민족국가, 독일정체성 (Nationalismus, Nationalstaat und deutsche Identität im 19. und 20. Jahrhundert)
	7. 근대의 평화조약과 평화체제들 (Friedensschlüsse und Ordnungen des Friedens in der Moderne)

그러나 연대기적 접근이라는 전통적 방법을 탈피하려는 시도가 만들어낸
급격한 변화는 교사와 학생 모두를 혼란에 빠뜨렸다. 학습 내용이 복잡하게
구조화되었을 뿐만 아니라 시대포괄적 접근(epochenübergreifenden Zugriff)을
요구하기 때문이다. 학교 역사 수업은 대부분 맥락을 중시하는 연대기적 교
수법으로 진행되어 왔고 그 문제점도 충분히 지적된 바 있다. 사건과 현상의
나열에 그치기 쉽고 신구의 우열을 대비하는 "발전모델"(Fortschrittmodell)로
흐를 위험이 있다는 것이다.[31] 중등과정 고학년 역사 수업은 다루는 내용도
많지만 통사적 접근에서 벗어나 자료의 비판적 취급과 다양한 관점의 해석을

---

30 KLP Sek II Geschichte, pp.17~19.
31 Michael Sauer, *Geschichte unterrichten. Eine Einführung in die Didaktik und Methodik*, Seelze, Klett Kallmeyer, 2012, p.58.

비교 분석하는 세미나로 진행되므로 맥락을 중시하는 연대기적 교수법에 적합하지 않다. 그러나 연대기적 접근은 역사적 맥락에 대한 통찰을 키울 수 있다는 장점이 있고, 역사적 맥락을 중시하는 연대기적 이해는 역사교육의 주요 목표 가운데 하나이기도 하다. 이런 연대기적 접근을 포기했을 때 부딪치는 현실적 어려움 때문에 일선 학교에서 만든 자체 커리큘럼들은 심화단계의 내용을 핵심교수계획이 제시한 주제영역에 맞추기보다 좀 더 연대기적으로 구성하는 경향을 보였다.[32]

이 점에서 특히 난제가 내용영역 7번 '근대의 평화조약과 평화체제'였다. 여기에서는 20세기의 양차 대전과 19세기 초의 나폴레옹 전쟁, 그리고 17세기의 30년 전쟁에 이르기까지 초기 근대부터 현대 유럽의 전쟁과 국제정치를 다룬다. 이 영역을 소화하기 까다로운 이유는 연대기적 흐름에 끼워 넣기 어렵기 때문이다. 그런 이유로 이 주제는 심화단계에서 다뤄지고, 이 단계는 다시금 기본과정과 성취과정으로 나뉜다. 30년전쟁은 더 많은 학습량과 역량을 요구하는 성취과정에만 들어가 있다(〈표 3〉).

〈표 3〉 노르트라인베스트팔렌 중등 II 역사 핵심교수계획 내용영역 7:
근대의 평화조약과 평화체제[33]

심화단계 기본과정	심화단계 성취과정
중점 내용 – 나폴레옹 전쟁 이후 유럽의 평화체제 – 제1차 세계대전 이후 국제 평화체제 – 제2차 세계대전 이후의 분쟁과 평화	중점 내용 – 30년전쟁 이후의 다자적 이해관계조정 – 나폴레옹 전쟁 이후 유럽의 평화체제 – 제1차 세계대전 이후 국제 평화체제 – 제2차 세계대전 이후의 분쟁과 평화

---

32 뫼스(Moers)의 아돌피눔 김나지움 사례는 Gymnasium Adolfinum, *Schulinternes Curriculum Geschichte. Sekundarstufe I und Sekundarstufe II*, PDF, Mai 2016, p.77~101 참조(검색일 2020.5.30) 본의 베토벤 김나지움 사례는 Beethoven-Gymnasium, *Umsetzung des Kernlehrplans Geschichte in der Sekundarstufe II (Gymnasium)*, PDF, 21. Oktober 2015.
33 KLP Sek II Geschichte, pp.33~34 · 42.

심화단계 기본과정	심화단계 성취과정
사실역량 •나폴레옹 전쟁의 유럽적 차원과 제1차 및 제2차 세계대전의 세계적 차원을 설명한다. •1815년, 1919년, 1945년 협상 당사자의 원칙, 목표, 결정과 후속 현상을 설명한다. •제2차 세계대전 이후 국제관계의 발전과 냉전의 특징인 분쟁 상황을 기술한다. •유럽연합 설립 전까지 유럽 통합 과정을 기술한다.	사실역량 •30년전쟁과 나폴레옹 전쟁의 유럽적 차원과 제1차 및 제2차 세계대전의 세계적 차원을 설명한다. •1648년, 1815년, 1919년, 1945년 협상 당사자의 원칙, 목표, 결정과 후속 현상을 설명한다. •국제연맹과 국제연합의 탄생을 19세기와 20세기 국제법과 국제평화 개념을 사상사적 발전에 위치시킨다. •제2차 세계대전 이후 국제관계의 발전을 설명한다. •유럽연합 설립 전까지 유럽통합 과정을 설명한다.
판단역량 •1815년과 1919년 평화체제의 안정성을 비교하고 평가한다. •유럽의 평화보장을 위한 베르사유 조약 전쟁 책임 조항의 중요성을 평가한다. •국제적 평화보장을 위한 국제연맹과 국제연합의 중요성을 평가한다. •냉전 종식을 배경으로 국제 평화 정책의 기회를 대략적으로 평가한다. •유럽의 평화와 국제 관계에서 유럽 통합 과정의 중요성을 평가한다.	판단역량 •1648년 평화조약에서 종교문제의 가치를 논한다. •1648년, 1815년, 1919년 평화체제의 안정성을 비교하고 평가한다. •유럽의 평화보장을 위한 베르사유 조약 전쟁 책임 조항의 중요성을 평가한다. •냉전의 표지로서 1945년 이후 전후질서의 특징을 평가한다. •국제적 평화보장을 위한 국제연맹과 국제연합의 중요성을 평가한다. •냉전 종식을 배경으로 국제 평화 정책의 기회를 대략적으로 평가한다. •유럽의 평화와 국제관계에서 유럽 통합 과정의 중요성을 평가한다. •현재와 미래에 평화는 어떤 조건에서 보장될 수 있는지, 아니면 평화는 유토피아인지 논한다.

이 내용영역에서 다루는 것은 전쟁이 아니라 전쟁 전후의 협상과 조약체결을 위한 노력, 과정, 결과이며, 그것을 '평화체제'로 표현한다. 핵심교수계획을 인용하면 "전쟁 등 충돌 이후 평화를 회복하고 유지하는, 지속적으로 존재하는 문제를 통시적으로 접근하고, 각각의 상이한 역사적 조건을 가진 사례들을 선택하여 참여자들의 목표, 평화조약 또는 화평규약의 조항, 각각이 평화 상태에 끼친 영향과 중요성을 다루며, 나아가 현재와 미래를 위한 중요한 문제로서 군사 분쟁의 구조 및 평화의 실현 가능성에 대한 질문을 다룬다".[34] 그러나 역사 교사들은 이 부분이 내용이나 방법 면에서 정치교

육과 차별점이 적고 역사적 연결성이 약하다고 비판한다.

교사들의 원성은 특히 성취과정 중점내용인 '30년 전쟁 이후 다자간 이해관계 조정'에 집중되었다. 베스트팔렌 조약 참여자들의 "원칙, 목표, 결정" 등을 다루기 위해서는 그 역사적 배경을 알아야 하는데, 이는 16세기와 17세기에 걸친 종교전쟁과 종교개혁이라는 대단히 방대하고 복잡한 내용을 포함한다. 그런데 이를 위한 학습 공간은 중등 II 역사 핵심교수계획에는 전혀 없고, 중등 I 과정을 통틀어 단 하나의 수업단위에서 간략히 다룰 뿐이다. 그러므로 고학년이라도 이 부분의 역사 지식은 빈약한데 느닷없이 "1648년 평화조약에서 종교문제의 가치를 논"하고 "1648년 평화체제의 안정성을 1815년과 1919년과 비교해 평가"하라는 과제가 나온다는 것이다. 베스트팔렌 조약 참여자들의 다자적 이해관계 조정을 다루려면 애초에 그것이 비롯된 상황을 알아야 하고 그래야 이후의 빈체제나 베르사유 조약과도 비교할 수 있다. 이런 중간과정이나 예비 과정을 생략하고 순식간에 깊어지는 것이 문제라는 것이다. 이 부분을 수업에서 효과적으로 자업하려면 적지 않은 사전 준비가 필요한데, 이를 위한 시수 확보는 온전히 교사의 부담일 뿐만 아니라 학생들의 학습량을 늘린다. 결과적으로 이 영역은 이런 이유로 수업에서 기피되기 쉽다는 치명적인 문제가 있다.

Ⅳ. 수업 모델: '평화는 만들 수 있는가?'

이런 어려움 때문에 일선 학교에서 만든 자체 수업계획은 핵심교수계획이 제시한 내용요소를 축소해 연대기적 방향으로 재편하는 경우가 많았다.

---

34 Ibid, p.19.

예컨대 뫼스(Moers)의 아돌피눔 김나지움은 베스트팔렌 조약을 아예 빼고 19세기와 20세기만 다룬다.[35] 핵심교수계획에 제시된 내용영역의 재구성은 학교와 교사의 자율적 결정사항이므로 이런 일이 가능하다. 이에 연방주 기관인 학교발전연구소 교육지원청(Qualitäts- und UnterstützungsAgentur – Landesinstitut für Schule)이 일선 학교들을 위한 참고용으로 핵심교수계획에 충실한 수업 모델을 내놓았다.[36]

모델안은 라인-루르 김나지움이라는 가상의 학교를 설정한다. '라인-루르'라는 이름은 '다양성'을 상징한다. 실제의 라인-루르 지역은 두 세대 전까지만 해도 독일 최대 유럽 최대의 공업지역이었던 곳으로 150년에 걸친 노동이민의 역사를 지녔으며 인종적 계층적 문화적 다양성을 표상한다. 라인-루르 김나지움은 이와 같은 지역적 특성을 표본화시킨 모델이다. 이 가상 학교에는 다양한 국적과 사회계층과 교육적 배경을 가진 학생 천 명이 재학 중이다. 특히 4년제 초등학교를 졸업하고 인문계 학교(김나지움)로 진학하지 않고 취업을 목표로 실업학교에 갔다가 진로를 바꾸어 대학진학 준비를 위한 김나지움 상급반(이를테면 인문계 고등학교)으로 편입한 학생이 많다. 이는 학생들의 지식수준이 고르지 않다는 뜻으로, 지역사회의 계급성을 반영한다. 역사교사진은 다양한 연령대의 전일제 교사 6인, 시간제 교사 1인, 교생 3명으로 구성돼 있으며, 교생은 중등 I 과정과 중등 II 기초단계 수업에 투입된다. 수업 준비, 구성, 평가는 공동의 수업계획, 수업자료, 교외답사 및 관련활동에 의해 이뤄지므로 교사진의 팀워크는 필수적이다.[37]

수업 모델은 첫 페이지에 라인-루르 김나지움 고학년 역사수업의 관심

---

35 Gymnasium Adolfinum, op. cit., p.76.

36 Qualitäts- und UnterstützungsAgentur Landesinstitut für Schule (ed.), *Beispiel für einen schulint-ernen Lehrplan zum Kernlehrplan für die gymnasiale Oberstufe. Geschichte*, PDF. https://www.schulentwicklung.nrw.de/lehrplaene/lehrplannavigator-s-ii/gymnasiale-oberstufe/geschichte/hinweise-und-beispiele/schulinterner-lehrplan/index.html(검색일 2020.04.29)

37 Ibid, pp.3~4.

사가 민주시민양성을 위한 정치교육에 있음을 분명히 한다. 그리고 핵심교수계획에 제시된 7대 내용영역을 이와 같은 본질적 목표에 맞추어 수업을 진행할 수 있도록 재구성했다고 밝힌다.

> 교사진은 역사 수업을 정치교육을 위한 필수적 기여로 인식한다. 재학생들의 다양한 사회적 배경(계층, 국적, 문화 등)은 이들의 일상적 삶에 본질적인 부분을 차지한다. 문화간 관용(intercultural tolerance)은 교내 평화를 위한 전제이며 "다름(alterity)의 경험"은 일상의 현실이다. 그러므로 역사 수업을 통해 학생들의 개인적 삶의 경험을 수업 내용으로 연결하고 심화시켜 진보와 실패를 함께 논하며, 성공적인 통합(integration)의 가치에 대한 인식 진작은 어렵지 않다. 교수계획은 이러한 관심사를 다수의 내용영역을 통해 달성한다. 교사들이 직접 짠 수업계획에 이러한 내용영역을 적용하고, 그 결과 궁극적 목표인 민주주의 학교교육에 기여한다. 정치문화에 대한 인식은 학교교육의 의무로서 학생들을 유능한 민주주의자로 육성하는 데 필수적이고 중요하다. 이러한 정치문화의 역사를 다루고 공부함으로써 이러한 정치모델은 만들어진 것이라는 의식이 싹튼다. 그 의미는 이것이 당연한 성취가 아니라는 뜻이며, 계속해서 비판적으로 발전해가야 한다는 것이다.[38]

이를 위한 역사수업 방법에 대한 교사진의 제안은 다음과 같다: 1) 다양한 미디어(텍스트, 그림, 영상, 뉴스, 공공 연출) 분석을 통해 학생들이 교실 밖에서도 수업과 관련해 미디어의 영향력에 대한 비판적 거리 두기를 할 수 있도록 한다. 2) 텍스트(때로는 낯선 텍스트)를 다룸으로써 학생들의 읽기 역량을 촉진한다. 3) 자신의 내러티브를 구축할 필요성은 학생들의 표현력과 언어역량을 기른다. 4) '진실'(truth)에 대한 문제 제기를 통한 지속적 도전은 학생들 스스로 자신의 인식능력과 판단능력의 한계를 가늠하도록 해준다.[39]

---

38 Ibid, p.3.
39 Ibid, pp.3~4.

김나지움 고학년 역사수업은 중등 I 과정에서 통사 지식을 습득했다는 전제하에 주제 중심 세미나로 진행된다. 라인-루르 김나지움의 수업 모델은 기초단계에서 핵심교수계획 1~3번 내용영역인 타자성, 이슬람과 기독교, 인권을 독립적으로 다루는 3개의 세미나를 제시한다(〈표 4〉). 이 단계에서는 고대부터 현대까지 다양한 시대와 유럽을 넘어 전 세계를 다룰 수 있다. 필요 시수는 24차시 또는 30차시(1차시는 60분)인데, 수업 진행을 위해 필요한 준비와 활동 시간을 확보하기 위해 역사 수업에 배정된 시수의 75%만 채웠다. 심화단계에서는 보다 다양한 수업 모델이 제시되는데, 각 세미나의 주제는 4~7번 내용영역 가운데 복수를 골라 연결해 다루도록 고안되었다.

〈표 4〉 라인-루르 김나지움 중등 II 역사 수업 모델 일람표[40]

단계/과정		번호	주제	내용영역	시수
기초단계		I	인간은 타자성과 타자를 어떻게 인식하는가 – 세계사적 관점의 타자	1	24
		II	이슬람과 기독교 세계의 만남 – 잠재적 갈등과 발전의 기회	2	30
		III	모두를 위한 자유와 평등? – 역사적 관점의 인권	3	30
심화 단계	기본 과정	I	지속과 변화 – 19세기의 근대화	4, 6, 7	36
		II	진보와 진보의 위협 – 1880년~1930년의 사회경제적 정치적 전개	4, 5, 7	34
		IIIa	문명의 붕괴 – 하켄크로이츠 하의 독일과 유럽	5, 6	20
		IIIb	문명의 붕괴 – 하켄크로이츠 하의 독일과 유럽	5, 6	25
		IV	제2차 세계대전 이후 국제적 연루의 맥락에서 독일 정체성들	5, 6, 7	38
		V	평화는 만들 수 있는가? 현재와 미래를 위한 역사적 경험	4~7 중 선택	12
	성취 과정	I	지속과 변화 – 근대 초기와 19세기의 근대화	4, 6, 7	60
		II	진보와 진보의 위협 – 1880년~1930년의 사회경제적 정치적 전개	4, 5, 7	60
		IIIa	문명의 붕괴 – 하켄크로이츠 하의 독일과 유럽	5, 6	30
		IIIb	문명의 붕괴 – 하켄크로이츠 하의 독일과 유럽	5, 6	40

IV	제2차 세계대전 이후 국제적 연루의 맥락에서 독일 정체성들	5, 6, 7	65
V	평화는 만들 수 있는가? 현재와 미래를 위한 역사적 경험	4~7 중 선택	20

심화단계 내용영역인 산업사회, 나치 시대, 독일정체성, 평화체제를 다루려면 근대 이후의 시대에 집중할 수밖에 없는데, 이는 근현대사를 중시하는 독일 역사학의 특성이 반영된 결과라 할 수 있다. 평화체제는 다른 내용영역들과 연관해 다뤄지는데, 이 가운데 '평화'를 전면에 내세운 수업 모델 V '평화는 만들 수 있는가? 현재와 미래를 위한 역사적 경험'의 세부 내용은 다음과 같이 구성되어 있다(〈표 5〉 참조).

〈표 5〉 수업 모델 V: 평화는 만들 수 있는가? 현재와 미래를 위한 역사적 경험[41]

심화단계 성취과정
수업 모델 V

주제: 평화는 만들 수 있는가? 현재와 미래를 위한 역사적 경험

역량:
사실역량
- 역사적 사건, 인물, 과정, 구조, 시대적 특징을 그것들의 맥락 속에서 전문적이고 구체적 개념을 정확히 사용해 설명한다. (사실역량2)
- 현재에 남은 과거의 흔적을 확인하고 그 현재적 의미와 현재적 현상의 역사적 제약성을 설명한다. (사실역량5)
- 역사적 상황들의 사례를 비교, 유추, 구별을 통해 현재에 적용한다. (사실역량6)

방법역량
- 전문적인 사실관계를 고도의 복합성을 가지고 적합한 언어적 수단과 전문 개념 및 범주를 사용해 특정 대상에 맞게 문제 지향적으로 서술한다. 그리고 이를 전자데이터처리시스템을 이용해 명료하게 제시한다. (방법역량9)

판단역량
- 역사적 사실의 특수성을 그 양가성에서 판단하고, 그 이후의 전개와 현재를 위한 역사적 의미를 판단한다. (판단역량2)

40 Ibid, pp.6~21.

- 가치체계와 가치기준의 역사적 제약성, 변화가능성, 지속성, 그리고 초역사적 유효성에 대한 요구를 고려해 자신의 가치기준을 논한다. (판단역량8)
- 가치체계와 가치기준의 역사적 제약성과 변화가능성을 이와 관련해 그때마다 제기된 초시대적인 유효성 요구와 구분해 논한다. (판단역량9)

행동역량
- 자기 자신 또는 집단이 역사적 세계 및 그에 속한 인간들과 맺는 관계에 적용되는 또는 그것을 변화시키는 새로운 인식에 유의해 자신의 현재 입장을 서술한다. (행동역량1)
- 역사적 경험과 각각의 지배적인 역사적 조건틀에 유념해 현재를 위한 행위 선택을 발전시킨다. (행동역량2)

내용영역:
　IF 4 진보와 위기 사이의 근대 산업사회
　IF 6 19세기와 20세기의 내셔널리즘, 국민국가, 독일 정체성
　IF 7 근대의 평화조약과 평화체제

중점 내용:
- 제국주의의 정점에서 산업사회 최초의 "근대적" 전쟁까지
- 독일의 2국가 조건 하에서 민족 정체성
- 1989년 혁명에서 독일 분단의 극복
- 30년전쟁 이후 다자적 이해관계 조정
- 제2차 세계대전 이후의 갈등과 평화

시수: 20차시

　이 표에는 핵심교수계획이 제시하지 않은 방법역량과 행동역량의 사례가 나와 있다. 핵심교수계획이 사실역량과 판단역량만을 제시하고 나머지 두 역량을 제시하지 않았다는 교사들의 비판에 대한 답변으로 해석된다. 어떤 내용영역을 선택하고 어떻게 연결하느냐에 따라 수업자료와 방법이 달라지고 목표 역량에 변화를 줄 수 있다는 뜻이다. 그럼에도 역사성이 약하고 정치, 윤리, 종교 수업에 더 적합하다는 비판은 여전히 유효하다. 아래는 심화단계 성취과정 수업모델 II '진보와 진보의 위협－1880~1930년의 사회경제적 정치적 전개'의 학습 내용이다(〈표 6〉).

---

41 Ibid, pp.54~55.

〈표 6〉 수업 모델 V: 진보와 진보의 위협-1880~1930년 사회경제적 정치적 전개[42]

단원 목차
"백인의 짐": 파이조각을 둘러싼 열강다툼과 국제경쟁
누가 식민지를 필요로 하는가?: 식민지 팽창의 손익을 둘러싼 논쟁
"평화 한가운데서 습격한 적": 선전포고, 정당화, 적개심
대참사: 전방과 후방의 전쟁
20세기의 30년전쟁에서 평화체결과 휴전의 문제: 베르사유 평화조약
부담, 기회, 전설: 베르사유 평화조약과 독일 최초의 민주주의
독일이라는 환자: 인플레이션, 배상금, 경세적 비상사태에 처한 나라를 위한 국제적 해결 전략
민주주의가 버틸 수 있는 위기의 한계: 미국 발 검은 금요일과 그것이 유럽에 미친 영향
"우리는 제국의회로 간다. 민주주의의 무기고에서 민주주의의 무기를 얻기 위해": 내부의 적과 투쟁하는 바이마르 공화국

교사들의 비판이 집중된 30년전쟁을 '근대의 평화조약과 평화체제' 내용 영역에 고집스레 포함시키려는 이유가 단원 목차 5번에서 드러난다. '20세기의 30년전쟁'이라는 소제목은 제1차 세계대전과 제2차 세계대전을 별개의 전쟁이 아닌 연속된 비(非)평화 상태로 보는 시각을 드러낸다. 이 표현은 제1차 세계대전과 전간기 그리고 제2차 세계대전의 실질적 연속성을 주장하기 위해 17세기의 30년전쟁으로부터 그 명칭을 따온 역사학 개념인 "제2의 30년전쟁"(Zweiter Drei β igjähriger Krieg)을 차용한 것이다. 두 번의 세계대전과 이를 둘러싼 국제관계를 17세기의 30년전쟁을 둘러싼 유럽의 국제관계와 비교하려는 의도가 분명하다. 베스터만 출판사 교과서의 해당 부분을 인용하면 아래와 같다.

베스트팔렌 평화조약과 빈회의가 이후 장기간의 평화로 이어진 것과는 달리 베르사유 조약은 평화를 진작시키지 못했다. 한스 울리히 벨러와 같은 역사가들은 제1차 세계대전과 제2차 세계대전을 묶어서 "두 번째 30년전쟁"이라고까지 표현한다. 이는 1918년과 1939년의 전투행위 사이의 기간은 결코 평화의 시기가 아니었으며 기껏해야 짧은 휴지기였음을 뜻한다.[43]

---

42 Ibid, pp.48~53.

이 단원의 궁극적 목표는 실패한 평화질서인 베르사유 체제를 성공사로서의 베스트팔렌 평화체제와 비교하여 탐구함으로써 현재와 미래의 평화 유지와 보장을 위한 역사적 '교훈'을 도출하는 것이다.

V. 연구와 교육의 대화를 위하여

2014년의 중등 II 역사 교육과정 개정안은 '평화'를 역사교육의 내용요소로 좀 더 적극적이고 체계적으로 끌어들였다는 점에서 환영받았지만, 이 전환은 교사와 학생 모두에게 새로운 도전적인 과제를 안겼다. 평화사 연구의 최근 경향을 따라잡고 이를 역사교육 관점에서 효율적으로 다룰 수 있는 방식을 논의해야 했기 때문이다. 핵심교수계획을 실제 수업에 적용할 수 있도록 전문적 지원이 필요했고, 이것이 2017년 11월 본에서 열린 교사연수 학술대회 〈역사연구와 역사교육 관점에서 본 평화체제〉의 출발점이었다.[44]

본 대학교 역사교육과와 역사적 평화연구 센터가 주최하고 본 역사의 집이 후원한 이 행사의 목표는 "근대 초 이래 평화조약과 평화체제의 기본모델과 변화를 제시하고, 역사적 평화연구의 분야를 소개하고, 개정 역사 핵심교수계획 도입에 즈음해 역사연구, 역사교육, 역사교사 사이의 대화를 시작하는 것"이었다.[45] 여기서 논의된 문제들은 다음과 같다. 평화체제의 성

---

43 Ulrich Baumgartner et al (eds.), *Horizonte. Geschichte Qualifikationsphase Nordrhein-Westfalen*, Braunschweig, Westermann, 2015, p.550.

44 본 대학교 역사교육과 홈페이지 참조. https://www.igw.uni-bonn.de/de/abteilungsseiten/didaktik-der-geschichte/fortbildung-friedensordnungen/friedensordnungen-in-geschichtswissenschaftlicher-und-geschichtsdidaktischer-perspektive-1(검색일 2020.05.01)

45 Magdalena Kämmerling and Peter Arnold Heuser, "Tagungsbericht, Friedensordnungen in geschichtswissenschaftlicher und geschichtsdidaktischer Perspektive", https://www.igw.uni-bonn.de/de/abteilungsseiten/didaktik-der-geschichte/fortbildung-friedensordnungen/friedensordnungen-in-geschichtswissenschaftlicher-und-geschichtsdidaktischer-perspektive-1/tagungsbericht(검색일 2020.05.01)

공과 실패에 시대포괄적 기본모델을 찾을 수 있는가? 근대 초 이래 평화체제가 형성되고 전개된 과정은 어떠했는가? 평화사 연구는 정치교육에 (어떻게) 기여할 수 있는가? 역사학과 역사교육은 '근대의 평화조약과 평화체제' 연구와 논의에 어떻게 기여할 수 있는가? 반대로 평화사 연구를 위한 학교교육의 역할은 무엇인가? 평화를 만들어온 역사적 과정과 이로부터 "배운다"는 것은 어떤 의미인가? 이 문제는 학문적으로 다룰 수 있는가? 무엇보다도 당위가 아닌 분석적 평화교육을 위한 역사교육의 과제는 무엇이며 그 한계는 어디까지인가?

이 질문들은 답변이 이루어지기보다 오히려 꼬리를 물고 확대된 질문들로 이어졌다. 그러나 이 대회가 다수의 참여로 성황리에 진행된 것은 이런 교육에 대한 수요가 높다는 것을 말해준다. 연구자들은 새로운 연구 성과와 사료를 학교 역사수업에서 사용할 수 있도록 다듬고, 여러 개의 중점 주제들을 이 내용 요소에 연결할 방법을 모색했으며, 그 결과물이 연구서로 출간되었다.[46] 후속 기획으로 본 대학교 역사교육과는 2020년 3월 국제학술대회 〈갈등의 이해와 극복〉(understanding and overcoming conflict)을 기획하여 '역사교육과 평화 만들기'에 대한 논의를 세계 각국으로 확대하려 하였다.[47] 평화실천과 역사교육의 협력은 독일에서도 현재진행형 프로젝트다.

한국의 경우 2015년 역사교과서 국정화 논란을 계기로 평화와 인권에 기반한 민주주의 교육을 역사수업을 통해 실현하고자 하는 열망이 높아졌다. 그러나 김육훈은 역사교육이 집단이나 국가 간 갈등과 폭력 행사의 원인을 제공한 사례와 경험에 근거해 "역사(교육)의 위험성과 가능성"을 조심스레

---

46 Peter Geiss and Peter Arnold Heuser (eds.), *Friedensordnungen in geschichtswissenschaftlicher und geschichtsdidaktischer Perspektive*, Göttingen, V&R, 2017.

47 프로그램 안내는 본 대학교 역사교육과 홈페이지 참조. https://www.igw.uni-bonn.de/de/abteilungsseiten/didaktik-der-geschichte/fortbildung-friedensordnungen/understanding-and-overcoming-conflict-bonn-international-conference-on-history-teaching-and-peacebuilding(검색일 2020.04.29) 이 행사는 코로나 사태로 취소되었다.

논한다.[48] 극단적 폭력으로 점철된 20세기 전반기 독일의 역사적 경험은 역사교육, 특히 현대사 교육을 정치교육, 즉 시민교육의 중요한 담지자로 만들었다. 사회는 서로 다른 생각을 지닌 사람들이 더불어 살아가는 곳이며, 이런 상황에서 정치가 생겨난다. 여기서 정치는 정치가들의 행위나 대중의 정당 활동이 아니라, 본질적으로 가치와 관련된 인간 활동의 모든 측면을 포괄하는 넓은 개념이다. 이와 같은 정치 행위에서 역사는 가치 판단을 해주지는 않지만, 각자가 옹호하는 가치의 정체를 좀 더 잘 인식하는 것을 돕는 지식을 전해준다. 정치행위의 정당성 여부를 뒷받침하는 논증 역할을 역사적 지식이 수행함으로써 정치행위에 참여하는 것이다.

이 글에서 분석한 독일 노르트라인베스트팔렌 중등 II 역사 교육과정 개정안은 역사와 정치의 본질적 관계에 대한 이와 같은 인식을 전제하고 있다. 그 때문에 평화교육이 무엇을 할 수 있는지 뿐만 아니라 무엇을 할 수 없는지 질문함으로써 자신의 한계를 가늠하는 것을 잊지 않는다. 유럽은 냉전 시대에 오히려 미국이라는 우산 아래서 안전과 평화를 보장받았다. 그러나 '냉전의 역설적 평화'에 대한 유럽인들의 인식은 1990년대 이후 일련의 위기를 겪으며 이와 같은 상태가 실은 얼마나 취약한 것인지를 깨닫고 얻어진 것이다. 평화사와 평화교육이 이 시기에 사회적으로 확산된 것은 이런 맥락에서 이해할 필요가 있다. 물론 냉전기의 '안정성' 담론이 제삼세계에서 행해진 폭력을 외면하는 유럽 중심주의임은 두말할 나위가 없다. 다만 현재적 관심에서 출발한 평화 지향 역사교육이 '평화 만들기'로 방향을 잡은 데에는 평화에 대한 당위적 요구보다는 평화는 깨지기 쉽고 지키기 어려운 것이라는 냉정한 인식이 깔려 있다.

---

[48] 김육훈, 「2015 교육과정 이후 역사교육을 위한 상상력 – 평화 민주주의를 지향하는 역사교육의 가능성」, 『역사교육논집』 74, 2020, 81~82쪽 인용.

| 참고문헌 |

1. 자료

Baumgartner, Ulrich et al (eds.), Horizonte. *Geschichte Qualifikationsphase Nordrhein-Westfalen*, Braunschweig, Westermann, 2015.

Beethoven-Gymnasium in Bonn, *Umsetzung des Kernlehrplans Geschichte in der Sekundarstufe II (Gymnasium)*, PDF, 21. Oktober 2015. https://web.archive.or g/web/20180421201747/http://www.beethoven-gymnasium.de/fileadmin/user_ upload/Schulinterner_Lehrplan_Geschichte_SII.pdf(검색일 2020.04.29)

Gymnasium Adolfinum, *Schulinternes Curriculum Geschichte. Sekundarstufe I und Sekundarstufe II*, PDF, Mai 2016. https://adolfinum.de/geschichte-165.html(검색일 2020. 5.30.)

Landesverband nordrhein-westfälischer Geschichtslehrer e.V., *Stellungnahme des Landesverbandes zum Entwurf des Kernlehrplans für die Sekundarstufe II Gymnasium/Gesamtschule in NRW.*

Ministerium für Schule und Weiterbildung des Landes Nordrhein-Westfalen (ed.), *Kernlehrplan für das Gymnasium−Sekundarstufe I (G8) in Nordrhein-West-falen. Geschichte*, Düsseldorf, 2007. https://www.schulentwicklung.nrw.de/leh rplaene/upload/lehrplaene_download/gymnasium_g8/gym8_geschichte.pdf(검색일 2020.04.29)

Ministerium für Schule und Weiterbildung des Landes Nordrhein-Westfalen (ed.), *Kernlehrplan für die Sekundarstufe II Gymnasium/Gesamtschule in Nordrhein-Westfalen. Geschichte*, Düsseldorf, 2014. https://www.schulentwicklung.nrw. de/lehrplaene/upload/klp_SII/ge/KLP_GOSt_Geschichte.pdf(검색일 2020.04.29)

Ministerium für Schule und Weiterbildung, Wissenschaft und Forschung des Landes Nordrhein-Westfalen (ed.), Richtlinien und Lehrpläne für die Sekundarstufe II − Gymnasium/Gesamtschule in Nordrhein-Westfalen, Geschichte, Düsseldorf, 1999. https://www.schulentwicklung.nrw.de/lehrplaene/upload/lehrplaene_do wnload/gymnasium_os/4714.pdf(검색일 2020.05.20)

Qualitäts- und UnterstützungsAgentur Landesinstitut für Schule (ed.), B*eispiel für einen*

schulinternen Lehrplan zum Kernlehrplan für die gymnasiale Oberstufe.
Geschichte, PDF. https://www.schulentwicklung.nrw.de/lehrplaene/lehrplanna
vigator-s-ii/gymnasiale-oberstufe/geschichte/hinweise-und-beispiele/schulintern
er-lehrplan/index.html (검색일: 2020.4.29)

2. 단행본

김한종, 『민주사회와 시민을 위한 역사교육』, 서울대학교출판문화원, 2017.
마르틴 뤼케·이름가르트 췬도르프 지음, 정용숙 옮김, 『공공역사란 무엇인가』, 푸
　른역사, 2020.
Bendick, Rainer, *Kriegserwartung und Kriegserfahrung. Der Erste Weltkrieg in*
　deutschen und französischen Schulgeschichtsbüchern (1900-1939/45), Herbolz-
　heim, Centaurus, 1999.
Denzler, Alexander, Stefan Grüner, and Markus Raasch (eds.), *Kinder und Krieg. Von*
　der Antike bis in die Gegenwart, Berlin/Boston, De Gruyter, 2019.
페터 가이스 지음, 김승렬 옮김, 『독일 프랑스 공동 역사교과서. 1945년 이후 유럽
　과 세계』, 휴머니스트, 2008.
Geiss, Peter and Peter Arnold Heuser (eds.), *Friedensordnungen in geschichtswissen-*
　schaftlicher und geschichtsdidaktischer Perspektive, Göttingen, V&R, 2017.
Kämmerling, Magdalena and Peter Arnold Heuser, "Tagungsbericht „Friedensordnungen
　in geschichtswissenschaftlicher und geschichtsdidaktischer Perspektive", https:/
　/www.igw.uni-bonn.de/de/abteilungsseiten/didaktik-der-geschichte/fortbildung
　-friedensordnungen/friedensordnungen-in-geschichtswissenschaftlicher-und-gesc
　hichtsdidaktischer-perspektive-1/tagungsbericht(검색일 2020.05.01)
Kämmerling, Magdalena, "Von der Forschung in den Geschichtsunterricht. Teil 1: Der
　Kernlehrplan Geschichte Sek II in Nordrhein-Westfalen", *Rheinische Geschichte*
　- *wissenschaftlich bloggen,* November 6, 2017. http://histrhen.landesgeschicht
　e.eu/2017/11/von-der-forschung-in-den-geschichtsunterricht/ (검색일 2020.4.29)
임마누엘 칸트 지음, 백종현 옮김, 『영원한 평화』, 아카넷, 2013.
라인하르트 코젤렉 지음, 한철 옮김, 『지나간 미래』, 문학동네, 1998.
Kuhlmann, Casper, *Frieden—kein Thema europäischer Schulgeschichtsbücher?,*
　Frankfurt/M, Peter Lang, 1982.
Kuhn, Annette and Jörn Rüsen (eds.), *Fachwissenschaftliche und fachdidaktische*

Beiträge zur Sozialgeschichte der Frauen vom frühen Mittelalter bis zur Gegenwart, Düsseldorf, Schwann, 1986.

Kuhn, Annette Kuhn, *Frau in der Geschichte*, 5 Vols, Düsseldorf, Schwann, 1981-1985.

Kuhn, Annette, "10 Jahre Friedensforschung und Friedenserziehung", *Geschichtsdidaktik*, Vol. 5, no. 1, 1980, pp.9~22.

Kuhn, Annette, Gisela Haffmanns, and Angela Genger, *Historisch-politische Friedenserziehung*, München, Kösel, 1972.

Kuhn, Bärbel, "Ordnungen des Friedens im Geschichtsunterricht", Peter Geiss and Peter Arnold Heuser (eds.), *Friedensordnungen in geschichtswissenschaftlicher und geschichtsdidaktischer Perspektive*, Göttingen, V&R, 2017, pp.27~44.

Lütgemeier-Darvin, Reinhold, "Zwischen Friedenspädagogik und Historischer Friedensforschung", Detlef Bald (ed.), *Schwellen überschreiten. Friedensarbeit und Friedensforschung. Festschrift für Dirk Heinrichs*, Essen, Klartext, 2005, pp.83~102.

Sauer, Michael, Geschichte unterrichten. *Eine Einführung in die Didaktik und Methodik*, Seelze, *Klett Kallmeyer*, 2012.

Wette, Wolfram, "Kann man aus der Geschichte lernen? Historische Friedensforschung", Ulrich Eckern, Leonie Herwartz-Emden, and Rainer-Olaf Schultze (eds.), *Friedens- und Konfliktsforschung in Deutschland. Eine Bestandaufnahme*, Wiesbaden, VS Verlag, 2004, pp.83~98.

Wolfrum, Edgar, Krieg und Frieden in der Neuzeit. *Vom Westfälischen Frieden bis zum Zweiten Weltkrieg*, Darmstadt, WBG, 2003.

Ziemann, Benjamin (ed.), *Perspektiven der Historischen Friedensforschung*, Essen, Klartext, 2002.

Ziemann, Benjamin, "Historische Friedensforschung", *Geschichte in Wissenschaft und Unterricht*, Vol. 56, no. 4, 2005, pp.266~281.

Zwick, Elisabeth, "Pax iusta: Überlegungen zu Grundlagen und Wegen einer Friedenspädadogik", *bildungsforschung*, Vol. 3, no. 1, 2006, pp.1~18. https://bildungsforschung.org/ojs/index.php/bildungsforschung/article/view/20 (검색일 2020.05.10)

3. 논문

고유경, 「독일의 역량중심 교육과정과 역사교육의 변화」, 『독일연구』 35, 2017, 53~87쪽.

김승렬, 「숙적관계에서 협력관계로: 독일－프랑스 역사교과서 협의」, 『역사와 경계』 49, 2003, 139~170쪽.

김육훈, 「2015 교육과정 이후 역사교육을 위한 상상력－평화 민주주의를 지향하는 역사교육의 가능성」, 『역사교육논집』 74, 2020, 77~110쪽.

박혜정, 「독일 중등교육과정의 유럽사 교육에 대한 비판적 고찰－사대주의 김나지움 역사교수계획안(Lehrplan)을 중심으로」, 『역사교육』 127, 2013, 175~ 209쪽.

이동기, 「평화사란 무엇인가」, 『역사비평』 106, 2014, 16-36쪽.

정현백, 「역사교육과 평화교육의 만남－서독의 사례를 중심으로」, 『역사교육』 80, 2001, 89~121쪽.

한운석, 「역사교과서 수정을 통한 독일-폴란드간의 화해노력」, 『서양사론』 75, 2002, 203~236쪽.

4. 기타

Schulentwicklung NRW (노르트라인베스트팔렌주 학교발전연구소 교육지원청 홈페이지) https://www.schulentwicklung.nrw.de/lehrplaene/lehrplannavigator-s-ii/gymnasiale-oberstufe/geschichte/hinweise-und-beispiele/schulinterner-lehrplan/index.html(검색일 2020.04.29)

본 대학교 역사교육과 https://www.igw.uni-bonn.de/de/abteilungsseiten/didaktik-der-geschichte/fortbildung-friedensordnungen/friedensordnungen-in-geschichtswissenschaftlicher-und-geschichtsdidaktischer-perspektive-1(검색일 2020.05.01)

연방정치교육센터 (Bundeszentrale für politische Bildung) https://www.bpb.de/nachschlagen/lexika/handwoerterbuch-politisches-system/202092/politische-bildung (검색일 2020.05.25)

김육훈

Ⅰ. 머리말

30. 국가 간의 첨예한, 만연한, 혹은 조정이 힘든 갈등 상황이 있는 경우 흔하게 갈등 당사자들을 적, 희생자, 혹은 침략자로 표현하는 역사 기술이 이를 뒷받침한다. …

31. … 많은 사회에서 역사 교육은 소외된 집단, 특히 소수단체와 토착민, 여성, 빈곤층의 존재를 무시하거나 그들에 대한 고정 관념을 지속, 승인, 혹은 강화하고 있다. …

32. … 식민지를 겪은 국가들에서는 다양한 방법의 역사 조작이 이용되기도 한다: 소위 '암흑기'를 삭제하는 것으로부터 그 시기를 특별히 강조함으로써 다양한 분야에서의 불이행의 면죄부가 되도록 '희생자 문화'를 형성하는 것에 이르기까지.

2013년 8월 9일 68회 총회에서 채택된 〈역사서술과 역사교육(역사교과서)에 관한 문화적 권리 분야 특별 조사관의 보고〉[1](이하 '유엔 권고') 중 일

---

* 이 글은 김육훈, 「2015 교육과정 이후 역사교육을 위한 상상력 – 평화 · 민주주의를 지향하는 역사교육의 가능성」, 『歷史教育論集』 第74輯, 2020, 77~110쪽을 수정 보완하였다.
1 「Report of the Special Rapporteur in the field of cultural rights (A/68/296)」

부다. 이 권고는 2014년 채택된 기념화 절차에 관한 보고(A/HRC/25/49)와 함께 준비됐는데, 특별조사관인 파리다 샤히드(Farida Shaheed)는 과거를 기념하거나 가르치는 일이 국가 혹은 민족들 사이 혹은 집단 내부의 갈등을 부추기고, 평화와 인권을 해치는 현실을 우려했다. 그래서 일부 역사교과서들은 언젠가 활용할 수 있는 '복수의 근거'로 만드는데 과거 사건들이 악용될 수 있다면서 '다른 수단에 의한 전쟁'이 걱정된다고도 적었다(27항).

그런데 유엔이 이 사안에 특별히 주목하고, 유엔 총회에서 권고안으로 채택한 데는 역사교육이 평화와 인권을 증진하는데 기여할 수도 있다는 믿음도 깔려 있다. 파리다 샤히드는 세계 여러 나라에서 평화적인, 인권적 접근법에 기반한 민주주의적 방식으로 기억 문화를 재구성하기 위해 애쓰는 다양한 사례를 발굴했다. 특히 일찍부터 역사교육이 집단 간, 혹은 국가 사이에 갈등과 폭력 행사의 원인이 되며, 또 그런 경험이 '복수의 근거'를 마련하는 역사 조작으로 치닫기도 했던 유럽에서 이를 타개하기 위해 애쓴 역사교육자와 당국자들의 역할에 주목했다.[2]

과거를 다루는 역사 교육이나 기념 활동이 평화와 인권의 기반을 흔들 수도 있으며 반대로 평화와 인권을 증진하는 데 기여할 수도 있다는 지적은 한국의 학교 역사교육의 현주소를 살피는데 큰 도움이 된다. 한국은 동아시아 국가 간 역사 갈등의 한 당사자이며, 2004년 이후 본격화된 국내의 교과서 갈등도 진행형이다. 박근혜 정부가 추진한 역사교과서 국정화가 단적인 사례다. 박근혜 정부는 자신이 검정한 교과서조차 편향됐다면서 국정

이 권고안의 번역본은 다음 글에서 가져왔다. 서울시교육청, 『국제 기준과 함께 생각해보는 학교 민주 시민 교육-교원의 학교 민주 시민 교육 실천을 위한 국제기준 활용 안내서』, 2020, 118~119쪽.

2 유럽 평의회는 1996년에 「유럽의 역사와 역사교육에 관한 유럽 평의회 권고안」을 채택했고, 이를 발전시켜, 2001년에는 1996년 권고를 발전시킨 「21세기 유럽의 역사 교육에 대한 각료회의 권고안」에 채택했다. 이후 이 권고의 취지를 살리기 위한 다양한 활동을 펼쳤는데, 2013년 유엔권고안은 이 활동이 빚진 바 컸다. 윤세병, 「유럽 평의회와 UN의 역사교육 논의」, 『역사교육연구』 25, 2016.

화 정책을 추진했고, 교육계와 역사학계·시민사회는 물론 야당까지 나서 국정화 반대 운동을 펼쳤다. 결국 초유의 대통령 탄핵에 뒤이은 정권 교체를 통해 국정 교과서는 폐기됐고, 2018년에는 국정화를 의식하고 개발된 2015 역사 교육과정을 수정한 뒤 검정 제도에 따라 새 교과서를 개발했다.

그러나 2018년의 조치는 국정화가 빚은 문제를 봉합하는 수준에서 이루어졌다. 현실적 문제들 때문에 중고등학교 공통 과정만 수정했을 뿐, 초등과 중등의 관계를 재구성하거나 고교 선택과정을 손대지 못했다. 또한 시간에 쫓긴 나머지 격렬했던 역사 전쟁의 원인을 진단하면서 대안을 폭넓게 담으려는 노력은 부족했다.

이 글은 국가 간 역사 갈등은 물론, 국정화 소동이란 초유의 역사 갈등을 겪은 상황을 비판적으로 성찰하면서 2015 교육과정 이후 역사교육의 대안을 논의해보자는 제안서 성격으로 준비했다. 결국 교육과정에 초점을 맞추겠지만, 교육과정 개발을 다룬 이전의 여러 연구들과 달리 역사교육이 우리 사회에서 수행하는 역할을 의식하면서 더 평화롭고 민주적인 사회로 나아가는데 필요한 역사교육의 역할을 정책의 기본방향부터 전반적으로 조명함으로써, 대안 논의가 다각도로 일어나길 기대하며 썼다.

Ⅱ. 역사 갈등과 갈등극복을 위한 역사교육 탐색

1. 동북아 역사 갈등과 '평화·인권을 지향하는 역사교육론'

역사 교육이 국가 간 화해나 인권을 증진시키기보다 그것을 해치고 위험에 빠뜨릴 가능성이 많다는 점은 교과서를 둘러싼 한일, 한중일 갈등에서 어렵지 않게 확인할 수 있다.

2001년 일본 역사 수정주의자들이 중심이 된 후소샤 역사교과서가 검정을 통과했다. 이 책은 1990년대 후반 이후 본격화된 일본 역사 수정주의자들의 역사 인식을 고스란히 담았다. 교과서를 개발한 '새 역사교과서를 만드는 모임' 측은 기존의 일본 역사교과서들이 '자학사관'에 물들었다면서, 메이지 유신 이래의 일본 역사를 긍정적이고 적극적으로 조명하자고 제안했다. 이 과정에서 침략 전쟁을 부인하고, 침략으로 고통받은 아시아 여러 나라 민중들을 외면했다. 과거 일제의 침략으로 큰 고통을 받았던 한국과 중국은 이 같은 상황을 우려했다. 양국의 시민 사회와 정부는 일본 정부를 향해 분노를 표출했고, 많은 단체들이 일본 정부에 항의하고 일본 상품 불매운동을 실천했다.

2003년에는 중국에서 동북공정을 추진하는 상황이 국내에 알려졌다. 중국의 정부 기구인 사회과학원 변강사지역사중심에서, 만주와 한반도 북부 일대의 고대 역사를 중국사의 체계에 편입하고, 그 입장에서 고구려 발해 유적을 재정리하려는 사업이었다. 학계와 언론을 통해 이 소식이 전해지자, 고구려사와 발해사는 당연히 우리 역사란 반론이 거세게 일었고, 중국의 역사 왜곡을 반대한다는 시민 사회의 항의도 빗발쳤다.

국가 간 역사 갈등이 이어지는 속에, 시민 사회와 언론은 국가 간 역사 전쟁에서 뒤처지지 않으려면 일제 침략사, 고구려와 발해 역사 연구를 강화하고, 약화된 국사 교육을 강화하여 국민적 대응 역량을 길러야 한다고도 주장했다. 훗날 동북아재단으로 성격을 달리하게 될 고구려연구재단이 탄생했고, 교육부 장관 자문기구로 '국사교육발전위원회'가 꾸려져 활동했다.

교육계와 역사학계도 두 사안을 우려하고 여러 각도에서 대응을 모색했다. 그러나 시민 사회와 언론 다수의 입장과 달리, 이 문제를 국가와 국가 차원으로 보거나, '국사'교육 강화로 보지 않으려 애썼다. 일본과 중국의 역사 왜곡에 맞선 반일이나 반중 차원의 대응이 아니라, 동북아 평화를 해치는 역사 인식을 넘어서기 위한 '국경을 넘는 역사 대화' 추진으로 방향을 잡았다.

이후 역사 대화는 여러 갈래로 이루어졌다. 두 나라의 교원노조는 평화교육을 주제로 한 연례 행사를 꾸준히 실천했으며, 두 나라 역사 교사-역사학자들은 몇 개의 그룹으로 공동역사교재를 개발하기 위한 교과서 대화를 진행했다. 한일 두 나라, 혹은 한중일 세 나라를 오가면서 여러 해 동안 진행된 교과서 대화는 여러 형태의 공동교재로 남았다.[3] 이 과정에서 오랜 갈등 끝에 평화를 이룩한 유럽의 역사 대화 경험을 적극적으로 수용했고, 역사가 국가 혹은 민족 간 갈등을 부추기는 현상들에 대한 이해를 높일 수 있었다.[4]

이 국면에서 역사학계는 국내 역사교과서도 비판적 성찰의 대상으로 삼았다. 때마침 7차 교육과정에 따른 교과서가 발행됐는데, 역사교과서 국정화 이래 처음으로 한국근현대사 영역을 다룬 교과서가 검정 제도에 따라 발행됐다. 여러 학회와 교사 단체에 참여한 인사들이 두루 참가하여 개최한 대규모 학술 대회에서는 그동안 한국 역사교과서들을 비판적으로 성찰하면서 평화, 민중, 여성 등 다양한 각도에서 역사 교육의 방향을 토론했다.[5]

과거사 정리 활동도 역사 연구와 교육에 변화를 가져왔다. 4·3 진상규명이 진행됐고, 과거사위원회 활동 등을 통해 한국 전쟁 전후 민간인 학살, 독재에 의한 인권 유린의 역사를 고통스럽게 대면하는 일이 많아졌다. 과거 청산, 기억을 둘러싼 논의가 활발해졌고, 다양한 연구 성과도 소개됐다.[6]

---

3 한중일3국공동역사편찬위원회 저, 『미래를 여는 역사 한중일이 함께 만든 동아시아 3국의 근현대사』, 한겨레출판, 2005; 전국역사교사모임·일본역사교육자협의회, 『마주보는 한일사』 1·2, 사계절, 2006.

4 오토 에른스트 쉬데코프 외 지음, 김승렬 옮김, 『미래를 건설하는 역사교육: 1945~1965 유럽역사교과서 개선활동』, 역사비평사, 2003; 페터 가이스 지음, 김승렬 옮김, 『독일 프랑스 공동역사교과서 1945년 이후 유럽과 세계』, 휴머니스트, 2008.

5 2002년에 일본교과서바로잡기운동본부와 한국역사연구회 전국역사교사모임 등이 공동학술대회를 주관했고, 그 결과가 이듬해 책으로 나왔다. 일본교과서바로잡기운동본부, 『한국사 교과서의 희망을 찾아서』, 역사비평사, 2003.

6 안병직 외, 『세계의 과거사 청산』, 푸른역사, 2005; 제프리 K. 올릭 지음, 최호근·민유기·윤영휘 옮김, 『국가와 기억』, 민주화운동기념사업회, 2006.

2000년 남북정상회담 이후 분단과 남북 대립 속에서 억압됐던 탈냉전 역사 인식이 부상한 것도 이 같은 흐름을 형성하는 데 도움이 됐다.

교과서로까지 반영되지는 않았다 해도, 많은 역사 교사들은 이런 문제의식을 역사 수업에 적극적으로 반영했다. 평화교육의 의미를 탐구하면서 국사와 세계사 교과서 내용을 평화 인권의 관점에서 분석하는 활동, 평화의 관점에서 전쟁사를 가르치기, 보다 적극적으로는 평화인권교육을 지향하는 교재 재구성 실천이 하나의 흐름을 이루었다.

교사들이 개발한 대안 교재는 이 같은 실천을 증폭시키는데 기여했다. 21세기 청소년을 위한 대안교과서를 표방하며 전국역사교사모임이 펴낸 『살아있는 세계사 교과서』가 그 증거 중 하나인데, 다음은 이 책이 기본 방향을 한 문장으로 제시한 집필계획서의 일부다.

> 평화와 민주주의, 인간다운 삶을 지향하는 세계사, 다양성에 대한 긍정과 타자에 대한 이해를 담고 소수자의 지위에 관심을 기울이면서 공존과 연대를 지향하는 세계사, 과학기술이 가져온 사회 변화를 반성적으로 살피면서 개인주의, 경쟁, 성공지상주의에 대한 대안적인 삶의 방안을 성찰할 수 있는 역사(살아있는 세계사 교과서 집필계획서, 2004.08)

이처럼 국가주의적 역사교육에 대한 우려와 민족주의 역사학에 대한 비판적 성찰, 다층적으로 이루어진 한중일 사이의 역사 대화, 평화·인권·민주주의를 향한 역사교육 실천 노력 등이 어우러지면서 2007 교육과정이 탄생했다. 국사와 세계사 영역을 묶은 역사라는 과목이 탄생했고, '민족의 정체성 함양'을 교과의 성격7으로 내거는 대신 다원적 관점과 비판적 성찰을

---

7 국사 과목은 우리 민족의 본질과 그 문화, 그리고 사회적 존재로서의 역할과 각 시대의 사회 현상을 탐구함으로써 우리 민족의 정체성을 밝혀주는 구실을 한다(6차 교육과정, 국사 과목의 성격, 1992). 국사는 우리 민족의 정신과 생활의 실체를 밝혀주는 과목으로서 우리 민족의 정체성을 함양시켜주는 구실을 한다(7차 교육과정, 국사 과목의 성격, 1997).

강조했다. 이때 탄생한 2007 교육과정의 주요 내용은 다음과 같다.

① 초등 사회의 역사 관련 내용을 모두 모아 6학년 1년 동안 연대기 형식으로 학습한다.
② 중학 역사는 한국사와 세계사를 아우르되, 전근대에 비중을 둔다. 한 권에 두 영역을 담되, 대단원으로 분할한다.
③ 10학년 역사는 근현대를 중심으로 하되, 대단원 내에 〈세계사+한국사+비교와 성찰 내용〉을 아우른다.
④ 11~12학년(주로 인문계 학생)이 공부할 선택과목으로 세계역사의 이해, 한국문화사, 동아시아사를 둔다.

2. 권력의 역사 조작과 '민주시민형성을 위한 역사교육론'

2007 교육과정은 시행 단계에서부터 암초에 부딪혔다. 이 교육과정이 고시될 즈음부터 본격화된 교과서포럼 등의 교과서 공격, 그리고 국가권력의 역사장악 시도, 급기야 역사교과서 국정화 사건이 잇달았기 때문이었다.

교과서를 비판한 이들이 식민지 근대화론을 처음 제기할 때만 해도, 역사 연구와 교육을 성찰하자는 제안으로 의미가 없지는 않았다. 하지만 2004~2005년 즈음에는 일본 역사 수정주의자들의 개념과 주장을 공공연히 수용하면서 급격히 정치화됐고, 역사교과서 국정화를 추진한 2015년 즈음에는 노골적인 역사 조작, 혹은 역사 부정이란 말이 어울릴 정도였다. 훗날 역사교과서 국정화 진상 조사 과정에서 확인된 국정화 주도 세력의 행동은 어처구니 없을 정도였다.[8]

국정교과서 개발이 막 시작될 즈음, 박근혜 청와대는 역사학자들이 개발한 집필 기준을 수정하라는 의견서를 교육부로 내려보냈다. 21개 항목으로

---

[8] 국정교과서 편찬 과정에 대한 이하 서술은 다음 백서 내용을 간추렸다. 필자는 이 백서 편찬 위원이었음. 역사교과서 국정화 진상조사위원회, 『역사교과서 국정화 진상조사 백서』, 2018, 77~115쪽.

된 이 수정안에는 친일파 문제, 4·3 사건, 5·18 민주화 운동 등과 같이 사회적 합의를 통해 입법화됐던 과거사 관련 내용조차 부정했으며, 현대사를 냉전적·대결적 관점에서 서술할 것을 요구하고, 경제 성장 과정에서 박정희 정부의 역할을 일방적으로 칭찬하도록 한 내용이 담겼다.

박근혜 청와대는 편찬 기준9 마련과 교과서 검토를 담당할 편찬위원 중 교수위원 전원을 사실상 선임했다. 그 편찬위원들은 위 수정안을 대거 받아들여 편찬 기준을 확정한 뒤에도, 별도의 '집필참고자료'를 작성하여 필자들에게 전달했다. 모두 다섯 영역에서 15개 내외의 내용 요소를 구체적으로 제시했는데 처음 네 영역은 다음과 같다.

> ▶ 권위주의 정권에 의한 경제발전이 결국 민주주의 발전의 기초가 되었음을 설명하고
> ▶ 대한민국 수립 주체 세력의 공로(남녀평등 선거 도입, 자유 민주주의 체제 도입 등)를 명확하게 제시하고
> ▶ 미국의 38선 제안으로 인해 남한의 공산화가 저지되었음을 서술하고
> ▶ 베트남 공산화와 그로 인한 인권 말살 사례 등을 제시함으로써 공산주의 및 공산 통일에 대한 그릇된 편견을 갖지 않도록 하고

마지막 다섯째 영역은 "북한 정권 수립 과정의 문제점, 경제 파탄, 전체주의 세습 체제 및 군사적 도발 등 북한의 실상, 북한의 인권 유린 현황과 반인권적 납치, 테러 등에 대해 풍부하고 정확하게 교과서에 서술할 것을 요구"인데, 구체적으로 다음 사항을 교과서에 싣도록 함.

> ※ 북한 정권 성립과 소련 지원, 신의주 의거, 요식(흑백) 선거. 전체주의, 일당 독재, 숙청(남로당을 비롯한 반대파), 반인권, 3대 세습, 경제 파탄을 강조

---

9 2007 교육과정 시기 역사교과서가 검정화되면서 등장했다. 2015교육과정을 개발하던 때만 해도, 역사교과서 국정화가 결정되지 않은 상태여서 집필 기준으로 불렀다. 역사교과서 국정화로 결론이 내려진 뒤에는 이를 수정하여 편찬 기준으로 삼았다.

※ 남한 민주주의 발전 과정과 북의 전체주의 노선과 낙후를 명확히 서술

※ 남북 협력과 교류가 원활히 진척되지 않는 이유를 설명, 계속되는 도발, 납치, 테러(아웅산, KAL기 폭파) 북한의 체제 유지, 혁명노선, 군사 강국 노선

청와대의 집필 기준 수정 제안, 교수 편찬위원이 정리한 '집필참고자료'는 모두 심각한 역사 조작의 증거이면서, 평화와 민주주의를 해칠 수 있는 결정적인 위험성을 담았다.

유럽 평의회나 유엔은 제도화된 학교 역사교육이 평화와 민주주의에 역행할 수 있다고 진작부터 우려했다. 2013년 유엔 총회 권고안은, "국가들이 수정주의를 지향하는 것, 다른 말로 하면 증거에 상관없이 과거의 이미지들을 의도적, 과격하고 정치적으로 조작된 변형들을 가하는 것은 우려의 대상이다"이라 전제한 뒤, "어린 학생들을 위한 교과서는 어리고 더 감수성이 예민한 청소년층에게 이념적 메시지를 고취시키는 특별히 효과적인-그래서 위험한-도구가 될 수 있다"(69항)면서, 역사 내러티브를 단일화하거나, 특히 단일한 역사교과서를 만들고 교사들에 대한 통제를 통해 이를 주입해서 안된다는 내용을 담았다.[10]

보수 정부 9년 동안, 역사학계와 교육계는 권력의 역사 조작에 맞서 싸웠다. 조작에 반대했으며, 조작하려는 자들의 위험한 역사 인식을 폭로하고, 학생을 배움의 주체로 세우면서 공동체가 함께 추구할 가치를 탐색했다. 이 과정에서 역사교육연구소·전국역사교사모임 등 역사교육계를 중심으로, 민주시민교육으로서 역사교육의 위치와 역할을 적극적으로 탐색하자는 새로운 담론과 실천이 이어졌다.[11]

---

10 필자와 함께 역사교과서 국정화 과정을 조사했던 지수걸 역시, 국정역사교과서 개발과정에서 광범위한 역사조작이 이루어졌음을 논증했다(지수걸, 「국정 역사교과서의 서사책략과 역사조작」, 『내일을 여는 역사』 73, 2018; 지수걸, 「국정 역사교과서의 박정희 신화 만들기」, 『역사교육』 148, 2018).

11 '민주공화국의 시민 형성에 기여하는 역사교육'을 제창한 김육훈, 「민주사회와 시민을 위한 역

이 논의들은 국가주의란 개념을 중심으로 기존 역사교육을 비판적으로 돌아본 뒤, 민주주의·평화·시민 등의 개념을 중심으로 기존 역사교육을 비판적으로 돌아보고, 민주시민교육이나 평화·인권교육에서 역사교육이 특별히 수행할 수 있는 역할을 부각하자는 내용을 담았다. 또한 그동안 역사교육이 국민통합, 혹은 국민적 동일성을 강조한 사실을 비판적으로 돌아보면서, 단일한 국가 내러티브를 지양하고 역사 속의 다양한 행위 주체에 주목하면서 학생을 학습의 주체로 볼 것을 제안했다. 학교 역사교육은 공식 역사의 성격이 강한데, 그동안 헌법이나 교육기본법의 핵심적 가치라할 보편적 인권·민주주의·평화란 가치를 적극적으로 담지 못한 점은 잘못이라고 지적했다.

Ⅲ. 학교 역사교육의 현주소와 변화를 위한 모색들

1. 역사 전쟁을 경유한 학교 역사교육의 오늘

국정화 소동은 학교 역사교육의 현주소를 다각도에서 보여주었다. 특히 그동안 역사교육연구에서 많이 놓치고 있던 학교 역사교육의 정치사회적 기능 혹은 이에 대한 각계각층의 기대가 다양하게 표출되었다는 점에서, 왜 변화가 필요한지, 어떤 방향을 지향해야 하며, 변화를 모색하려 할 때 가능한 대안의 범위는 어느 정도인지를 생각하는 데 중요했다. 십 수 년에 걸친 역사 전쟁을 거치면서 분명하게 드러난 역사교육의 현주소를 몇 가지

사교육'으로 개념화한 김한종 등이 대표적이다. '민주시민교육으로 역사교육'을 재개념화하려는 논의들은 강화정의 박사논문 참조. 강화정, 「민주 시민 교육을 위한 한국 현대사 교육의 방안」, 부산대학교 박사학위논문, 2019.

측면에서 정리해보자.

첫째, 많은 사람들이 학교 역사교육을 정체성 형성과 관련지어 정의한다.
그 기간 동안 실로 다양한 사람들이 '역사교육은 중요하다'라고 외쳤다. 그런데 그 이유 중 대부분은 학교 역사교육이 공동체가 추구할 공공 기억을 만들어내는 장소, 정체성 형성의 장이라고 생각했기 때문이다. 그래서 권력을 쥔 자들은 자신의 역사 인식을 공식적 역사로 만들려고 역사 조작을 도모했고, 다양한 집단이 자신들의 집단 기억에 공식성을 부여하기 위해 갈등했다. 이 같은 현실 속에서 학습자들 역시 학교 역사 학습을 자신의 정체성 형성과 관련짓는다는 점이 확인됐다. 어쩌면 학교가 공교육 기관으로 존재하는 한 피하기 어려운 일일지 모른다.[12]

그렇다면 역사학자들은 자신이 생산한 지식이 어떤 맥락으로 재구성되는지에 대해 더 관심을 기울여야 하고, 역사적 사고력이나 비판적 사고 혹은 역사 인식 교육을 강조하는 역사교육학자들은 교실 역사 지식의 실제에 더 관심을 기울여야 한다.

둘째, 학생들은 교실 안과 밖을 넘나들면서 자신의 역사 인식을 형성한다.
역사학자들이 자신의 연구 결과를 논문을 쓰거나 전문서로 재현한다. 그런데 최근 들어 역사를 재현하는 방식은 매우 다양해졌다. 과거에는 전문적 역사가들만 접할 수 있던 사료에 대한 접근성이 높아지고, 상당한 정도

---

12 전국역사교사모임과 역사교육연구소가 10년 동안 진행한 학생들의 역사이해 조사에 따르면, 다수의 학생들이 민족 혹은 국민으로서 자신의 정체성 형성을 역사교육과 관련지었다(역사교육연구소, 『역사의식조사, 역사교육의 미래를 묻다 – 최초의 전국 단위 초중고 역사의식조사, 그 10년의 기록』, 휴머니스트, 2020). 정체성 세우기를 가장 일반적인 교육활동으로 간주하면서 역사공부를 시민정신 함양과 관련지어 논의하는 바튼의 글도 참조(키쓰 바튼·린다 렙스틱 지음, 김진아 옮김, 『역사는 왜 가르쳐야 하는가 민주시민을 키우는 새로운 역사교육』, 역사비평사, 2017, 94~134쪽). 따지고 보면 역사학자들의 역사연구 역시 자신이 의식하건 못하건 이 집단 정체성 형성과 관련을 맺는다(사라 마자 지음, 박원용 옮김, 『역사에 대해 생각하기 오늘날 역사학에 던지는 질문들』, 책과함께, 2019, 25~70쪽).

전문성을 갖춘 다양한 역사 작가들의 활동이 가능해졌다. 아울러 박물관, 기념관 혹은 기념시설, 의례, 역사 영화나 소설을 비롯하여 과거를 재현하는 방식도 다양해졌다.[13] 또한 인터넷 환경의 변화와 다양한 종류의 SNS를 통하여 역사 지식이 유통하는 방식도 거의 혁명적으로 바뀌고 있다.

학생들은 여전히 교과서를 가장 신뢰할 만한 지식의 출처로 간주하고, 학생 역사 지식의 상당 부분은 교실 수업에서 얻어진다. 그러나 학생들은 교실의 안과 밖을 넘나들면서 역사 지식을 습득하고 자기만의 역사 인식을 형성한다.[14] 다양한 유형의 역사 재현, 네트워킹 기술의 보급이 가져온 변화를 자명한 것으로 전제한 상태에서, 교실 수업의 역할을 재조정해야 한다. 아울러서 교실 밖에서 경합하는 다양한 집단 기억들이 언제든지 '교실 공론장'에 오를 수 있다는 점을 전제해야 한다.

셋째, 역사 전쟁이 극단화되면서 역사부정이 횡행하게 됐다.

십 수 년에 걸친 역사전쟁이 빚은 최악의 결과는 5·18 부정, 위안부 피해 부정과 같은 역사 부정이 횡행하는 현실이다. 그런데 이 같은 상황은 한국의 일부 어처구니없는 자들의 주장으로 치부하고 무시해버리기에는 양상이 간단하지 않다. 관련된 사람들이 적지 않을뿐더러, 서구의 홀로코스트 부정이나 일본에서 역사 수정주의, 최근 많은 사람들을 충격에 빠뜨리는 탈진실이란 현상의 한국적 양상으로 간주할 수 있기 때문이다.

역사부정은 전쟁과 독재에 의한 피해를 부정하고, 가해 사설을 은폐하고

---

13 이동기, 「공공역사: 개념, 역사, 전망」, 『독일연구』 31, 2016; 나인호, 「시민을 위한 역사교육으로서 독일의 공공역사」, 『역사교육논집』 69, 2018; 劍持 久木 (編集), 『越境する歴史認識――ヨーロッパにおける「公共史」の試み』, 2018.

14 가장 많은 학생이 역사지식의 출처로 교과서를 지목했으나, 교과서가 아닌 역사책, 인터넷, 드라마나 영화, 친구나 어른들의 이야기를 선택한 학생 수도 결코 적지 않다. 교과서가 검증된 지식을 담았다는 점을 인정했지만, 25~28%에 달하는 학생들은 역사가 구성된 이야기라는 점을 지적했다. 그런데 역사에 대해 궁금한 점이 있을 때 무엇을 찾느냐고 질문하면 교과서를 참고한다는 학생의 숫자는 큰 폭으로 줄어든다. 역사교육연구소, 앞의 책, 2·3장.

조작하려던 폭력 당사자들의 시선으로 피해자들에게 또 다른 가해를 저지르는 일이다. 아울러 인권의 소중함과 민주·평화란 가치를 허구화해버린다는 점에서 민주주의 교육의 새로운 도전 과제로 떠오른다. 보편적 가치가 부정당하고, 객관적 진실의 부정당하는 현실을 고찰하면서 대안을 탐색하려는 노력이 이전보다 더 필요해졌다.[15]

넷째, 교과서가 역사 연구와 수업 실천의 괄목할 변화를 담지 못하고 있다.

6월 항쟁과 평화적 정권교체를 경과하면서 불행했던 과거사의 진상을 규명하고 이행기 정의를 확립하기 위한 활동이 진행됐다. 남북 간 화해 협력의 역사가 시동을 걸면서 전쟁 폭력이나 분단 폭력에 대한 비판적 성찰을 담은 역사 연구와 수업 실천도 활발해졌다. 기억 갈등이 거듭되지만, 평화·인권·민주주의 가치를 담은 다양한 형태의 역사 재현이 이루어지고 있다.

그러나 교과서와 교실 수업은 여전히 이 같은 변화를 제대로 담지 못하고 있다. 2015년 역사교과서 재국정화가 1973년 국정화 효과의 한 측면인 것처럼, 재국정화를 둘러싼 갈등은 끝났지만 그걸 추진했던 이들이 추구한 가치가 공식성을 지닌 교과서 서사에 영향을 미치기 때문이다. 낡은 잔재를 청산하지 않는다면, 교실 역사 수업은 중립을 유지하는 것이 아니라 평화와 민주주의에 반하는 가치를 은연중에 주입할 수 있다는 점을 명심해야 한다. 교육계와 학계에서는 '여전히 70년대에 만들어진 프레임을 크게 벗어나지 못했다'거나 '과거 국정교과서 시대에 구성된 내용선정기준이 크게 달라지지 않았다'고 지적하는 이들이 많다는 점을 무겁게 받아들여야 할 것이다.

---

15 이 같은 상황을 분석하고 대안을 논의한 국외 역사학자, 역사교육학자들의 연구가 국내에도 번역 소개됐다. 린헌트 지음, 박홍경 옮김, 『무엇이 역사인가』, 프롬북스, 2019; 사라 마자 지음, 박원용 옮김, 『역사에 대해 생각하기』, 책과 함께, 2019; 와인버그 지음, 정종복 옮김, 『내 손 안에 스마트폰이 있는데 왜 역사를 배워야 할까』, 휴머니스트, 2019.

다섯째, '조작되지 않은 역사를 배울 권리'를 제창하는 학부모, 학생 활동이 활발해졌다.

국정화 추진 여부를 둘러싼 논란 속에서 학부모와 학생의 의견 제시는 어떤 교육적 사안보다 활발했다. 학부모들은 반대 운동 초기부터 적극적으로 의견을 개진했다. 더 주목할 일은 학생들의 움직임이었다. 고등학생들이 많았지만, 중학생이나 초등학생에 이르기까지 많은 학생들이 이 문제에 의견을 개진했다. 그들 중 일부는 단체를 조직하여 지속적인 반대 운동을 벌였다. 국정화가 친일 독재 미화역사 인식을 학생들에게 주입하려 한다는 데 대한 반대였다. 그것은 편향된 역사 인식도 당연히 거부하지만, 자신을 수동적 지식습득자·교화의 대상으로 보는 관점에도 단호히 반대했던 것이다.[16]

권력의 역사 조작에 맞서 싸운 이들이 역사 영역만은 아니었다. 특히 교원노조와 진보교육감들은 역사교과서 국정화를 반대하는 활동과 학교시민교육을 연결하여 활발하게 활동했다. 이 과정에서 학생을 '교복 입은 시민'으로 바라보려는 관점이 자리 잡고, 민주 시민 교육의 실천이란 관점에서 학교 운영과 교육 내용을 비판적으로 재구성하려는 운동이 활발했다.

이제 평화, 인권 교육을 아우르는 의미에서 민주시민교육은 시대의 조류를 형성한다 해도 과언이 아니다. 추구하는 가치란 측면에서, 학생을 수동적인 지식 습득자로 간주하지 않고 주체적인 성장을 도모하는 차원에서 변화의 방향은 분명해졌다. 국정화 반대 운동은 평화·민주주의 관점이 왜 필요한지를 가장 역설적으로 보여준 사례이면서, 역사의 퇴행을 막음으로써 평화·민주주의 교육이 현실화될 토대를 만드는 데도 기여했다.

---

16 강화정·백은진, 「'국정 교과서 반대 청소년 행동'의 활동과 청소년 활동가의 인식」, 『역사와 교육』 13, 2016.

2. 대안 탐색을 위한 공동연구의 진전

국정화 소동 국면을 경유하면서, 잘못된 역사 교육의 위험성을 인지하고, 학교 역사 교육을 비판적으로 재구성하자는 논의도 활발했다. 기존의 역사 교육 논의들과 달리, '공식 역사'로서 학교 역사교육의 현주소를 폭넓게 탐구하는 가운데, 국가 혹은 공동체가 지향할 역사 정책과 역사 교육 정책, 교육과정과 교과서 문제를 아우르는 '포괄적인 대안'을 만들어야 한다는 논의가 활발했다.

그 초기 모습은 2015년 12월부터 2016년 1월까지 한국사교과서국정화저지네트워크가 주관한 '시민 학생과 함께 하는 거리 역사강좌'의 연속 강의[17]나, 2016년에는 서울시교육청이 주관한 '역사교육의 새 길을 묻다'란 제목의 역사 교육 전문가 심포지움을 통해 살필 수 있다. 두 모임은 국정화 소동의 성격을 돌아보고, 역사교육이 평화·민주주의에 기여할 수 있는 가능성을 타진하면서, 이에 필요한 역사 수업의 방법, 교과서 제도 등을 폭넓게 논의했다.

2016년 이후 교육 당국과 역사교육계가 소통하면서 몇 번의 공동 연구를 조직했다. 2016년 한 해 동안, 광주시교육청의 제안으로 여러 교사와 학자들이 참가한 『미래를 여는 역사교육의 방향과 과제』란 공동 연구가 단초였다.[18] 연구진은 국정 교과서 제도와 역사교과서 국정화 논리의 문제점, 외국의 역사전쟁 사례, 역사 교육의 방향에 대한 국제적 규범을 살핀 뒤, 과거 '국정 국사 중심 역사 교육'을 비판적으로 재구성하기 위한 교육계와 학계의 논의와 국정화 반대 운동 과정에서 표출된 시민사회의 논의를 수렴하고, 역사교육 개선에 대한 역사 교사들의 인식 조사를 실시한 뒤 그 결과를

---

17 이 강의는 곧바로 단행본으로 간행됐다. 한국사교과서국정화저지네트워크, 『거리에서 국정교과서를 묻다』, 민족문제연구소, 2016.3.
18 연구책임자는 양정현, 공동연구원으로 김육훈, 김정인, 김한종, 문재경, 방지원, 윤세병, 이동기, 조한경이 참가했다.

분석했다. 이를 바탕으로 학교 역사교육의 방향을 재구성할 포괄적인 대안과 이를 추진할 역사 교육 정책의 기본 방향을 제안했다.

2017년에는 국정 교과서가 폐기되고, 교육과정 개편과 새로운 교과서 개발이 본격화된 때였다. 이에 발맞추어 교육과정과 교과서의 현실을 짚고 대안을 탐색하는 공동 연구가 진행됐다. 먼저 역사 교육과정에 대한 보다 근본적 재검토를 요청하는 공동 연구가 있었다. 경기교육연구원의 후원을 받아 황현정 등이 진행한『민주적 가치 실현을 위한 역사 교육과정 구성 방안 연구』가 그것이다. 이 연구는 역사 교육을 민주 시민 교육 차원에서 재조명해야 할 이유, 역사 교과의 과목 편제와 내용 체계, 역사 교육과정 문서의 새로운 형태, 역사교과서 발행 제도 등을 검토하고 변화를 위한 정책 제안을 담았다.[19] 이 연구는 이전의 연구들에서 다루지 못했던, 교육과정을 제시하는 방식, 교사의 교육과정 재구성, 교사의 자율성을 보장하는 정책을 담았으며, 교과서 자유 발행제 추진을 적극적으로 검토할 것을 제안했다. 교육과정 변화를 단지 내용을 선정하고 조직하는 차원에 국한하지 않고 살핀 것이다.

비슷한 시기에 민주화운동·민주주의 역사를 키워드로, 2007 교육과정 이후 역사교과서들을 검토하고 대안을 탐색한 2차례의 공동 연구가 진행됐다.[20] 2017년 연구에서는 2007~2009 교육과정 시기(초등은 전시기) 교과서의 현대사 내용을 비교 분석함으로써, 오래 동안 지속된 국가주의 요소를 추출했고, 거듭된 교과서 논란이 교과서 서술에 퇴행을 가져왔음도 확인했다. 2018년 연구는 집필 지침(교육과정, 교육과정 해설, 집필 기준, 검정 기준을 아울러서 칭함)을 넘나들면서 내용선정 기준을 검토했다. 이를 기초로 평화교육, 민주주

---

[19] 연구책임자는 황현정, 공동연구원으로 김육훈, 방지원, 윤세병, 남한호가 참가했다.
[20] 김정인(연구책임자), 김육훈, 김종훈, 방지원, 조왕호, 「민주화운동 관련 역사교과서 분석 및 서술방향」, 민주화운동기념사업회, 2017; 김육훈·김정인, 「민주화운동 관련 역사 교육과정 및 집필기준 분석 연구 보고서」, 민주화운동기념사업회, 2018.

의 교육의 관점을 담은 현대사 서술 방향을 구체적으로 제안했다.

역사교과서 국정화를 둘러싼 논란이 한창이던 2015년 이래로, 전북교육청을 비롯한 4개 교육청은 국정교과서에 맞설 대안적 역사교재 개발 논의에 착수했다. 이를 계기로 역사교육의 방향에 대한 논의가 일정하게 진행됐는데, 국정 한국사 교과서의 대안이란 한계 위에 서 있었기 때문에 역사교육 전반에 대한 포괄적 대안을 담지는 않았으나, 민주사회의 시민을 기른다는 역사교육의 지향점, 학습자의 삶이 이루어지는 지역의 삶을 적극적으로 교재화하자는 주장은 이후 역사교육 논의에서 중요하게 참조할 필요가 있을 것이다.

2019년에 시도교육감협의회의 제안에 부응하여 진행된 한 공동연구는 여기서 한걸음 더 나아갔다.[21] 연구진은 기존의 논의를 바탕으로 학교 민주시민 교육으로서 역사교육의 개념을 정의하고, 교과의 성격과 학교급별 편제, 내용 조직 방식 등을 포괄적으로 다루었다. 연구진은 학교 역사교육이 학생의 주체적 성장을 도모하는 가운데 평화·인권·민주주의 관점을 견지하기 위해서는, 오래 동안 당연시 된 자국사와 세계사의 분리, 통사-연대기 중심 역사학습이란 관습을 벗어나야 한다고 제안했다. '국가 중심 내러티브'를 지양하고, 학습할 가치가 있는 역사적 사실을 선정하고 이를 교재화할 때 활용할 수 있는 새로운 교육과정 구성틀을 제안했다.

〈표 1〉 민주시민교육과 주제 중심 학습을 위한 역사교육과정 구성의 틀

주제
이 주제에서 다루고자 하는 내용을 전반적으로 진술한다. 각 주제를 3~5시간 수업 가능한 형태로 제안한다. 해당 주제 아래 이루어져야 할 교육 활동을 진술하는 방식으로 구성한다. 교육과정은 탐구와 실천을 위한 학습 경험의 총체로서 교육과정 진술.

21 「교육자치시대 민주시민교육을 위한 교과교육과정 구성방안 연구 ─ 역사 교육과정을 중심으로」 연구책임자 윤세병, 방지원, 공동연구원으로 강화정, 김영주, 김육훈, 김형호, 박상민, 양현승, 이경훈, 조현서가 참가했다.

필수 요소		내 용
(1)	세계 – 지역 – 국가 – 지방	국가 서사를 상대화할 경우 세계, 지역, 지방 차원, 자율적 시민사회의 존재 차 원, 다원적 행위자 혹은 다른 선택의 가능성을 찾아 진술한다.
(2)	시민 형성	배제적 국민-주체적 시민 사이, 시민, 시민 사회(의 조직, 사상, 제도, 운동 등)를 아우른다.
(3)	행위자 관점	구조와 구별되는 행위자의 관점에 천착한다. 이때 행위자는 개인뿐 아니라 집단, 기구일 수 있다. 능동적 행위자의 선택이 이룬 결과로서 역사를 이해한다.
(4)	논쟁성	복수의 역사, 역사의 다원성을 드러낼 수 있는 논쟁적 요소를 주제 속에서 찾아 본다. 더불어 논쟁을 위한 논증 과정에서 학습자가 읽고 쓰고 말하는 과정을 함께 고려한다.
(5)	기억을 둘러싼 투쟁	기억을 둘러싼 투쟁, 기억의 정치, 공공 기억 문제와 관련지어 접근한다.

연구진은 '학생들에게 가르칠 정해진 역사는 없다'고 생각했으며, '교육과
정은 교과서에 담을 내용의 얼개를 제시하는 것'이란 해석도 거부했다. 대
신에 '앞으로 역사교육은 교육과정 중심으로 이루어져야 한다'고 제안하면
서, 이를 위한 교수학습지원시스템의 구축, 교과서 제도 – 평가 방식의 개선
등을 제안했으며, 이런 형태의 교육과정 진술이 실제 수업으로 이어질 가
능성을 검증하기 위해 주제별 수업 사례를 네 개 개발했다(보고서 2부,
129~232쪽).

국정화 소동을 경유하면서 이루어진 이상의 연구들은 일련의 공통점이
있었다. 가장 중요한 공통점은 국가주의적 역사교육이 낳을 위험성을 성찰
하면서, 평화 · 인권 · 민주주의 관점에서 역사교육을 재구성해야 한다는 방
향성을 견지하려 한 점이다.

둘째 당연한 귀결이겠지만, 국가사의 상대화였다. 국정 국사 중심의 역
사교육이 반공개발국가주의적 관점을 바탕으로 한 애국심 교육을 강조했
다는 점을 지적하면서, 국가사 – 정치사 중심 서술의 대안을 여러 각도로
모색했다.

셋째는 일방적 교화가 공공연한 현실에 대한 우려를 전제로, 학습자를
중심에 놓고 이들이 건강한 시민으로서 갖추어야 할 것들을 다각도로 모색
했다. 역사의 다원성, 논쟁적 접근 등을 꾸준히 강조했고, 기억을 둘러싼 갈

등의 교재화나 역사 조작에 대응할 수 있는 능력을 지적한 연구도 있었다.

넷째, 교과서 지식 중심 수업을 지양하고, 교육과정 중심 수업을 바탕으로 학생들이 교실 안과 밖을 넘나들면서 자신의 역사 인식을 만들어갈 수 있어야 한다는 점을 강조했다. 교과서는 수업의 플랫폼, 교육과정은 역사 학습의 플랫폼으로 기능해야 한다는 논의로 발전했다.

다섯째, 이를 위해서는 기존의 교과서 개발에 초점을 맞춘 교육과정 문서 체계를 전면적으로 개편하고, 교과서 발행 제도를 비롯한 교실 수업과 관련한 여러 정책들을 하나의 패키지로 바꾸어야 한다고 보았다.

이 연구들에 담긴 문제 의식은 기본적으로 역사 갈등의 현장에서 잘못된 역사교육이 초래할 위험성을 민감하게 인식하면서 대안을 찾아가려던 노력의 결과물이었다. 또한 유사한 경험을 가진 국외의 여러 논의를 살핀 결과물이기도 했다. 국가 간 갈등으로 세계적 규모의 전쟁을 두 차례 치렀으며, 냉전, 탈냉전 이후 민족 간 분쟁들로 어느 지역보다 전쟁과 갈등을 많이 겪은 유럽의 논의들, 이런 논의의 연장선에서 이루어진 2013년 유엔 권고(A/68/296)는 좋은 사례다.

이 권고의 54항은 "다른 무엇보다 중요한 것은, 학생들이 편협한 민족주의적, 인종적, 혹은 미시적 정체성을 극복할 수 있도록 돕는 초국가적 관점을 인식하도록 하고 역사가 다양한 관점에서 해석될 수 있고 그렇게 되어야 한다는 것을 깨닫게 하는 일이다"라면서, 이를 위해서는

(b) 지방, 국가, 지역, 세계 역사 간의 적절한 비율을 정하는 것
(c) 역사는 정치사에 국한되지 않도록 하는 것
(e) 역사교과서 내 조작과 역사남용을 부추기지 않도록 하는 의식을 높이는 일
(f) 암기식 교육보다는 분석 통합, 비판적 사고를 장려하는 시험, 평가제도를 운용할 것

등과 관련된 정책을 권고했다(52항).

아울러 '역사교육의 결정적 도구로서 교과서'의 중요성을 지적한 뒤, 교과서 내 역사 조작의 위험성과 다양한 유형을 열거했다(69, 70항). 다음은 그 중 일부다.

> (a) 선택적으로 사실을 기술하는 것, 특정한 사건을 덜 혹은 더 강조하는 것에서부터 특정 정보를 완전히 누락시키는 것.
> (b) 선호하는 결론을 내기 위한 내러티브의 사용.
> (c) 전형적으로 갈등 상황에 있는 경우 특정 민족이나 국가들이 묘사되는 맥락의 선택. 역사 수업에서 평화, 협력적인 기간을 배제시킴으로써 학생들이 문화, 과학적 진보, 경제 사회적 구조의 공통된 요소를 배우지 못하도록 한다.
> (d) 국가나 특정 집단에 대한 고정관념의 전파.
> (h) 의심의 여지를 주지 않아 논쟁이나 딜레마를 원천 봉쇄하는 필연적인 용어 사용.

역사 조작에 대한 유엔의 경고는 역사 교육을 국민 정체성 형성의 도구로 활용해온 현실을 성찰하는데 큰 의미가 있다. 특히 최근 몇 년 사이 전 세계적으로 분명해진 탈진실 현상, 노골적인 정체성 정치 시도 속에서, 잘못된 역사 교육이 초래할 위험을 미연에 방지하고 민주시민교육으로서 역사 교육을 재구성하려 할 때 고려할 요소를 잘 보여준다.

최근 몇 년 사이 유럽평의회의 실천은 그래서 주목할 만하다. 2016~2017년 동안 유럽 평의회 모든 회원국의 역사교육 관련 정부 관료와 실무자들은 "다양성이 존재하는 포용적이며 민주적인 사회 구축, 민감하고 논쟁적인 주제 다루기, 디지털 시대에 적합한 비판적인 역사적 사고력 기르기"를 주제로 4개 지역 세미나를 개최했다. 그리고 그 결과를 정리하여 〈21세기 양질의 역사교육-원칙과 지침〉을 만들어 각국 정부에 권고했다.[22]

〈원칙과 지침〉은 모든 교과가 민주주의 문화 역량을 기르는 데 유용하다고 전제하면서 그 중에서 역사 교과가 수행할 역할을 논의한 뒤, '민주적이고 다양한 그리고 포용적인 역사 교육과정과 교수법을 위한 원칙 및 지침'을 여덟 개 항목으로 정리하였다. 다음은 8개의 원칙에 해당하는 부분인데, 이 권고안에는 이 8개의 원칙을 설명한 뒤, 구체화하기 위한 세부 지침을 구체적으로 제시했다.

1. 문화 다양성을 수용한 유연한 교육과정과 상호 소통하는 교수법의 개발
2. 민주주의 역사에 관한 복합적인 교수 · 학습
3. 평범한 개인과 집단의 활동이 역사를 만들어 왔다는 방식으로 사고하기
4. 서로 다른 문화적, 종교적, 민족적 배경을 가진 사람들이 오랜 동안 사회에 자리 잡았음을 인식하기
5. 타자와 우리 양자 모두의 다양한 정체성에 대한 가치를 인정하기
6. 사료를 평가하고 조작된 정치 선전에 맞서기 위한 도구를 제시하기
7. 민감하고 논쟁적 주제 제시하기
8. 역사의 교수 · 학습에서 인지적, 정서적, 윤리적 차원의 균형 찾기.

국정화 소동, 대안 탐색을 위한 여러 논의를 돌아보면, 국정화 소동이란 역사 갈등이 한국만의 고유한 현상이 아니란 점을, 대안 탐색을 위한 여러 토론 결과물 역시 고립된 논리가 아님을 확인할 수 있다. 무엇보다 나쁜 역사교육이 얼마나 위험한지, 바로 그 때문에 역사교육자들이 얼마나 오래 동안 실천적 논의를 이어왔는지 확인할 수도 있다. 한국적 현실에 뿌리를 내리되 글로벌한 양상과 국제적 논의의 상황을 확인하면서 대안을 탐색할 시점이다.

---

22 「QUALITY HISTORY EDUCATION IN THE 21st CENTURY - PRINCIPLES AND GUIDELINES」 윤세 · 방지원 등(2019)의 보고서에 실린 번역문을 사용했다.

Ⅳ. 2015 이후 역사교육정책과 교육과정개정 방향

1. 국정화 진상조사위원회가 제안한 권고안의 실종

2018년 5월, 국정화 진상조사위원회는 국정화 사건의 재발 방지 대책[23]을 제안하면서, 위법 부당행위자 처벌하고, 권력이 교육의 정치적 중립성, 자주성, 전문성을 훼손하지 않도록 법 제도를 개선할 것을 권고했다. 아울러 "전문성을 가진 독립된 역사교육부서가 시민사회와 소통하면서" 역사 정책과 역사교육의 방향을 근원적으로 성찰할 것, 당시 진행되던 교육과정 개정과 역사교과서 개발 일정에 맞추어 관련 제도와 법규를 개선하고, 역사교육의 방향에 대한 활발한 토론과 합의를 도모하기 위한 공론장과 기구를 마련하며,

> 국정화 사건을 경과하면서, 역사 교육이 친일 독재를 미화해서는 안 되며, 민주 개혁과 화해 협력, 균등 사회 실현과 같은 헌법적 가치를 충실히 반영해야 한다는 지적이 많았다. 또한 어떤 경우에도 특정한 관점을 학생들에게 주입하려 해서는 안 되며, 학습의 주체인 학생이 주체적인 시민으로 자랄 수 있도록 해야 한다는 데 많은 사람이 공감했다.

는 전제를 확인하면서, 학교 역사교육이 민주 시민 교육이란 지평 위에서 재구성될 수 있도록 적극적으로 노력할 것을 권고했다. 여기에는 활발한 토론과 연구를 포함하여

- 검정제도를 개선하고 중장기적으로 인정제, 자유 발행제 도입 가능성을 탐색한다.

---

23 역사교과서 국정화 진상조사위원회, 앞의 책, 269~277쪽.

- 다원화된 교과서 제도 운용과 다양한 유형의 역사교과서 개발을 위한 연구와 지원 체계를 갖추도록 한다.
- 역사 교육과정의 내용 구성 및 운영에서 지방 분권화를 지향한다.
- 학교 현장의 자율성과 교사의 교재 재구성을 지속적으로 강화해야 한다.

는 등의 내용이 포함됐다.

역사교과서 국정화는 한국의 역사교육 역사를 돌아보면 최대 사건이라 부르기에 충분했다. 많은 사람들이 다양한 방식으로 이 사건과 관련을 맺었고, 다양한 처지에 있는 이들이 역사교육의 방향을 놓고 활발하게 자신의 의견을 개진했던 일이다. 이 권고안은 그 과정을 종합하여 진상조사위원들이 합의한 내용이었다.

그러나 진상조사가 끝난 뒤 이 권고안에 담긴 내용 중 아주 적은 부분만 실현됐다. 교육 당국은 이 권고를 진지하게 수용하여 변화를 위한 정책 개발에 나서지 않았다. 학회나 단체들 역시 국정화 소동의 과정과 논란에 참여했던 참여자들의 목소리를 수렴하여 대안을 세우기 위한 활동에 적극 나서지 못했다.

지난 십 수 년 동안 이어진 역사전쟁은 분단·개발·국가주의를 뒷받침했던 정치 문화·역사 문화·역사 교육을 비판적으로 재구성하려는 노력에 대한 적극적인 퇴행(backlash)이었다. 민주 평화를 향한 노력이 이어지고, 진보적 역사 연구와 대안적 역사 교육 실천이 꾸준히 이어졌음에도, 자국사 중심 역사 교육, 민족 국민 정체성 형성에 기여하는 역사 교육을 당연하게 생각하는 흐름이 백래시의 원인이었다. 국정 교과서는 폐기됐는데, 국정화를 가능하게 했던 상황이 청산되지 않는다면 언제든지 유사 상황이 재발될 수도 있다는 점에서 이 같은 상황은 안타깝다.

또한 국정화 소동을 경유하면서 '적폐' 위에 새로운 폐단이 보태진 것도 부인하기 어렵다. 국정화 추진 세력의 의도 상당 부분이 관철됐다는 뜻이다. 그들의 황당무계한 거짓말들은 이내 폭로됐지만, 거듭되는 그들의 폭로가 가져온 정서적 결과는 결코 작지 않아서, '어쨌거나 교과서가 편향된 것은 사실'이라거나, '역사학계가 다른 학계에 비해 전반적으로 좌편향'이라는 생각이 확산됐다. 국정화 여부가 진영 대결 양상을 띠면서, 추진 세력의 극단적 역사 인식이 국정화 찬성론자들로 확장됐고, '역사 전쟁의 전사'를 자처하는 일군의 무리들이 조직화되고 이들 속에서 역사부정이 횡행하고 있다. 친일독재미화의 대립항으로서 민족민주적 국가정체성을 강조해야 하는가 하는 흐름과 이를 우려하는 흐름도 관측된다. 국정화 소동을 경유하면서 변하지 않은, 어쩌면 더 극단적으로 역사를 정치화하려는 정당·사회단체와 수구적인 언론도 있다. 바로 이 때문에 학교 역사 교육에 대한 근원적인 논의는 피할 수 없고, 극복해야 할 과거의 유제들은 과감히 청산하면서도 변화를 향한 포괄적인 대안 탐색을 서둘러야 한다.

2. 역사교육 정책과 교육과정 개정 방향에 대한 제안

거듭된 역사전쟁에 포획된 오늘의 역사교육 현실을, 21세기, 미래, 역량, 4차산업혁명과 같은 담론들로 비추어 보면, 자조감 같은 것이 앞선다. 권력자가 생각하는 국가 정체성을 주입하는 도구가 아니라, 학습자의 현재 삶을 중심에 놓고 그들이 공동체 구성원과 소통하면서 만들어갈 미래의 시선으로 학교 역사교육을 근원적으로 재구성할 수 없을까? 지금까지의 논의를 참조하여 역사 교육 정책과 역사 교육과정 구성에서 변화가 필요한 부분을 교육 당국에 제안하는 형식으로 짚어보겠다.

제안1. 평화-민주주의 관점으로 역사/교육정책 수립과 추진에 적극 나서야 한다.

과거 독재가 구축했던 논리가 상존하는 현실에서, 그것을 개혁하지 않는다는 것은 위험한 역사 교육을 방치하는 것과 같다. 역사 갈등은 사실상 상수에 가깝다. 역사 해석의 다양성이나 정치적 의견의 차이를 보장하고 가능한 합의를 모색하되, 민주화·남북의 화해 협력의 취지를 반영하는 역사 교육 정책을 적극적으로 추진해야 한다.

제안2. 역사 교육과정 개정을 서두르되, 교실 수업을 혁신할 수 있는 '정책들의 패키지'를 동시에 추진해야 한다.

교육과정 개정과 함께, 교과서 발행제도의 다원화[자유발행제를 적극적으로 준비하되, 단기적으로는 검인정 제도의 유연화를 진행할 것], 교과서 개선을 위한 지원 정책 강화, 각종 집필 지침들[교육과정, 집필 기준, 편수 용어 등]의 존폐나 교육과정의 역할 혁신, 평가 혁신, 교수 학습 지원 체제와 교사 전문성 신장 방안 개혁 등을 동시에 추진한다.

제안3. 전문성과 대표성을 겸비한 연구진을 구성하고 집단지성을 조직하는 활동을 포함하여 변화를 향한 정책을 세운다.

역사 교육 정책을 검토하기 위한 정책 네트워크, 교육과정 연구진 구성에서, 전문성과 대표성을 담보할 수 있도록 한다. 논의 과정에서 제기된 주요 쟁점에 대해서는 폭넓은 의견 수렴, 전문가들의 집중 검토 과정을 거친다.

제안4. 학생들의 역사 학습 실태 조사를 주기적으로 실시하고, 교육과정 개정을 비롯한 역사 교육 정책에 활용해야 한다.

지금껏 학생의 역사 학습이 이루어지는 경로나 학습 실태, 역사 의식 등에 대한 지속적인 조사 연구는 거의 없다. 학생·청소년들의 민주주의 인식이나 북한·통일 인식, 한일 관계 인식 조사 등이 종종 이루어지나, 교육 당국이 학생들의 삶과 생각을 지속적으로 들여다보면서, 역사 정책·역사 교육 정책을 새롭게 의제화하거나 교육과정과 교재 구성에 반영하려는 노력을 찾기 어렵다.

이러한 정책 변화는 결국 교육과정-교과서, 그리고 교실 수업의 변화로 연결되어야 한다는 점에서, 논의를 교육과정과 관련하여 좀 더 구체화해보자.

제안5. 한국사와 세계사, 초중고의 벽을 허물고 새로운 교육과정을 상상 해보자.

자국사 교육이 중요하다 하여, 국사 형식의 역사교육을 초중고에서 반복하는 것은 곤란하다. 반복 학습을 뒷받침했던 환경 확대법(나와 가족→지역→국가→더 넓은 세계)이나 인지발달론 등에 근거한 계열화 논의도 심각하게 도전받고 있다. '초등 인물사→중학교 정치사→고등학교 사회경제사' 같은 논리도 전혀 검증되지 않은, 오히려 부정적으로 검증된 주장이면서, 한국사를 세 번 연대기 방식으로 공부한다는 걸[세계사의 희생, 통합적 접근의 희생 위에서] 전제하는 논리다.[24] '통사-연대기' 방식을 고집하지 않는다면, 초등에서 세계사 영역을 배제할 이유가 없으며, 자국사와 세계사 영역을 아우르는 역사 중심 접근이 하나의 통합 방식을 전제하는 것은 아니다. 초중고 10년 혹은 8년(초등 3학년에서 역사 학습이 처음 시작된다는 점을 감안하여) 동안 '통합 역사'란 차원에서 학습 경험을 조직하는 새로운 상상력을 발휘해보자.

제안6. 단일한 국가 서사를 통한 국민 통합이란 관념을 넘어서자.

많은 나라에서 역사 교육은 민족, 국가 내러티브를 중심에 둔다. 그 때문에 학교 역사 교육의 위치가 지속적으로 강조됐지만, 종종 집단 간 혹은 국

---

[24] 역사교육의 계열화에 대한 기존 논의들을 비판적으로 검토한 다음 글 참조.
강선주, 「역사 교육과정 개발 방법-역사교육 개선의 방향 설정과 역사교육 연구 성과 활용 방안을 중심으로」, 『역사교육』 146, 2018; 방지원, 「교사가 '구성'하는 역사교육과정, 그 오랜 고민에서 찾는 쟁점과 전망」, 『역사교사, 교육과정을 디자인하다』, 2019; 정미란, 「어린이와 역사로 소통할 수 있을까」, 역사교육연구소, 앞의 책, 101~112쪽.

가 간 갈등 원인이 되곤 한다. 그래서 많은 이들이 평범한 사람들의 이야기, 민중의 삶, 다원적 주체를 거론했고, 국경을 넘는 역사학·역사교육·역사대화를 말했고, 유럽평의회나 유엔 권고에서는 다원적 주체, 복잡성, 논쟁적 접근, 비판적 사고 등을 특별히 강조했다. 2007 교육과정 이래 통합 역사 논의를 발전시키되,[25] 국가사를 상대화하는 새로운 방식들을 자유롭게 상상해보자.[26]

제안7. 위기의 세계사 교육, 입시 개혁과 통합 역사 속에서 대안을 찾아야 한다.

그 중요성에도 불구하고 세계사 교육은 끝없이 위축됐고, 이제 '위기'란 말조차 사치스러울 정도다. 한국사에 비해 홀대받는 측면이 있지만, 근본적으로 고등학교 교육이 입시에 예속된 결과이자 교육의 변화를 역사 영역이 따라가지 못한 결과다. 입시 제도를 재구성하기, 자국사와 세계사의 영역 허물기란 두 차원에서 새로운 상상력이 필요하다. 초등에서 세계사 교육이 불가능하다는 잘못된 전제를 넘어서야 하며, 자국사와 결합 방식이나 어쩌면 지리 혹은 사회과학과 협력 방식 등도 고려하면서 대안을 찾아야 한다. 여러 나라 역사를 기계적으로 합쳐둔 기존의 세계사를 넘어, 고등학교 선택과정, 전문과정에서 적절한 과목을 개설하거나, 시도교육청 차원의 인정 교과서를 개발하는 것도 고려해볼 수 있다.

---

25 2007 교육과정의 10학년 역사는 근현대사를 중심으로 한국사와 세계사의 통합을 시도했다. 한국사 전개를 중심으로 대단원 구분을 한 뒤, 단원 안에서 〈배경으로서 세계사+한국사+비교와 성찰〉 형태로 내용을 구성했다. 최근 중국과 일본에서도 유사한 시도가 이루어졌다. 국가사의 상대화, 비교와 성찰을 도모한 결과인데, 결과적으로 국가 서사가 강화됐다는 평가도 있다.
26 윤세병·방지원(2019)은 10학년 공통 과정에서 연대기─통사 대신, 근현대사를 중심으로 '세계(global)─지역(region)─국가(nation)─지방(local)'이란 공간, 시민적 삶의 여러 층위, 여러 유형의 행위자를 등장시켜 역사의 논쟁성, 기억을 둘러싼 차이와 갈등을 익힐 수 있는 주제를 선별하여 교육과정을 구성하자고 제안했다.

제안8. 근현대사, 그 중에서도 현대사 비중을 더 늘려야 한다.

군사독재 시절 동안 근현대사 교육은 편향의 상징이었고, 그래서 역사 시간에는 늘 배척됐다. 그럼에도 당시 학생들은 도덕이나 사회, 국어를 통해 편향된 현대사 교육을 받았고. 이 때문에 7차 교육과정이 운용된 10여 년 동안 근현대사 과목이 수행한 역할은 매우 컸다. 현재는 역사의 구성물이어서 현재를 이해하고 비판적으로 성찰하는데 근현대사는 중요하다. 학생들은 근현대사와 관련이 있는 공공의 기억문화나 기념 의례 등 공공역사와 일상적으로 접촉하고, 다른 교과에서도 근현대사 관련 내용을 공부한다. 초중고 학교급을 불문하고 학생들은 근현대사 분야에 가장 관심이 많다.[27] 해방 이후 75년이 지났고, 그 75년 동안 한국 사회는 역동적으로 변했는데, 개항기, 일제강점기와 같이 하나의 대단원으로 편성한 것은 넌센스다. 더 문제는 세계사다. 2018년에 비중이 다소 늘었으나, 여전히 세계사 교과서에서 현대사 분량은 대단히 적고, 내용 체계도 더 많이 달라져야 한다.

그런데 교육과정을 이렇게 바꾸고, 교과서 발행제도를 바꾸는 것만으로는 부족하다. 교실 수업의 역할, 교육과정이나 교과서의 역할, 나아가 역사교육의 목적과 방법에 대한 근원적 발상 전환이 필요하다.

제안9. 교실 수업 혹은 교육과정과 교과서가 하나의 플랫폼이 되도록 지원해야 한다.

교과서와 교사의 안내가 여전히 중요하지만, 학생의 역사 학습은 교실 안팎을 넘나들면서 이루어지고, 학생의 역사 인식에 교실 밖 역사가 미치는 영향은 갈수록 커질 것이다. 학교 역사 수업, 그리고 교육과정을 하나의 플랫폼으로 생각하려는 발상의 전환이 이루어져야 한다. 교과서 · 학교 밖의 다양한 자원을 교실 수업과 링크하는 것은 물론, 지역 · 시민적 삶을 적

---

27 역사교육연구소, 앞의 책, 2·3장.

극적으로 교재화하는 가운데 교실 밖의 민감하고 논쟁적인 주제들을 교육적으로 다룰 수 있도록 달라져야 한다.[28]

제안10. 교실 수업의 변화를 가로막는 평가 제도의 대혁신이 이루어져야 한다.

역사교육이 중요하다고 생각하는 사람들 중 다수는 정체성 형석 혹은 국민통합을 강조한다. 역사 지식 습득에 대한 강조가 뒤따를 것이다. 또 다른 부류에서는 역사 해석의 다양성을 강조하면서 해체적 읽기를 강조할 것이다. 그 끝에 탈진실이나 역사 부정 같은 것이 올 수도 있다. 역사교육이 이두 극단에 지배될 때 사회는 위험해진다. 역사학의 본령이 무엇인지, 오늘날 역사학습은 어떤 의미가 있는지에 대한 원론적 토론들이 더 활발하게 이루어져야 한다. 가장 먼저, 더 많은 교과서 지식을 가르치고, 얼마나 많이 아는지만 평가하는 시스템부터 바꾸어야 할 것이다.

V. 맺음말

지난 십수 년 동안 우리 사회는 극단적인 역사 전쟁으로 홍역을 치렀다. 특히 박근혜 정부가 추진한 역사교과서 재국정화는 유례를 찾기 어려울 정도의 극단적 역사 퇴행으로, 수많은 사람이 홍역을 치렀다. 결국 국정교과서는 폐기됐고, 교육과정 개정도 이루어졌지만 이 소동이 남긴 문제들은 여전히 봉합된 상태이다.

---

28 일부 국가의 교육과정 사이트를 생각해도 좋고, 미국에서 운영되는 Stanford History Education Group이나 World History for Us All 같은 걸 생각할 수도 있다. 그런데 한국의 IT 환경이나 학생들의 수준을 감안하면, 상당한 수준에 도달해있는 한국 공공역사의 디지털 자료 등을 감안하면, 오래 공들이지 않더라도 역사교육의 대전환을 도모할 변화를 만들어낼 수 있다.

인권·평화·민주주의란 관점에서 볼 때, 역사교육은 그것의 실현을 위협하는 도구로 쓰일 수도 있고 그 반대일 수도 있다. 그러나 이 같은 가치들은 오랜 전쟁과 갈등을 경유하면서, 인류가 함께 지향할 보편적 가치로 공감하고 있다는 사실 그 자체를 훼손하지는 못한다. 역사교육은 역사가 이룬 이 지점을 출발선으로 삼아서, 역사를 퇴행시키려는 온갖 시도와 그 시도들이 남긴 해결과제를 직시하고 맞서야 한다. 인권·평화·민주주의 그것은 우리 헌법의 핵심 가치이기도 하다.

역사전쟁이란 극단적 진영 대립이 나은 한 결과이기도 하지만, 5·18 부정이나 위안부 피해 부정과 같은 역사부정이 횡행하고, 객관적 사실을 냉소적으로 보면서 집단 감정에 휘말리는 탈진실 현상은 오늘날 역사교육이 해야 할 일이 엄중함을 다시 돌아보게 한다.

교육과정과 교과서, 국가 수준의 평가 시스템은 여전하지만, 미증유의 역사 갈등을 경유하면서, 교육계와 역사학계는 변화를 모색하는 다양한 논의를 이어왔다. 또한, 역사 교과란 울타리만 벗어나도 교육이 지향할 방향에 대한 다양한 논의를 체험할 수 있다. 그런데 아직도 역사교과는 북침이니 남침이니 따위의 논쟁에 사로잡혀 있다.

익숙한 과거로부터 과감하게 단절하면서, 변화를 위한 근원적인 질문들을 만들어야 한다. 앞서 제기한 제안을 다시 확인하는 것으로 글을 맺는다.

제안1) 평화-민주주의 관점으로 역사/교육정책 수립과 추진에 적극 나서야 한다.
제안2) 역사 교육과정 개정을 서두르되, 교실 수업을 혁신할 수 있는 '정책들의 패키지'를 동시에 추진해야 한다.
제안3) 전문성과 대표성을 겸비한 연구진을 구성하고 집단지성을 조직하는 활동을 포함하여 변화를 향한 정책을 세운다.
제안4) 학생들의 역사 학습 실태 조사를 주기적으로 실시하고, 교육과정 개정을 비롯한 역사 교육 정책에 활용해야 한다.

제안5〉 한국사와 세계사, 초중고의 벽을 허물고 새로운 교육과정을 상상 해보자.

제안6〉 단일한 국가 서사를 통한 국민 통합이란 관념을 넘어서자.

제안7〉 위기의 세계사 교육, 입시 개혁과 통합 역사 속에서 대안을 찾아 야 한다.

제안8〉 근현대사, 그 중에서도 현대사 비중을 더 늘려야 한다.

제안9〉 교실 수업 혹은 교육과정과 교과서가 하나의 플랫폼이 되도록 지 원해야 한다.

제안10〉 교실 수업의 변화를 가로막는 평가 제도의 대혁신이 이루어져야 한다.

| 참고문헌 |

1. 자료

A/68/296, General August 2013, *the Writing and Teaching of History(History Textbooks)*

A/HRC/25/49, General 23 January 2014, *Memorialization Processes.*

Quality History Education In The 21st Century – Principles And Guidelines.

김육훈 · 김정인, 「민주화운동 관련 역사 교육과정 및 집필기준 분석 연구 보고서」, 민주화운동기념사업회, 2018.

김정인 · 김육훈 · 김종훈 · 방지원 · 조왕호, 「민주화운동 관련 역사교과서 분석 및 서술방향」, 민주화운동기념사업회, 2017.

양정현 · 김육훈 · 김정인 · 김한종 · 문재경 · 방지원 · 윤세병 · 이동기 · 조한경, 『미래를 여는 역사교육의 방향과 과제』, 광주광역시교육청, 2017.

역사교과서 국정화 진상조사위원회, 『역사교과서 국정화 진상조사 백서』, 2018.

윤세병 · 방지원 · 강화정 · 김영주 · 김육훈 · 김형호 · 박상민 · 양현승 · 이경훈 · 조현서, 『교육자치시대 민주시민교육을 위한 교과교육과정 구성방안 연구 – 역사 교육과정을 중심으로』, 시도교육감협의회, 2019.

황현정 · 김육훈 · 남한호 · 방지원 · 윤세병, 『민주적 가치 실현을 위한 역사 교육과정 구성 방안 연구』, 경기도교육연구원, 2018.

2. 단행본

린헌트 지음, 박홍경 옮김, 『무엇이 역사인가』, 프롬북스, 2019.

사라마자 지음, 박원용 옮김, 『역사에 대해 생각하기』, 책과 함께, 2019.

와인버그 지음, 정종복 옮김, 『내 손 안에 스마트폰이 있는데 왜 역사를 배워야 할까』, 휴머니스트, 2019.

키쓰 바튼 · 린다 렙스틱 지음, 김진아 옮김, 『역사는 왜 가르쳐야 하는가 민주시민을 키우는 새로운 역사교육』, 역사비평사, 2017.

한국사교과서국정화저지네트워크, 『거리에서 국정교과서를 묻다』, 민족문제연구소, 2016.3.

劒持 久木 (編集), 『越境する歴史認識――ヨーロッパにおける「公共史」の試み』, 2018.

3. 논문

강선주, 「역사 교육과정 개발 방법 – 역사교육 개선의 방향 설정과 역사교육 연구
　　　성과 활용 방안을 중심으로」, 『역사교육』 146, 2018.

강화정 · 백은진, 「국정 교과서 반대 청소년 행'의 활동과 청소년 활동가의 인식」,
　　　『역사와교육』 13, 2016.

나인호, 「시민을 위한 역사교육으로서 독일의 공공역사」, 『역사교육논집』 69, 2018.

방지원, 「교사가 '구성'하는 역사교육과정, 그 오랜 고민에서 찾는 쟁점과 전망」,
　　　『역사교사, 교육과정을 디자인하다』, 2019.

윤세병, 「유럽 평의회와 UN의 역사교육 논의」, 『역사교육연구』 25, 2016.

이동기, 「공공역사: 개념, 역사, 전망」, 『독일연구』 31, 2016.

지수걸. 「국정 역사교과서의 서사 책략과 역사조작」, 『내일을 여는 역사』 73, 2018.

논쟁성을 살리는 역사교과서 서술 체제 탐색[*]

김육훈

I. 머리말: 아직도 교과서인가

오래전부터 많은 사람이 지적했듯이, 교과서는 수업에서 활용하는 하나의 교재에 불과하다. 그 책에 실린 내용이 흔들릴 수 없이 객관적인 사실이라 하기도 어렵다. 바로 그 때문에 교사들은 교과서를 적절하게 재구성하거나, 아예 대안적인 교재를 개발해서 사용하기도 한다. 그러나 일찍부터 대안적인 교재를 개발하고, 다양한 각도에서 교과서를 재구성하여 수업하는 나를 비롯하여, 대다수 교사들에게 교과서는 여전히 가장 중요한 교재다. 학교라는 장소의 특성, 우리 사회에서 역사교육이 존재하는 형태가 주는 구속력을 개별 교사 차원에서 넘기 어렵다는 것이다.

이 글은 역사교과서 서술 체제를 다룬다. 교과서가 학습할 역사를 교육적으로 구성한 교재라 할 때, 서술 체제는 학생이 학습할 내용 혹은 경험을

---

[*] 이 글은 김육훈, 「논쟁성을 살리는 역사교과서 서술 체제 탐색」, 『역사교육연구』 42, 2022, 293~341쪽을 수정 보완하였다.

논쟁성을 살리는 역사교과서 서술 체제 탐색 ▮ 227

배열하는 형식을 가리킨다. 많지는 않으나, 교과서 서술 체제란 이름으로 진행된 선행 연구도 있으며, 교과서의 표현 형식, 단원 구성 방식, 서술 형식으로 개념화한 연구도 있다. 이 글은 이 같은 연구들의 연장선에서, 학생들에게 역사 시간에 제공할 학습 경험을 어떻게 조직할지를 다룬다.[1]

서술 체제란 용어를 쓰지 않으면서, 교과서 텍스트 쓰기를 다룬 연구, 사진을 비롯한 비문자 자료를 다룬 연구, 사료 활용과 탐구 활동을 다룬 연구도 있다. 이 글은 이 연구의 문제의식을 적절히 참고했다. 그런데 교과서는 다양한 문법으로 구성된 편집 요소를 제한된 지면에 질서 있게 배열한 책이다. 그래서 일부 요소의 개선 방안을 다룬 연구를 종합하는 것만으로는 서술 체제를 개선하는데 역부족이다.

교과서가 결국 수업에 사용되는 자료란 점을 감안하면, 열심히 가르치며 공부하는 교사가 좋은 교과서를 쓰는데 가까이 갈 수 있다. 그러나 내 수업을 잘하는 것과 여러 사람이 쓰는 교과서를 만드는 일은, 그것도 한정된 지면에 구현하는 일은 다른 문제다. 따지고 보면 좋은 교과서에 대한 정의조차 다양할 수밖에 없다. 역사학자, 역사교육 연구자, 교사가 강조하는 바가 다르고, 교사라 해도 저마다 교육관이 다르다. '모두가 공감하는 좋은 교과서'는 형용 모순이다.

이 글은 '논쟁성－논쟁성을 살리는 역사교육'이란 개념에 주목하여 교과서를 생각해 본 결과다. 교육은 마땅히 논쟁적이어야 하며 역사는 본질적으로 논쟁적이라 믿는 나는, 모름지기 역사교과서라면 시종일관 '논쟁성을

---

1 교과서 내용구성 방식을 포괄적으로 다룬 사례로 다음 연구들이 있다. 김한종, 「역사의 표현 형식과 국사교과서 서술」, 『한국사론』 31, 2001; 양정현, 「국사 교과서 국정 체제의 문제점과 대안 모색－『살아있는 한국사 교과서』를 중심으로」, 『역사와경계』 44, 2002; 김육훈, 「교과서 연구와 교과서 쓰기, 그리고 역사교육－『살아있는 한국사 교과서』를 중심으로」, 『전국역사교사모임 창립 20주년 기념 학술대회 자료집』, 2008; 교육부, 모형단원 개발 보고서들, 2008; 김민정, 「역사교과서 체제에 대한 수요자의 인식과 개발 방향」, 『교육과정평가연구』 16-1, 2013; 방지원, 「민주화운동사의 교육적 가치를 살리는 교과서 구성」, 『민주화운동 관련 역사교과서 분석 및 서술 방향 연구 최종보고서』, 민주화운동기념사업회, 2017; 교육과정평가원 이슈페이퍼, 「중학교 '역사' 교과서 개선 및 질 관리 제고를 위한 기초연구」, 2019.

어떻게 구현할 것인가' 질문하면서 만들어야 한다고 생각한다. 그런데 정작 논쟁성이란 개념 자체가 논쟁적이다. 그래서 먼저 역사교육 논의에서 논쟁성이 화두로 떠 오른 과정과 이후 논의를 정리하면서, '논쟁성을 살리는 역사교육'의 개념화를 시도해보겠다. 이를 바탕으로 몇 가지 질문을 만들어 교과서들을 살핀 뒤, 논쟁성을 살리는 역사교과서의 가능한 형태를 논의해 보려 한다.

조사 대상으로 삼은 교과서는 네 종이다. 먼저, 2019 검정 고등학교 『한국사』 교과서 2종을 살폈다. 함께 검정을 통과한 교과서들이 여럿 있었지만, 이 두 권은 논쟁적 수업 실천과 논쟁성 논의에 적극적인 저자들이 집필에 참가했고 그 문제의식을 폭넓게 담았다고 판단했다. 대안 교과서 2종도 함께 검토했다. 전국역사교사모임이 공동 집필진을 구성하여 중학생용으로 개발한 『살아있는 한국사 교과서』(휴머니스트, 2002)와 필자가 고등학생용으로 개발한 『살아있는 한국 근현대사 교과서』(휴머니스트, 2007)이다. 검정 교과서는 학교라는 장소와 그것을 채택할 교사의 현실을 일정하게 반영할 수밖에 없고, 대안 교과서는 이로부터 조금은 자유로운 상태에서 역사교육이 지향할 방향을 담을 수 있다. 비교를 통해 선악이나 호오를 드러내기보다, 현실 속에서 가능한 교과서의 가능성을 찾으려는 차원에서 두 범주의 교과서를 선정하여 함께 살폈다.[2]

---

2 최준채 외, 『한국사』, 금성출판사, 2019; 박중현 외, 『한국사』, 해냄에듀, 2019; 전국역사교사모임, 『살아있는 한국사 교과서』, 휴머니스트, 2002; 김육훈, 『살아있는 한국 근현대사 교과서』, 휴머니스트, 2007.

Ⅱ. '논쟁성을 살리는 역사교육'을 어떻게 개념화할까?

역사교육자들의 공론장에 논쟁성이란 용어가 등장한 때는 2016년이다. 박근혜 정부가 역사교과서 국정화 정책을 추진하던 때이자, 역사교육자들이 반대 운동을 다각도로 조직하고 실천하던 때였다. 서울특별시교육청이 전국역사교사모임 등과 함께 국정화 이후 역사교육의 방향을 논의한 행사를 열었는데, 나는 이 자리에서 '역사교과서 국정화는 역사교육에서 질문과 토론을 배제하는 행위'라고 진단한 뒤, '역사는 본질적으로 논쟁적…'이라며 '논쟁성을 살리는 수업'이란 개념을 처음 사용했다.[3]

> 사람들은 저마다 다르고, 다양한 집단의 일원으로 살아가며, 자신의 경험과 처지에서 역사를 본다. 과거 역시 생각과 처지가 다른 사람들이 관계를 맺으면서 변화를 도모해온 과정이었다. 역사를 인식하는 사람도 다양하고 인식 대상이 되는 과거가 다양하다면, 역사도 당연히 여럿이란 생각이 자연스럽다.

나는 이 글에서, 민족·국가 서사를 가리키는 대문자 역사가 아니라, 다양한 행위 주체에 의해 만들어진 n개의 역사가 존재한다거나, 교과서의 역사 지식은 구성된 것이며 하나의 역사적 사실도 다양한 관점에서 해석할 수 있다는 뜻으로, 그래서 역사 수업은 학생들이 수업에서 다양한 관점을 체험하고, 여러 자료를 분석하고 해석할 수 있는 능력을 길러 학생들이 자신의 역사 내러티브를 구성할 수 있어야 한다고 제안했다.

이 개념은 "어떤 역사 내러티브도 본질적으로 부분적인 관점을 반영하기

---

3 서울특별시교육청이 주최·주관하고 전국역사교사모임, 역사교육연대회의, 한국사교과서국정화저지네트워크가 공동 주관한 '2016 역사교육 전문가 심포지엄 서울 역사교육의 새길을 묻다'(2016.06.04)에서 발제한 뒤, 글을 일부 다듬어 역사교육연구소가 펴낸 역사와교육 14호에 「국정화 논란을 넘어 대화와 토론이 있는 수업으로」란 제목으로 게재했다.

때문이며, 엄밀한 조사에 의해 객관적인 과정이 다 밝혀진 사건에 대해서도 관련자들은 그 행위의 의미와 결과를 놓고 격렬하게 논쟁할 수 있다"는 내용을 담은 유엔과 유럽 평의회의 역사교육 권고에 빚진 바가 있다.[4]

그러나 이 개념은 당시 역사교육자들이 국가주의적 역사교육의 논리와 실천을 비판적으로 돌아보고, '민주시민교육으로서 역사교육'의 가능성을 탐색하는 과정의 산물이었으며, 교사·역사교육연구자·역사학자·학교 밖 시민교육자들이 국정화 이후 역사교육의 방향을 함께 공부하고 토론하던 결과의 산물이었다.[5]

논쟁성이란 단어는 학교 민주시민교육의 방향을 탐색하던 논의들에서 가져왔다. 장은주 등은 경기도교육연구원이 펴낸 「왜 그리고 어떤 민주시민교육인가: 한국형 학교 민주시민교육의 이론적 기초에 대한 연구」에서, 논쟁성을 실천성과 함께 민주시민교육의 기본 원칙으로 삼자고 제안했다. 민주주의 자체가 논쟁이며 교육도 본질적으로 정치성을 띨 수밖에 없으니, 교육이 지향할 기본 원칙의 하나로 논쟁성을 앞세우자는 제안이었다.[6]

장은주 등의 제안은 1970년대 독일 정치교육 논의에서 발원한 보이텔스바흐 합의의 교화 금지, 논쟁성, 학생 삶과 관련짓기란 기본 방향을 의식한 결과였다. 이 합의 정신은 1970년대 이후 독일에서 'Multiperspektivität에 따른 역사교육'이란 전환으로 이어졌다. '단일한 역사상의 주입과 전달을 지양하고, 사료에 대한 접근과 해석의 다양성에 대한 개방을 통해 관점의 확

---

4 A/68/296, General August 2013, *the Writing and Teaching of History(History Textbooks*, Council of Europe, *Implications for Assessment, Quality History Education in the 21st Century: Principles and Guidelines*, 2018; 윤세병, 「유럽평의회와 UN의 역사교육 논의」, 『역사교육연구』 25, 2016.

5 나는 당시 서울특별시교육청의 역사교육정책을 자문하는 위원회에서 활동했는데, 위 전문가 심포지움은 이 위원회가 준비했다. 아울러 국정화 이후 역사교육의 방향을 탐색하는 정책 연구(2016) 그룹에 함께 했다. 이 연구에서 나는 대안적 역사교육을 구상하는 부분을 집필했는데, 논쟁성을 내용 선정과 조직의 기본 개념으로 삼아 논의했다. 그 내용은 김육훈, 「국정교과서 논란」 이후 역사교육 논의의 방향」, 『역사와교육』 15, 2017.

6 장은주 외, 「왜 그리고 어떤 민주시민교육인가」, 경기도교육연구원, 2014; 심성보 외, 「보이텔스바흐 합의를 통한 민주시민교육 정책 방안 연구」, 서울시교육청, 2016.

대와 전환을 경험'하도록 학교 역사교육을 설계하자는 아이디어였다. 독일사 연구자들은 이 단어를 다원적 관점으로 번역했다.[7]

이처럼 '논쟁성'은 역사교육에 대한 국제 규범, 나라 안팎의 시민교육·역사교육 경험을 참고하여, 대안적 역사교육을 설계하면서 '발견'한 개념이었다. 그렇지만 '재발견'이기도 했다. 역사학계와 역사교육계의 많은 주체들이 비슷한 관점으로 공부와 실천을 이어왔기 때문이다. 단일한 국가 민족 서사를 국정 교과서에 담아 가르치도록 강요받은 교사들은, 교과서를 해체적으로 읽고, 다양한 역사 주체의 목소리를 발굴하고 다양한 관점에서 역사를 체험할 수 있는 수업을 실천했다. 역사학자들은 서구중심주의나 민족주의 역사 서사의 문제점을 비판적으로 돌아보고, 역사라는 학문이 갖는 고유한 성격과 방법론에 대한 논의를 발전시켰고, 역사 속에서 다양한 행위 주체를 재발견하자고 제안했다. 역사교육연구자들은 교과서를 비롯한 역사 서사에서 저자의 관점을 찾아내고 교과서를 비판적으로 읽어야 한다거니, 역사 연구의 절차와 방법론을 원용하여 역사적 사고를 발전시키자고 제안했으며, 이 같은 논의를 구현할 수 있는 교과서 서술 형식에 꾸준히 관심을 기울였다.

이런 이유로 '재발견'한 논쟁성 개념은 역사교육자들 사이에 폭넓게 공유됐다.[8] 역사 교사 단체에서는 문제의식을 공유하고 실천 방안을 모색하기 위한 워크숍을 개최했으며, 토론 수업을 실천하는 모임을 조직했다. 역사

---

7 이동기, 「정치 갈등 극복의 교육 원칙」, 『역사교육연구』 26, 2016; 이병련, 「역사교육에서의 다원적 관점 이론」, 『사총』 8, 2015; 이병련, 「독일 역사 수업에서의 다원적 관점」, 『독일연구』 32, 2016.

8 장은주가 논쟁성(Kontroversität)으로 번역한 보이텔스바흐 합의 두 번째 원칙을 '논쟁 재현 원칙'으로 번역하는 이도 있다. 다수 역사교육자들이 이 합의의 Kontroversität 개념에 관심을 보이던 때, 국내에서 '쟁점 중심 사회과'를 추구한 연구자들은 조금 다른 맥락에서 논쟁성 (controversy)이란 단어를 사용했다. 교육내용으로 다룰 쟁점을 선정할 때, 토론 가능한 정도 (degree of controversy)를 다툰다는 맥락이다. 배영민, 「사회과 교육과정 패러다임의 전환을 위하여 - 쟁점 중심 사회과 교육과정 담론에 대한 이론적 고찰」, 『중등교육연구』 60-1, 2012; 오연주, 「공공쟁점 토론 학습에서 논쟁성의 실천적 의미」, 『시민교육연구』 46-2, 2014; 이태성, 「사회과는 '정치적' 쟁점을 어떻게 다루어야 하는가」, 『사회과교육』 59-4, 2020.

교사 단체는 논쟁성을 담은 수업 실천 사례를 수집 개발하여 보급했다. 서울과 경기 교육청에서는 논쟁적 역사 수업에 참고할 만한 역사 교재를 개발하거나, 교사를 위한 논쟁 수업 안내서를 번역 보급했고, 논쟁적 수업을 실천한 교사들의 수업 실천 경험을 묶은 책을 현장에 보급했다.[9]

논쟁적 역사 수업의 구성 원리와 개념화를 도모한 논의도 이루어졌다. 강화정은 국가 주도의 단일한 내러티브가 아니라 해석의 충돌과 갈등을 학습자가 직접 경험할 수 있도록 한다는 차원에서, '논쟁적 역사 수업'이란 단어를 사용했다. 그리고 역사 교사들이 실천한 논쟁적 수업 사례들을 검토한 뒤, 다원적 관점, 학습자 중심 논제 구성[학습자의 현실과 연관 짓기], 읽고 쓰고 토론하기를 결합하기 등 세 개념을 중심으로 논쟁적 역사 수업의 구성 원리를 정리했다.[10] 방지원은 '논쟁 중심 역사 수업' 혹은 '논쟁성 기반 역사 수업'이란 개념을 사용했다. 그는 '재발견'된 논쟁 중심 역사 수업에서 논쟁은 수업을 구성하는 원칙이자 역사를 이해하는 본질적 방식이라고 설명했다. 그러면서 역사라는 학문에 내재된 논쟁적 성격[과거에 접근하는 관점의 다양성]에 주목하면서 논쟁성을 토대로 학생의 역사 이해를 설명하려 했다.[11]

김진아는 '역사 교과 논쟁 수업'이란 개념으로 논의했다. 그는 역사학 연구 과정 자체가 논쟁의 과정으로 진행된다면서, "다양한 자료를 비판적으로 이해하고 역사를 하는 속에서 역사상을 만들고 역사적 주장을 펼쳐보는 등 역사가들의 연구를 수업 시간에 실천하는 과정(doing history), 즉 역사학의 본질에 부응하는 수업 방식"으로 정의했다.[12] 강선주는 '다중시각 역사 수

9 경기도 논쟁적수업연구회, 『논쟁이 살아있는 역사 교실 이야기』, 경기도교육청, 2019.
10 강화정, 「'논쟁적 역사 수업'의 구성 원리와 실천 방안 탐색」, 『역사와교육』 14, 2016; 강화정, 「논쟁성에 기반한 역사 수업과 역사 교실의 변화」, 『역사교육연구』 37, 2020.
11 방지원, 「최근 논쟁 중심 역사 수업 논의와 교사 전문성, 교사 교육」, 『역사교육』 149, 2019.
12 김진아, 「미국에서 논쟁 수업을 둘러싼 논의 ─ 민주주의 시민교육과의 관련성을 중심으로」, 『역사교육연구』 34, 2019, 66쪽.

업'이란 개념을 논의했다. 그는 다수 역사교육자들이 다원적 관점으로 번역한 multiperspectivity를 다중시각으로 번역하자고 제안하면서, '학생이 정체성에 기초하여 자의적인 주장을 펼치지 않도록, 역사의 방법론적 규칙에 따라 사료와 서술된 역사를 분석하고 평가할 수 있도록 하는 수업'으로 개념화했다. 그리고 여러 증언과 해석을 담은 자료를 비교 검토하는 것을 역사 수업의 기본이 되어야 한다고 주장했다.[13]

김진아가 역사교과 논쟁 수업을 '역사가처럼 읽기'로 연결한 점은, 강선주가 '다중시각'을 강조하면서도 1970년대 이래 구미에서 논의해온 역사적사고와 크게 다르지 않다고 지적한 점과 통한다. 그런데 이들이 역사 인식의 특성이나 방법론적 절차를 적극적으로 의식한 것과 달리, 관점의 차이를 논쟁적으로 드러낼 수 있는 텍스트를 발굴·개발하며, 논쟁이란 학습 활동을 조직하는데 공들였던 역사교사들의 실천과 논의도 있었다. '논쟁성에 기초한 수업'이란 용어를 사용한 이동욱, '논쟁적 역사 수업'이란 용어를 사용한 손석영은 지배 서사를 논쟁적으로 바라보는 논쟁 주제─발문을 개발하는 데 공을 들였다. 그리고 교사에 의한 논쟁적 역사 텍스트 구성, 학생들의 읽기, 토론하는 행위와 글쓰기를 연계한 학습을 구성했다.[14]

논쟁성을 학습 주제와 학습 활동 모두를 설계하는 원리 차원에서 이해했던 방지원은 이동욱·손석영 등의 실천과 연구를 '교육과정 재구성을 통한 논쟁성 살리기'로 명명했다. 그리고 논쟁성을 학습 내용 구성 측면에서 살핀 뒤, 여러 역사서의 서술 체제를 분석하여 논쟁성을 살린 교재의 가능성

---

13 강선주, 「다중시각의 역사 수업', 개념과 가치 충돌의 해결」, 『역사교육』 154, 2020. 천은수 역시 multiperspectivity를 다중시각으로 번역했다. 그는 "수많은 역사 행위자와 그 매개자의 입장 구속을 반영한 시각인지를 의미하는 동시에 상호주관적 시각의 교차를 통해 객관적인 인식에 이르게 하는 매개체"로 이해한다. 천은수, 「역사교육에서 다중시각(Multiperspectivity): 인식론적 측면으로 바라본 다중시각의 개념과 구조」, 『청람사학』 33, 2021.

14 이동욱·이해영, 「민주주의 역사 수업 탐구」, 『역사와교육』 11, 2015; 이동욱, 「논쟁성에 기초한 근현대사 수업 사례」, 『역사교육』 141, 2017; 손석영, 「'논쟁적 역사 수업'의 개념화와 구성 방안에 대한 제언」, 『역사교육논집』 70, 2019.

을 탐색했다.[15] 그리고 국정화 이후 개발된 고등학교 한국사 교과서들에서 '다원적 관점'(multiperspectivity)이 어떻게 나타났는지 검토했다. 분석을 위한 질문은 '교과서들이 국가 중심 내러티브를 어떻게 상대화하는가', '탐구 활동에 나타난 다원적 관점은 어떠한가' 두 가지였다. 그는 다원적 관점을 학습 경험의 구성 원리이자 교과서에 담긴 서사를 포함하는 의미로 사용하였다. 동일한 용어를 강선주가 다중시각으로 번역하고 역사적 사고와 연결하는 것과 비교된다.[16]

김한종은 논쟁성 혹은 다원적 관점(multiperspectivity)와 관련하여 진행된 실천과 논의를 '다양한 관점'의 역사 이해나 역사 인식을 둘러싼 논의로 이해했다. 그는 '역사적 사실의 논쟁성'·'역사 학습의 논쟁성'이란 개념을 사용하였다. 역사적 사실은 역사학자의 논쟁을 거쳐 생성된다는 뜻에서, 서로 다른 학생들의 역사 이해 사이에도 논쟁성이 있다는 뜻에서 쓴 말이다. 그리고 학생들이 역사를 해석의 산물임을 알고 이를 체험하도록 학습이 설계되어야 한다면서 '쟁점 기반 역사 학습'을 논의했다.[17]

이러한 논의와 실천들 사이에 일정한 공감대가 있다. 지식 일변도 역사 학습에 비판적이며, 역사교과서 국정화와 같이 교육을 정치도구화하거나, 교화의 관점에서 역사 수업을 바라보는 데 반대한다. 그리고 학생들이 다양한 관점/시각에서 사유하고 행동할 수 있도록 해야 한다는 데 공감한다. 역사를 연구하고 학습하는 과정 자체에 논쟁적 요소-논쟁성이 있다는 사실에도 공감한다. 그렇지만 역사교육에서 논쟁성을 염두에 둔 이들이 개념화하는 방식에서 차이도 보인다.

첫째, 논쟁성을 역사 수업의 문제로 보느냐, 더 넓은 층위의 문제로 보느

---

15 방지원, 「학습 내용 구성 관점에서 본 최근 역사교육의 민주시민교육 논의」, 『역사교육논집』 69, 2018; 방지원, 앞의 논문, 2019.

16 방지원, 「2015 개정 교육과정 〈한국사〉 교과서들은 역사학습의 '다원적 관점(multiperspectivity)' 을 어떻게 담았는가?」, 『역사교육논집』 74, 2020.

17 김한종, 「쟁점 기반 해방 3년사 인식과 역사 학습」, 『역사와담론』 97, 021; 김한종, 「다양한 관점으로 역사 보기-역사 학습을 위한 범주화」, 『역사교육』 160, 2021.

냐 하는 시선의 차이다. (역사)쟁점을 활용한 역사 수업을 하자는 차원에서 접근하는 이가 있으나, 교육이 논쟁적이라는 전제 위에 수업뿐 아니라 내용 선정 및 조직 방식을 포함한 역사 학습 설계 전체를 조망하고 구성하는 원리 차원에서 접근하는 이도 있다.[18]

둘째, 논쟁하는 행위가 갖는 교육적 의미를 다르게 본다. 다른 관점을 가진 이들이 만나 소통하면서 변화하는데 주안점을 두는 이도 있고, 쟁점 학습 과정에서 역사 이해가 심화된다는 측면을 유의하는 이도 있다. 후자의 경우 논쟁적 접근이라 하여 반드시 논쟁이 필요한 것은 아니라고 보는 데 비해, 전자는 교실 공간에서 이루어지는 토론이 중요하다고 생각한다. 관점이나 시각의 차이를 체험하고, 다른 생각을 가진 이들과 대화하고 차이를 좁혀가는 경험이 그 자체로 소중하다는 것이다.

셋째, 사고를 강조하는 경향과 의미 구성을 강조하는 경향의 차이도 있다. '역사가가 수행하는 일을 수업에 재현'하기, '학문 중심 다중시각'은 학습자가 역사 연구 절차를 경험하기―사고의 증진에 주안점을 둔다. 이에 반해 관점―가치가 다른 이들과 논쟁하는 것을 중시하는 이들은, 주체적 사유와 역사 이해를 바탕으로 학습자가 자기 서사를 형성할 수 있도록 돕는 걸 중시한다.

넷째, 역사교육에서 가치를 포함하는 문제에서 차이를 보인다. 역사교육이 민주 사회의 시민 형성과 관련된다는 점을 부정하지는 않는다. 그런데 어떤 이들은 가치 문제를 적극 의식하여, 가치의 다양성과 보편적 가치 추구 사이의 긴장을 적극적으로 고려한다. 이를 위해 지배 서사의 해체와 재구성, 배제되고 억압됐던 주체들의 역사를 발굴하여 의제화하고, 관점이 다

---

18 김진아는 역사 교과 논쟁 수업을 teaching controversial historical issues로 번역했다. 김한종은 쟁점 기반 역사학습을 teaching history based on controversial issues로 번역했다. 김진아는 사회·윤리과 쟁점과 역사과 쟁점의 공통점과 차이를 논의하지는 않았으나, 김한종은 역사 쟁점의 특징을 다루었다.

른 이들의 논쟁을 통해 다른 이들과 공감 속에서 대화하는 법을 경험할 수 있도록 학습을 설계한다. 그러나 바람직한 가치를 앞세우다 교화로 치달을 우려가 있다거나 '보편적 가치'의 한계를 지적하는 이도 있다. 비판적 사고 혹은 역사적 사고를 체험하기, 현재주의를 경계하고 과거를 낯선 나라로 바라보기, 역사의 복잡성과 역사적 사실의 잠정성을 이해하는 것 자체가 시민적 자질이라 본다.

다섯째, 주로 교실 수업에 관심을 갖는 경향과 교실 안팎을 넘나들면서 접근하는 경향의 차이도 있다. 기본적으로 교실에서 이루어지는 의사소통을 중심에 놓으며, 학생이 처한 역사 문화를 의식한다는 점에서 같지만, 일각에서는 학생의 역사 이해가 역사문화(들)와 역동적으로 상호작용하는 가운데 이루어진다는 점을 더 강조하고, 이 같은 견지에서 교실 수업도 달라져야 한다고 생각한다.

이 글은 이 같은 논의를 참조하여 '논쟁성을 살리는 역사교육'이란 용어를 사용하고, 이 개념에 기대어 역사교과서 서술 체제 개선 방향을 탐색한 결과로, 수업 방식은 물론 교과서와 교육과정 나아가 학습 환경 구성을 아우르는 차원에서 접근하자는 이 개념을 사용하려 한다. 교육이 본질적으로 논쟁적이며, 역사 연구 자체가 논쟁적인 데다, 하나의 제도로 존재하는 학교 역사교육이 과거가 현재화되는 다양한 형태들 속에서 존재한다는 점을 중시해야 한다고 보기 때문이다.

많은 이들이 논쟁성 개념에 공감한 것은 '교화 금지'란 대전제를 공유했기 때문이다. 이는 소극적이고 부정적인 금지 언명이 아니라 교육의 본질과 직결된다. 차이를 당연한 것으로 여기며, 학생의 성장과 발달 나아가 주체적 시민 형성을 학습 설계의 중핵으로 삼자는 뜻이다. 이를 위해서는 먼저, 교실 수업, 교과서와 교육과정이 학생의 삶과 역사를 연결하는 통로가 될 수 있을까 물어야 한다〈질문1-1〉. 또, 학생들이 민족·국민·인종이나 종교 같은, 특정 정체성 형성을 유도하는 단일한 서사를 강요당하지 않아야 한다. 단일한 서사는 모든 인간이 갖는 다양한 층위의 정체성, 현실의 복잡성[다양한 층위와 여러 측면, 복수의 행위자] 등을 충분히 고려하지 않은 채, 무리하게 인과 관계를 설정하면서 발생한다. 논쟁성을 추구한다면, 국가 서사에 의해 배제되기 쉬운 행위 주체를 발굴하고, 역사적 사실이 갖는 다양한 층위를 드러낼 수 있도록, 다중적 정체성을 담는 서술 체제인가 물을 수 있어야 한다〈질문1-2〉.

논쟁성은 해석의 다양성을 환기하는 과정에서 의세화됐으나, 역사가 본질적으로 논쟁적이란 데서 오는 당연한 결론이다. 역사는 증거를 바탕으로 과거를 설득력 있게 제시하는 학문이다. 그런데 과거를 증언하는 사료조차도 특정한 관점이 개입됐고 살피는 이의 관점이나 시각에 의해 다르게 해석된다. 경합하는 증거들을 바탕으로 사실을 확정하는 단계, 연구된 성과를 바탕으로 이야기를 구성하는 과정에서 모두 관점이나 시각이 반영된다. 복수 행위자들의 역동적 상호 관계 속에서 역사 변화가 이루어지며, 이를 탐구하고 서사로 만드는 과정에서 관점과 시각들이 경합한다. 논쟁성을 의제화한다는 것은 역사가 갖는 이러한 본질적 논쟁성을 살리는 학습 설계가 이루어져야 한다는 뜻이며, 지금보다 논쟁을 더 많이 다루자는 제안이다. 다만, 역사가 구성된 이야기란 말이 모든 역사가 지어낸 것(fiction)이란 뜻이 아니고, '단단한 사실(엄밀한 연구의 결과)'의 존재를 부정하는 것은 아니다. 탐구와 사고가 의미 구성이나 실천과 구별되는 것도 아니다. 교과서들이 강조하는 바가 '사료와 탐구', '다양한 관점과 논쟁'을 어떻게 다루는지〈질문2-1〉를 살피고, 어떤 형태의 논쟁을 어떻게 다룰 것인지 〈질문2-2〉를 더 논의해야 하는 이유다.

역사교육에서 논쟁성을 적극적으로 의제화해야 하는 다른 이유는, 학교 역사교육이 과거를 현재화하는 다양한 형태들 가운데 존재하기 때문이다. 식민지근대화론이란 학술적 논의와 교과서포럼의 근현대사 교과서 비판, 신우파 정치 운동, 역사부정 요소를 가진『반일 종족주의』저자들의 거리는 어디쯤일까? 국가 기관이 주도한 과거사 정리 작업과 역사학자들의 연구를 구별해야 할까, 할 수 있을까? 민주화운동을 기억하고 기념하기 위한 활동을 역사교육과 분리하는 것이 가능하고 필요할까? 역사학자들만 다루던 사료를 디지털 공간에서 검색하며 작업하는 역사 작가, 다양한 유형의 텍스트를 활용하여 교과서를 재구성하여 학생들과 대화하는 역사 교사, 이들과 역사학자의 거리는 어느 정도일까? 사료를 찾고 사실을 탐구하여 확정하는 역사가들이 구성한 역사, 자신의 논리를 정당화하는 자원을 과거에서 찾기 위해 선택적으로 과거를 활용하기도 하는 인문학자나 사회과학자가 구성한 역사의 거리는? 자신의 정당성을 강화하거나 다른 이들을 배제하려는 정치인들, 대중적 정서에 영합하여 상업적 이윤을 도모하려는 매체들이 과거를 이용하는 일은 역사인가 아닌가? 학문적 역사는 '역사 아닌 것'과 구별되는 고유한 방법론과 규칙이 있다. 그러나 고유한 방법론의 문턱은 높지 않고, 과거를 전유하여 얻을 수 있는 이익은 크다. 때문에 역사를 오용하고 남용하는 일은 쉽게 일어나고, 대중들은 다양한 유형의 과거 재현[역사]들 속에서 길을 잃기 쉽다. 그래서 교과서가 학습자와 교실 밖 역사 재현을 연결하는 플랫폼이 될 수 있을까 물어야 한다〈질문3〉.

논쟁성을 살리는 역사교육을 개념화하고 이를 통해 교과서를 살피기 위해서 논의를 세 층위로 나누고, 다섯 개의 질문을 만들어보았다. 세 층위가 반드시 병렬적이지는 않다. 일부 중첩되기도 하고 본질적으로 더 중요한 층위도 있다. 그러나 오늘의 한국 사회에서 학교 역사교육이 처한 현실과 해결해야 할 역사교육의 과제를 포착할 때, 이런 구분이 유용한 면이 있다고 생각한다.

<표 1> 논쟁성을 살리는 역사교육의 개념과 교과서 서술체제

논쟁성 논의의 세 층위	교과서 서술 체제 논의를 위한 다섯 질문
교육의 논쟁성	1. 교과서가 학생의 삶을 역사로 잇는 통로가 될 수 있을까?
	2. 다중적 정체성을 담는 서술 체제는 가능할까?
역사의 논쟁성	3. '사료와 탐구'인가, '다양한 관점과 논쟁'인가.
	4. 어떤 형태의 논쟁을 어떻게 다룰 수 있을까?
역사들 속의 학교 역사교육	5. 교과서가 학습자와 교실 밖 역사 재현을 연결하는 플랫폼이 될 수 있을까

Ⅲ. 논쟁성을 살리는 역사교과서 서술 체제의 가능성

역사교과서 국정화 소동을 경유하면서, 많은 역사교육자들이 논쟁성에 관심을 보인 것은, 오늘의 학교에 탐구와 토론, 다양한 관점과 복수의 시각 등과 관련된 실천과 논의가 부족하다고 느꼈기 때문이다. 역사 지식 습득을 강조하는 문화가 뿌리 깊고, 역사교과서 논쟁이 거듭되면서 '중립적이고 객관적인 지식', '교실 속 고립'을 택하는 경향 또한 강화된 결과 때문일 것이다. 국정화 소동을 경유한 뒤 개발된 교과서들에서 논쟁을 적극적으로 사유한 경우도 나왔으나, 그 교과서조차 변화를 위한 모색이 완강한 과거와 부자연스럽게 동거하고 있고, 더 많은 교과서는 요령부득이다. 더 많이 채택되길 기대하는 교과서 공급자, 결국은 공급자들의 의도[교과서]를 표준으로 삼으려는 교실의 의존 관계를 감안하면, 어디서부터 달라져야 할지 아득하다. 그래도 한 걸음 내딛자는 마음으로 교과서 개선 가능성을 논의해보겠다.

〈질문 1〉 교과서가 학생의 삶을 역사로 잇는 통로가 될 수 있을까?

역사교육을 국가 정체성의 주입으로 간주하는 한, 수업은 지배 서사를 담은 지식 습득 위주로, 교과서는 재미없고 외울 것만 많은 개설서처럼 될 가능성이 높다. 여기서 학생은 교화 대상으로 간주된다. 교과서 체제를 논의하는 첫걸음은, '오늘·여기·우리 삶으로 이어질 수 있는 역사 학습'이라야 한다는 지점이다. 학생들의 삶에 밀착한 내용을 찾아 제공하고, 그들이 주체적 학습 활동을 통하여 자신의 의미를 형성하고 내면적 경험을 표현할 기회를 가질 수 있어야 한다는 것이다. 나아가 그들이 어디서 와 누구와 함께 있는지 생각하고 함께 만들어갈 미래를 상상하도록 돕자는 차원이다.

청소년을 위한 대안 교과서에 도전했던 『살아있는 한국사 교과서』 저자들은 매 주제마다 '나도 역사가', '현재와 과거의 대화'란 형태의 학습 활동을 제안했으며, 중단원별로 해당 시대를 살던 청소년들의 역사를 발굴하고 오늘의 청소년들이 던질법한 질문을 구성하여 '청소년의 삶과 꿈'이란 형태의 2쪽짜리 특별 코너를 구성했다.[19] 1·2권 모두 별도의 마무리 단원을 두어, 학습한 내용을 전체적으로 되짚어 오늘을 돌아보고 내일로 나아갈 방향을 논의할 수 있도록 했다. 학습자를 '역사하기'의 주체이자, 역사를 만드는 주체(시민)로 인식하려 한 결과다.[20]

두 검정 교과서에서도 비슷한 경우를 찾을 수 있다. 해냄교과서는 학생 캐릭터를 여러 곳에서 활용했으며 단원 도입에는 '오늘의 학습자를 역사의

---

[19] 전국역사교사모임, 『살아있는 한국사 교과서』 1·2, 휴머니스트, 2002; 양정현, 앞의 논문, 2002; 김육훈, 앞의 논문, 2008.

[20] 이를 위해서는 학생들의 역사 학습의 상황과 역사 이해를 주기적으로 조사하고, 학생·청소년의 사회 참여나 사회인식에 대한 조사와 탐구, 학생 삶에 영향을 미치는 사회적 의제를 교재화하는 경험의 축적이 필요하겠다. 역사교육연구소가 전국역사교사모임과 함께 여러 형식으로 학생의 역사 이해를 조사한 일도 이와 관련이 깊다. 역사교육연구소, 『역사의식조사, 역사교육의 미래를 묻다 – 최초의 전국 단위 초·중·고 역사의식조사, 그 10년의 기록』, 휴머니스트, 2020.

현장으로 불러오는' 포토 애니메이션 기법을 활용했다. 모든 주제는 동일한 형식으로 구성했는데, 교사(남여)와 학생(여남) 캐릭터를 활용하여, 교사의 문제 제기로 주제를 열고 학생의 탐구−토론으로 매듭하도록 했다.〈그림 1〉 금성교과서는 고대의 교육제도를 학습하며 현대 교육의 지향을 성찰하는 통로를 만들려 했고, 고려의 과거 제도 등을 매개로 오늘날 학생들이 중시하는 평등의 문제를 사유할 수 있는 길을 찾아보려 했다.[21]

〈그림 1〉 해냄교과서 86·41·43쪽

7차 교육과정 시기 이래 구성주의 교육관과 교과서 검정제가 결합하면서, 많은 교과서가 자기주도학습에 용이한 서술 체제를 도입했다. 암기할 지식을 건조하게 열거했던 역사교과서들도, 역사 인식의 특성을 고려하면서 여러 유형의 학습 자료와 이를 토대로 한 학생 활동을 교과서에 담았다. 다양한 시각 자료를 활용했고, 새로운 디자인 기법을 도입했다. 그러나 자료와 탐구가 차지한 분량을 벌충하느라 본문은 숱한 사실을 딱딱하게 열거

---

21 금성교과서, 38쪽.

하여 읽기 버겁게 됐다거나, 탐구라 했지만 탐구하기 어려운 구성도 있었다. '배워야 할 역사'를 자명한 것인 양 간주하거나 역사 학습은 사실 습득이란 생각, 그것은 객관적이고 중립적이어야 한다는 생각 때문에 새로운 상상력을 발휘하지 못했기 때문이라고 생각한다.[22]

'오늘·여기·우리 삶으로 이어질 수 있는 역사 학습'이란 문제의식을 바탕으로 개발한 또 다른 대안교과서 개발 과정을 소환해본다. 전국역사교사모임이 "21세기를 살아갈 한국 청소년들을 위해 세계사를 새로 썼다"며 펴낸 『살아있는 세계사 교과서』다. 이 책은 '서구 중심─중국 부중심 서사'를 성찰하고, 평화·민주주의·인간다운 세계를 위한 지향하는 서사 구성을 시도했다. 검정 교과서들과 단원의 편제를 달리하고 대안적 서사를 시도했을 뿐 아니라, 단원마다 2쪽 구성으로 '문화적 다양성과 대안적 가치'(1권), '서구적 근대를 성찰하는 지성사적 흐름'(2권)을 다룬 특별 코너를 개발했다. 1·2권 모두 마무리 단원을 두었는데, 전근대를 다룬 단원은 '문명과 문명의 만남', 근현대를 다룬 2권은 '어떤 미래를 건설할 것인가'를 제목으로 삼아 학습한 역사를 성찰하는 기회를 제공하려 했다.[23]

〈질문 2〉 다중적 정체성을 담는 서술 체제는 가능할까?

우리는 누구나 국민국가의 구성원이다. 그러나 그 이전에 한 사람의 개인이고 성·직업이나 계급처럼 다양한 사회 집단의 일원으로 살아간다. 여

---

22 교육과정과 교과서 개편 때마다 역사적 사고나 역량 논의가 활발했으나, 내용 선정에 영향을 미친 요소는 '학습량의 적정화'였다. 교과서에 담을 역사─서사 체계의 대안과 이를 담을 그릇으로서 교과서 서술 체제 논의를 통합적으로 진행해야 해결 대안을 찾을 수 있다.

23 전근대를 다룬 1권의 부제는 '문명과 문명의 대화', 2권의 부제는 '21세기 희망의 미래 만들기'였다. 책을 마무리하면서, "전쟁 없는 평화 세상은 불가능한가", "기아와 빈곤, 불평등을 제거할 수는 없을까", "인간과 자연의 조화로운 삶을 꿈꾸다"는 세 의제를 다루었다. 김육훈, 「세계사 대안교과서 집필계획서 초안」, 전국역사교사모임, 『살아있는 세계사 교과서 백서』, 2005, 394~426쪽; 전국역사교사모임, 『살아있는 세계사 교과서』 1·2, 휴머니스트, 2005.

전히 국민됨이 차지하는 영향력이 높지만, 시간이 흐를수록 지구적 차원의 중요성이 커진다. 한국처럼 국제화된 국가일 경우 더욱 그렇다. 인류세 담론이 보여주듯, 지금 학생들이 중장년이 될 때는, 지구공동체 속에서 인간이란 종(種)으로 자기 위치를 성찰해야 할 필요가 더 커질 수 있다. 그때도 여전히 세계사(지역사)를 자국사와 구분하고, 자국사는 왕조별로 시대를 구분하고, 일국사적 관점에서 내재적 발전 서사에 적합한 방식으로 구성해야 할까? 통치자나 민족·국가 영웅(으로 발명된 이들)을 주어로 하는 문장들로 점철된, '발전으로서 국가 이야기'에 주목해야 할까?

2007 개정 교육과정 시기 10학년 역사는 변화를 모색한 한 사례다. 근현대사를 중심으로 한국사와 세계사를 아울렀는데, 과거의 대단원들을 다소 작은 단원으로 세분한 뒤, 각 단원은 「배경으로서 세계사(동아시아사) →연관 속의 일국사 전개→비교와 성찰을 지향하는 마무리」란 서술 체제로 운영하길 기대했다.[24] 개발된 교과서가 국가사를 상대화했는지, 반대로 세계적 풍파를 헤쳐나가야 할 국가 민족사의 중요성을 강화했는지는 결론 내리기 쉽지 않다.

국가·민족·종교·인종과 같은 정체성을 독보적으로 만드는 서사 체계를 지양할 수 있는 방법은 없을까? 국사를 상대화하면서, 민중이나 여성 같은 사회적 범주를 희생하지 않으려 했던 『미래를 여는 역사』의 서술 체제도 참조할 수 있다. 한·중·일 삼국 공동 역사교과서를 지향했던 이 책은 세계사의 흐름 속에서 동아시아 삼국의 국가사를 비교와 연관 형식으로 묶었다. 그러면서도 국가 서사에 함몰되지 않고 사회 운동과 여러 집단의 삶과 문화의 추이를 놓치지 않으려 했다.[25]

---

24 김육훈, 「고등학교 '역사' 교육과정과 근현대사 교육」, 『역사와교육』 1, 2009; 방지원, 「10학년 〈역사〉 교육과정의 '비교' 내용 구성 방향」, 『역사와세계』 35, 2009.
25 한중일3국공동역사편찬위원회, 『미래를 여는 역사 한중일이 함께 만든 동아시아 3국의 근현대사』, 한겨레출판, 2005.

국가주의를 앞세운 단일한 서사를 지양하기 위해서는, 국가 이외의 행위 주체가 등장하여 서사 속에서 적절한 위치를 차지할 수 있어야 한다. 당연히 역사가 원래 정해진 하나의 결론을 향해 치닫는 과정이 아니었다는 것을, 어떤 사건도 단순한 인과—간명한 내러티브로 설명하기 곤란한 다양한 측면을 지닌다는 것을 생각할 수 있어야 한다. 이 과정에서 학생들이 과거 이해의 복잡성, 인간들이 갖는 다중적인 정체성을 생각하도록 돕고, 단일한 정체성이 독보적인 양 간주될 때 발생하는 비극을 살필 수 있어야 한다.[26]

'한국사' 교과서란 한계를 인정하고 보면, 해냄교과서의 유신 서술은 논의할 가치가 있다. 저자들은 「유신을 선포하여 독재 체제를 구축하다」란 주제를 6쪽(2차시)으로 구성했다.[27] 본문은 다섯 단락으로, 「냉전 완화가 남북 관계에 미친 영향은 무엇일까?→유신 체제의 특징은 무엇일까?→중화학공업화는 어떻게 추진됐을까?→도시와 농촌은 어떻게 변화하였을까?→북한의 사회주의는 어떻게 구축되었을까?」로 구성했다. 그리고 유신이란 국가 폭력이 개인의 일상을 어떻게 억압했는지를 보여주는 탐구와 토론 활동을 배치했다.

냉전 시기 한국이 처한 지정학적 위치를 감안하지 않은 채 현대사를 설명할 수 있을까? 분단 이후 남한의 역사를 북한과 떼어놓고 설명할 수 있을까? 산업화와 민주화를 동떨어진 것으로 설명할 수 있을까? 독재와 민주화운동을 분리하여 설명하는 것이 가능할까? 모두 불가능하다. 그런데도 그

---

26 아마르티아 센은 "모든 사람은 다양한 집단의 구성원으로 살아가며 각 집합체는 그 사람에게 특정한 정체성을 부과한다"면서, 인간이 갖는 다양한 정체성 중 특정한 하나를 독보적인 것으로 간주하는 행위를 폭력의 시작으로 이해했다. 유럽평의회와 유럽 권고도 이 부분을 가장 경계한다. 그래서 학생들이 비판적 사고와 자료의 분석과 해석은 물론 문제의 복잡성과 문화의 다양성을 체험할 수 있도록 해야 하며, 정치사에 국한하지 않고 다양한 주제를 다루며, 소수자들의 역사뿐 아니라, 지방·국가·지역·세계 역사를 다루어야 한다고 지적했다. 아마르티아 센 지음, 이상환·김지현 옮김, 『정체성과 폭력』, 바이북스, 2009; 유럽평의회, 유럽의 역사와 역사교육에 관한 권고안(1996), 14-1·14-2; 유엔 권고 31·52·59·62.

27 해냄교과서 272~277쪽. 이 교과서는 대단원—주제 형식이다. 주제에 따라 4, 6쪽으로 편성하고 1차시 혹은 2차시를 배정한다. 이 책에서 유신 반대 운동은 분리하여 별도의 1차시로 편성했다.

동안 교과서들은 대개 한국사에서 세계사를 배제하고, 북한을 보론(補論)처럼 편성하고, 정치와 경제를 나누어 서술했다. 산업화 과정을 설명하되 경제 성장에 주목했고, 산업화가 낳은 도시와 농촌의 삶은 또 별도의 단원-주제에서 다루었다. 그러니 민주화든 산업화든 단일한 국가 서사가 만들어지는 것이 아닐까? 경제 성장에 공을 세웠으나 독재를 했다는 식의 포폄(褒貶)이 정착되는 것이 아닌가? 소시민의 일상에 드리워진 세계사적 규정성은 꿈에도 생각하지 못하도록 짜여지지 않았던가?[28] 해냄교과서는 이런 문제를 의식하고 대안을 구성해보려던 시도 중 하나였다.

그러나 아쉬움도 있다. 이 책 저자들은 시대를 구획하는 대단원과 수업을 이루는 주제를 곧바로 결합한 〈대단원-주제〉 방식으로 교과서를 구성했다. 이 체제에서 단위 수업의 집중도는 높아질 수 있으나, 주제와 주제는 병렬적이다. 2019 검정 교과서 중에는 주제 중심이란 문제의식을 살리면서도, 〈대단원-중단원-주제〉 형태로 개발한 교과서도 있다. 이 서술 체제의 장점을, 역사적 사실을 여러 층위에서 접근하고 다양한 측면과 여러 행위자를 보여주는 방식으로 구성한 해냄교과서의 유신 관련 주제에 결합했다면 더 나은 접근이 가능했을 것이다.[29]

역사 수업에서 거대 서사를 지양하고, 민중들의 일상과 문화에 주목하자는 제안이 있다. 그렇게 수업할 수 있는 좋은 수업 소재도 많다. 국가를 상대화하고, 국가의 경계를 넘나드는 역사를 보여주는 좋은 수업 소재도 많다. 그러나 교육과정과 교과서는, 자국사-정치사-통사를 순서대로 공부하는 것도, 가르치고 싶은 소재를 맥락 없이 나열한 것도 아니다. 그래서 국사와 세계사의 관계와 결합 방식, 지방 차원이나 자율적 시민 사회, 복수의 행위

---

28 김육훈, 「한국 현대사 교육의 내용 선정과 교재 구성」, 『역사교육』 90, 2010.

29 방지원, 윤세병 등은 〈중단원 주제 탐구〉 방식의 교과서 서술 체제를 논의한 뒤 몇 개의 사례를 수업 계획 형태로 상세화한 바 있다. 방지원·윤세병 외, 「교육 자치 시대 민주시민교육을 위한 역사 교육과정 구성 방안 연구」, 시도교육감협의회, 2019.

246 ▎ 2부＿ 역사교육 현장의 대안모색

주체를 동시에 담을 수 있는 서술 체제를 찾아가려는 노력이 더 필요하다. 세계사와 국사의 이분법적 분리를 당연시하는 교육과정 재구성에서 시작해야겠다. 그리고 새로운 수업 주제를 발굴하고 실천 경험을 축적해야겠다. 내용은 그대로 두고 체제를 바꿀 수 없으며, 내용과 서술 체제를 그냥 둔 채 역사교육의 목표를 수정하기는 불가능하다. 애국적 국민 형성을 목표로 하는 역사교육에서 다중적 정체성을 생각하고 다원적 가치를 추구하는 역사교육으로 변화시키려면 형식과 내용 모두에서 변화가 필요하다.

〈질문3〉 '사료와 탐구'인가, '다양한 관점과 논쟁'인가?

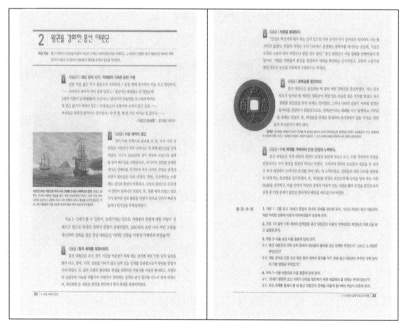

〈그림 2〉 한철호 외 한국근현대사 교과서(2003), 32~33쪽

교화에 맞서 다원적 관점(Multiperspektivität)을 제창하던 1970년대 독일

역사교육자 중에는 사료로만 구성된 교재를 제작하여 교과서로 삼자던 역사교육자가 있었다.[30] '역사 교과 논쟁 수업'을 역사가가 하는 일을 교실에서 체험하기로 이해하는 이는 많은 사료로 채워진 자료집형 교과서를 선호할 것이다. 학문적 다중시각을 강조하면서, 여러 증언과 해석을 담은 자료를 비교 검토하는 것을 역사 수업의 본령으로 삼아야 한다고 생각하는 이도 비슷한 교과서를 지향하지 않을까? 사료 탐구, 비판적 텍스트 읽기를 지속적으로 실천해야 할 테니까. 다양한 자료를 모은 방대한 교과서와 얇은 활동지를 별책으로 구성한 방식의 교과서도 생각할 수 있는데, 쪽수 제한이 있는 한국 상황이라면 그것도 난감하다. 2003년 당시 한철호 등이 선보였던, 한국 근현대사 교과서 형태와 비슷해질까?〈그림 2〉 이 책 저자들은 머리말에서, "역사적 사실을 전달하기보다는 자료 읽기와 해석을 통하여 문제해결 능력을 기를 수 있도록 구성 (중략) 자기주도적 학습이 가능하도록 했다"[31]고 밝혔는데, (아예 없거나) 짧은 본문, 여러 유형의 1·2차 사료와 '열린 과제'가 기본 요소였다.

이 책이 활용되던 때, 나는 '사료와 탐구'보다 '다양한 관점과 논쟁'을 더 의식하면서 다른 유형의 근현대사 교과서를 제안했다.[32] 1860년대 조선을 다룬 첫 주제만 살펴보자〈그림 3〉. 6쪽으로 구성된 주제 제목은 '문명과 야만'이다, 교과서는 한 장의 상징적인 삽화로 시작한다. 본문은 「푸른 눈에 비친 조선(조선을 야만으로 본 프랑스인들) →조선 속의 서양(서학의 유포와 천주교를 야만으로 본 조선 통치자들) →문명과 야만(문명을 자처하며 야만으로 본 조선을 침략한 프랑스, 문명을 자처하며 천주교 신자를 학살한 조선) →변화가 필요한 조선」으로 이어지는 하나의 내러티브를 제시한 뒤, "프랑스가 조선을 침략한 병인양요는 문명과 문명의 대결이었을까, 야

---

30 이동기, 앞의 논문, 2016.
31 한철호 외,『한국 근현대사』, 대한교과서, 2003.
32 김육훈,『살아있는 한국 근현대사 교과서』, 휴머니스트, 2007, 24~29쪽.

〈그림 3〉 살아있는 한국근현대사 교과서(2007), 24~25쪽

만과 야만의 대결이었을까? 문명과 야만으로 세상을 구분하는 것이 가당하기는 한 걸까?"라고 독자에게 물으며 매듭했다. 의미를 생각하며 본문 읽고, 질문을 받은 뒤에는 자신의 생각을 구성하기 위해 처음으로 돌아가 다시 읽길 기대하는 편집이다. 읽기를 강조하기에, 독서 흐름이 끊기지 않도록 편집했다. 검정 교과서들에 읽기 자료로 나옴직한 사료는 선별하여 본문 속에 살렸고, 검정교과서에서 본문과 구획된 채 나올법한 읽기 자료들은 삽화와 조금 긴 해설 방식으로 구성했다.

이번에 살핀 두 교과서도 주제탐구 방식으로 구성했다. 금성교과서는 본문 3쪽과 탐구교실 1쪽으로 구성했는데, 탐구교실은 대부분 자료를 읽고 탐구하여 토론하는 형식으로 개발했다. 모두 아홉 곳에서 창의융합교실이란 특별코너를 두었는데, 여기서도 자료를 탐구하고 결과를 바탕으로 토론하는 활동이 여럿이다. 해냄교과서는 대부분 본문 3쪽과 '정리하고 역량키우기' 1쪽으로 구성했다. 그 1쪽의 절반쯤이 탐구활동 혹은 탐구와 토론이다.

본문에서 얻은 지식을 바탕으로 하되, 대개는 별도 자료를 읽고 토의 토론하는 활동으로 구성했다.

논쟁성 기반 역사 수업을 논의했던 방지원이, "'재발견한' 논쟁 중심 역사 수업이 지금까지 강조되던 역사 탐구나 역사하기와 근본적으로 다르지 않으며, 학습 활동으로서 논쟁은 탐구식 역사 수업의 요체이기도 하다"[33]고 지적했듯이, '사료와 탐구'를 '다양한 관점 · 논쟁'과 분명히 구별하기는 어렵다. 역사 인식 과정의 특수성을 반영한 '역사과 탐구'의 속성 때문이다. 그래서 본문을 다 공부한 뒤 따로 탐구하는 것이 아니라, 본문과 탐구 · 토론을 유기적으로 관련지어 편집하는 것이 중요하다. 본문은 학습 내용을 조리 있게 정리하여 주제를 이해하는데 필요한 기본적인 지식을 제공해준다. 아울러 탐구와 토론에 활용되는 자료가 생산된 맥락과 내용을 이해하는데 핵심적이다. 그래서 본문을 잘 써서, 학생이 읽고 이해할 수 있도록, 그래서 탐구와 토론에 보탬 될 수 있어야 한다. 지금 두 교과서처럼, 본문이 끝난 장소에서 토론을 다룬다면, 본문에서 뒤에 나올 별도 자료나 활동을 연결하는 장치도 필요하다.[34]

역사과 탐구—논쟁성을 살리는 역사 학습을 위해서는 사료를 논쟁적으로 읽을 수 있어야 한다. 교과서들은 대부분 사료(문자 사료, 물질 자료)를 지식의 객관성을 보증하는 증거물로 간주하고, 학생 활동은 인용한 사료에서 사실을 파악하는데 주안점을 두었다. 그러나 자료에 담긴 생성자의 관점을 찾아내려는 시도는 흔하지 않다. 누가, 언제, 어떤 맥락에서 이 자료를 생성했는지를 추적할 수 있을 때, 그리고 적절한 발문으로 유도할 때 사료에 담긴 관점을 생각해 볼 수 있다. 아울러 기록자의 관점이 드러나는 좋은 사료를 발굴하여 제시하는 노력이 필요하다. 아쉽게도 교과서에서 좋은 사

---

33 방지원, 앞의 논문, 2019, 33쪽.
34 금성교과서는 본문을 구성하면서, 뒤에 탐구교실로 이어지는 주제에는 링크 사실을 표시했다.

례를 찾질 못했다. 그래도 금성교과서 저자들이, "3·1 운동에 대한 상반된 시각의 언론 보도"란 제목의 탐구교실에서, ① 3·1운동을 다룬 일본 언론 보도, ② 3·1운동에 대한 중국 언론 보도, ③ 일본의 보도 통제를 폭로한 사료, ④ 일제의 만행으로 폐허가 된 제암리 마을의 사진과 설명을 싣고 학생 활동을 진행한 사례를 특별히 기록할 만하다.[35]

텍스트에서 관점을 읽는 연습을 위해서는 사료를 학생들이 이해할 수 있는 언어로 번역하여 소개하는 것도 중요하다. 굳이 1차 사료나 유물로 한정할 필요도 없다. 연구 성과의 추이에 따라 교과서 서술이 달라진다는 점, 다른 관점에 선 역사가들이 다른 측면에 주목함으로써 역사상 자체가 달리 보이는 등 역사가의 글을 논쟁적으로 제공해주는 방법도 좋겠다. 사회적 평가가 엇갈리는 역사적 쟁점, 더 나아가 과거의 현재화 방식을 놓고 학교 밖에서 벌어지는 논쟁을 다룬 텍스트를 적극적으로 활용해도 좋겠다. 그런데 이제 이쯤 되면 '논쟁성을 살리는 역사교육'을 논의하면서 나눈 층위 구분이 흐릿해진다.[36]

〈질문 4〉 교과서는 어떤 형태의 논쟁을 어떻게 다룰 수 있을까?

초기에 보고된 토론 수업 사례들은 대개 과거 사실에 대한 현재의 평가와 관련된 주제가 많았다. 신라의 삼국통일, 흥선대원군이나 박정희(시대)를 어떻게 볼까 등이 대표적인데, 국정교과서가 이들의 활동을 중심으로 서사를 구성하며, 이들의 시선으로 역사적 평가를 독점하던 때의 유산이다.

---

35 금성교과서, 179쪽.

36 송상헌은 "역사교과서는 역사 담론(역사 내러티브)를 구성하기 위한 사실들의 집성이고, 역사교과서는 학생들이 다양한 내러티브를 만들어 자신의 역사 담론을 구성하도록 돕는 교육"으로 정의했다. 담론 구성을 위한 자료집을 구체적으로 설명하지는 않았으나, 사료집보다는 훨씬 넓고 사료를 다루는 법 뿐 아니라 연구를 통해 구성된 사실에 대한 지식을 포함한다. 송상헌, 「역사교육에서 역사교과서의 성격 규정 문제」, 『사회과교육』 51-2, 2012.

아울러 자신이 생각하는 미래를 정당화하는 수단으로 과거를 전유하려는 일이 역사 이해의 본질적 요소 중 하나란 점에서 현재나 미래에도 충분히 일어날 법한 일이다.

논쟁성과 관련하여 이 교과서를 높이 평가하지만, 금성 교과서의 대원군 관련 서술은 의아하다. 비록 본문 서술을 끝낸 뒤에 농민과 양반의 시선으로 대원군의 민생 안정 정책을 평가해보라고 주문하긴 했으나, 이 주제의 본문에서 행위자가 등장하는 문장의 주어는 거의 흥선대원군이다. 학습은 대원군이 한 일을 간추린 긴 본문과 용어 해설에 가까운 몇 개의 사료를 읽고, 대원군이 한 행위 맥락을 생각하는데 주안점을 둔다. 이렇게 해도 농민과 양반의 시선에서 대원군의 정책을 살피면, 역사를 논쟁적으로 살피는 힘을 기르는 데 도움될 것이다. 그러나 이런 구상에서는 '학습과 논쟁의 주제가 왜 하필 대원군인가'를 묻는 과정이 없다. 그 시기는 대원군 혼자 살지는 않았을 텐데, 역사는 과연 누구의 것인가?[37]

『살아있는 한국사 교과서』 저자들은 이 부분을 다른 방식으로 구상했다. 6쪽으로 구성한 이 주제의 6면은 "이 난국을 어떻게 할 것인가"란 제목으로 오경석, 이항로, 최제우의 주장을 2차 사료처럼 가공하여 제시하고 학생의 의견을 물었다. 그 앞의 다섯 쪽은 그 시기의 주요 사건을 대원군의 시선으로 비중 있게 다루지만, 상황 인식과 국내외 정책에 대한 대원군과 박규수의 주장을 비교하면서 구성했다.

이렇게 한다 해서 학습자가 박규수와 대원군의 생각을 온전하게 이해한다거나, 현재 기준으로 과거를 평가하려는 우를 범하지 않는다고 단정할 수 없다. 그러나 대원군을 서사의 유일한 주인공으로 하여, 대원군이 한 일

---

37 '한강의 기적과 원동력'이란 토론은 한 걸음 진화한 구성이다. 산업화 과정을 3쪽으로 다룬 뒤에, 이를 돌아보는 네 개의 시선을 제시한 뒤 학습자의 의견을 묻는 방식이다. 더 열린 접근이지만, 교과서 본문에서 산업화를 정부 정책 중심으로 다룬 한계는 일정하게 남는다. 금성교과서, 276~279쪽.

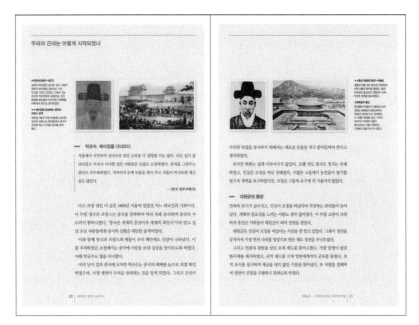

〈그림 4〉『살아있는 한국사 교과서』 2, 20~21쪽

(만)을 여러 관점에서 평가해보자는 접근과, 다른 주체가 참여하는 대안 서사를 구성하여 그때에도 존재했을 법한 논쟁을 의제화하는 것은 다르다. '다양한 관점'이 학습할 사실을 자명한 것으로 전제한 뒤 각도를 달리하여 보자는 것만은 아니다. 다양한 주체가 등장하는 서사, 그 속에서 주체들의 경합에서 비롯된다는 뜻이다. 비판적 사고는 지배 서사를 비판적으로 바라볼 수 있는 비판적 역사 지식과 대안적 서사를 필요로 한다. 이점을 충분히 고려하지 않고, 사고를 기술(skill) 차원으로 본질화하면, 누구의 역사인지 묻지 않은 채 지배 서사를 자연스럽게 용인하는 효과를 낸다.[38]

---

38 2013년 8월 30일에 공개된 교학사 교과서 검정 합격본 190쪽에는 을미사변에 가담했던 일본인의 회고 글을 발췌한 뒤, 학생들이 "당시 일본은 명성 황후를 시해하는 과격한 방법을 선택할 수밖에 없었을까?"란 질문에 답하도록 구성했다. 논평할 가치가 없을 정도로 끔찍하다. 학교 역사교육은 '작은 역사가 만들기'를 목표로 하지 않는다. 역사가들이 다 훌륭한 시민도 아니고, 토론을 잘하는 악인이나 지성을 갖추었다는 극단주의자도 많다. 지배 서사를 돌아볼 비판적 역사 지식의 탐구가 필요하고, 역사교육이 가치 문제를 계속 사유해야 할 중요한 이유다.

그래서 이번 교과서들에서 자주 발견할 수 있는 논쟁 재연 형식의 구성은 반갑다. 금성교과서 저자들은 1880년대 초 역사를 '개화 정책의 추진과 반발'로 의제화한 뒤, 본문에서 여러 행위자를 등장시킨 뒤, 개화 정책을 지지하는 이들과 반대하는 이들의 당시 논쟁을 재연하는 형식의 탐구교실을 구성했다. 해냄교과서 저자들은 박정희 평가를 둘러싼 논쟁을 소개하는 대신, 삼선개헌 과정과 1971년 대통령 선거 과정을 다루며 당대의 논쟁을 재연했다. 박정희·김대중 후보의 선거 공약을 간추린 도표를 제시하고, 토론을 유도하는 활동이다.[39]

논쟁을 재연하는 수업은 학습자의 관심을 높여 읽기와 토론에 활기를 불어넣는다. 학생들은 다른 사람의 의견을 듣고 사실의 여러 측면을 이해하면서, 반드시 둘 중 하나에서 정답을 찾지는 않는다. 그렇지만 이분법적 질문에 직면한 학생이 둘 중 하나를 선택해야 할 것 같은 압박을 받을 우려가 있다는 점도 감안해야 한다.[40] 금성교과서 저자들은 위 주제를 다룬 단원을 마무리하면서, "내가 후원하고 싶은 개항기 정치 세력"이란 주제로 더 열린 접근을 했다. 해냄교과서를 포함하여 다수 교과서에서 해방 직전 독립운동 단체들의 여러 건국 구상을 제시하고, 독립 후 건설할 '새 나라의 설계도 그리기' 활동을 배치했다. 논쟁 재연 방식으로 볼 수도 있지만 훨씬 열린 토론이 가능하다. 토론이 꼭 논쟁을 의미하는 것은 아니며, 이런 류의 토론-토의 활동으로 이끄는 교과서 구성도 여럿 찾을 수 있다.

---

39 해냄교과서, 271쪽. 1971년 선거를 다룬 논쟁 재연 방식의 구성에서, '선택하는 자'의 시선을 더 사유하면 어땠을까? 이 선거는 박정희 10년에 대한 총괄 평가의 성격이 있었고, 유권자는 의견을 달리하는 이들의 집합이다. 교과서처럼 '누구를 선택했을까'를 물었다면, '어떤 이유였는지' 묻고, 이를 다시 동료들과 나누면 어땠을까? 필자는 이 교과서로 공고 학생들과 함께 공부하는데, 이 주제 바로 앞의 1960년대 산업화 내용을 이 주제로 이어 붙인 뒤, 학교 인근의 옛 구로공단 여성 노동자들의 삶을 복원하는 영상을 사용하여 그들의 삶을 살핀 뒤, 선거 때의 선택 문제로 이어갔다. 유권자도 시민도 국민이나 민족도, 당연히 학습자도 단일하지는 않다.

40 논쟁과 해석에 열려 있는 역사 이해를 논의하면서, 이항대립식 서사 구성 문제를 다룬 김민정의 다음 연구 참조. 김민정, 「역사 교과서 집필진의 고려시대 교과서 서사 인식과 서술 방향」, 『역사교육』 149, 2019.

논쟁은 다양한 처지에 있는 이들이 자신의 행위에 의미를 부여하고 정당화하는 과정에서 비롯된다. 그런데 논쟁보다 현장에 있던 행위자들의 존재에 더 주목하면, 논쟁 재연이란 말로 포섭하기 어렵지만 서사를 논쟁적으로 구성할 수 있는 새로운 접근법을 만날 수 있다. 홀로코스트 연구와 교육 경험에서 섬세하게 다듬어진 행위자 관점을 생각해보자. 폭력사의 현장에는 가해자(적극적 가해자와 시스템의 일원으로 가해에 가담했던 이들)와 피해자, 방관자, 평범한 시민으로 자처했던 의인, 저항자 등 여러 행위자가 등장했다. 여러 주체가 등장하는 서사, 주인공을 달리하는 서사가 학교 밖 과거 재현에서 다양하게 실험되는 중인데, 이번 교과서들에서는 유사한 유형을 찾지 못했다.[41]

교과서에서 다룬 논쟁의 세 번째 유형은 역사가들의 논쟁이다. 역사가들이 벌인 논쟁이나 역사연구 과정에서 이루어진 논쟁은 교육적으로 가공하기에 따라 논쟁성을 살리는데 기여할 수 있다. 식민지근대화론을 둘러싼 논란, 일제강점기 반식민사학, 한말 '국사'의 성립 과정, 몽골 침입 전후 역사 인식의 추이 관련 내용은 그동안 교과서들에서 자주 다루어졌고, 가공하기에 따라서는 논쟁적으로 구성할 수 있다.

해냄교과서 저자들은 허수열이 식민지근대화론을 비판한 글을 바탕으로 양쪽의 주장을 정리하고 그 의미를 생각해보는 활동을 제안했다.[42] 그런데 이 글은 허수열이 자신의 입론을 위해 상대를 납작하게 묘사했을 수 있다. 그 반대쪽이어도 그러기 쉽다. 과거 교학사 교과서 저자들이 시도했던 대로, 양쪽의 목소리를 날 것으로 소개하면 어떨까? 이런 경우는 대개 학생들이 이해하기 어려운 글이 되고 만다. 교과서 저자가 중립적으로 양측 주장

---

41 4·3과 5·18 전시 구성에서는 평범한 사람들이 가해자가 되는 과정, 의인의 역할 등에 새롭게 주목한다. 가해자 되기 과정의 성찰과 의인의 역할을 기억하는 문제를 역사교육에 적극적으로 다루자는 제안, 그 가능성을 찾으려던 수업 연구도 꾸준히 이어진다. 이동기, 『현대사 몽타주』 2부, 돌베개, 2018; 방지원·윤세병 외, 앞의 논문, 69~76쪽.
42 해냄교과서, 209쪽.

을 정리한 2차 텍스트를 개발해 사용하면 어떨까? 그중 낫긴 하지만, 이 경우 텍스트를 구성한 이의 관점에 종속되기 쉽다. 내재적발전론과 식민지근대화론은 하나의 학생활동에 담아 다루기는 너무 어려운 입체적 주장이고, 굳이 원한다면 여러 곳에서 다각도로 시도해야 한다.

그렇다면 역사가들의 논쟁을 교육적으로 활용하는 목표를 달리 잡아야 하지 않을까? 학생들에게 둘 중 하나를 선택하라고, 결론을 쉽게 내리도록 하지 말고, 역사가들의 글에서 그들의 관점과 정당화 방식을 찾아가는 활동은 어떤가? 말의 의미를 제대로 알기 위해서는 말하는 이가 누구이며, 어떤 맥락에서 말하는지 생각하고, 나아가 말이 갖는 실천적 의미를 살펴야 한다. 그런데 이렇게 접근하기에는 식민지근대화론이 너무 무겁다. 이 점을 감안하면 모든 교과서가 다루는 반식민사학이 더 쉬울지 모르겠다. 적어도 화자가 누구인지, 그 맥락은 어떠하고, 그들이 주장이 갖는 현실 정치적 의미는 어떠한지, 그래서 화자의 현실 인식이 역사가의 서사 구성에 어떻게 영향을 미쳤는지 이해하기가 쉬울 수 있다. 민족주의 역사학의 정당성을 전제하고 평면적으로 묘사된 식민사학을 비판하는 데만 주안점을 둔다면, 논쟁성을 살리는 역사교육의 중요한 소재를 놓치기 쉽다.

〈질문5〉 '역사들'속의 학교 역사교육, 교과서가 학습자와 교실 밖 역사 재현을 연결하는 플랫폼이 될 수 있을까?

역사학과 학교 역사교육이 과거를 현재화하는 다양한 활동의 일부로 존재하는데도, 제도권에 적을 둔 학자들의 연구 성과를 잘 간추려 보급하는 것을 역사교육이라 생각하는 역사가, 교과서 서사를 자명하게 여겨 논의할 범주에서 제외하거나 논의를 경계하는 역사교육 연구자들이 종종 있다. 여전히 교실 안에서 이루어지는 활동을 수업의 전부로 생각하거나, 교과서 내용을 잘 전달하는 것을 좋은 역사 수업이라 생각하는 역사교육자도 많다. 이런 문화 때문에 교과서가 지금 모습이기도 하고, 교과서가 또 이런 수업 문화를 제약하기도 한다. 학교 밖에 존재하는 다양한 '역사'들은 학교 역사교육과 어떻게 만날까, 교과서는 이들을 어떻게 담았을까? 역사 갈등과 화해, 과거사 정리와 기억 기념, 과거를 현재화하는 다양한 양상들 속의 학교 역사교육 문제를 차례로 논의해보겠다.

2007 개정 교육과정 시기 10학년 역사에, "동북아시아의 영토 문제, 역사 갈등, 과거사 문제 등을 탐구하여 관련국과의 바람직한 관계를 모색하는 자세를 갖는다."란 성취 기준이 들어간 이래, 역사 인식의 차이에서 비롯된 국가 간 갈등을 다룬 학습 주제가 꾸준히 등장했다.[43] 일본 역사교과서 문제, 위안부·징용 문제 해결을 둘러싼 한일 간의 갈등을 중심으로 한중 사이에 동북공정을 둘러싼 논란이 있다는 내용이다.

2007 개정 교육과정에서 '바람직한 관계를 모색'이란 접근법과, 2009·2015 개정 교육과정 시기의 일본의 주장을 반박하고 올바른 해결 방안을 찾자'는 접근 사이에 미묘한 긴장이 있다. 금성과 해냄 교과서 모두, 일제강점기 단원에서 전시 동원과 미해결된 과거 청산 문제를 다루었고, 현대사 단원의 마지막 주제로 갈등의 존재와 역사 화해를 위한 노력을 두루 소개했다. 한·일, 한·중·일 공동부교재 개발 활동도 소개했다. 이 사례들은 반성에 소극적인 일본에 초점을 둘 수도 있다. 그러나 역사 인식이 국경에 갇히기 쉽다는 것, 국가 간 갈등의 원인도, 화해와 협력의 문을 여는 수단도 될 수 있다는 걸 생각하는 소재가 된다. 〈그림 5〉의 해냄교과서 사례는 어디쯤일까?

2018년에 제정된 한국사 교과서 편찬 기준에는 "민주화와 함께 이루어진

---

[43] 2009 개정 교육과정은 "독도를 비롯한 동북아시아의 영토 문제, 역사 갈등, 과거사 문제 등을 탐구하여 올바른 역사관과 주권 의식을 확립한다"고, 2015년 고시된 교육과정은 "동북아시아의 역사 갈등, 과거사 문제 등을 탐구하여 올바른 해결 방안을 모색하고, 일본의 독도 영유권 주장을 논리적으로 반박한다"고, 교육과정의 대강화를 추진한 2018년에 수정 고시는 "남북 화해의 과정을 살펴보고, 동아시아 평화를 위해 공헌할 수 있는 방안을 생각해본다."라고 명시됐다.

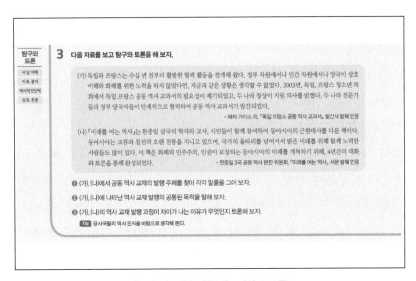

〈그림 5〉 해냄, 한국사교과서 313쪽

과거사 청산의 흐름을 사례를 통해 보여준다"는 내용이 담겼다. 과거 청산 활동은 '발전으로서 국가 이야기'란 기존 국가 서사 밖에 있던 국가 폭력과 피해자의 고통을 드러내고, 앞으로 인권과 민주주의 평화를 지향하는 국가로 거듭나겠다고 다짐하는 행위이다. 이 과정은 가해와 피해 사실을 기억과 기념 및 공적 교육의 장에 재현하는 일을 포함한다. 때문에 종종 기억을 둘러싼 갈등으로 비화하고, 때로는 역사부정으로 치닫는다. 학생들은 이런 논쟁이 진행되는 사회의 구성원으로 살며, 논쟁의 영향을 받은 학생들이 교실 수업에 논쟁을 끌어들이기도 한다. 교실 밖 논쟁이 교실 안으로, 현재의 논쟁이 과거 사실 위에 중첩될 때, 학생들은 역사 이해가 현재와 미래로 이어지는 것을 체험한다. 바로 그 때문에 역사교과서는 과거 청산 활동의 역사를 소개하는 데서 그치지 않고, 기억을 둘러싼 갈등과 지배 서사의 추이가 갖는 교육적 의미를 다루어야 한다.

여전히 민감하고 논쟁적인 주제를 교실 안에서 다루는 걸 어려워하거나 반대하는 이도 있다. 이분들에게는 "논쟁적이거나 민감한 결과로 인식될 수 있는 사건을 생략하면, 학생들이 과거에 대한 왜곡되고 오해의 소지가 있는 설명을 받게 될 위험이 있다. 이렇게 생긴 간극은 역사 교실 밖의 출처에서 얻은 타당성이 의심스러운 이론과 자료를 통해 채워질 수 있다"는 유럽평의회의 권고를 들려드리고 싶다.[44] 한국전쟁의 전개 과정을 교과서에 서사화하는 문제를 생각해보자. 전황(戰況) 관련 사실은 논쟁적이지 않으니 그냥 쓰면 된다. 그런데 민간인 학살과 관련된 부분은 논란을 제기하는 이들이 있다고 관련 내용을 다루지 않으면 어떻게 될까? 한 시대사 개설서가 처음부터 끝까지 군사사 일변도로 한국전쟁을 서사화한 사례는 이런 우려가 기우가 아님을 보여준다. 한국전쟁에서 공부할 가치가 있는 것이 전황만은 아니지 않은가?[45]

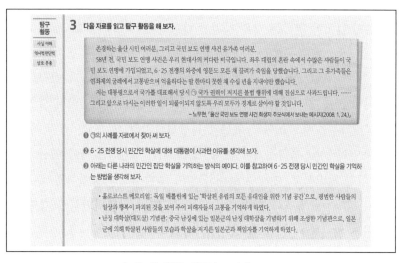

〈그림 6〉 해냄, 한국사 교과서 253쪽

오늘날 많은 교과서가 과거 청산 활동의 대상이 됐던 사실을 소개한다.

44 Council of Europe(2018), 유럽평의회 회원국의 역사교육 관련 정부 관료들과 실무자들이 함께 참여한 세미나 내용을 바탕으로 정리됐다. 유럽평의회는 달라져야 할 역사교육의 원칙 8개 중 하나로, "민감하고 논쟁적인 주제 제시하기"를 채택하고 상세히 설명했다. 이 글에 사용된 번역문은 방지원·윤세병, 앞의 논문, 2019, 286~287쪽. 민감하고 논쟁적인 주제를 다루는 의미와 접근 방법은 강화정(2020) 참조.
45 양영조, 「한국전쟁의 전개 과정과 영향」, 『한국현대사1』, 푸른역사, 2018.

4·3을 다루고, 한국전쟁 시기 민간인 학살을 다루고, 독재의 인권 유린을 다룬다. 다만 여전히 민감하고 논쟁적인 주제를 어떻게 다룰지 토론이 부족하고, 교과서 저자들이 이 문제를 교육적으로 접근할 방도를 충분히 내놓지 못하고 있다. 해냄교과서는 그래도 한 걸음 더 내디뎠다. 이 교과서는 6·25전쟁 서사를 구성할 때 민간인 학살을 포함했다. 용어 해설에서 보도연맹을 다루었고, 주제의 말미에 관련 탐구활동을 넣었다. 4·19와 5·16을 설명할 때도 민간인 학살 진상조사 관련 내용을 다루었다. 1990년대 이후 진행된 과거사 청산 활동 내용만 간단히 다룬 다른 교과서들과 다르다. 민감하고 논쟁적이라는 말에서 드러나듯, 수업이나 교과서에 이 주제를 다룰 때는 고려할 지점이 많다. 그러나 연구가 덜 됐다거나, 민감하고 논쟁적이니 다루지 않아야 한다는 것은 차원이 다르다. 해냄교과서 253쪽의 다음 사례(〈그림 6〉)는 이후 교과서 서술을 논의하기 위한 토론의 단서는 되겠다.

대중 정치가 활발해지면서, 대중을 정치적으로 동원하는 데 과거를 이용하는 일이 자주 일어났다. 독재자들이 더 그러했지만, 민주화된 사회도 크게 다르지 않다. 대중문화의 확산이나 관광산업의 성장이 이른바 '향수 산업'의 폭발이라 힐 상황을 불러왔다. 또한 최근 수십 년 사이 역사 자료의 디지털화가 활발하고, 매체의 형태와 양이 폭발적으로 증가하면서, 과거를 이용하는 조건이 완전히 달라졌다. 언어 장벽이 완화되면서 국경도 크게 문제 되지 않는다.

이 같은 상황은 학교 역사교육이 처한 중요한 조건으로, 학교 역사교육 논의의 지형이 달라져야 한다. 유럽평의회도 이 같은 상황을 우려하면서, 각국의 역사교육 담당자들에게 "사료를 평가하고 조작된 정치 선전에 맞서기 위한 도구를 제시하기"란 여섯 번째 원칙을 제안한 뒤 이를 위한 지침으로 "역사는 비판적 사고를 신장시켜 조작이 작동하는 구조를 분석할 도구를 제공한다"는 지침을 제안했다.[46] 최근 한국에서도 과거를 현재화하는 다

---

46 이 지침은 다음 네 항목으로 이루어졌다. 번역문은 방지원·윤세병, 2019, 286쪽에서 가져왔다.

양한 형식과 그 의미에 대한 토론이 활발해졌다. 역사 연구와 학습이 갈등을 지양하고 화해로 가는 길을 열 수 있도록 정책과 교육을 바꾸려는 논의가 활발했으며, 역사 대중화 혹은 공공역사란 인식틀(frame)로 과거의 현재화로 이름할 다양한 현상에 대한 학문적 연구의 필요성을 조명하려는 노력이 일어나고 있다. 최근에는 공공역사와 역사교육의 의미 있는 관계 설정을 의제로 한 논의도 진행 중이다.[47]

그동안 많은 교사들이 교실 밖에서 이루어지는 과거 재현을 교실 수업과 연계했고, 검정 교과서에서도 이를 촉진하는 활동을 담았다. 금성교과서는 개인의 구술 혹은 체험담을 활용한 학습 활동을 여러 번 기획했다. "독립운동가를 주제로 한 독서 토론 활동(198~199쪽)", "구술사로 보는 한국 현대사(274~275쪽)", "참여자의 경험담을 통해 본 6월 민주 항쟁(286~287쪽)" 등이 그 예다. 해냄교과서는 대단원마다 1쪽을 "영화로 하는 수행 평가"로 배정한 뒤, 남한산성, YMCA야구단, 암살, 국제시장을 사례로 영화에 드러난 역사를 학습하도록 했다.

그런데 교과서 저자들이 수업에서 활용할 영화를 선별하는 과정에서 교실 밖에서 재현된 과거의 사실성을 어느 정도 담보했겠으나, 개인적 체험이나 영화란 매체에 담긴 과거와 학문으로서 역사 사이의 거리를 감안하지

1.2. 동기, 유용성, 신뢰성을 평가하고 판단 할 수 있는 것은 과거의 자료와 해석을 평가할 때 복원력을 구축하고 조작을 방지하는 중요한 단계이다.

1.3. 다양하고 서로 대조되는 출처의 자료를 사용하면 역사적 해석이 단정적이지 않고 잠정적이며 이로 인해 재평가가 가능하며 역사의 오용에 대한 필수 보호 수단이 된다.

1.4. 시각 자료에 대한 접근성이 더 좋을수록 학생들이 사진, 다큐멘터리 영화 또는 방송 비디오를 비판적으로 읽을 수 있고 자료가 제공하는 '의도된' 증언과 '의도되지 않은' 증언을 구별할 수 있도록 한다. 이미지가 무엇을 표현하고, 이미지 작성자가 전달하고자 하는 메시지를 설명한다.

47 강선주, 「공공역사와 역사교육: 제도적 역사교육 기관으로서 박물관의 책임과 역사 전시 방향」, 『현대사와 박물관』 3, 대한민국역사박물관, 2020; 손석영, 「'공공역사'에 기초한 학교 역사교육으로의 변화 가능성 탐색」, 『역사와 교육』 33, 2021; 김경아, 「공공역사의 교육적 실천으로서의 구술사 방법의 의미와 가치」, 『역사교육연구』 39, 2021; 방지원, 「학교 역사교육과 공공역사의 만남, 어떻게 볼까」, 『역사교육논집』 79, 2022; 차경호·송치중, 『영화와 함께하는 한국사』, 해냄에듀, 2021; 송치중 외, 『영화와 함께하는 세계사』, 해냄에듀, 2022.

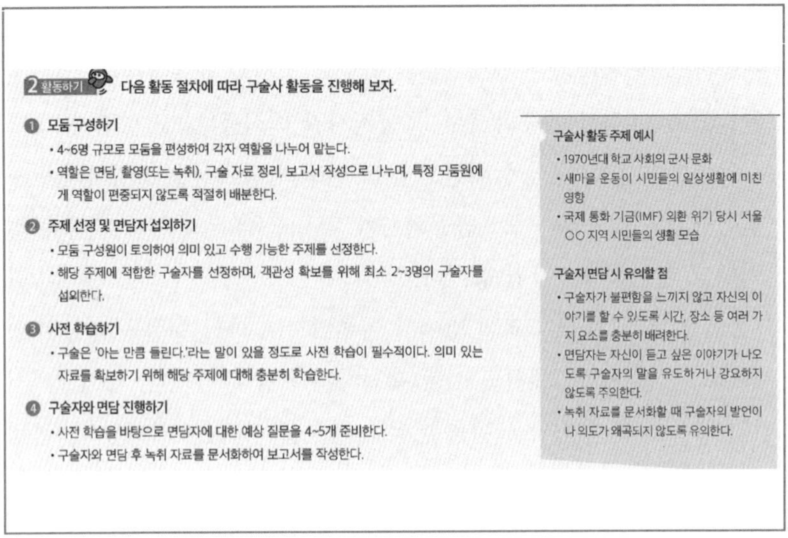

2 활동하기 다음 활동 절차에 따라 구술사 활동을 진행해 보자.

❶ 모둠 구성하기
- 4~6명 규모로 모둠을 편성하여 각자 역할을 나누어 맡는다.
- 역할은 면담, 촬영(또는 녹취), 구술 자료 정리, 보고서 작성으로 나누며, 특정 모둠원에게 역할이 편중되지 않도록 적절히 배분한다.

❷ 주제 선정 및 면담자 섭외하기
- 모둠 구성원이 토의하여 의미 있고 수행 가능한 주제를 선정한다.
- 해당 주제에 적합한 구술자를 선정하며, 객관성 확보를 위해 최소 2~3명의 구술자를 섭외한다.

❸ 사전 학습하기
- 구술은 '아는 만큼 들린다.'라는 말이 있을 정도로 사전 학습이 필수적이다. 의미 있는 자료를 확보하기 위해 해당 주제에 대해 충분히 학습한다.

❹ 구술자와 면담 진행하기
- 사전 학습을 바탕으로 면담자에 대한 예상 질문을 4~5개 준비한다.
- 구술자와 면담 후 녹취 자료를 문서화하여 보고서를 작성한다.

구술사 활동 주제 예시
- 1970년대 학교 사회의 군사 문화
- 새마을 운동이 시민들의 일상생활에 미친 영향
- 국제 통화 기금(IMF) 외환 위기 당시 서울 ○○ 지역 시민들의 생활 모습

구술자 면담 시 유의할 점
- 구술자가 불편함을 느끼지 않고 자신의 이야기를 할 수 있도록 시간, 장소 등 여러 가지 요소를 충분히 배려한다.
- 면담자는 자신이 듣고 싶은 이야기가 나오도록 구술자의 말을 유도하거나 강요하지 않도록 주의한다.
- 녹취 자료를 문서화할 때 구술자의 발언이나 의도가 왜곡되지 않도록 유의한다.

〈그림 7〉 금성교과서 277쪽

않을 수 없다. 교실 밖에서 재현된 과거는 특정한 목적으로 구성된 과거로, 역사학-역사교육이 가져야 할 접근법과 원리가 다르다. 더욱이 정치적·상업적 이유로 과거를 오남용하는 일이 갈수록 자주 일어난다는 점을 감안하면, 교과서는 개인적 체험이나 대중매체의 역사 재현을 읽는 법을 함께 학습할 수 있도록 구성해야 한다. 금성교과서 277쪽(〈그림 7〉)은 한 걸음 앞으로 나간 사례다.

해냄교과서는 협력 교실이란 코너를 두어, 우리 지역 역사 알림 전시 패널 만들기(82~83쪽), "일본군 '위안부' 문제 해결을 위한 프로젝트 학습"을 시도했다. 학생들이 교실 밖 역사를 직접 만나고, 다양한 역사들 속에서 자기 역사를 쓰는 체험이다. 학생들의 역사 학습이 다양한 과거 재현들 속에서 이루어진다는 점을 감안하면, 그리고 결국에는 학생이 자기 서사 형성이 중요하다는 점에서 평가할 만하다. 금성교과서도 교실 밖으로 나가 구술을 채록하고 이를 바탕으로 서사를 구성하는 활동을 담았으나, 교과서들은 주로

교실 밖에서 재현된 과거를 교실 안으로 들여오는 형식이다. 그런데 오래전부터 시도됐던 다양한 아카이브 작업 성과 활용이나, 민주화 · 지방자치 · 발굴 확대를 계기로 전국적으로 박물관 · 기념시설이 만들어졌으며, 더욱이 많은 곳에서 디지털 전시도 활발해진 것을 감안하면, 또한 과거 재현을 둘러싼 논쟁이 자주 일어나는 점을 감안하면, 학생들이 교실 밖에서 할 수 있는 활동, 이를 통해 자기 서사를 구성하는 활동이 부족하다고 생각한다.

　방지원은 "미래의 역사교과서는 역사 지식을 전달하는 교과서가 아닌, 학생 스스로 지식을 만들어내도록 안내하는 교과서를 지향해야 한다"면서, '학습의 플랫폼으로서 교과서'를 제안했다. 또, 교육과정을 교과서 개발 지침으로 한정하지 않고, 역사 학습의 플랫폼으로 사유하는 외국 사례도 소개했다.[48] 나는 교육과정과 교과서 논의에서 새로운 상상력을 발휘해보자고 제안한 글에서, "학교 역사 수업, 그리고 교육과정을 하나의 플랫폼으로 생각 (중략) 교과서가 학교 밖의 다양한 자원을 교실 수업과 링크하는 것은 물론, 지역 · 시민적 삶을 적극적으로 교재화하는 가운데 교실 밖의 민감하고 논쟁적인 주제들을 교육적으로 다룰 수 있도록"하자고 제안한 바 있다.[49] 팬데믹을 거치면서 원격 학습이 수시로 이루어지고, 디지털 기기가 더 많이 보급된 점을 감안하면, 달라진 환경을 더 많이 담을 수 있도록 수업 · 교과서 · 교육과정을 바꾸어야 하지 않을까? '교실에 갇힌 역사교과서'가 아니라, 교실 수업과 교과서를 역사 학습의 플랫폼으로 바라보려는 발상, 이를 반영한 서술 형식의 개발이 필요하지 않을까? 교실 밖 과거 재현을 교실로 불러오고, 교실 수업을 학교 밖으로 확대해야 한다. 과거의 현재

---

48 방지원, 「민주화운동사의 교육적 가치를 살리는 교과서 구성」, 『민주화운동 관련 역사교과서 분석 및 서술방향 연구 최종보고서』, 민주화운동기념사업회, 2017; 방지원, 「역사 지식과 탐구 기술—호주의 절충」, 강선주 편, 『세계는 역사를 어떻게 교육하는가—9개국의 역사 교육과정 분석』, 한울아카데미, 2018.
49 김육훈, 「2015 교육과정 이후 역사교육을 위한 상상력—평화 · 민주주의를 지향하는 역사교육의 가능성」, 『역사교육논집』 74, 2020.

화가 대중의 지배적 역사 인식에 터하면서 그걸 강화하는 방향으로 작동한다는, 정치적으로 이를 이용하는 자들에 의해 혐오 선동에 악용됐던 분명한 역사를 생각한다면, 역사교육의 위험성을 인식하고 그 속에서 길을 잃지 않도록 도울 수 있는 방안을 더 적극적으로 모색해야 한다.[50]

Ⅳ. 맺음말

우리 사회는 역사교과서 국정화 사건이란 미증유의 소동을 겪었다. 이 과정에서 국정화를 추진한 이들의 위험한 역사교육관이 가감 없이 노출됐고, 이에 맞선 이들은 다양한 각도에서 역사교육의 대안을 탐색했다. '논쟁성-논쟁성을 살리는 역사교육'은 이 과정에서 재발견된 개념으로, 다수의 역사교육자들이 이 개념을 바탕으로 논쟁적 수업을 실천했고, 대안적 역사교육을 설계할 원리 차원에서 논의했다.

이 글에서 사용한 '논쟁성을 살리는 역사교육' 개념은, 교육은 모든 학생의 차이를 전제하고 그들의 성장과 발달을 도모하는 일이란 걸 전제한다. 나아가 역사가 본질적으로 논쟁적이란 사실, 교실 역사가 다양한 과거 재현 형태들 중 일부로 존재한다는 사실을 바탕으로 역사학습이 설계되어야 한다는 뜻이다.

많은 사람들이 역사는 구성된 이야기란 말을 한다. 자료를 특정한 방식으로 분석하고 그 의미를 해석하여 이야기로 엮는 과정에서 현재의 역사가가 수행하는 중요한 역할 때문이다. 교과서는 역사 연구 결과를 바탕으로

---

50 그래서 이번 교과서들이 학생을 학교 밖 다양한 역사로 링크하지 못한 점이 아쉽다. 앞으로는 과거를 재현한 미디어/텍스트에서 길을 잃지 않는 법, 조금은 더 신뢰할 만한 역사 자료를 찾을 수 있는 법을 학습할 수 있도록 안내해야겠다.

구성되지만, 그 요약이라기보다 교육적 가치를 담은 적극적 구성물이다. 역사 이야기들에는 현재를 사는 주체들이 서 있는 처지나 그들이 상상하는 미래에 대한 상상이 포함됐으며, 학습자들도 자신 위치에서 미래를 상상하면서 학습한 역사를 전유한다. 구성된 이야기라 해서 지어냈다는 뜻이 아니다. 역사학은 나름의 방법론과 엄밀한 규칙이 있고, 역사교육은 연구 성과를 토대로 구성된다. 과거를 특정한 방식으로 전유하여 이익을 도모하려는 욕망이 사회 곳곳에서 꿈틀거릴 텐데, 역사교육자들은 이에 저항하면서, 학생들이 길을 잃지 않도록 안내해야 한다.

논쟁성은 역사가 구성된 이야기란 점을 인정하면서도 역사의 오남용을 경계해야 한다는 긴장을 담은 개념이다. 또한 역사의 방법론과 엄밀한 규칙을 배우면서도, 학습자 나름의 의미 형성과 가치 추구를 촉진한다는 긴장을 담은 개념이다. 역사교과서는 모순된 듯 보이는 이 상황을 다루어야 하고, 교사들은 수시로 갈등적 상황에서 수업을 설계한다. 이 같은 관점에서 역사교과서 서술 체제에 관한 몇 가지 제안으로 글을 맺는다.

먼저 역사 관련 과목은 모두 적절한 도입 단원을 두어야 한다. 학생들이 앞으로 공부할 '교과서 역사'가 어떻게 구성됐는지, 역사 학습의 의미가 무엇인지 스스로 생각할 수 있기 위해서다. 마무리 단원을 두는 것도 고려해 봄직하다. 역사−과거의 현재화가 너무 자주 오남용되는 시대를 살기 때문이다.[51]

둘째, 인간 삶의 다층적 차원을 보여줄 수 있고, 다양한 행위 주체를 드러낼 수 있는 서술 체제를 구상해야 한다. 자국사·지역사·세계사의 적절한 결합, 사회사 범주−행위자 관점을 살릴 수 있는 구성을 통해 가능하겠

---

[51] 역사교육에 대한 최근의 논의를 바탕으로, 도입 단원의 취지와 구성 방안을 본격적으로 논의한 방지원의 글 취지에 공감한다. 아예 도입 단원이 없거나, 수십 년째 카(E.H.Car)의 잠언에만 기댄 교과서가 다수란 점이 안타깝다. 방지원, 「역사 교과서 도입 주제 구성, 어떻게 할까−학생들에게 역사의 쓸모는 무엇인가」, 『역사교육연구』 41, 2022.

다. 나는 5~6차시를 하나의 학습 단위로 구성하는 중단원을 하나의 주제탐구로 구성하는 방식이 좋다고 생각한다. 해냄교과서의 유신 관련 서술, 방지원·윤세병 등의 공동연구에서 제안했던 틀을 참조하면 논의의 단서는 열 수 있다.

셋째, 역사교과서에 더 많은 논쟁을 실어야 한다. 교과서 서사는 논쟁적으로 구성되어야 하며, 역사적 사실의 습득과 이해를 통한 의미 형성과 자료 탐구를 통한 사고의 증진을 동시에 도모해야 한다. 과거 사실에 대한 현재 판단을 둘러싼 논쟁보다는 당대의 논쟁을 재연하는 형태가, 이항대립적 서사를 바탕으로 한 이분법적 논쟁보다는 다양한 행위 주체의 목소리를 살려내서 열린 토론으로 나아가기, 과거에서 손쉬운 결론을 얻으려 하기보다 과거인들이 남긴 말 속에 담긴 관점을 찾아내 그 의미를 탐색하는 활동이 더 많아지면 좋겠다.

넷째, 학생들이 갈수록 다양해지는 과거 재현들 속에서 길을 잃지 않도록, 학교 역사수업과 교과서가 역사학습의 플랫폼 역할을 할 수 있어야 한다.

교과서는 한 권의 역사책이다. 그러나 역사 연구 성과를 잘 간추려 제공하는 것이 목적은 아니다. 교과서는 학생 활동을 촉진하는 풍부한 자료집이면서, 수업 안내서란 기능을 갖는다. 그러나 교사의 훌륭한 수업을 가능하도록 편집된 교과서가 좋은 교과서지만, 둘이 꼭 같은 것도 아니다. 어쩌면 모두를 만족시킬만한 좋은 교과서가 없을지도 모른다. 많은 교사들이 저마다 자신과 오늘 만나는 학생이 함께 성장할 수 있도록 돕는 교사 자신의 교육과정을 갖는 것이, 교과서를 지향하는 N개의 교재가 개발되는 상황이 더 바람직할지 모르겠다. 굳이 교과서가 필요하다면, 바로 이 N개의 교과서로 가는 상상력을 줄 수 있고 여백을 남겨둔 그런 교과서가 아닐까?

| 참고문헌 |

1. 단행본

박중현 외, 『한국사』, 해냄에듀, 2019.

최준채 외, 『한국사』, 금성출판사, 2019.

전국역사교사모임, 『살아있는 한국사 교과서』 1·2, 휴머니스트, 2002.

전국역사교사모임, 『살아있는 세계사 교과서』 1·2, 휴머니스트, 2005.

김육훈, 『살아있는 한국근현대사 교과서』, 휴머니스트, 2007.

한중일3국공동역사편찬위원회, 『미래를 여는 역사』, 한겨레출판, 2005.

A/68/296, General August 2013, the Writing and Teaching of History(History Textbooks)

Council of Europe, Implications for Assessment, *Quality History Education in the 21st Century: Principles and Guidelines,* 2018

2. 논문

강선주, 「'다중시각의 역사 수업', 개념과 가치 충돌의 해결」, 『역사교육』 154, 2020.

강화정, 「'논쟁적 역사 수업'의 구성 원리와 실천 방안 탐색」, 『역사와교육』 14, 2016.

강화정, 「논쟁성에 기반한 역사 수업과 역사 교실의 변화」, 『역사교육연구』 37, 2020.

교육부, 모형단원 개발 보고서들, 2008.

김민정, 「역사교과서 체제에 대한 수요자의 인식과 개발 방향」, 『교육과정평가연구』 16-1, 2013.

김육훈, 「교과서 연구와 교과서 쓰기, 그리고 역사교육─『살아있는 한국사 교과서』를 중심으로」, 『전국역사교사모임 창립 20주년 기념 학술대회 자료집』, 2008.

김육훈, 「국정화 논란을 넘어 대화와 토론이 있는 수업으로」, 『역사와교육』 14, 2016.

김육훈, 「2015 교육과정 이후 역사교육을 위한 상상력─평화·민주주의를 지향하는 역사교육의 가능성」, 『역사교육논집』 74, 2020.

김진아, 「미국에서 논쟁 수업을 둘러싼 논의─민주주의 시민교육과의 관련성을 중심으로」, 『역사교육연구』 34, 2019.

김한종, 「쟁점 기반 해방 3년사 인식과 역사 학습」, 『역사와담론』 97, 2021.

김한종, 「다양한 관점으로 역사 보기 – 역사 학습을 위한 범주화」, 『역사교육』 160, 2021.

방지원, 「민주화운동사의 교육적 가치를 살리는 교과서 구성」, 『민주화운동 관련 역사교과서 분석 및 서술방향 연구 최종보고서』, 2017.

방지원, 「학습 내용 구성 관점에서 본 최근 역사교육의 민주시민교육 논의」, 『역사교육논집』 69, 2018.

방지원·윤세병 외, 「교육 자치 시대 민주시민교육을 위한 역사 교육과정 구성 방안 연구」, 2019.

방지원, 「2015 개정 교육과정 〈한국사〉 교과서들은 역사 학습의 '다원적 관점(multiperspectivity)'을 어떻게 담았는가?」, 『역사교육논집』 74, 2020.

방지원, 「역사 교과서 도입 주제 구성, 어떻게 할까 – 학생들에게 역사의 쓸모는 무엇인가」, 『역사교육연구』 41, 2022.

송상현, 「역사교육에서 역사교과서의 성격 규정 문제」, 『사회과교육』 51-2, 2012.

양정현, 「국사 교과서 국정 체제의 문제점과 대안 모색 –『살아있는 한국사 교과서』를 중심으로」, 『역사와 경계』 44, 2002.

이동기, 「징치 갈등 극복의 교육 원칙」, 『여사교육연구』 26, 2016.

이병련, 「역사교육에서의 다원적 관점 이론」, 『사총』 8, 2015.

장은주 외, 「왜 그리고 어떤 민주시민교육인가」, 경기도교육연구원, 2014.

3·1운동 사례를 통해 본 역사교과서의 시각과 구성에서의 변화 가능성 모색*

김정인

Ⅰ. 머리말

2007 개정 교육과정에서 처음으로 '동아시아사'가 고등학교 선택과목으로
채택되었다. 동아시아라는 지역사를 교과목으로 선택한 것도 새로웠지만
무엇보다 해방 이후 대부분 역사교과서가 통사적인 시계열적 흐름에 입각
해 서술되었던 것과는 달리 26개의 주제사로 구성한 점이 이목을 끌었다.[1]
6개의 대단원명은 시계열적 흐름을 따르면서도 해당 시대를 특징지을 수
있는 용어로 명시했고, 대단원 아래 배치된 26개의 주제는 단원에 해당하는
시기의 역사성을 가장 잘 드러낼 수 있는 보편적 역사 개념들로 선정했다.

〈표 1〉 2007 개정 교육과정 '동아시아사'의 주제사적 구성

대단원명	내용 요소(주제)
동아시아 역사의 시작	아시아의 자연환경, 선사 문화, 농경과 목축, 국가의 성립과 발전

---

* 이 글은 김정인, 「3.1운동 사례를 통해 본 역사 교과서의 시각과 구성에서의 변화 가능성 모
색」, 『사림』 78, 2021, 1~38쪽에 게재되었다.
[1] 정연, 「고등학교 〈동아시아사〉의 성격과 내용 체계」, 『동북아역사논총』 19, 2008, 27~31쪽.

3·1운동 사례를 통해 본 역사교과서의 시각과 구성에서의 변화 가능성 모색 ▌269

대단원명	내용 요소(주제)
인구 이동과 문화의 교류	지역 간 인구 이동과 전쟁, 고대 불교, 율령과 유교에 기반한 통치 체제, 동아시아 국제 관계
생산력의 발전과 지배층의 교체	북방 민족, 농업 생산력의 발전과 소농 경영, 문신과 무인, 성리학
국제질서의 변화와 독자적 전통의 형성	17세기 전후 동아시아의 전쟁, 은 유통과 교역망, 인구 증가와 사회경제·서민문화, 각국의 독자적 전통
국민 국가의 모색	개항과 근대 국민국가 수립, 제국주의 침략, 민족주의와 민족운동, 평화를 지향한 노력, 서구 문물의 수용과 변화
오늘날의 동아시아	전후 처리 문제, 동아시아에서의 분단과 전쟁, 각국의 경제 성장, 정치 발전, 갈등과 화해

　　동아시아사 교육과정에서 주제사적 구성을 채택한 데는 두 가지 이유가 있었다. 먼저 통사 체계로 구성해 한국, 일본, 중국, 베트남 4개국의 역사를 시계열적으로 가르칠 경우 학생들의 학습량 부담이 지나치게 많아진다는 것을 고려해야 했다. 역사교과서를 집필할 때면 늘 떨쳐 버릴 수 없는 '이 내용 요소는 꼭 알아야 하므로 넣어야 한다'는 강박증을 주제사적 구성으로의 전환을 통해 제어해보자는 발상이었던 것이다. 두 번째로는 역사학계 일각에서 제기된 '배경 – 전개 – 결과'라는 인과적 역사인식에 대한 문제제기를 반영한 것이었다. 역사를 과연 시계열적인 즉 인과적인 얼개로만 구성해야 하는가에 대한 문제제기는 일찍부터 제기되어 왔지만 1990년내 이후 역사학에 포스트모더니즘의 바람이 불면서 본격화되었다. 20세기에 한국에 뿌리내린 근대 역사학의 체계가 100년도 되지 않아 회의의 대상이 된 것이었다. 이러한 역사학의 고민이 동아시아사라는 신생 교육과정을 만드는 과정에서 주제사적 접근으로 반영된 것이었다. 그런데 '동아시아사'가 주제사적 구성을 시도한 이후에도 역사교육에서 역사의 주제사적 구성에 대해 논의가 본격화되지는 않았다.

　　이와 같은 주제사 중심의 동아시아사 교육과정을 만드는데 참여했던 필자는 역사학 분야에서는 민족주의적 역사상에 입각한 한국 근현대사를 민주주의적 관점에서 재해석하는 연구를 추진하고 있었다. 그리고 그 성과물로 한국 근현대 민주주의 역사를 주제사적으로 접근한 책을 집필했다. 19세기부터 1919년 3 · 1운동과 대한민국 임시정부 출범까지의 역사를 다룬 졸저인 『민주주의를 향한 역사』에서 민주주의 역사의 기원을 '인민, 자치, 정의, 문명, 도시, 권리, 독립'의 7가지 키워드로 살폈다.[2]

〈표 2〉『민주주의를 향한 역사』와 『독립을 꿈꾸는 민주주의』의 주제사적 구성

『민주주의를 향한 역사』	『독립을 꿈꾸는 민주주의』
1장 인민: 만민평등을 향한 해방의 길 1 노비 신분의 소멸 2 여성 해방의 서막 3 백정 해방을 위한 고투	1장 자치의 공간 1 주권 자치의 공간, 임시정부 2 자발적 결사체, 인민 자치 3 디아스포라의 공간, 결사와 자치의 삶
2장 자치: 종교가 꾸린 대안 공동체 1 천주교의 정착과 확산 2 동학의 탄생과 부흥 3 천도교, 식민권력 밖의 대안 공동체	2장 주체의 탄생 1 선봉대로서의 학생 2 노동자여 단결하라 3 여성으로서, 운동가로서 4 세대로서의 청년과 어린이
3장 정의: 공정하고 공평한 세상을 향한 100년의 항쟁 1 예고된 항쟁 2 홍경래 난, 항쟁의 불씨를 댕기다 3 1862년 농민항쟁, 인민은 정의를 원한다 4 동학농민전쟁, 국가를 향해 정의를 요구한 무장투쟁	3장 권리를 위한 투쟁 1 언론운동, 자유롭게 말할 권리를 달라 2 형평운동, 인간답게 살 권리를 위한 투쟁 3 교육운동, 차별 없는 배움의 권리를 찾고자
4장 문명: 신문과 학교에서 익히는 시민성 1 문명을 받아들이는 법 2 문명화의 지름길, 신문 3 문명이 삶이 되는 곳, 학교	4장 사상의 향연 1 민족주의, 저항의 절대동력 2 사회주의, 민족과 계급 사이에서 3 아나키즘, 제3의 사상 4 민주주의, 대안의 가치

---

2 1장은 '인민'을 키워드로 민주주의를 이끌어갈 주체인 만민평등의 인민이 탄생하는 과정에 주목했다. 노비와 여성 그리고 백정이 각기 결을 달리하며 추구한 해방의 과정을 살폈다. 2장은 '자치'를 키워드로 자치의 원리가 천주교와 동학이라는 평등지향적 종교 공동체 속에서 싹을 틔워가는 과정과 그 종교적 자치 경험의 변화 추이를 살폈다. 3장은 '정의'를 키워드로 인민이 국가를 향해 공정하고 공평한 세상을 요구하며 봉기한 농민항쟁과 농민전쟁을 살폈다. 4장은 '문명'을 키워드로 교 문명을 대신한 서양 문명이 문명 담론의 주도권을 장악하면서, 이 문명화를 이끌어갈 개화파가 권력 안에서 배태되고 인민이 신문과 학교라는 서양식 문물을 통해 민주주의 문화를 익히는 과정에 주목했다. 5장은 '도시'를 키워드로 서울의 도시화 현상 위에 자발적 결사체가 만들어지고 시위와 집회가 전개되는 양상을 분석하여 서울을 중심으로 시민 사회가 뿌리를 내리는 과정을 살폈다. 6장은 '권리'를 키워드로 신분을 벗어나 스스로를 다스릴 줄 아는 자율적 개인의 탄생과 인간의 권리로서의 인권과 인민의 권리로서의 민권이 어떤 의식화 과정을 거쳐 터를 잡아갔는지를 살폈다. 7장은 '독립'을 주제로 독립을 위한 방안으로 제기된 입헌군주제 담론과 운동의 좌절, 그리고 3 · 1운동을 거치며 민주공화정인 대한민국임시정부가 탄생하는 과정을 살폈다(김정인, 『민주주의를 향한 역사』, 책과함께, 2015, 10~11쪽).

『민주주의를 향한 역사』	『독립을 꿈꾸는 민주주의』
5장 도시: 자발적 결사체와 시위·집회 공간의 탄생 1 권력의 도시에서 인민의 도시로 2 결사체 시대의 막이 오르다 3 인민의 비폭력 저항, 시위와 집회	5장 법에 맞선 정의 1 고문을 이기고 옥중투쟁에 나서다 2 법정투쟁, 독립의지를 알리다 3 변호사, 사회운동가가 되다
6장 권리: 인권과 민권의 자각 1 개인의 탄생 2 인권의 시대가 오다 3 민권의 등장과 갈등	6장 비폭력의 연대 1 비폭력의 길, 반폭력의 길 2 연대만이 살 길이다 3 평화를 갈구하다
7장 독립: 민주공화정으로의 길 1 독립의 자각 2 입헌군주제의 꿈 3 민주공화정의 탄생	7장 해방, 민주주의가 살아나다 1 인민민주주의, 반빈수주의를 경계하라 2 '반공적' 민주주의: 민주주의 대 공산주의 3 신민주주의, 통합 가치로서의 민주주의

〈표 2〉에 나타난 것처럼 이 책은 1장 첫머리에 등장하는 1801년 공노비 해방에서 7장의 마무리인 1919년 대한민국임시정부의 탄생까지의 시기를 다루면서 7개의 주제를 역사적 흐름을 고려하여 배치했다. 하지만 주제에 따라 동일한 역사적 소재가 중첩되어 설명되기도 했다. 1920년대까지의 흐름을 서술한 경우도 있었다. 이러한 주제사적 구성에는 시계열적·인과적 시간과 횡적 사건들을 주제별로 엮어 재구조화하는 방식의 역사 연구를 시도해보고자 하는 의지가 담겨 있었다.

『민주주의를 향한 역사』에 이어 내놓은 졸저인 『독립을 꿈꾸는 민주주의』는 민주주의적 시각에서 3·1운동 이후 독립운동을 재구성했다. 이 책 역시 〈표 2〉에 보이는 것처럼 '자치, 주체, 권리, 사상, 정의, 연대, 해방'의 개념을 화두로 주제사로 구성했다.[3] 즉, 민주주의 관련 주제를 뽑아 독립운

---

3 1장 '자치의 공간'에서는 조선인들이 식민권력 '밖'에서 조선인만의 정부를 만들어 주권 자치를 꾀하고 의회와 정당을 비롯한 자발적 결사체와 자치공동체를 꾸려간 역사를 밝혔다. 2장 '주체의 탄생'에서는 3·1운동 이후 폭발적인 성장을 이룬 대중운동과 그 과정에서 새롭게 등장한 근대의 주체이자 대중운동의 주체인 학생, 노동자, 여성, 청년, 어린이에 주목했다. 3장 '권리를 위한 투쟁'에서는 조선인의 권리를 위한 투쟁이 식민권력의 독재와 전제에 맞서 스스로 주체로 나서고, '우리 안의 차별의식'을 극복하며, 빼앗긴 권리에 좌절하지 않고 대안을 마련하며 진행되었다는 사실에 초점을 맞춰 언론의 자유를 누릴 권리, 인간답게 살 권리, 교육받을 권리를 언론자유 수호운동과 형평사운동, 그리고 교육운동을 통해 살폈다. 4장 '사상의 향연'에서는 식민권력이 사상의 자유를 옥죄는 가운데서도 국내외에서 민족주의, 사회주의, 아나키즘, 민주주의 등 다양한 사상이 상호 논쟁을 벌이며 새로운 이론을 마련해 온 궤적을

동 관련 개별 사실들을 재배치하는 주제사적 서술 방식을 취했다. 이제껏 독립운동 연구는 한 사람의 인물 혹은 계파, 하나의 사건, 하나의 단체, 하나의 부문운동, 하나의 사상을 실증적으로 다루는 경향성`을 보였다. 이것들을 낱낱이 분해하여 주제사적인 접근을 통해 재배치하고자 했던 것이다.

이처럼 한국 근대 민주주의 역사를 주제사적으로 접근한 것은 역사 연구, 특히 한국 근대사 연구에서 압도적인 민족주의적 시각과 시계열적인 구성 원리에 대한 문제제기이기도 했다. 이러한 역사 연구의 시각과 구성에서의 나름의 도전의 시간은 해방 이후 일관되게 답습되어온 역사교과서의 민족주의적 시각과 시계열적·인과적 구성에 대해 의문을 품는 과정이기도 했다.[4]

이와 같은 필자의 동아시아 교육과정 개발과 민주주의 역사 연구 경험을 바탕으로 이 글에서는 먼저 해방 이후 시계열적·인과적 구성과 민족주의적 시각을 답습해온 역사교과서의 현실을 2011 개정 교육과정에 따라 2014년부터 2019년까지 고등학교에서 가르쳤던 8종의 한국사 교과서의 3·1운동 사례를 들어 살펴보고자 한다.[5] 한국사 교과서의 3·1운동 서술에 주목하게 된 것은 2019년에 출간한 졸저 『오늘과 마주한 3·1운동』을 집필할 때였다. 이 책

살폈다. 5장 '법에 맞선 정의'에서는 이제껏 독립운동 연구에서 범주화되지 않았던 인권과 관련된 사법 분야에 주목하여 독립운동가의 옥중투쟁과 법정투쟁, 그리고 독립운동을 변론하고 사회운동가로 활약했던 변호사들의 행적을 살폈다. 6장 '비폭력의 연대'에서는 독립운동에서의 비폭력과 반(反)폭력의 문제, 연대의 전통, 평화론과 반전운동 등에 주목했다. 7장 '해방, 민주주의가 살아나다'는 해방과 함께 식민권력의 혹독한 전제와 독재 속에서 조선인 사회가 독립운동의 원리이자 새로운 나라 건설의 이상으로 보듬고 키워왔던 민주주의가 햇빛을 보게 되면서 가장 뜨거운 시대의 화두가 되었다는 점에 주목하며 좌익과 우익, 그리고 중도세력의 민주주의 담론을 다뤘다(김정인, 『독립을 꿈꾸는 민주주의』, 책과함께, 2017, 7~9쪽).

4 민주주의적 시각에서 근현대사를 바라보는 것이 곧 민주주의 가치를 긍정하고 찬양하는 것에 기반한 것은 아니다. 오늘날 '민주화 이후 민주주의'는 미화나 찬양이 아니라 전면적인 성찰의 대상이 되었다. 하지만 한국 근현대 민주주의 역사를 서술하면서는 여전히 전통적인 민주주의 가치로서 통용되고 있는 개념들로 재구성하는 길을 선택했다(김정인, 앞의 책, 2015, 13쪽). 민주주의의 성찰적 가치에 대해서는 더 많은 고민이 필요해 보인다.

5 역사교과서의 3·1운동 서술을 분석한 연구성과는 다음과 같다. 최병택, 「해방 후 역사교과서의 3·1운동 관련 서술 경향」, 『역사와현실』 74, 2009; 조규태, 「『고등학교 한국사』 교과서의 3·1운동 서술의 체계와 내용」, 『한국민족운동사연구』 69, 2011; 김정인, 「3·1운동과 기억: 교과서로 익힌 상식을 돌아보다」, 『역사교육연구』 32, 2018; 최병택, 「3·1운동 관련 교과서 서술 변천 분석」, 『역사교육』 157, 2019.

역시 민주주의적 시각에서 주제사적으로 구성되어 있다. 그런데 집필 과정에서 살펴본 한국사 교과서의 3·1운동 서술은 민족주의적 시각에서 배경—전개—영향의 순으로 쓰였는데, 그와 같은 시각과 틀이 3·1운동의 내용 요소 선정과 서술에 제약으로 작용하고 있는 것은 아닌지 검토가 필요하다는 생각을 하게 되었다. 그러므로 이 글에서 3·1운동 연구의 산물인『오늘과 마주한 3·1운동』의 시각과 구성을 간단히 분석하고 이를 한국사 교과서의 3·1운동의 그것과 비교하고자 한다. 이를 통해 궁극적으로는 역사교과서의 시각과 구성에서의 변화 가능성에 대해 검토해보고자 한다. 이것은 해방 이후 시계열적·인과론적 구성과 민족주의적 서사에 의해 이뤄진 역사교육이 '역사는 암기과목'이라는 대중적 인식과 민족=선, 반민족=악이라는 강고한 도덕주의적 풍토를 만들어내면서 역사를 통해 자기 배려와 자기 성찰의 길을 여는 인문학으로서의 역능을 상실해가고 있는 것은 아닌가라는 물음에 대한 답을 찾기 위한 모색의 하나이기도 하다.

Ⅱ. 한국사 교과서의 3·1운동 서술의
시각과 구성에 대한 검토

이 장에서는 2011 개정 교육과정에 따라 2014년부터 2019년까지 검정으로 발행된 8종의 한국사 교과서(이하, '2011 한국사교과서')의 3·1운동 서술의 시각과 구성에 대해 검토해 보고자 한다.[6] 그런데 민족주의적 시각에 대

6 2015개정 교육과정에서 한국사 교과서는 국정으로 발행되었으나 2017년 5월 공식 폐기되었다. 그리고 2011년에 개정된 교육과정에 의거해 발행되어 2014년부터 현장에 적용된 한국사 교과서를 계속 사용하는 동시에 교육과정 개정에 착수해 2018년에 고시했다. 이에 따라 2021년 현재 고등학교에서는 1, 2학년은 2018 개정 교육과정에 따라 2020년부터 현장에 적용된 한국사 교과서를 배우고 있고 3학년은 2014년부터 적용된 한국사 교과서를 배우고 있다. 이 장

한 분석은 설명을 위해 필요한 경우에 국한하고자 한다. 3 · 1운동은 그 어떤 사건보다 민족주의가 혁명적으로 분출한 사건이므로 〈표 3〉의 소항목의 제목만 살펴도 민족주의적 시각이 분명하게 드러나기 때문에 새삼 강조할 필요가 없을 듯하다.

1. 3 · 1운동 서술의 민족주의적 시각과 시계열적 구성

먼저, '2011 한국사 교과서' 8종의 3 · 1운동 서술 구조를 소항목의 제목을 중심으로 살펴보면 〈표 3〉과 같다.

〈표 3〉 한국사 교과서의 3·1운동의 소항목 제목

교학사	국내외의 움직임/3·1운동의 전개와 일제의 탄압/3·1운동의 의의
금성	3·1운동의 배경/3·1운동의 전개/3·1운동의 의의
동아	나라 안팎에서 일제에 저항하다/국제 사회에 독립을 호소하다/만세의 함성이 온 나라를 뒤덮다
리베르	국내 비밀 결사운동이 전개되다/국내외에서 3·1운동의 기운이 무르익다/3·1운동의 물결이 전국으로 퍼지다/3·1운동이 독립운동의 분수령이 되다
미래엔	국제 질서, 변화의 조짐이 보이다/거족적 독립운동의 분위기가 무르익다/만세 시위가 전국으로 확산되다/무력 투쟁 운동으로 발전하다/민족의 정기를 빛낸 3·1운동
비상	[1] 독립만세운동을 준비하다: 1910년대 국내의 항일 민족 운동, 독립 선언의 움직임 [2] 독립 만세의 함성이 전국을 뒤덮다: 3·1독립선언과 만세시위, 만세 시위의 발전과 일제의 탄압, 3·1운동의 의의
씨마스	국외의 민족운동가, 한국의 독립을 선언하다/국내의 종교계 지도자, 만세 시위를 계획하다/독립을 선언하다/만세 함성이 전국으로 확산되다/국외 이주 동포도 독립 만세를 외치다/군대를 전면에 내세워 무력으로 탄압하다/한국인의 독립 의지를 전 세계에 알리다
천재	3·1운동의 배경/3·1운동의 전개/3·1운동의 의의
해냄	3·1운동의 배경은 무엇일까? 만세시위를 어떻게 준비하였을까?/만세시위는 어떻게 시작되었을까?/만세시위는 어떻게 전국으로 확산되었을까?/평화 시위는 왜 무력투쟁으로 바뀌었을까?/3·1운동은 역사에 어떤 영향을 미쳤을까?

에서는 8종의 교과서를 출판사명을 축약해 교학사, 금성, 동아, 리베르, 미래엔, 비상, 지학사, 천재로 호명하고자 한다.

소항목 제목을 다양한 방식으로 제시하고 있지만, 8종 모두 얼개는 금성이나 천재처럼 3·1운동의 배경, 3·1운동의 전개, 3·1운동의 영향·의의의 순으로 되어 있다. 해방 이후 역사교과서의 사건 서술 구조가 배경 – 전개 – 영향의 인과적인 시계열적 흐름에 입각해온 점이 그대로 반영되어 있는 것이라 할 수 있다. 또한 '일제의 탄압, 일제에 저항, 독립운동의 분수령, 거족적 독립운동, 민족의 정기, 항일 민족운동, 한국인의 독립 의지' 등 3·1운동에 대한 민족주의적 서사가 소항목 제목에서 그대로 드러난다.

3·1운동이 하나의 사건 항목으로 정립된 것은 제1차 교육과정에서였다. 다음은 제1차 교육과정에서 사용된 이병도의 『고등학교 1학년 국사』의 3·1운동 항목의 서술 내용이다.

> **삼일운동 [배경-필자]**일본의 무단 정치가 한국인을 질식 상태에 빠지게 하면서 그들의 야만적 탄압과 착취가 날로 더하매, 독립에의 열원이 민족 전체에 퍼지고, 국내, 국외 지사들의 움직임이 활발한 바 있었다. 이에 제1차 대진 후 미국 대통령 윌슨이 민족자결주의를 들어 약소 민족의 해방을 주창하매, 이것에 자극되어 삼일운동이 일어나게 되었다.
>
> **[전개-필자]**민족대표 손병희 등 천도교, 불교, 기독교 기타 단체에서 나온 33인은 전국적으로 각계 각층과 비밀리에 연락하여 독립운동을 일으킬 것을 결정하고 고종 국장일에 많은 사람들이 서울에 모이는 것을 기회로 하여, 1919년 3월 1일 서울 탑골공원에서 독립선언서를 선포하였다. 이에 대중이 독립 만세를 고창하며 일대 시위 행동을 일으키매, 이 운동에 전국에 퍼지고, 다시 수년 동안이나 계속되었다.
>
> **[의의와 영향-필자]**촌철을 갖지 않고 독립 만세의 고창으로서만 부르짖는 이 비장한 운동은 일본 경찰과 군대의 탄압으로 실패되고 말았다. 그러나 이 운동이 민족의식을 더욱 앙양하여 일제 탄압에 대한 반항의 용기를 고취하고, 정신적 무장을 새롭게 하였다. 마침내 1919년 4월에는 중국 상해에서 대한민국 임시정부가 수립되어 국내, 국외와 연락하면서 그 활동을 계속하였다. 당시 임시정부의 초대 대통령은 이승만 박사였다.[7]

3·1운동의 배경, 전개, 의의와 영향의 순으로 단락을 지어 서술하고 있음을 알 수 있다. 또한 3·1운동은 '민족의식을 더욱 앙양'하고 '일제 탄압에 대한 반항의 용기를 고취'한 대사건이라며 민족주의적 관점을 분명하게 드러내고 있다. 이때부터 역사교과서에서의 3·1운동에 관한 서술은 이 틀과 시각을 크게 벗어나지 않고 서술 내용의 양이 늘어나는 방식으로 변화를 해왔다. 민족주의적 시각에서 3·1운동의 배경, 전개, 영향과 의의의 순으로 배열된 '2011 한국사 교과서'의 내용 요소를 정리해 보면 〈표 4〉와 같다.

〈표 4〉 한국사 교과서의 3·1운동 서술 개요[8]

3·1운동의 배경	1917년 러시아혁명에 성공한 레닌은 식민지 민족해방운동에 대한 지원을 약속했다. 미국의 윌슨 대통령은 제1차 세계대전의 전후 처리를 위해 열린 파리강화회의에서 민족자결주의의 원칙을 제시했다. 이러한 세계적인 민족자결의 흐름은 식민 지배를 받던 약소민족에게 큰 희망을 던져 주었다. 국내외 독립운동가들도 국제 사회의 변화를 기회로 삼아 독립을 이루고자 했다. 중국 상하이에서 활동하던 신한청년당은 1919년 1월 파리강화회의에 민족대표로 김규식을 파견했다. 만주 지린성에서는 독립운동가 39인이 독립전쟁을 촉구하는 〈대한독립선언서〉를 발표했다. 일본에 건너간 한국인 유학생들은 1919년 2월 8일 도쿄에서 〈2·8독립선언서〉를 발표했다. 국내에서도 국제 정세 변화에 주목하며 독립운동을 준비하려는 움직임이 일어났다. 1월 말에 고종이 갑자기 서거하면서 일본이 독살했다는 소문이 퍼지는 가운데 천도교, 기독교, 불교 지도자들과 학생들이 독립시위를 모의했다. 고종의 국장일인 3월 3일에 즈음한 3월 1일에 독립선언을 발표하고 시위를 벌인다는 계획을 추진했다.
3·1운동의 전개	1919년 3월 1일, 손병희, 이승훈, 한용운 등 민족대표들은 본래 탑골공원에서 독립선언서를 발표할 계획이었으나, 시위가 과격해져 폭력사태로 번질 것을 우려하며 태화관에 모여 독립선언서를 낭독하고 만세삼창을 한 뒤 일본 경찰에 자진 체포되었다. 그 시각 탑골공원에서는 학생과 시민이 모여 독립선언서를 발표한 후 거리를 행진하며 대한독립만세를 외쳤다. 비슷한 시각에 평양, 원산, 진남포 등 전국 여러 도시에서도 독립선언식이 열렸다. 이후 시위는 순식간에 주요 도시로 확산되면서 모든 계층이 참여하는 민족운동으로 발전했다. 수많은 학교에서 동맹 휴학이 이어졌고, 상인들은 가게 문을 닫았으며, 노동자들은 파업을 감행했다. 3월 중순이 지나면서 만세시위가 농촌으로 확산되었다. 농촌의 만세시위는 주로 장날에 장터에서 시위대가 태극기를 흔들며 만세를 부르며 시작되었다. 하지만 헌병 경찰이 총을 쏘며 강제 해산을 시도하면 이에 맞서 폭력시위를 벌이는 경우가 적지 않았다. 이처럼 비폭력 평화시위는 점차 민중이 주도하는 폭력투쟁으로 발전해갔다. 1919년 3월부터 5월 사이에만 전국적으로 1,500여 회의 집회가 열렸고, 200만 명 이상이 시위에 참가했다.

7 이병도, 『고등학교 1학년 국사』, 일조각, 1956, 187~188쪽.

	중국, 러시아, 미국, 일본 등 세계 각지에 흩어져 살던 한인도 독립시위에 나섰다. 서간도의 삼원보를 시작으로 만주, 연해주 지역에서 대규모 시위가 이루어졌다. 미국의 필라델피아에서는 미주 지역 동포들이 모여 한인 자유대회를 열었다. 일본의 도쿄, 오사카 등에서도 유학생들이 독립만세를 외쳤다. 조선총독부는 3·1운동에 관해 사전에 아무런 정보도 입수하지 못했을 뿐만 아니라, 예상조차 하지 못했다. 일본은 군대와 헌병경찰을 동원해 무자비한 탄압으로 대응했다. 수많은 한국인 희생자가 속출했다. 일본군이 마을 사람들을 교회 건물 안에 모아놓고 출입구를 막은 채 사격을 가한 다음 불태워버린 수원의 제암리 학살 사건이 대표적인 예이다.
3·1운동의 영향	3·1운동을 계기로 민주 공화제의 대한민국 임시 정부가 수립됨으로써 19세기 후반부터 이어져 온 근대 국민 국가 수립 운동이 첫 결실을 맺었다. 또한 민족운동의 주체가 학생, 농민, 노동자 등으로 확대됨으로써 다양한 민족운동을 전개할 수 있게 되었다. 3·1운동 이후 만주와 연해주에서는 무장 독립군의 활동이 활발해졌다. 3·1운동을 계기로 일본은 군부의 영향력을 줄이고 내각의 책임을 강화하는 방향으로 식민지 운영 방식을 바꾸었다. 조선총독부는 헌병과 경찰을 앞세운 헌병경찰제도를 보통경찰제도로 개편하며 무단통치를 포기했다. 또한, 한글신문의 간행을 허용하고 한국인에게 집회·결사의 자유를 부분적으로 인정했다. 이러한 유화적인 식민지배 방식을 '문화통치'라고 부른다. 세계사적인 측면에서 3·1운동은 제국주의 침략에 맞서 인류의 자유와 정의, 평등과 평화를 지향한 인도주의 운동이었다. 이러한 점은 세계 약소민족의 독립운동에도 큰 영향을 끼쳐, 중국의 5·4운동과 인도의 비폭력 불복종운동, 베트남과 필리핀의 독립운동 등 아시아 여러 지역에서 일어난 반제국주의 민족운동에 영향을 주었다.

한국사 교과서가 검인정이고 8종임에도 불구하고 시각과 틀에서 차이를 보이지 않는 만큼 교과서들의 3·1운동 서술의 구성과 내용 요소는 〈표 4〉로 정리될 만큼 대동소이하다. 제1차 교육과정 시기로부터 60년이 넘는 세월이 흘렀지만 민족주의적 인식과 인과적인 서술의 틀은 존속하면서 다만 〈표 5〉와 같이 새로운 내용 요소가 덧붙여졌을 뿐이다.

〈표 5〉 제1차 교육과정기와 2015개정 교육과정기 교과서의 3·1운동 서술 개요

	제1차 교육과정기	2015 개정 교육과정기
3·1운동의 배경	○ 윌슨의 민족자결주의	○ 레닌과 윌슨의 민족자결주의 ○ 2·8독립선언 ○ 고종 사망/독살설

---

8 김정인, 『오늘과 마주한 3·1운동』, 책과함께, 2019, 231~232 · 242~244 · 259쪽을 편집해 인용함.

	제1차 교육과정기	2015 개정 교육과정기
3·1운동의 전개	○ 종교계 주도의 독립선언식 ○ 만세시위의 전국 확산 ○ 일제의 탄압 ○ 제암리 학살 사건	○ 종교계와 학생계의 모의 ○ 3월 1일 민족대표의 독립선언식과 탑골 공원의 만세시위 ○ 3월 1일 서울 외 도시에서의 만세시위 ○ 만세시위의 전국 확산: 도시에서 농촌으로, 비폭력에서 폭력투쟁으로, 일제의 무력진압과 제암리 학살사건
3·1운동의 영향	○ 거족적 시위 ○ 대한민국임시정부 수립	○ 무단통치에서 문화통치로 ○ 대한민국임시정부 수립 ○ 중국의 5·4운동 등 세계 민족운동에 영향

이와 같은 내용 요소의 증가는 역사학계의 3·1운동을 포함한 한국 근대사 연구성과의 축적에 힘입은 것이라 할 수 있다. 하지만 연구성과의 반영이 민족주의적 시각과 배경 – 전개 – 영향이라는 인과적 틀의 변화없이 이루어지면서 이 틀에 포섭될 수 있는 역사적 사실과 해석만이 덧붙여질 수밖에 없었을 것이다.

2. 3·1운동 서술의 민족주의적 시각과 시계열적 구성에 따른 문제점

해방 이후 한국사 교과서의 발행체제가 검정(제1차 교육과정~) – 국정(제3차 교육과정~) – 검정(2007 개정 교육과정~) – 국정(2015 개정 교육과정~) – 검정(2018 개정 교육과정)을 거치면서 3·1운동의 경우 일단 교과서에 들어간 역사적 사실과 해석은 이후 교육과정의 변화에도 불구하고 거의 예외없이 반복 서술되는 경향을 보였다. 2000년대에 들어와 본격적인 검정 시대에 들어오면서는 한국사 교과서 상호 간에 역사적 사실과 해석을 참조해 서술하는 경향까지 나타났다. 이 과정에서 1990년대 이후 한국 근대사 연구가 본격화되면서 역사학계에서 이뤄진 3·1운동에 대한 사실과 해석이 제대로 반영되지 못하는 현상도 일어났다. 시각과 틀을 바꾸지 않는 한, 내용 요소에 대해서는 관행적인 덧붙임이 있었을 뿐이었던 것이다. 여기서는 8종 교과서를 중심으로 민족주의적 시각과 시계열적 구성에 따르는 관성이 낳은 문제점을 3·1운동의 배경, 전개, 영향이라는 기존의 인과적 틀을 따라가며 짚어보고자 한다.

3·1운동 배경에서는 첫째 사실 오류임에도 정정되지 않은 채 반복적으로 잘못 서술된 사례로 윌슨의 민족자결주의에 대해 살펴보자. 윌슨의 민족자결주의에 대해서는 8종의 교과서가 빠짐없이 서술하고 있다. 하지만 윌슨의 민족자결주의가 파리강화회의 이전인 1918년 1월과 2월에 걸쳐 제창된 사실을 명확하게 서술한 교과서는 없다.[9] 교학사, 미래엔, 비상, 지학사, 천재의 경우는 '파리강화회의에서 윌슨이 민족자결주의를 제창, 제시, 주장했다'고 하여 마치 파리강화회의에서 윌슨이 처음 민족자결주의를 제기한 것처럼 서술하고 있다. 리베르는 윌슨의 민족자결주의 제창에 대해서는 '제1차 세계대전이 끝날 무렵'이라고 하여 비교적 정확히 서술했으나, 러시아와 미국 순으로 이어진 민족자결 원칙의 천명을 선후를 바꿔 설명하고 있다. 그런데 제7차 교육과정 개정에 따라 검정으로 발행된 고등학교『한국근현대사』가 나오기 전까지 '윌슨이 파리강화회의에서 민족자결주의를 제창했다'고 서술한 교과서는 없었다. 2000년대에 들어와 처음 발행된『한국근현대사』중 천재 교과서가 "전후 문제를 처리하기 위해 파리강화회의가 개최되고, 그 원칙으로 미국 대통령 윌슨이 민족자결주의를 제창하였다"[10]라고 서술한 이래 이 부정확한 사실은 정정되지 않은 채 오히려 확산되는 경향을 보였다. 앞서 2009 개정 교육과정에 따라 발행된 검정 6종의

---

9 1917년 11월 러시아혁명 직후인 12월 29일 러시아 외무상인 트로츠키는 민족자결주의에 관한 논평을 담은 선언을 발표했고, 이어 영국 수상 로이드 조지가 1918년 1월 5일 민족자결주의와 관련된 선언을 했다. 그리고 1918년 1월 8일 미국 상하양원 합동회의에서 윌슨 대통령이 민족자결주의에 관한 내용을 포함된 14개조에 대한 연설을 했다(김승렬,「윌슨의 민족자결주의와 조선의 3·1운동:『한국사』의 서술 분석」,『역사교육연구』14, 2011, 282쪽). 그중 제5조가 민족자결의 원칙을 담고 있었다. 윌슨 대통령은 1918년 2월에 다시 4개 원칙을 선언하는 등 그 해 9월까지 27개 조항을 만들어 독일에 평화안을 제시했다. 이에 독일이 이를 수용하고 연합국이 해양의 자유와 독일의 배상 문제를 뺀 나머지 조항을 수용함으로써 1918년 11월 11일 휴전협정이 체결되었다. 그런데 정작 파리강화회의 과정에서 윌슨의 민족자결주의는 부차적인 문제로 밀려나 제대로 관철되지 못했다.
10 김흥수 외,『고등학교 한국근현대사』, 천재교육, 2004, 178쪽.

한국사 교과서(이하, '2009 한국사교과서') 중에서도 4종이 이와 같은 오류를 반복했다.[11]

<표 6> 한국사 교과서의 윌슨의 민족자결주의에 대한 서술 내용

○ 1917년 러시아혁명을 일으킨 레닌은 전 세계 약소민족의 해방을 지원하겠다고 선언하였다. 1919년 미국 윌슨 대통령은 파리강화회의에서 민족자결주의를 제창하였다(교학사, 252쪽).

○ 러시아혁명 후 레닌은 식민지 피압박 민족의 해방 운동을 지원하겠다고 선언하였고, 미국 대통령 윌슨도 민족자결주의를 주창하였다(금성, 307쪽).

○ 1917년에 러시아혁명 지도자 레닌은 식민지, 반식민지의 민족 해방을 지원하겠다고 약속하였다. 이어 미국 대통령 윌슨도 '식민지나 점령 지역의 피지배 민족에게 자유롭고 공평하고 동등하게 자신들의 정치적 미래를 결정할 수 있는 자결권을 인정해야 한다.'라고 선언하였다. 이에 힘입어 피압박 민족들은 독립을 이룰 수 있겠다는 희망을 갖게 되었다(동아, 221쪽).

○ 제1차 세계대전이 끝나갈 무렵 미국의 윌슨 대통령이 제창한 민족자결주의는 식민지와 반식민지 민족들을 크게 고무하였다. 게다가 사회주의 혁명의 성공으로 등장한 소련의 레닌도 식민지 민족 해방을 돕겠다는 내용의 민족자결의 원칙을 천명하였다(리베르, 283쪽).

○ 제1차 세계대전 뒤처리를 위해 모인 파리강화회의에서 미국 대통령 윌슨이 민족자결주의를 제시하였다. 이에 앞서 러시아에서 혁명이 일어나 역사상 최초의 사회주의 국가가 등장했는데 혁명을 이끈 레닌은 반제국주의를 내세우며 식민지 약소민족에 대한 지원을 표방하였다(미래엔, 258쪽).

○ 1917년 러시아혁명에 성공한 레닌은 식민지의 민족해방운동을 지원하겠다고 선언하였다. 이어 제1차 세계 대전의 전후 처리를 위해 열린 파리강화회의에서 미국의 대통령 윌슨이 민족자결의 원칙을 제시하였다(비상, 284쪽).

○ 1918년에 제1차 세계대전이 끝나고 이듬해 파리강화회의가 열렸다. 이때 미국의 윌슨대통령이 전후 처리를 위한 원칙으로 민족자결주의를 제시하였다. 이에 앞서 러시아혁명에 성공한 레닌도 식민지 민족 해방운동을 지원하겠다고 선언하였다(지학사, 291쪽).

○ 러시아혁명 이후 레닌은 식민지와 반식민지의 민족 해방 운동을 지원하겠다고 선언하였고, 미국 대통령 윌슨은 파리 강화 회의에서 민족자결주의를 주장하였다(천재, 246쪽).

그런데 2018 개정 교육과정에 따라 2020년부터 고등학교에 가르치고 있는 한국사 교과서(이하, '2018 한국사교과서') 8종[12]에서는 파리강화회의에서 윌슨이 민족자결주의를 제창했다는 잘못된 서술이 완전히 사라졌다. 해냄의 경우는 최근의 연구성과를 반영해 민족자결주의가 구체적으로 한국의 독립운동에 어떤 영향을 미쳤는지를 서술하고 있다.[13]

---

11 김정인, 앞의 논문, 164쪽.
12 이 장에서는 8종의 교과서를 출판사명을 축약해 금성, 동아, 미래엔, 비상, 씨마스, 지학사, 천재, 해냄으로 호명하고자 한다.
13 정병준, 「3·1운동의 기폭제」, 『역사비평』 119, 2017, 251쪽.

한국 지식인들은 민족자결주의에 깊은 관심을 가졌다. 이런 상황에서 미국 대통령 특사가 전후 강화 회의에 대한 설명을 위해 중국 상하이를 방문하였다. 독립운동가들은 미국 특사를 만나 독립운동 지원을 요청했고, 그는 이에 긍정적인 태도를 보였다.[14]

둘째 이미 일찍이 통설이 된 역사학의 연구 성과가 제대로 반영되지 않으면서 오류를 되풀이한 사례로는 대한독립선언서 발표가 있다. 8종 중 7종이 대한독립선언서 발표를 3·1운동의 배경으로 설정하고 있다. 금성만 대한독립선언서를 언급하지 않고 있다. 그런데 천재는 1918년에 발표되었다고 서술하고 있고 리베르와 비상은 1919년에 발표한 것으로 보고 있다. 하지만 역사학계에서는 1980년대 말부터 대한독립선언서는 대한독립의군부의 주도하에 독립운동가 39명이 1919년 3월 11일 혹은 중순에 발표된 것으로 보는 것이 통설이다.[15] 즉 3·1운동 과정에서 나온 독립선언서의 하나이지 3·1운동의 배경에 해당되지 않는다는 것이다.

〈표 7〉 한국사 교과서의 대한독립선언서 발표에 대한 서술 내용

○ 만주에서는 독립운동가 39명이 육탄혈전을 결의한 대한독립선언서를 발표하였고(교학사, 252쪽)
○ 만주에서는 민족 지도자 39인이 독립 전쟁을 촉구하는 대한독립선언서를 발표하였다(동아, 221쪽).
○ 1919년 2월에 만주 지린에서 만주와 연해주, 중국, 미국 등 국외에서 활동 중인 독립운동가 39인의 명의로 작성된 대한독립선언서(무오독립선언서)가 발표되었는데, 여기서 39인은 외교가 아닌 전쟁을 통해 독립을 쟁취할 것을 주장하였다(리베르, 283쪽).
○ 만주에서는 독립운동가 39명이 대한독립선언을 발표하여 일제에 대한 육탄 혈전을 결의했고
○ 만주 지린성에서는 국외에서 활동 중인 민족지도자 39인이 독립전쟁을 촉구하는 대한 독립선언서를 발표하였다(비상, 285쪽).
○ 만주에서는 독립운동가 39명이 대한독립선언서를 발표하여 일제에 대한 무장투쟁을 결의하였다(지학사, 291쪽).

---

14 박중현 외, 『고등학교 한국사』, 해냄, 2020, 168쪽.
15 이윤상, 『3·1운동의 배경과 독립선언』, 한국독립운동사연구소, 2009, 184쪽; 송우혜, 「대한독립선언서(세칭 무오독립선언서)의 실체―발표 시기의 규명과 내용 분석」, 『역사비평』 1988년 여름호, 176쪽.

○ 대한독립선언서: 무오년(1918)에 발표되어 무오독립선언서라고도 한다/만주 지린(길림)에서는 해외 각지에서 활동하고 있던 독립운동가의 명의로 무장 투쟁의 노선을 담은 대한독립선언서가 발표되었고(천재, 246쪽)

그런데 '2018 한국사 교과서' 중에 대한독립선언서 발표를 3·1운동의 배경으로 다룬 경우는 여전히 존재하지만 동아, 비상, 지학사 등 3종에 불과했다.

셋째, 역사학 연구에서 통설이라기보다는 특정한 주장임에도 한국사 교과서에서의 비중이 점점 커지고 있는 사례로는 고종 독살설이 있다. '2011 한국사 교과서' 8종 중에서 6종이 고종의 죽음을 다루고 있다. 그중 비상을 제외한 5종이 독살설을 서술하고 있다. 고종 독살설은 해방 직후부터 교과서에 등장했다. 하지만 3·1운동의 배경으로 고종의 죽음을 본격적으로 서술한 것은 1980년대에 나온 국정 교과서였다.

> 1919년 1월, 고종 황제의 죽음은 한민족이 일제의 억압에 대항하여 거족적인 민족 독립 운동으로 폭발할 수 있는 분위기를 만들어 주는 계기가 되었다.[16]

이후 1990년대에 나온 국정 교과서에서는 고종의 죽음 자체를 아예 다루지 않았다. 그런데 2007 개정 교육과정에 의해 검정으로 발행된 6종의 『한국근현대사』 중 미래엔에서 "고종 황제가 서거하자 일제가 독살하였다는 소문이 퍼져 국민들이 분노"[17]하게 되었다며 고종독살설을 다시 언급했다. 천재는 1910년대 일본의 식민 통치에 대한 불만이 고종의 급서를 계기로 폭발한 것이 3·1운동이었다고 서술했다.

---

16 문교부, 『고등학교 국사(하)』, 1982, 131쪽.
17 한철호 외, 『고등학교 한국근현대사』, 미래엔컬처그룹, 2003, 159쪽.

국내에서 독립운동이 준비되고 있을 때인 1919년 1월 21일 고종 황제가 갑자기 사망하였다. 고종 황제의 죽음은 일제 식민지 통치에 대한 불만에 불을 댕기는 계기가 되었다. 당시 한국인들은 일제의 강압적인 무단 통치와 토지조사사업 등 식민지 수탈로 인해 고통을 받고 있었다. 이러한 불만이 고종 황제의 죽음을 계기로 폭발하게 되었고, 3·1운동에 온 민족이 참여하는 계기가 되었다.[18]

'2009 한국사 교과서' 6종 중에는 미래엔만이 "고종 황제가 서거하자 일제가 독살했다는 소문이 퍼져 국민들이 크게 분노하였다"[19]라고 하여 위와 동일한 내용을 서술했다.

그런데 '2011 한국사 교과서' 8종 중 6종에서 고종의 죽음을 서술했고, 그중 비상을 제외한 5종이 고종독살설을 다뤘다. 교학사와 금성은 아예 고종독살설을 특별코너를 다루고 있다. 리베르의 경우는 분노의 주체로 통상 식민지 시기 서술에서는 사용하지 않는 '백성'이라는 신분제적 용어까지 사용했다. 비상은 '승하'라는 봉건적 개념을 사용해 고종의 죽음을 서술했다.

그런데 '2018 한국사 교과서' 중에서 고종의 사망을 서술한 교과서는 6종이고, 이중 고종 독살설을 명기한 경우는 금성, 동아, 미래엔, 씨마스, 해냄 등 5종에 달해 역사학이 고종 독살설이 3·1운동의 배경으로서 갖는 의미를 부각하지 않는 것과는 달리 교과서에서는 점차 주요 원인의 하나로 자리를 잡아가고 있음을 알 수 있다.

그런데 역사학계에서도 일부 학자들이 고종독살설을 주장하고 있다. 이태진은 고종이 1907년 헤이그평화회의에 밀사를 파견한 것처럼 윌슨의 민족자결주의 제창에 비슷한 행동을 할 것을 우려해 독살했다고 해석하기도 한다. 하지만 이미 1917년 순종이 일본을 방문함으로써 대한제국의 구황실

---

18 김흥수 외, 앞의 책, 178~179쪽.
19 한철호 외, 『고등학교 한국사』, 미래엔컬쳐, 2011, 234쪽.

〈표 8〉 한국사 교과서의 고종의 죽음/독살설에 대한 서술 내용

이야기 한국사　고종의 망명 시도와 독살설

1910년 국권 피탈 이후 해외로 망명한 여러 독립운동 단체들이 고종의 망명을 시도하였다. 고종이 망명한다면 이 병합이 대한 제국 황실의 자유로운 의사와 합법적인 절차에 따라 이루어지지 않았음을 의미하는 것으로, 일제는 고종을 철저히 감시하였다.

몇 차례의 망명 시도가 실패로 끝났으나, 1918년 이회영 가문에 의해 다시 고종의 망명이 추진되었으며, 고종은 이때 망명을 결심하였는데, 당시 일제는 고종의 뜻과는 반대로 세자 영친왕을 일본의 왕족인 이방자와 혼인시키려 하고 있었다.

고종의 급서로 망명은 성사되지 못하였다. 이후 고종이 독살되었다는 소문이 전국적으로 퍼져 나갔다. 일제는 고종 급서의 원인이 뇌일혈이었다고 하였다. 그러나 고종이 사망하기 전날 밤 숙직한 인물은 친일파 이완용과 이기용이었으며, 이들이 윤덕영, 한상학을 시켜 두 궁녀로 하여금 밤참에 독약을 넣었다는 등 구체적인 정황까지도 알려졌다. 그리고 이후 두 궁녀는 의문사하였다.

(교학사, 252쪽)

○ 1919년 1월 21일 대한제국의 황제였던 고종이 급서하였다. 고종의 갑작스러운 죽음을 둘러싸고 퍼진 독살설은 일제의 압제 아래 신음하고 있던 조선민중들이 만세 시위에 적극 참여하는 중요한 계기가 되었다.

더 알아보기

고종 독살설

고종의 사망 원인에 대한 의혹은 1919년 1월 22일 조선 총독부의 발표 직후부터 제기되었다. 그것은 건강하던 고종이 갑자기 사망하였다는 점, 조선 총독부의 발표가 사망한 날이 아닌 그 다음 날 있었다는 점, 시신 상태가 자연사로 보기 어려웠다는 소문에 기인한 것이었다. 또한 1월 18일부터 시작되었던 파리강화 회의와 1월 25일 거행될 예정이었던 영친왕과 나시모토노미야 마사코(이방자)의 가례 사이에 고종이 사망하였다는 점도 고종 독살설을 증폭시켰다.

이러한 이유로 뇌일혈에 의한 사망이라는 조선 총독부의 공식 발표가 있었음에도 불구하고 '고종 독살설'은 조선 민중들에게 광범위하게 퍼져 나갔다. 고종의 정확한 사인을 단정하는 것은 힘들지만 사실 여부와는 무관하게 '독살설'이 조선 민중을 만세 시위로 이끈 하나의 계기였던 것은 사실이다.

고종의 장례 행렬

(금성, 307쪽)

○ 고종이 갑자기 서거하자 일제가 고종을 독살하려는 소문이 퍼지면서 백성들의 분노가 들끓게 되었다(리베르, 284쪽).
○ 고종 황제가 서거하자 일제가 독살했다는 소문이 퍼져 국민이 크게 분노하였다(미래엔, 258쪽).
○ 고종이 갑자기 승하하면서 민족의 반일 감정이 고조되었다(비상, 285쪽).
○ 국내에서는 1919년 1월 고종이 사망하자, 독살되었다는 소문이 퍼지면서 한국인들의 분노가 커졌다(천재, 246쪽)

이 일본 황실에 복속되는 모습을 연출했던 일본 정부가 대내외적으로 중요한 시기에 고종을 굳이 암살해야 할 정치적 이유는 전혀 없었다.[20] 이처럼

고종은 독살당하지 않았다는 게 역사학계의 정설임에도 불구하고 역사교과서가 불충분한 근거에 기반한 고종독살의 '설', 즉 야사를 비중있게 다루고 있는 것이다.

3·1운동의 전개와 관련해 역사학계의 통설과 달리 관성적으로 반복되는 있는 오류로는 두 가지 사례를 들 수 있다. 첫째, 3·1운동의 모의 과정에 대한 서술에서 8종 교과서 모두에 오류가 있다. 역사학계에서 일찍부터 자리 잡은 3·1운동 준비과정에 관한 통설[21]이 교과서에 제대로 반영되지 않고 있다. 교학사, 금성, 동아, 리베르, 미래엔, 비상 등은 종교계와 학생들이 모의 단계부터 연계한 것처럼 서술하고 있다. 금성은 종교계와 학생계가 단일한 지도부를 구성했다고 단언하고 있다. 동아에서는 종교계와 학생계가 하나의 원칙을 공유한 것처럼 서술하고 있다. 리베르는 3월 1일 탑골공원 독립선언식에 종교계와 학생계가 합의한 것처럼 기술하고 있다. 게다가 종교계나 학생계가 세운 적이 없는 전국적인 시위 계획을 언급하고 있다. 비상교육에는 종교계와 학생 대표들의 비밀 모임까지 등장한다. 기미독립

---

20 "고종황제의 죽음은 일본 내각 총리대신 데라우치 마사다케가 지시하고 조선총독 하세카와가 지휘하여 감행"되었다고 하는 주장은 일진회를 이끌었던 송병준이 전해준 이야기를 일본 궁내성 제실회계심사국 장관 쿠라토미 유조(倉富勇三郎)가 쓴 1919년 10월 26일 일기에 근거한 것이다(이태진, 「고종황제의 독살과 일본정부 수뇌부」, 『역사학보』 204, 2009, 449쪽). 금성에서는 '1월 18일 파리강화회의 개막과 1월 25일 거행될 예정이었던 영친왕과 나시모토노미야 마사코와의 결혼식 사이에 고종이 사망한 것이 고종독살설을 증폭시켰다'고 서술했지만, 일본이 승전국으로 참여하는 파리강화회의가 1월 18일 개막하고 영친왕이 일본 황녀와 결혼하는 국가적 행사를 앞두고 일본 총리대신이 나서서 고종을 독살할 가능성은 거의 없었다(윤소영, 「한일 언론 자료를 통한 고종독살설 검토」, 『한국민족운동사연구』 66, 2011, 215~216쪽).

21 3·1운동의 준비과정에 관한 역사학계의 통설은 다음과 같다. 3·1운동은 종교계와 학생계가 별도로 준비를 하고 있었다. 종교계는 천도교가 주도적인 역할을 하며 일원화, 대중화, 비폭력화의 3대 원칙을 수립하고 기독교 측에 제의하여 양자는 2월 24일에 연합했고 그 직후에야 불교계를 끌어들였다. 학생계는 3월 5일 독자적인 시위를 계획했으나, 종교계의 3월 1일 독립선언식 준비 소식을 듣고 급히 가담하기로 결정하였다. 그리고 2월 28일 천도교계, 기독교계, 불교계가 전국에 기미독립선언서를 배포할 때 학생계가 적극 도왔다. 그런데 그날 저녁 손병희의 집에서 23명의 민족대표가 모였을 때, 박희도, 이갑성이 학생들이 다음날 민족대표들이 준비한 탑골공원에서의 독립선언식에 참여한다고 알리자 민족대표들은 자신들이 그 자리에서 경찰에 체포될 경우 폭력사태가 일어날 것을 우려하며 태화관으로 독립선언식 장소를 바꾸었다(김정인, 「1919년 3월 1일 만세시위, 연대의 힘」, 『역사교육』 147, 2018, 388~392쪽).

〈표 9〉 한국사 교과서의 3·1운동 모의과정에 대한 서술 내용

○ 천도교, 불교, 기독교 등 종교계와 학생들은 독립선언서를 만들고 독립선언식과 시위운동을 준비하였다. 손병희, 한용운, 이승훈 등 종교계 인사들로 구성된 민족대표 33인과 학생들은 고종의 인산일에 많은 군중이 모일 것을 예상하고, 대규모 시위를 통해 민족의 독립의지를 전 세계에 알릴 것을 계획하였다. (중략) 이들은 독립선언서를 낭독하고 만세시위를 함으로써 조선의 독립국임과 조선인의 자주민임을 전 세계에 알리고자 하였다(교학사, 252쪽).
○ 다양하게 준비되던 시위 계획은 종교계와 학생계가 단일한 지도부를 구성하면서 급진전되었다. 지도부는 '일원화'와 함께 대중화와 비폭력을 만세시위의 원칙으로 정하였다(금성, 308쪽).
○ 국내에서는 1919년 1월 무렵부터 손병희, 이승훈, 한용운 등 종교계 지도자와 학생들이 독립운동을 각각 준비하였다. 2.8독립선언을 계기로 힘을 합친 이들은 '파리 강화 회의에 독립을 청원하고 미국에 독립 지원을 요청하며, 국내에서 독립 선언을 통하여 독립을 획득한다'라는 방침을 정하였다(동아, 221쪽).
○ 민족대표들과 학생들은 고종의 국장일보다 이틀 앞선 3월 1일 정오에 탑골공원에 모여 독립선언서를 발표한 다음 전국적인 독립시위를 진행하기로 하였다(리베르, 284쪽).
○ 독자적으로 독립운동을 준비하던 천도교계, 기독교계와 학생들이 손을 잡았고 불교계도 가세하였다. 그리하여 종교계 인사들로 구성된 민족대표와 학생들은 군중이 많이 모이는 고종의 국장일에 즈음하여 대규모 비폭력 평화시위를 민족의 독립의지를 전 세계에 알릴 것을 계획하였다(미래엔, 258쪽).
○ 천도교, 기독교, 불교계 지도자들과 학생 대표들이 비밀리에 모임을 갖고 대대적인 만세시위를 계획하였다. (중략) 민족 대표 33인의 이름이 적힌 독립선언서와 태극기가 종교 단체와 학생 조직을 통해 서울과 지방의 여러 도시에 몰래 배포되었다…(비상, 285쪽).
○ 국내에서 천도교, 기독교, 불교 지도자와 학생대표들이 비밀리에 모여 거족적인 민족운동을 준비하고 있었다.(중략) 손병희, 이승훈, 한용운 등 민족대표들은 일원화, 대중화, 비폭력화의 원칙을 정하고 민족 대표 33명의 이름으로 독립선언서를 작성하여 전국 각지에 배포하였다(지학사, 292쪽).
○ 손병희와 이승훈 등 종교계 33인은 대중화, 일원화, 비폭력 등 만세 시위의 원칙을 정하였다(천재, 246쪽).

선언서는 2월 28일에 전국에 배포되었지만 태극기는 배포된 바 없는데 비상교육에서는 태극기도 배포된 것으로 서술하고 있다. 지학사와 천재에서는 천도교에서 수립한 3대 원칙을 천도교, 기독교, 불교를 대표한 민족대표들이 정한 것처럼 서술했다.

둘째, 1919년 3월 1일 민족대표가 태화관에서 치렀던 독립선언식에 대한 서술 역시 사실 오류가 반복되는 경향을 보여왔다.[22] 리베르, 미래엔, 비상,

---

[22] 앞서 언급했듯이 1919년 2월 28일 밤 학생들이 탑골공원에 나타난다는 소식을 들은 민족대표들은 독립선언식 장소를 태화관으로 옮기기로 했다. 3월 1일 오후 2시 민족대표들은 태화관에서 독립선언식을 가졌다. 먼저 독립선언서가 배포되었으나, 낭독하지는 않았다. 종로경찰서에 독립선언서를 전달할 인력거꾼을 보내고 늦은 점심식사를 하던 중 경찰들이 달려왔다. 이에 한용운이 무사히 독립선언서를 발표하게 된 것을 축하하는 연설을 한 다음 다함께 일어

지학사에서는 태화관에서 독립선언서를 낭독한 것으로 서술했다. 비상, 지학사는 마친 태화관으로 장소를 옮긴 것이 3월 1일의 결정인 것처럼 서술했다. 미래엔과 천재의 경우도 그와 같은 오해를 불러 일으킬 소지가 있는 서술을 했다.

<표 10> 한국사 교과서의 민족대표의 독립선언식에 대한 서술 내용

○ 1919년 3월 1일 민족대표들은 태화관에서 독립선언식을 하였다(금성, 222쪽).
○ 손병희, 이승훈, 한용운 등 종교 지도자들로 구성된 민족대표 33인 가운데 29인은 경성 인사동의 태화관에서 독립선언서를 낭독하고 만세삼창을 부른 다음 독립선언의 소식을 알리고 일본 경찰에 연행되었다(리베르, 284쪽).
○ 1919년 3월 1일. 손병희, 이승훈, 한용운 등 민족대표들은 본래 탑골공원에서 독립선언서를 발표할 계획이었으나, 시위가 과격해질 것을 우려하여 태화관이라는 요릿집에 모여 독립선언서를 낭독한 후 체포되었다(미래엔, 259).
○ 1919년 3월 1일 민족대표들은 민중이 흥분하여 폭력 사태가 빚어질 경우 일본에 한국의 독립을 청원하기 어려워질 것이라 여겼다. 이에 민족대표들은 예정되었던 탑골공원 대신 태화관에 모여 독립선언서를 낭독하고 만세 삼창을 한 뒤 일본 경찰에 자진 체포되었다(비상, 286쪽).
○ 1919년 3월 1일 탑골공원에 예상보다 많은 사람들이 모여들자 민족대표들은 자칫 폭력사태가 일어날 것을 우려하여 장소를 바꿔 태화관에서 독립선언서를 낭독하였다(지학사, 292쪽).
○ 1919년 3월 1일, 독립선언시에 시명한 대표들은 시위가 과격해질 것을 우려하여 태화관에 모여 독립선언식을 가졌다(천재, 247쪽).

'2018 한국사 교과서'들을 살펴보면, 3·1운동의 모의과정과 관련해서는 여전히 오류가 반복되고 있다. 지학사는 종교계와 학생들이 전국적인 만세운동을 조직적으로 계획한 것처럼 서술하고 있다.

종교계 지도자들과 학생들은 고종의 국장일에 사람들이 모일 것을 예상하고 대규모 시위를 통해 한국인의 독립 의지를 세계에 알리고자 하였다. 이에 따라 전국적인 만세 운동을 계획하고 민족 대표 33인의 이름으로 독립선언서를 작성하였다.[23]

나 독립만세를 3번 외쳤다. 이후 자동차 1대로 여러 번에 나누어 타고 경무총감부로 연행되었다(박찬승, 『대한민국의 첫 번째 봄, 1919』, 다산초당, 2019, 190~192쪽).
23 송호정 외, 『고등학교 한국사』, 지학사, 2020, 174쪽.

또한 지학사는 "민족대표는 일원화, 대중화, 비폭력화라는 원칙을 정한 후 독립선언서를 작성하고 전국 각지에 배포하면서 전 세계에 우리 민족의 독립을 청원하고자 하였다"[24]라고 하여 천도교에서 정한 3대 원칙을 마치 민족대표들이 합의한 것처럼 서술했다. 또한 해냄은 "독립선언을 준비하던 민족대표와 학생 대표는 1919년 3월 1일 탑골공원에서 독립선언식을 하기로 약속하였다"[25]라고 서술했다. 3·1운동의 전개과정과 관련해서는 금성이 간명하고 정확하게 썼다.

> 1919년 3월 1일, 탑골 공원을 비롯하여 평양, 원산, 의주 등에서 만세시위가 일어났다. 시위는 전국으로 확산되었고, 참여한 계층도 학생·농민노동자·상인·교사 등 다양하였다. 학생들은 비밀결사를 조직하여 독립 선언서를 배포하거나 동맹 휴학 등을 이끌었다. 상인들은 가게 문을 닫으며 시위를 지지하였고, 노동자들은 동맹 파업을 단행하였다. 만주와 연해주, 미주 등 국외에서도 만세시위가 이어졌다. 이에 일제는 군대와 경찰을 동원하여 무력으로 시위를 진압하였고, 화성 제암리 등에서 무자비한 학살을 저지르기도 하였다.[26]

이처럼 3·1운동의 본령이라 할 수 있는 전개과정에 대한 서술에서의 오류의 반복재생산은 시각과 틀의 변화가 없는 상태에서 기존의 교과서나 다른 출판사에서 나온 교과서 등을 전거로 교과서를 집필하는 관행이 존재함을 보여주는 사례라 할 수 있다.

3·1운동의 영향과 관련한 서술에서는 민족주의적 시각이 특히 도드라진다. 먼저 3·1운동의 세계사적 의의에 대해서는 교과서 8종이 모두 본문과 특별코너 등을 통해 강조하고 있다. 그런데 3·1운동의 세계사적 의의에 대

---

24 위의 같음.
25 박중현 외, 앞의 책, 169쪽.
26 최준채 외, 『고등학교 한국사』, 금성출판, 2020, 178쪽.

해서는 사료가 뒷받침되지 않는 비역사적인 평가라는 비판이 있다. 중국의 5·4운동을 제외하고는 3·1운동이 약소민족해방운동에 영향을 끼쳤다는 사실을 입증하는 사료가 없다는 것이다. 인도의 사례로 네루의『세계사편력』과 타고르의 시「동방의 등불」을 교과서에서 많이 제시하는데, 그것들은 3·1운동에 대한 감동을 전할 뿐이다. 이를 근거로 3·1운동이 인도의 독립운동에 영향을 끼쳤다고 단언하기 어렵다. 그러므로 3·1운동의 세계사적 의의는 선구성이 아니라 동시성이라는 관점에서 바라볼 필요가 있다. 제국주의 시대의 약소 민족들이 민족해방운동의 경험을 공유하며 연대하고자 했던 흐름에 의의를 두어야 한다. 가령, 3·1운동이 5·4운동에 영향을 끼쳤듯이, 중국에서 5·4운동을 거치면서 만개한 신문화운동도 한국의 지식인들에게 큰 영향을 끼쳤다는 것이다.[27]

이런 점에서 동아처럼 선구성을 강조하거나, 교학사, 미래엔, 비상, 지학사, 천재처럼 '큰 영향(반향)'을 강조하는 흐름은 1980년대 국정 교과서에서 '선구적인 운동'이라는 표현을 쓴 이래 점차 강도가 세지면서 제7차 교육과정에 따라 발간된 검정『한국근현대사』부터 '많은(큰) 영향(자극)' 등이 표현이 본격적으로 등장하면서 고착화된 것이었다.

〈표 11〉 한국사 교과서의 3·1운동의 세계사적 의의에 대한 서술 내용

○ 3·1운동은 중국의 5·4운동과 인도의 반영운동 등 아시아 각국의 민족운동에 큰 영향을 주었으며, 세계사적으로도 높이 평가되고 있다(교학사, 254쪽).
○ 3·1운동은 제1차 세계대전 이후 승전국의 식민지에서 일어난 최초의 반제국주의 운동이자 중국의 5·4운동, 인도의 반영운동, 베트남의 독립운동 등 아시아 반제국주의 운동에 자극을 주었다(금성, 309쪽).
○ 3·1운동에 이어 중국에서 5.4운동이 일어나고 아시아 여러 민족들도 해방운동에 나섰다(동아, 222쪽).
○ 3·1운동은 세계 여러 약소민족의 반제국주의 민족운동에 큰 자극제가 되었다. 중국에서는 5·4운동이 일어났고 인도에서는 비폭력 불복종 운동이 전개되었다. 베트남, 필리핀 등 식민 상태에 있던 아시아 각국의 민족운동에도 큰 자극이 되었다(리베르, 285쪽).

---

27 한승훈, 「3·1운동의 세계사적 의의의 불완전한 정립과 균열」, 『역사와현실』 108, 2018, 238~240쪽.

○ 세계사적 측면에서 3·1운동은 제국주의 침략에 맞서 인류의 자유와 정의, 평등과 평화를 지향한 인도주의 운동이었다. 이러한 점은 세계 약소민족의 독립 운동에도 큰 영향을 끼쳐 중국의 5·4운동과 인도의 반영 운동 등에 영향을 주었다(미래엔, 260쪽).
○ 3·1운동은 아시아 각국의 민족운동에도 큰 영향을 주었다. 3·1운동은 중국의 5·4운동, 인도의 비폭력 불복종운동, 베트남과 필리핀의 독립운동 등 아시아 여러 지역에서 일어난 반제국주의 운동에 커다란 자극이 되었다(비상, 288쪽).
○ 3·1운동은 제1차 세계대전 전승국의 식민지에서 일어난 최초의 독립운동으로, 우리나라와 비슷한 처지에 있었던 다른 나라의 민족운동에 큰 영향을 끼쳤다. 중국에서는 베이징대학생들이 군벌타도와 반일을 주장하는 5·4운동을 일으켰고 인도에서는 간디가 비폭력불복종운동을 전개하였다. 또 베트남, 필리핀 등의 민족운동에도 커다란 자극을 주었다(지학사, 294쪽).
○ 우리 민족의 독립 의지를 세계에 알린 3·1운동은 국제적으로도 큰 반향을 일으켰다. 중국에서는 제국주의와 군벌에 반대하는 5·4운동이 일어났으며, 식민지 상태에 있던 아시아 각국의 민족 운동에도 커다란 자극을 주었다(천재, 248쪽).

'2018 한국사 교과서'에서는 3·1운동의 세계사적 의의와 관련해서 중국의 5·4운동과의 연관성을 더욱 강조하는 경향성을 보이고 있다. 미래엔처럼 세계사적인 의의를 언급하는 변화가 보이기는 하지만, 천재처럼 5·4운동과의 연관성을 강조하면서 3·1운동에 자극받아 5·4운동에 가담하는 사람이 많았다고 하는 증빙되기 어려운 부정확한 서술을 하는 경우도 있다.

> 3·1운동은 우리나라와 비슷한 처지에 있었던 여러 나라의 독립운동에 적지 않는 영향을 끼쳤다. 중국의 지식인들 사이에서는 3·1운동으로 표출된 한국인의 의지와 가치관을 목도하고 크게 공감하는 분위기가 확산되었다. 3·1운동에 자극을 받아 반일을 주장하는 5·4운동에 가담하는 사람도 많았다.[28]

또한 해냄은 3·1운동에 대해 '제1차 세계대전에 승리한 국가의 식민지에서 일어난 최초의 반제국주의 민족운동'[29]이라는 의의를 부여하고 있는데, 아직까지 역사학계에서 이러한 성격 논의를 본격적으로 제기한 바 없는 평가이다.

---

28 최병택 외, 『고등학교 한국사』, 천재교육, 2020, 183쪽.
29 박중현 외, 앞의 책, 171쪽.

3·1운동의 대표적인 영향으로 꼽는 대한민국 임시정부 수립은 인과적 틀에 의해 영향 부문에서 서술되면서 그 전사(前史)가 사라진 사례에 해당된다. 8종 교과서 모두 3·1운동을 '계기', '전기'로 대한민국임시정부가 수립되었다고 서술하고 있다. 교학사와 동아는 임시정부 수립운동이 마치 3·1운동의 영향으로 시작된 것으로 오해할 수 있는 서술을 하고 있다. 하지만 임시정부 수립운동은 1910년 대한제국이 멸망한 무렵부터 미국, 중국, 연해주에서 독립운동가들에 의해 지속되어온 운동이다. 3·1운동이 일어나기 나흘 전인 1919년 2월 25일에는 연해주에서 대한국민의회를 발족했고 공식적으로는 3월 17일에 출범했다.[30] 이처럼 1910년대 이래 이어져 온 임시정부 수립운동이 3·1운동 과정에서 결실을 맺게 되었다고 서술한 교과서는 없다. 마치 3·1운동이 계기가 되어 '조직적이고 체계적으로 독립운동을 이끌기 위한 지도부가 필요함을 절실히 느껴' 임시정부가 수립된 것으로 인과관계가 성립하도록 서술되어 있다.

'2018 한국사 교과서'에서도 3·1운동의 의의로 임시정부 수립을 강조하는 관점의 서술은 종전 교과서와 대동소이하다. 오히려 3·1운동을 임시정부 수립의 결정적 계기로 보는 인식을 더욱 강조하는 경향성이 나타나고 있다. 그리고 1910년대부터 지속되어온 임시정부 수립운동과 3·1운동의 관련성을 언급한 교과서는 한 종도 없다.

3·1운동은 지금도 새로운 연구 성과가 축적되고 있는 한국 근대사를 대표하는 역사적 사건이다. 그런데 한국사 교과서의 3·1운동 서술은 배경-전개-영향이라는 인과적 틀의 변화 없이 내용 요소와 해석이 덧붙여지고 민족주의적 서사가 점점 강조되면서 역사 연구의 성과가 제대로 반영되지 못하는 동시에 사실 구성과 해석에서 문제점을 드러내고 있다.

---

30 김정인, 앞의 책, 2015, 367~370쪽.

〈표 12〉 한국사 교과서의 대한민국 임시정부 수립에 대한 서술 내용

○ 독립운동가들은 3·1운동의 전개과정에서 민족의 의지를 하나로 모아 독립운동을 체계적이고 통일적으로 지도할 조직의 필요성을 절감하였다. 이에 독립운동가들은 1919년 4월 중국 상하이에서 독립운동을 이끌 대한민국임시정부를 수립하였다(교학사, 254쪽).
○ 운동의 전개 과정을 통해 통일적 지도부의 필요성과 공화주의에 대한 공감대가 형성되었고, 이러한 움직임은 공화주의에 입각한 대한민국 임시정부가 수립되는 토대가 되었다(금성, 309쪽).
○ 조직적이고 체계적인 독립운동을 위한 임시정부 수립에 영향을 미쳤다. (중략) 3·1운동을 계기로 나라 안팎에서는 독립 국가를 세우기 위해 임시정부를 수립해야 한다는 움직임이 본격적으로 나타났다. 조직적이고 체계적으로 독립운동을 이끌기 위한 지도부가 필요함을 절실하게 느꼈기 때문이다(동아, 222·224쪽).
○ 3·1운동을 계기로 국내외 민족운동이 활성화되면서 독립운동을 이끌 대한민국임시정부가 탄생하였다(리베르, 285쪽).
○ 3·1운동을 계기로 민주 공화제의 대한민국 임시정부가 수립됨으로써 19세기 후반부터 이어져 온 근대 국민 국가 수립 운동이 첫 결실을 맺었다(미래엔, 260쪽).
○ 독립운동을 이끌어 갈 통일된 지도부에 대한 필요성이 제기되어 중국 상하이에 대한민국임시정부가 수립되었다(비상, 288쪽).
○ 3·1운동은 독립운동에 중요한 전기를 마련하였다. 상하이에 대한민국임시정부가 수립되었고 (중략) 3·1운동을 계기로 민족의 의지를 하나로 모아 조직적이고 체계적으로 독립운동을 이끌어 나갈 지도부가 필요하다는 여론이 높아졌다. 이에 따라 국내외에서 임시정부가 수립되었다(지학사, 294~295쪽).
○ 3·1운동은 공화주의에 바탕을 둔 대한민국임시정부의 수립으로 이어졌으며(천재, 248쪽)

III. 민주주의적 시각과 주제사적 구성에 따른
3·1운동 연구 사례

필자가 2019년에 발간한 졸저 『오늘과 마주한 3·1운동』은 민주주의적 시각에서 주제사적 구성을 시도한 책이다. 여기서는 3·1운동의 역사를 '기억, 공간, 사람, 문화, 세계, 사상'이라는 개념을 화두로 재구성했다.[31]

---

31 먼저 공간을 다루면서는 그동안 분단의식에 가려 드러나지 않았으나 북부지방이 3·1운동의 전국화를 이끌었고, 이때부터 농촌이 아닌 도시가 시위를 촉발하는 공간으로 자리 잡았다는 데 주목했다. 사람이라는 코드로는 3·1운동을 통해 천도교가 한국인 사회 주류로 부상하고 학생과 여학생, 노동자와 농민이 저항주체로 탄생했다는 사실과 말 그대로 '누구나' 만세시위를 이끌고 참여하면서 3·1운동이 전국화·일상화되었다는 점을 다뤘다. 문화에서는 오늘날 저항문화의 기원으로서 비폭력평화시위로서의 만세시위, 다양한 인쇄매체와 태극기와 애국

공간 북부, 그리고 도시에서 발화하다	3·1운동을 잉태한 서울의 3월 1일 시위 3월 1일의 만세시위: 평양, 진남포, 선천, 의주, 원산, 안주 7개 도시 만세시위의 의미 만세시위의 발상지, 북부지방 도시가 시위를 촉발하다 시위가 농촌으로 번지다
사람 스스로 나서 함께 싸우다	천도교, 주류로 부상하다 학생, 역사에 등장하다 새로운 풍경, 여학생의 만세시위 만세시위에 나선 노동자와 농민 누구든지 조직하고 참여한다
문화 저항문화의 기원을 이루다	3·1운동의 발명품, 만세시위 지하신문, 3·1운동을 북돋우다 만세시위 확산의 수단, 등사기 시위의 신문화, 태극기와 애국가 연대의 문화가 수립되다 독립투사를 위한 법정투쟁이 시작되다
세계 만세시위를 바라보는 세 개의 눈	서양 열강이 주목한 제암리 학살사건 5·4운동 발발의 자극제가 되다 일본의 눈에는 폭동이었다
사상 민주주의, 평화, 비폭력을 외치다	독립선언서, 민주주의를 말하다 민주공화국으로 가는 길 민주공화국의 탄생 독립이 곧 평화다 비폭력의 저항정신이 빛나다

이 책의 민주주의 시각에 따른 주제사적 구성에서 알 수 있듯이 그 시각과 틀은 한국사 교과서의 그것들과 상당히 다르다. 우선 3·1운동의 전개에 해당하는 공간과 사람(주체)을 먼저 살피고 있다. 또한 3·1운동의 전개에 해당하는 제암리 학살사건, 영향에 해당하는 5·4운동과의 연관성 등을 당시 3·1운동을 바라보는 세계의 인식이라는 하나의 범주 안에서 분석하고 있다.

가의 등장을 살피고 한국인만의 독특한 연대 문화와 인권변론을 통한 법정투쟁도 3·1운동에서 본격화되었다는 점을 살폈다. 세계를 다루면서는 3·1운동에 전 세계가 열광한 것이 아니며, 각자 제국주의, 반(半)식민지 등의 처지에 따라 다르게 보았다는 점을 서양, 중국, 일본을 사례로 살폈다. 사상에서는 3·1운동이 지향했던 민주주의, 평화, 비폭력주의에 대해 다뤘다(김정인, 앞의 책, 2019, 8~9쪽).

무엇보다 문화와 사상의 경우는 이제껏 인과론적 구성의 한국사 교과서에서 제대로 다뤄 본 적이 없다. 그런데 바로 문화와 사상이야말로 3·1운동이 오늘과 맞닿은 살아있는 역사라는 역사상을 드러내 줄 수 있는 핵심적 주제이다. 민주주의적 시각에서 3·1운동의 저항 문화적 성격을 다룬 사례로 3장의 개요를 제시하면 다음과 같다.

> 평화시위라는 말이 더 이상 낯설지 않다. 촛불시민혁명은 전 세계를 놀라게 한 비폭력 평화시위였다. 많게는 하루에 200만 명이 거리로 쏟아져 나온 반정부운동이었지만, 폭력은 없었다. 매주 토요일마다 전국 곳곳에서 열린 집회에 모여든 사람들의 손에는 거리에서 받은 유인물이 쥐어져 있었다. 연설과 공연으로 어우러진 집회가 끝나도 사람들은 흩어지지 않았다. 촛불을 들고 구호를 외치며 거리행진을 벌였다. 100년 전 3·1운동 당시 만세시위라고 다르지 않았다. 만세시위에서 시위 주동자들은 사람들에게 태극기와 독립선언서를 나누어주었다. 시위대는 독립선언서를 낭독하고 연설을 듣고 독립만세를 외치는 순서로 집회가 끝나면 대형 깃발을 앞세우고 태극기를 흔들며 거리행진에 나섰다.
> 3·1운동 이래 저항 시위는 독립운동과 민주화 운동으로 이어졌다. 하지만, 저항 시위에서 특정한 지도자나 단체가 부각되는 경우는 거의 없었다. 3·1운동에서 강자인 제국주의에 맞서는 약자에게 연대는 절박한 문제였다. 그렇게 종교 연대, 종교와 학생 연대가 빛을 발한 3·1운동의 연대 문화가 오늘날까지 이어지고 있다. 독립운동과 민주화운동 재판에서 벌어진 법정투쟁도 피의자와 변호사가 함께 싸우는 일종의 연대투쟁이었다. 이 저항 문화의 기원에 3·1운동이 자리하고 있다.[32]

그런데, 사건의 배경 – 전개 – 영향이라는 인과적 구성은 시간의 흐름에 따른 추이, 즉 변화를 잘 보여준다는 고정관념이 있다. 하지만 인과적 구성은 하나의 사건의 추이를 잘 보여줄 수는 있으나 그 사건이 당대에 갖게 되

---

32 김정인, 앞의 책, 2019, 101쪽.

는 역사성, 즉 변화성을 드러내는 데는 일정한 한계를 갖고 있다. 3·1운동은 한국 근대사에서 1919년 이전 시간들과 단층을 이루었다고 평가할 만큼 결정적 변곡점이었다. 공간, 사람, 문화, 세계, 사상의 측면에서 새로우면서도 풍성한 역사 현상들이 출현했다. 그런데『오늘과 마주한 3·1운동』에 포함된 이와 같은 3·1운동의 제(諸) 현상 중에 이미 한국사 교과서에 단편적이고 분산적으로 서술되어 있는 것이 있더라도 인과적인 평면적 구성으로 인해 각각의 현상은 그 역사성을 제대로 표현하지 못한다.

1919년 3월 1일에 서울을 비롯한 7개 도시에서 일어난 만세시위에 대한 '2011 한국사 교과서'와『오늘과 마주한 3·1운동』의 서술을 통해 비교해보자. 1919년 3월 1일 만세시위는 서울, 평양, 진남포, 안주(평안남도), 선천, 의주(평안북도), 원산(함경남도) 등 7개 도시에서 일어났다. 오후 2시에 독립선언식이 열린 서울에 앞서 선천에서는 정오에, 평양에서는 오후 1시에 만세시위가 일어났다.[33] 이와 같은 7개 도시를 모두 나열한 한국사 교과서는 없다. 또한 서울을 제외한 나머지 도시가 모두 북부 지방에 자리하고 있는 것에서 알 수 있듯이 3·1운동이 초기에 북부지방을 중심으로 확산되었다는 사실을 서술한 교과서도 없다. 다만, 금성만이 서울과 함께 북부지방의 주요 도시에서 일어났다는 점을 명시하고 있다. 미래엔의 경우는 첫날 시위가 서울에서만 일어난 것으로 오해할 수 있는 서술을 하고 있다. 한편, 3월 1일 북부지방 6개 도시에서 일어난 만세시위는 다음날부터 바로 인근 지역으로 확산되어갔다. 3월 1일 이후 일주일간 전국 81개 지역에서 만세시위가 147회 일어났는데 주로 평안남북도와 황해도, 함경남도에서 일어났다. 그중 58개 지역이 평안남북도에 속했다. 3월 1일부터 2주간 전국에서 일어난 276회의 만세시위 중 70퍼센트가 넘는 시위가 북부지방에서 일어났다. 그리고 3월 중순 이후 중남부 지역으로 확산되어갔다.[34] 그런데 대부분 교

---

33 김정인, 앞의 논문(역사교육) 참조.

과서가 만세시위가 도시에서 농촌으로 확산된 점을 거론하지만, 북부에서 중남부로 확산된 사실을 서술하지 않고 있다.

〈표 14〉 한국사 교과서의 1919년 3월 1일 만세시위에 대한 교과서의 서술 내용

○ 1919년 3월 1일 경성을 시작으로 평양, 의주, 원산 등에서 독립선언식이 이루어졌으며(교학사, 253쪽)
○ 1919년 3월 1일 서울의 탑골공원을 비롯하여 북부지방의 주요도시인 평양, 원산, 의주 등에서 만세시위가 일어났다(금성, 308쪽).
○ 서울과 평양 등에서 시작된 시위는 전국적으로 빠르게 퍼져 나갔다(동아, 222쪽).
○ 평양, 진남포, 원산 등 지방의 주요 도시에서도 동시에 만세시위가 벌어졌다(리베르, 284쪽).
○ 비슷한 시간에 평양, 원산 등 각 지방의 주요 도시에서도 독립선언식이 열렸다(비상, 286쪽).
○ 여기에 대규모의 시민이 가세하여 서울은 만세소리로 뒤덮였다. 이렇게 시작된 만세시위는 순식간에 전국 주요 도시로 확산되었다(미래엔, 259쪽).
○ 평양, 원산, 의주 등 주요 도시에서도 동시에 시위가 전개되었다(지학사, 292-293쪽).
○ 서울 외에도 평양, 진남포, 원산 등 각 지방의 주요 도시에서 동시에 독립선언과 평화적인 만세시위가 전개되었다(천재, 247쪽).

그런데 '2018 한국사 교과서' 중에서 씨마스가 1919년 3월 1일에 일어난 만세시위에 대해 "같은 날 평양, 진남포, 안주, 선천, 의주, 원산 등 지방의 도시에서도 독립 선언과 만세시위가 있었다"[35]고 서술해 처음으로 서울과 함께 만세시위가 일어난 6개 도시를 모두 열거하고 있다. 또한 북부지방과 중남부 지방의 만세시위에 참여한 계층을 비교하고 북부에서 남부로의 만세시위의 확산 과정을 서술하고 있다.

북부지방의 만세 시위에는 기독교인과 천도교인이 많이 참여하였다. 중부와 남부 지방의 만세시위에는 고종의 장례식에 참여하고 귀향한 유림을 비롯한 지방의 유력 인사가 3월 중순부터 주도적으로 참여하였다. 만세시위는 3월 중순부터 4월 상순까지 절정에 달하였다.[36]

---

34 김정인, 앞의 책, 2019, 40~48쪽.
35 신주백 외, 『고등학교 한국사』, 씨마스, 2020, 178쪽.
36 위의 책, 178쪽.

3월 1일 서울, 평양 등에서 일어난 3·1운동은 3월 초순부터 북부 지방을 중심으로 전개되었다. 남부 지방에서도 점차 시위가 확산되었고, 3월 말~ 4월 초 전국에서 시위가 발생하였다가 이후 시위는 점차 줄어들어갔다.[37]

『오늘과 마주한 3·1운동』에서는 남북 분단으로 인해 잊힌 북부 지역 6개 도시에서 3월 1일에 일어난 만세시위를 분석하고 그동안 소외되었던 북부 지방에서의 만세시위를 조망하며 3·1운동의 공간을 온전하게 복원하고 그 의미를 되짚는다.

> 1919년 3월 1일에 서울에서만 시위가 일어난 줄 아는 사람들이 대부분이다. 서울이 3·1운동을 잉태한 곳은 맞지만, 이 날 서울 말고도 6개 도시에서 독립선언식과 만세시위가 일어났다는 사실을 아는 사람은 거의 없다. 여기 에는 아픈 분단의 역사도 영향을 미쳤다. 평양, 진남포, 안주, 의주, 선천, 원산. 이 6개 도시는 모두 북부지방에 자리하고 있다. 지금의 군사분계선 넘어 북녘 땅에서 1919년 3월 1일에 일어난 시위는 '눈에서 멀어진 만큼' 잊 혀 갔다. 6개 도시의 만세시위를 잇으면, 다음날부터 어떻게 만세시위가 전 국으로 확산되었는지를 설명할 수 없다. 3·1운동 100주년, 분단과 함께 역 사에서 지워진 공간인 북부지방의 3·1운동에 새삼 주목하게 된다.[38]

이처럼 인과적 틀을 벗어나 주제사적인 틀에 따라 3·1운동을 조망하고 민주주의적 시각에서 해석하는 과정을 통해 그동안 주목받지 못하고 소외 되거나 배제되었던 사실이나 해석이 서술되기도 하고 또한 한국사 교과서 속에서 나열적으로 존재하던 정세, 사건, 인물에 새로운 역사성을 부여할 수 있는 가능성을 찾을 수 있게 된다.

---

37 위와 같음.
38 김정인, 앞의 책, 2019, 15쪽.

Ⅳ. 맺음말

3·1운동에 대한 한국사 교과서의 서술은 역사 교육에서 사건사를 어떻게 바라보는지를 보여주는 거울이다. 역사교과서에서 사건사는 늘 배경-전개-영향이라는 시계열적·인과적 틀에 의해 서술되었다. 3·1운동이 대표적인 사례다. 더욱이 3·1운동은 민족사적인 대사건으로 민족주의적 시각에서의 서술을 대표하기도 한다. 이 시각과 틀은 제1차 교육과정기 이래 3·1운동 서술에서 일관되게 유지되었다. 이러한 시각과 틀의 고착화와 답습은 3·1운동에 대해 고정된 역사상을 주조하는 동시에 역사 연구에서 축적한 성과에 부주의하게 만드는 결과를 낳은 듯하다. 무엇보다 3·1운동의 전개와 관련된 오류가 아직까지 제대로 시정되지 않고 민족주의적 시각에서 3·1운동의 세계사적 의의를 강조하는 흐름이 점점 강화되면서 역사교과서에 서술된 3·1운동은 역사 연구가 생산하는 3·1운동과 사실과 해석에서 여전히 어긋남을 보이고 있다.

이 글에서는 이러한 민족주의적 시각과 인과적 틀에서 벗어나기 위한 단편적인 모색의 하나로 민주주의적 시각과 주제사적 접근을 통해 3·1운동을 조망하고 해석한다면 기존에 고정되었던 사실을 재해석하고 새로운 역사성을 부여하는 동시에 더욱 풍성한 사실과 해석에 입각한 3·1운동의 역사상을 마련하고 이를 가르칠 수 있는 가능성이 열릴 수 있음을 제시하고자 했다. 특히 필자의 역사 연구와 역사교육을 위한 활동 경험을 토대로 3·1운동이라는 사례를 통해 역사교육에서의 대안적 시각과 구성을 모색하고자 했다.

그런데 이러한 고민은 교과서를 통해 배운 인과적 틀이 '역사는 암기과목'이라는 대중적 고정관념을 낳으면서 역사교육이 역사를 통한 인문학적 성찰의 길로 이끄는 본연의 역할을 제대로 하지 못하는 현실에 대한 위기

감에서 나온 것이라 할 수 있다. 이 지점에서 대부분 인터넷 강의가 모든 역사를 원인과 결과로 묶어 암기해 수능, 한국사능력검정시험 등 시험에 대비하도록 구성되어 대중에게 공급되는 현실을 낳은 데에 역사교육의 책임은 없는 것인지 되묻게 된다. 만시지탄이지만, 이제라도 역사교육은 역사 교과서의 시각과 구성에서의 대안 마련에 적극 나서야 할 때인 듯하다.

| 참고문헌 |

1. 자료

김종수 외,『고등학교 한국사』, 금성출판사, 2014.

김흥수 외,『고등학교 한국근현대사』, 천재교육, 2004.

노대환 외,『고등학교 한국사』, 동아출판, 2020.

도면회 외,『고등학교 한국사』, 비상교육, 2014.

도면회 외,『고등학교 한국사』, 비상교육, 2020.

문교부,『고등학교 국사(하)』, 1982.

박중현 외,『고등학교 한국사』, 해냄, 2020.

송호정 외,『고등학교 한국사』, 지학사, 2020.

신주백 외,『고등학교 한국사』, 씨마스, 2020.

왕현종 외,『고등학교 한국사』, 두산동아, 2014.

이명희 외,『고등학교 한국사』, 교학사, 2014.

이병도,『고등학교 1학년 국사』, 일조각, 1956.

이윤상,『3·1운동의 배경과 독립선언』, 한국독립운동사연구소, 2009.

정재정 외,『고등학교 한국사』, 지학사, 2014.

주진오 외,『고등학교 한국사』, 천재교육, 2014.

최병택 외,『고등학교 한국사』, 천재교육, 2020.

최준채 외,『고등학교 한국사』, 리베르스쿨, 2014.

최준채 외,『고등학교 한국사』, 금성출판, 2020.

한철호 외,『고등학교 한국근현대사』, 미래엔컬처그룹, 2003.

한철호 외,『고등학교 한국사』, 미래엔컬처, 2011.

한철호 외,『고등학교 한국사』, 미래엔, 2014.

한철호 외,『고등학교 한국사』, 미래엔, 2020.

2. 단행본

김정인,『민주주의를 향한 역사』, 책과함께, 2015.

김정인,『독립을 꿈꾸는 민주주의』, 책과함께, 2017.

김정인,『오늘과 마주한 3·1운동』, 책과함께, 2019.

박찬승,『대한민국의 첫 번째 봄, 1919』, 다산초당, 2019.

3. 논문

김승렬, 「윌슨의 민족자결주의와 조선의 3·1운동: 『한국사』의 서술 분석」, 『역사
　　　교육연구』 14, 2011.

김정인, 「1919년 3월 1일 만세시위, 연대의 힘」, 『역사교육』 147, 2018.

김정인, 「3·1운동과 기억 : 교과서로 익힌 상식을 돌아보다」, 『역사교육연구』 32,
　　　2018.

송우혜, 「대한독립선언서(세칭 무오독립선언서)의 실체─발표 시기의 규명과 내용
　　　분석」, 『역사비평』 1988년 여름호, 1988.

윤소영, 「한일 언론 자료를 통한 고종독살설 검토」, 『한국민족운동사연구』 66,
　　　2011.

이태진, 「고종황제의 독살과 일본정부 수뇌부」, 『역사학보』 204, 2009.

정병준, 「3·1운동의 기폭제」, 『역사비평』 119, 2017.

정연, 「고등학교 〈동아시아사〉의 성격과 내용 체계」, 『동북아역사논총』 19, 2008.

조규태, 「『고등학교 한국사』 교과서의 3·1운동 서술의 체계와 내용」, 『한국민족운
　　　동사연구』 69, 2011.

최병택, 「3·1운동 관련 교과서 서술 변천 분석」, 『역사교육』 157, 2019.

한승훈, 「해방 후 역사교과서의 3·1운동 관련 서술 경향」, 『역사와현실』 74, 2009.

한승훈, 「3·1운동의 세계사적 의의의 불완전한 정립과 균열」, 『역사와현실』 108,
　　　2018.

이행기 정의의 관점에서 본 과거사 청산에 관한 서술*
: 고등학교 한국사 교과서를 중심으로

김정인

Ⅰ. 머리말

한국에서 과거사 청산은 1987년 6월 항쟁 이후 본격적으로 시작되었다. 2000년대에 들어와서는 동학농민전쟁부터 민주화운동에 이르기까지 과거사 전반에 대한 청산 작업이 정권 교체에 따라 부침하면서도 정부와 시민사회에 의해 꾸준히 이뤄졌다. 이는 과거사 청산에 대한 학문적 연구의 확장을 동반했다. 반면 교육계에서는 과거사 청산에 관한 교육에 적극적인 관심을 보이지 않았다. 그런데 2000년대에 들어와 역사교과서에도 과거사 청산에 대한 서술이 등장하기 시작했다. 특히 2016년의 국정화 파동, 2017년 박근혜 대통령 탄핵과 문재인 정부 탄생에 이어 2018년에 개정 고시된 교육과정에 따라 집필된 현행 고등학교 『한국사』교과서[1]는 종전 교과서와는

---

* 이 글은 김정인, 「이행기 정의의 관점에서 본 과거사 청산에 관한 서술－고등학교 한국사 교과서를 중심으로」, 『역사교육연구』 45, 2023, 7~54쪽에 게재되었다.

1 현재는 모두 9종의 고등학교 『한국사』 교과서가 사용되고 있다. 최병택 외, 『고등학교 한국사』, 천재교육, 2020; 박중현 외, 『고등학교 한국사』, 해냄에듀, 2020; 신주백 외, 『고등학교 한국사』, 씨마스, 2020; 최준채 외, 『고등학교 한국사』, 금성출판사, 2020; 송호정 외, 『고등학교 한국사』, 지학사, 2020; 노대환 외, 『고등학교 한국사』, 동아출판, 2020; 도면회 외, 『고등학교

달리 과거사 청산에 대해 비교적 충실히 서술하고 있다. 이는 '민주화와 함께 이루어진 과거사 청산의 흐름을 사례를 통해 보여준다'라고 하는 「집필기준」에 따른 변화이기도 하다. 1987년 6월 항쟁 이후의 역사가 역사교육의 대상 시기로 자리를 잡으면서 '민주화 이후 민주주의' 시대의 상징적 지렛대라 할 수 있는 과거사 청산 역시 현대사 교육의 범주 안으로 들어오는 변화가 일어난 것이다.

이와 같은 변화와 함께 아직 본격적이지는 않지만 과거사 교육에 대한 연구성과도 꾸준히 나오고 있다. 먼저 학교교육에서의 과거사 교육 수준의 미비를 지적한 연구들이 있다. 정호기는 5·18에 대한 과거사 교육을 분석하면서 여전히 우리 사회에서 과거사 교육의 수준이 낮다고 지적한다. 그러므로 과거사 청산 작업이 더욱 가치를 발하고 사회적으로 의미를 갖기 위해서는 과거사 교육이 가능하도록 다양한 제도와 장치, 구조의 정착이 시급히 이루어져야 한다는 것이다.[2] 한국전쟁기 민간인 학살에 대한 교과서 서술을 분석한 홍순권에 따르면 제7차 교육과정에서 처음으로 금성출판사의 『한국근현대사』가 민간인 학살이라는 과거사를 다루었다. 이는 민주화가 진전되는 가운데 진실화해위원회 등을 통해 진실규명이 이루어지면서 그것을 바탕으로 한 연구성과가 나왔기에 가능한 일이었다. 하지만 그는 2007 개정 교육과정 이후 보수정권이 들어서면서 과거사 청산에 대한 교과서 서술이 학계의 연구 성과에 비해 너무나 미흡한 수준에 그치고 있다고 비판하고 있다.[3]

둘째, 학교교육에서의 과거사 교육의 방향성에 대한 분석한 연구성과들

한국사』, 비상교육, 2020; 한철호 외, 『고등학교 한국사』, 미래엔, 2020; 이익주 외, 『고등학교 한국사』, 리베르스쿨, 2021. 본고에서는 각 교과서를 천재, 해냄, 씨마스, 금성, 지학사, 동아, 비상, 미래엔, 리베르 등으로 약칭해 서술하고자 한다.

2 정호기, 「과거사 교육의 중요성 인식과 제도의 형성 그리고 기념공간: 5·18민중항쟁을 중심으로」, 『시민사회와 NGO』 8-2, 2010, 104쪽.

3 홍순권, 「'과거사'의 진실 규명과 역사교육」, 『역사연구』 30, 2016, 193~194쪽.

이 있다. 최호근은 독일, 이스라엘, 미국의 홀로코스트 교육을 비교하면서 '우리 사회에 부담스러운 과거사 교육'을 위한 제안을 하고 있다. 그중 주목할 만한 제안은 과거의 부정적 유산도 평화로운 미래 사회 건설을 위한 자산이라는 인식을 시민사회가 공유하게 만드는 노력이 필요하고 이러한 기반 위에서 공교육 중심으로 과거사 교육이 시행되어야 한다는 것이다.[4] 방지원은 과거사 교육을 민주시민교육의 일환으로 파악하고 있다. 이에 따르면 과거사 교육은 사건의 진실된 실체를 기억하고 학생들 각자가 그 목격자로서, 역사적 판단의 주체로 서도록 할 수 있다. 또한 수업에서는 피해자에 공감하고 화해를 위한 연대 활동에 참여하도록 하고 재발 방지를 위해 미래 자신의 역할과 자신들이 만들어가는 사회상을 생각하며, 스스로 역사적 책임감을 가진 주체가 되도록 할 수 있다. 이런 의미에서 과거사 교육은 성찰적 역사교육의 일환이기도 하다.[5]

이처럼 과거사 교육을 미래 사회 건설을 위한 민주시민교육이자 성찰적 역사교육이라고 보는 연구성과가 나오기 시작하고 학교교육에서 배우는 교과서에 과거사 청산에 관한 서술이 늘어난 시점에서 본고는 고등학교 한국사 교과서에 실린 과거사 청산 관련 서술을 이행기 정의(transitional justice)의 관점에서 분석하고자 한다.

이행기 정의 개념은 제2차 세계 대전 이후 유럽을 재건하면서 지속적 평화를 달성하고자 하는 목표 아래 전범 처벌을 위한 정의 개념으로 탄생했다. 그리고 1980년대 그리스와 아르헨티나 군사정부 집권자들에 대한 재판이 진행되면서 민주주의로의 체제 전환을 포함하는 개념으로 확대되었다.[6]

---

4 최호근, 「부담스러운 과거사 교육의 효용과 전략-독일, 이스라엘, 미국의 홀로코스트 교육 비교」, 『역사교육』 120, 2011, 159쪽.

5 방지원, 「공감과 연대의 역사교육과 '과거사' 문제-성찰적 역사교육을 위한 시론」, 『역사교육 연구』 28, 2017, 144쪽.

6 최창영, 「한일 과거사 청산과 이행기 정의(transitional justice) 개념의 적용」, 『성균관법학』 23-2, 2011, 240쪽.

이러한 형성과정을 거친 이행기 정의는 식민과 전쟁, 독재의 과거사가 남긴 청산의 과제가 민주화 과정에서 본격적으로 제기된 우리의 현실에 부합하는 개념이라 할 수 있다.[7]

이행기 정의 개념에 대한 국내의 주요 연구성과를 살펴보면, 이재승은 과거사 청산에서 처벌과 배상이야말로 정의의 근본 요구라고 하면서 처벌적 정의와 배상적 정의에 주목한다.[8] 최창영은 이행기 정의에는 가해자에 대한 처벌이라는 응보적 측면, 피해자의 요구를 확인한다는 배상적 측면, 사회 구성원들이 과거의 범죄 행위에 대해 인지함으로써 정의를 상실한 사회를 재건하는 사회 재구성적 측면을 포함한다고 주장한다.[9] 이와 같은 이행기 정의에 대한 논의에 기반해 이영재는 과거사 청산에서 정의 회복을 상징하는 대표적인 세 개의 모델을 제시한다.[10] '정의 모델'(형사적 정의), '진실 화해 모델'(회복적 정의), '배상 모델'(배상적 정의)이 그것이다. 먼저 정의 모델은 사법적 응징을 통해 공동체의 공적이고 제도적인 정의를 실현하는 과거사 청산을 추구한다. 진실규명에 초점을 맞추는 진실 화해 모델은 사회적 기억을 복원하고 화해를 이끄는 과거사 청산을 지향한다. 배상 모델은 공동체의 공동 책임에 기초한 배상적 정의를 실현하는 과거사 청산을 목적으로 한다.[11]

이 글에서는 먼저 분석 준거가 되는 이행기 정의로서의 과거사 청산에 대한 이론적 검토를 하고 이를 기반으로 지금 고등학교에서 사용되고 있는 고등학교 한국사 교과서의 과거사 청산 관련 서술을 형사적 정의, 회복적 정의, 배상적 정의의 관점에서 재구성해보고자 한다. 교과서의 과거사 청산에 대한 서술에서 세 종류의 이행기 정의가 각각 어떤 내용과 비중으로 반

---

7 한성훈, 「과거청산과 민주주의 실현」, 『역사비평』 93, 2010, 117쪽.
8 이재승, 『국가범죄』, 앨피, 2010, 179쪽.
9 최창영, 앞의 논문, 2011, 243쪽.
10 이영재, 「이행기 정의의 본질과 형태에 관한 연구」, 『민주주의와 인권』 12-1, 2012, 126쪽.
11 위의 논문, 138~139쪽.

영되어 있는지를 살핌으로써 과거사 교육의 방향과 준거를 마련하기 위한 계기를 제공하고자 한다.

Ⅱ. 이행기 정의로서의 과거사 청산

제2차 세계대전 이후 과거사 청산에는 두 번의 변곡점이 있었다. 제2차 세계 대전 직후 추축국의 전쟁범죄와 인도에 관한 범죄를 처벌하고자 뉘른베르크 법정과 도쿄 법정을 설치한 것이 첫 번째 변곡점에 해당한다. 두 번째 변곡점은 1980년대 남아메리카에서 군정이 막을 내리고 동유럽에서 공산주의가 무너지고 남아프리카공화국에서 인종차별주의가 종식되면서 찾아왔다. 남아메리카에서는 군정이 도미노처럼 무너지면서 군사정부가 자행한 인권침해에 대한 과거사 청산이 시작되었다. 남아프리카공화국의 인종차별주의 종식은 아프리카 각국에서 식민지배와 군사독재 시절에 일어난 인권침해에 대한 과거사 청산으로 이어졌다.[12] 이처럼 과거사 청산이 두 번의 변곡점을 거치면서 부상하고 확장된 개념이 바로 이행기 정의이다.

1980년대 전후 세계적으로 많은 나라들이 독재에서 민주주의로 이행하는 과정에서 과거사 청산 문제는 직·간접적으로 민주주의적 행보에 영향을 미쳤다. 민주주의 체제로의 이행은 한편으로는 권위주의 유산을 정리하는 동시에 다른 한편으로는 민주개혁을 통해 시민권에 근거하여 민주적 질서를 수립하고 완성하는 과정이라 할 수 있다.[13] 바로 이 민주주의 체제로의 이행과정에 가해자에 대한 사법적 처벌, 가해자와 피해자 간의 화해, 피해

---

12 이재승, 앞의 책, 25~27쪽.
13 허상수, 「민주화와 이행기의 정의 그리고 인권 - 제주도민 피학살사건의 중대한 인권침해 죄상을 중심으로」, 『4·3과 역사』 9·10호, 2010, 330~331쪽.

자에 대한 배상과 외상 치료, 사회 통합을 위한 과거사 교육 등의 과거사 청산 노력이 수반되었다.[14]

한국의 과거사 청산도 독재에서 민주주의로의 이행 과정에서 비로소 제자리를 잡아갔다. 해방 이후 독재 시절을 거치면서 1948년의 반민족행위특별조사위원회 활동, 1960년 4·19혁명 직후의 한국전쟁 당시 민간인 학살에 대한 진상규명 요구, 1965년 한일협정 체결 전후의 식민지 유산 청산 요구 등은 모두 좌절되었다. 그리고 1987년 6월 항쟁 이후 비로소 과거사 청산이 본격화되었다. 1990년 보수대연합 이후 여당인 민자당이 날치기로라도 「광주민주화운동관련자 보상 등에 관한 법률」을 처리하지 않을 수 없을 만큼 과거사 청산에 대한 시민사회의 요구는 강력했다. 이에 힘입어 김영삼 정부는 전두환·노태우 전직 대통령에 대한 사법적 처벌을 단행했다. 2000년대에 들어와서는 김대중 정부 이래 과거사 청산 관련 특별법들이 제정되고 과거사 청산을 위한 기구들이 설립되었다. 이때 과거사 청산의 범위는 동학농민전쟁부터 민주화운동에 이르기까지 근현대사 전반을 포괄한 것이었다.[15]

앞서 언급했듯이 이행기 정의 개념은 1980년대를 전후해 세계적 차원에서 독재에서 민주주의로의 이행이 이뤄지면서 과거사 청산 문제의 부상과 함께 확산되었다. 이행기 정의 개념의 역사를 연구하는 페이지(A. Paige)에 따르면 이행기 정의 개념은 1983년 아르헨티나에서부터 시작되어 세계 여러 곳으로 확산된 민주주의 이행 경험에 기초하고 있다. 그는 1988년 11월 포드재단 후원으로 아스펜(Aspen) 연구소가 주최한 회의에서 로렌스 웨슬러(Lawrence Weschler)가 '민주화 이후 새로운 정권이 이전 정권의 범죄를 어떻게 다룰 것인가'라는 문제를 제기한 사실에 주목하고 있다. 그리고 '우간다, 아르헨티나, 한국, 칠레, 남아프리카공화국, 브라질, 필리핀, 우루과

---

14 최철영, 앞의 논문, 240~241쪽.
15 이영재, 앞의 논문, 122쪽.

이, 과테말라, 아이티 등에서 인권침해 문제를 어떻게 처리할 것인가'라는 과거사 문제를 해결하는 과정에서 이행기 정의를 구성하는 원칙들이 정립되었다고 주장한다.[16] 한국의 민주화 과정에서 이뤄진 과거사 청산 역시 이행기 정의의 원칙을 마련하는데 영향을 끼쳤다고 지적한 점이 눈에 띤다.

이와 같이 1980년대 전후 세계적으로 독재에서 민주주의로의 이행 과정을 겪으며 시민권을 획득하게 된 이행기 정의 개념이 한국에서 주목을 받은 것은 과거사 청산 작업이 본격화된 2000년대에 들어서이다. 2005년 친일반민족행위진상규명위원회와 진실화해위원회가 발족하면서 유럽이나 남미, 그리고 아프리카의 과거사 청산과의 비교연구가 활발해졌고 이행기 정의라는 개념도 대중화되었다.[17]

이행기 정의의 관점에서 이뤄지는 과거사 청산은 공동체 정의의 회복을 목표로 한다. 여기서 '이행기'는 체제 이행(regime transition)을 가리킨다. 곧 이행기 정의의 맥락에서는 민주주의 체제로의 이행을 의미한다. 한편 유엔 보고서에 따르면 정의는 '권리의 보호와 악행의 예방 및 방지의 공정성과 책임'을 뜻한다. 이행기 정의에 대해서는 '한 사회가 책임성 보장, 정의 실현, 화해 달성을 위해 취하는 (과거의) 대규모 잔혹 행위의 처리와 연관된 모든 과정과 메커니즘'이라고 명시하고 있다.[18]

이와 같은 이행기 정의는 각 나라의 역사적 배경과 정치사회적 여건에 따라 각각 다른 과거사 청산 모델을 통해 관철된다. 그중 대표적인 모델이 앞서 언급한 정의모델, 진실화해모델, 배상모델이다. 정의모델은 가해자의 사법적 처리에 주력하며 이에 부합하는 정의를 형사적 정의라고 한다. 진실화해모델은 공식적인 진상규명을 기반으로 사회적 기억의 복원과 화해를 추구하며 이에 부합하는 정의를 회복적 정의라 한다. 배상모델은 피해

---

16 정근식, 「5월운동의 성과와 한계」, 『경제와사회』 126, 2020, 16쪽.
17 위의 논문, 17쪽.
18 이병재, 「이행기 정의와 인권: 인과효과분석을 위한 틀」, 『국제정치논총』 55-3, 2015, 88~89쪽.

사에 대한 보상 및 배상을 통해 사회공동체의 공동 책임에 기초한 배상적 정의를 추구한다.[19]

형사적 정의는 가해자에게 형사책임을 묻는 정의다. 그러므로 형사적 정의의 실현 기구는 형사 법정이다.[20] 한국에서는 형사적 정의가 실현된 과거사 청산 사례로는 전두환과 노태우 재판이 유일하다.

회복적 정의는 가해자와 피해자, 공동체 간의 조화적 관계 회복에 초점을 맞춘다. 공식적인 조사를 통해 인권침해의 진상을 발견하고 화해를 추구하는 진실화해위원회는 회복적 정의를 구현하는 기구이다. 진실화해위원회는 형사처벌이 아니라 3C, 즉 개인의 정화(cleansing of individuals), 공동체 구축(community-building), 정치 변화의 공고화(consolidation of political change)를 추구한다. 구체적으로는 진실을 밝히고, 제도 개혁을 권고하고, 피해자에게 피해에 대해 발언할 기회를 부여하고, 그들의 사회적 명예를 회복시키고 합당한 배상을 제공하는 것을 목표로 한다.[21] 또한 진실화해위원회는 5가지의 기본 목표를 갖고 있다. 첫째 과거의 폐해를 찾아내 밝히고, 공식적으로 인정한다. 둘째 피해자들에 대한 대책을 마련한다. 셋째 정의를 바로 세우고 책임을 묻는다. 넷째 책임질 수 있는 제도적 장치를 마련하고 개혁안을 권고한다. 다섯째 화해를 촉진하며, 과거에 대한 갈등을 해소한다.[22] 대부분 나라가 진실화해위원회를 중심으로 과거사 청산을 수행했듯이, 한국 역시 진실화해위원회와 각종 진상조사위원회 등을 통해 진실규명과 명예회복에 집중했다는 점에서 회복적 정의의 추구에 초점을 맞춰 과거사 청산이 진행되었다고 할 수 있다. 이는 과거사 청산을 목적으로 제정된 법률들이 대부분 진상규명과 명예회복에 관한 것이라는 사실에서 잘 드러난다. 「거창사건

---

19 이영재, 앞의 논문, 137~138쪽.
20 이재승, 앞의 책, 31~32쪽.
21 위의 책, 33쪽.
22 프리실라 B. 헤이너 지음, 주혜경 옮김, 『국가폭력과 세계의 진실위원회』, 2008, 역사비평사, 65쪽.

등 관련자의 명예회복에 관한 특별조치법」(1996),「제주 4·3사건 진상규명 및 희생자 명예 회복에 관한 특별법」(2000),「의문사 진상규명에 관한 특별법」(2000),「민주화운동 관련자 명예회복 및 보상 등에 관한 법률」(2000),「일제강점하 강제동원 피해 진상규명 등에 관한 특별법」(2004),「삼청교육 대피해자의 명예회복 및 보상에 관한 법률」(2004),「군 의문사 진상규명에 관한 특별법」(2005),「일제강점하 반민족행위 진상규명에 관한 특별법」(2005),「5·18민주화운동 진상규명을 위한 특별법」(2018) 등이 이에 해당한다. 그런데 이러한 법률에 기반해 설치된 진상조사위원회에는 가해자에게 조사 협조를 강제할 권한이 부재했다. 그럼에도 진상조사위원회의 조사와 자료 수립 활동의 성과는 상당했다. 또한 국가정보원, 국방부, 경찰과 관련된 과거사를 조사하고자 시민사회의 전문가와 해당 기관의 내부 인사가 합동으로 진상조사위원회를 설치한 것은 국제적으로 드문 사례였다.[23]

　배상적 정의는 공동체 전체의 공동 책임을 효과적으로 추동하는 이행기 정의이다.[24] 국가범죄에 대한 형사책임은 가해자인 개인들에게 존재하지만, 배상책임은 국민 전체에게 존재한다. 배상적 정의의 실현은 피해자와 희생자에 대한 금전적 배상, 재산권의 회복, 직업 및 연금 제공, 혹은 장기적인 생계 대책 마련 등을 포함한다.[25] 배상은 피해자들이 입은 물질적인 측면의 상실을 만회해주고, 국가의 공식 사죄에 대한 증거가 되며, 잔학행위에 대한 경제적 대가를 지급함으로써 재발을 방지하는 확실한 보증이다.[26] 한국에서는 5·18민주화운동의 희생자·피해자에 대한 정부 주도의 배상이 이뤄진 이래 사법부의 재심 사건 무죄 판결에 따른 배상 등이 이어졌고 최근에는 4·3사건의 희생자에 대한 배상이 진행되고 있다.

---

23 이재승, 앞의 책, 42~43쪽.
24 이영재, 앞의 논문, 140쪽.
25 이병재, 앞의 논문, 95쪽.
26 이재승, 앞의 책, 188쪽.

이처럼 형사적 정의, 회복적 정의, 배상적 정의에 기반한 이행기 정의 관점에서 과거사 청산을 살핀다면 나라마다 처한 상황이 다르므로 한국의 경우도 다른 나라의 이행기 정의의 구현 과정과 차이를 보이는 부분도 있을 것이다.27 그럼에도 세계적인 민주주의로의 이행기를 맞으면서 보편적인 시민권을 획득하게 된 이행기 정의 관점에서 과거청산을 이해하는 것은 지구적이고 보편적인 차원에서 과거사 청산을 바라본다는 것을 의미한다.

Ⅲ. 이행기 정의의 관점에서 본 교과서의 과거사 청산 서술

고등학교 한국사 교과서의 과거사 청산에 관한 서술은 시기별로 분류하면 식민지기, 해방 이후, 1987년 6월 민주항쟁 이후로 나누어 살필 수 있다. 식민지기의 과거사 문제로는 친일파 청산 문제, 식민지배에 대한 사죄와 배상 문제, 일본군 '위안부' 문제, 강제 동원 문제 등이 서술되어 있다. 해방 이후 과거사 문제로는 4·3사건과 한국전쟁 전후 민간인 학살, 5·18민주화운동, 간첩조작사건 등 독재 정권에 의한 인권 침해 등이 서술되어 있다. 1987년 6월 항쟁 이후 시기에서는 주로 과거사 청산을 위한 정부 기구의 설립과 관련 활동을 다루고 있다.

본 장에서는 이와 같은 9종 교과서의 과거사 청산 관련 서술들을 이행기 정의의 관점, 즉 형사적 정의, 회복적 정의, 배상적 정의의 관점에서 분석하고자 한다. 이를 통해 보편적이고 실천적인 이행기 정의의 관점에서 과거사 청산 관련 서술에 개선할 점은 없는지 살펴보고자 한다.

---

27 위의 책, 29쪽.

1. 형사적 정의에서 본 과거사 청산 서술

형사적 정의와 관련되어 교과서에서는 정부 수립 직후 반민족행위처벌법에 의한 형사 처벌이 좌절된 친일파 문제, 전두환·노태우 등 5·18민주화운동의 학살 책임자에 대한 재판 등을 다루고 있다.

먼저 친일파 청산에 관한 교과서 서술 중 사법적 단죄와 그 좌절에 관해 서술한 부분은 다음과 같다.

〈표 1〉 친일파에 대한 사법적 단죄에 관한 서술

출판사	서술 내용
금성	친일파 청산은 대한민국 정부 수립 이후에 추진되었다. 제헌 국회는 「반민족행위 처벌법」(반민법)을 제정하였고, 이를 근거로 반민족 행위 특별 조사 위원회(반민특위)가 조직되었다(1948.09). 반민특위는 1949년 1월부터 각종 자료, 증언 등을 통해 친일파를 색출하였으며, 각지에 투서함을 설치해 신고를 받았다. (중략) 결국 반민특위는 활동을 개시한 지 몇 개월도 채 되지 않아 해체되었으며, 682건의 친일 행위를 조사하는 데에 그쳤다. 재판에 회부된 사람들 가운데 실형을 선고받은 자는 이광수, 최남선, 최린 등 12명에 불과하였으며, 그나마도 대부분은 감형되거나 형 집행 정지로 풀려났다. (251쪽)
동아	국회는 제헌 헌법의 특별 규정에 따라 '반민족 행위 처벌법'을 제정하고, 국회 직속의 반민족 행위 특별 조사 위원회(반민특위)와 특별 재판부를 구성하여 7천여 명의 친일 반민족 행위자를 선정하고 주요 인물에 대한 조사와 체포에 나섰다. 반민특위는 범국민적인 호응을 받으며 1949년 1월부터 활동을 개시하여 사회 각계의 친일 반민족 행위자들을 검거하였다. (중략) 결국 반민족 행위 처벌법이 개정되어 친일파 처벌 기한이 1950년 6월까지에서 1949년 8월까지로 줄어들었고, 반민족 행위의 범위도 크게 축소되어 반민특위의 활동은 유명무실하게 되었다. 기소된 사람 가운데 특별 재판부에서 실형을 선고받은 사람은 이광수 등 소수에 불과하였다. 실제로 사형이 집행된 것은 한 건도 없었으며, 대부분 감형되거나 형 집행 정지로 풀려났다. (230쪽)
리베르	정부 수립 직후 제헌 국회는 국민적 여론과 제헌 헌법에 따라 반민족 행위 처벌법을 공포하였다(1948). 법령을 집행할 기구로는 반민족 행위 특별 조사 위원회(반민특위)가 구성되었다. (중략) 반민족 행위자에 대한 공소 시효를 1949년 8월 31일로 단축하는 개정안이 국회에서 통과되었다. 결국 반민특위는 활동을 개시한 지 몇 개월도 되지 않아 해체되었다. 반민특위는 688건의 친일 행위를 조사하는 데 그쳤고, 기소된 자들 가운데 박흥식, 최린, 노덕술, 최남선, 이광수 등 불과 12명에게만 실형이 선고되었다. 사형은 단 한 건도 집행되지 않았고, 대부분 감형되거나 형 집행 정지로 풀려났다. (234~235쪽)
미래엔	제헌 국회는 반민족 행위 처벌법을 제정하고(1948.09), 국회 직속의 반민족 행위 특별 조사 위원회(반민특위)를 구성하였다. 반민특위는 반민족 행위를 광범위하게 조사하고 사법 처리에 나섰다. (242쪽)

출판사	서술 내용
	일제 강점하 반민족 행위 진상 규명에 관한 특별법: 2004년 '일제 강점하 반민족 행위 진상 규명에 관한 특별법'이 제정되고, 그 법에 따라 조사 활동을 벌여 정부 차원에서 1,000여 명의 친일 반민족 행위자를 발표하였다. (242쪽)
비상	제헌 국회는 일제 강점기의 반민족 행위자 처벌 및 재산 몰수 등의 조항이 담긴 반민족 행위 처벌법을 제정(1948)하고, 반민족 행위 특별 조사 위원회(반민특위)를 설치하였다. 반민특위는 국민의 성원 속에 1949년 1월부터 본격적인 활동을 실시하여 친일 혐의자를 체포·조사하였다. (중략) 반민족 행위 처벌법이 개정되어 친일파 처벌 기한이 줄었고, 반민족 행위자의 범위도 크게 축소되어 반민특위의 활동은 유명무실해졌다. (246쪽)
씨마스	정부 수립 직후 9월에 열린 제헌 국회는 친일 민족 반역자를 처벌하고자 다음의 반민족 행위 처벌법을 제정하였다. (중략) 이 특별법에 따라 반민족 행위 특별 조사 위원회(이하 반민특위)가 설치되었다(1948.10). 반민특위는 7천여 명을 반민족 행위자로 분류하고, 주요 인물 검거에 나섰다. (중략) 결국 반민족 행위 처벌법이 개정되어 반민족 행위자의 범위와 처벌 기한을 축소하면서 반민특위의 활동은 유명무실하게 되었다. 그리고 1951년 반민족 행위 처벌법이 폐지됨으로써 친일 잔재를 청산하는 데 실패하였다. (254쪽)
지학사	제헌 국회는 국민의 여망에 따라 1948년 9월 반민족 행위 처벌법을 제정하고, 10월에 반민족 행위 특별 조사 위원회(반민특위)와 특별 재판부를 설치하였다. 반민특위는 1949년부터 일제 강점기의 반민족 행위자를 조사하고 관련자를 기소하였다. 그러나 실형을 선고받은 사람은 이광수, 최남선, 최린 등 십여 명에 불과하였다. 이마저도 대부분은 감형되거나 형 집행 정지로 풀려났다. (241쪽)
천재	국회는 1948년 9월에 반민속 행위 저벌법(반민법)을 제정하고, 10월에 반민족 행위 특별 조사 위원회(반민특위)를 구성하였다. 반민특위는 일제 강점기 반민족 행위를 일삼았던 사람들을 광범위하게 조사하고, 김연수, 박흥식, 최남선, 최린 등 핵심 인물 약 220명을 기소하였다. (중략) 이후 반민특위가 해체되고 반민법의 효력이 중지되면서 실형을 선고받았던 사람들이 모두 풀려났다. (250쪽)
해냄	제헌 국회는 친일파 청산을 헌법에 규정하고 국회의 압도적인 찬성으로 '반민족 행위 처벌법'을 제정하였다. 이어 김상덕을 위원장으로 하는 '반민족 행위 특별 조사 위원회(반민특위)'를 설치하였다. (중략) 반민특위는 700여 건의 사건을 취급하였으나, 재판을 받아 실형에 처해진 자는 15명에 불과하였다. 이들마저 반민특위가 해체되자 사형 판결자를 포함해 1950년 봄까지 모두 석방되고, 복권되면서 친일파 청산은 멀어졌다. (246쪽) 반민특위 판결 실태: 실형 판결을 받은 15명 중 사형, 무기 징역을 포함해 10명이 친일 경찰 출신이었다. (246쪽)

〈표 1〉에서 알 수 있듯이 교과서는 형사적 정의를 실현하기 위한 법과 기구로서의 친일파 청산을 위한 '반민족 행위 처벌법(이하 반민법)'의 제정과 그 실행기구인 '반민족행위특별조사위원회'(이하 반민특위) 설치를 비중 있게 서술하고 있다. 금성, 리베르, 비상, 씨마스, 지학사는 친일파에 대한

처벌 내용을 담은 반민법을 자료로 제시하고 있다. 천재는 반민법에 규정된 반민족행위자에 대한 자료를 제시하고 있다. 반민특위를 통한 사법적 활동 결과에 대해서는 본문에 서술한 교과서도 있지만 금성, 미래엔, 비상, 씨마스는 당시의 반민특위 관계 연석회의 자료를, 동아, 천재, 해냄은 이강수의 『반민특위 연구』(나남출판, 2003)을 인용해 가독성이 높은 표로 제시하고 있다. 그런데 반민특위가 처리한 사법처리 건수에 대해 반민특위 관계 연석회의 자료는 682건으로, 이강수의 책은 688건으로 다르게 집계하고 있다.

이처럼 형사적 정의의 관점에서 볼 때 친일파 청산에 있어서 그 실현 기구라 할 수 있는 반민특위의 설치와 사법적 활동에 대해 교과서는 비교적 충실하게 서술하고 있다. 그 사법적 처벌의 결과에 대해서도 수치를 제시함으로써 해방과 함께 친일파 청산에 대한 형사적 정의를 구현하고자 하는 노력이 있었음을 파악할 수 있도록 하고 있다. 그렇다면 이와 같은 친일파 청산이라는 형사적 정의 구현에 좌절한 책임은 누구에게 있는 것일까? 교과서는 미군정과 이승만 정부에 책임이 있다고 서술하고 있다.

〈표 2〉 친일파 청산 좌절의 책임에 관한 서술

출판사	서술 내용
금성	이승만 정부는 반공이 우선이라는 주장을 펴며 반민특위 활동을 공개적으로 반대하였다. 또한 반민특위 활동을 주도하던 국회 의원들을 간첩 혐의로 구속(국회 프락치 사건)하는 등 여러 가지 제약을 가하였다. 일부 경찰들은 반민특위 사무실을 습격하기도 하였다. 국회는 반민법의 시효를 1950년 6월에서 1949년 8월로 단축하는 개정법을 통과시켰다. (251쪽)
동아	반민특위의 활동은 어려움을 맞았다. 이승만 대통령은 좌익 반란 분자 색출 경험이 풍부한 경찰관을 마구 잡아들여서는 안 된다는 특별 담화를 발표하였다. 이어 공산당과 내통했다는 구실로 반민특위 소속 국회의원이 구속되었고, 경찰이 반민특위 사무실을 습격하기도 하였다. (230쪽)
리베르	광복 직후 반민족 행위자 처벌을 비롯한 일제 잔재 청산이 시급한 과제였다. 하지만 미군정은 친일 관리와 경찰을 그대로 기용하였다. (중략) 반민특위가 친일 경찰 출신 노덕술을 검거하자 경찰은 치안 유지와 공산 세력 저지를 주장하며 반발하였다. 이승만 정부는 반공 경험이 풍부

출판사	서술 내용
	한 경찰을 체포해서는 안 된다는 담화문을 발표하였다. 1949년 6월 독립운동가들을 고문한 혐의로 고위급 경찰이 체포되자 일부 경찰이 반민특위 사무실을 습격해 특위 위원들을 불법 체포하기도 하였다. 비슷한 시기에 국회 의원 10여 명이 남조선 노동당의 첩자 활동을 하였다는 혐의를 받고 연행되었다(국회 프락치 사건). 이승만 정부는 공산 세력을 소탕하기 위해서는 경찰이 필요하다는 점을 내세워 경찰의 불법적인 행동을 묵인하였다. (234쪽)
미래엔	미군정은 질서 유지의 명분으로 일제에 협력한 관료, 경찰 등을 그대로 기용하는 등 반민족 행위자에 대한 처벌을 가로막았다. (중략)이승만 정부는 반공을 앞세워 친일 반민족 행위자 청산을 방해하였다. 대통령 이승만은 반민특위를 견제하는 담화를 여러 차례 발표하고, 국회에 반민족 행위 처벌법 개정을 요구하였다. 반민특위가 일제의 고문 경찰로 악명 높던 노덕술을 검거하자, '좌익 반란 분자들이 살인, 방화를 저지르는 상황에서 경험 있는 경찰관을 마구 잡아들여서는 안 된다.'라는 내용의 특별 담화를 발표하였다. 경찰이 반민특위를 습격하는 사건이 발생하였고(1949.06.06), 공산당과 내통했다는 혐의로 반민특위 소속 국회 의원들이 구속되기도 하였다. (242쪽)
비상	대다수 국민의 요구에도 불구하고 미군정의 친일 관료 유지 정책으로 인해 즉각적인 친일파 청산은 이루어지지 않았다. (중략) 친일파 처벌보다 반공을 명분으로 내세운 이승만 정부는 반민특위 활동에 비협조적인 태도를 보였다. 반민특위 소속 국회 의원들 중 일부가 공산당과 접촉하였다는 구실로 구속되었고(국회 프락치 사건), 독립운동가를 고문한 혐의로 고위급 경찰이 체포되자 일부 경찰이 반민특위 사무실을 습격하는 사태가 벌어졌다. (246쪽)
씨마스	이승만 정부는 반공 우선 정책을 내세우며 반민특위 활동에 대하여 부정적인 태도를 나타냈다. 친일파와 친일 경찰도 노골적으로 반감을 드러냈고, 일부 친일 경찰이 반민특위를 습격하는 일도 벌어졌다. (254쪽)
지학사	8·15 광복 이후 친일파 청산을 요구하는 국민의 목소리가 커졌다. 그러나 남한에 주둔한 미군정은 친일파 청산을 위한 별다른 조치를 하지 않았다. 이 때문에 이승만 정부의 초대 내각에는 친일 경력자가 일부 포함되었다. 경찰들이 반민특위 사무실을 습격하면서 반민특위가 무력화되었다. 반민특위를 이끌던 국회 의원들에게 간첩 혐의를 씌워 구속하는 '국회 프락치 사건'도 일어났다. 이후 국회에서 반민특위의 활동 기한을 단축하는 개정안이 통과되자, 반민특위 위원장이 사임하였다. 반민특위의 성과가 미미하였던 것은 이승만 정부가 친일파 청산보다 반공을 우선시하여 그 활동을 제약하였기 때문이다. (241쪽)
미군정은 친일파 청산에 반대하고 친일파를 폭넓게 고용하였다. 1947년 7월 과도 입법 의원은 조례를 제정하여 반민족 행위자들의 숙청 문제를 제기하였지만, 미군정은 법령 공포를 허락하지 않았다. (241쪽)
천재	광복 이후 친일파를 청산해야 한다는 요구가 많았지만, 미군정과 이승만 등 우익 세력은 이에 소극적이었다. (중략) 반민특위의 활동은 이승만 정부의 비협조적인 태도 때문에 어려움을 겪었다. 반민특위가 일제 경찰로 악명 높던 노덕술을 체포하자, 정부와 친일 세력의 방해 공작이 노골화되었다. 1949년 6월에는 경찰이 반민특위 사무실을 습격하는 일까지 발생하였다. 정부는 반민특위의 활동이 삼권 분립에 위배되고 반공 세력을 위협한다는 구실로 반민특위의 해산을 요구하였다. 국회는 반민법의 공소 시효를 1년여 앞당겨 1949년 8월로 단축하였다. (250쪽)

출판사	서술 내용
해냄	친일 행위자들은 반민특위를 주도하는 국회 의원을 공산주의자로 몰아붙이는 등 반민특위의 활동을 압박하며 저항하였다. 반민특위가 친일 경찰 출신의 현직 경찰 간부를 체포하자 이승만은 석방을 요구하였다. 반민특위는 국회 프락치 사건 이 일어나고 경찰이 사무실을 습격하면서 타격을 받았다. 결국 반민특위는 정부의 전방위적인 압박에 힘을 잃고 해체되었다. (246쪽)

〈표 2〉에서 알 수 있듯이 미군정의 친일 관리 등용이라는 현상 유지 정책을 서술한 교과서로는 리베르, 미래엔, 비상, 지학사, 천재가 있다. 미래엔은 미군정의 「맥아더 포고령」2조 "공공 기관의 직원 및 고용인과 중요한 사업에 종사하는 모든 사람은 새로운 명령이 있을 때까지 그의 정당한 기능과 의무를 실행하고 모든 기록과 재산을 보존해야 한다"를 그 근거 자료로 제시하고 있다.[28] 이승만 정부의 친일파 청산에 대한 노골적인 방해에 대해서는 교과서마다 상세히 서술하고 있는데, 해냄의 경우는 친일파 청산 좌절의 책임 주체를 '친일 행위자'라고 서술하고 있어 주목된다. 이승만 정부의 책임을 입증하는 자료로 동아, 리베르, 천재는 반민특위의 활동을 비난하는 이승만의 발언을 제시하고 있다.

그런데 교과서는 친일파 청산 실패의 책임을 강조하는데 그치지 않고 그와 같은 형사적 정의의 좌절을 2차 세계대전 이후 다른 나라에서 이뤄진 과거사 문제에 대한 사법적 처리와 비교할 수 있도록 외국 사례를 제시하고 있다.

〈표 3〉 2차 세계 대전 직후 다른 나라의 과거사 청산 관련 서술

출판사	서술 내용
금성	제2차 세계 대전 이후 프랑스 드골 정권은 1950~1953년 나치 협력 혐의로 모두 35만여 명을 조사하였고, 12만 명 이상을 법정에 세웠다. (중략) 1964년 프랑스는 전쟁 중 민간인에 저지른 반인도적 범죄에 대해 공소 시효를 없앴고, (중략) 1994년 유대인 처형에 관여한 폴 투비에게 종신형을, 지난 1998년에는 모리스 파퐁에게 10년 금고형을 선고하였다. (중략) 니콜라스 우즐로

---

28 한철호 외, 앞의 책, 242쪽.

출판사	서술 내용
	(프랑스 국립 기록 보존소) 부소장은 "지난 2014년 프랑스 정부는 해방 70주년을 맞아 기록 보존소에 보관 중인 나치 부역자들의 자료를 공개하며 많은 사회적 갈등을 낳지 않을까 하는 우려가 있었다."라면서도 "하지만 누구에게 책임이 있고 누가 결정을 했는지 등 역사적 진실을 후대에 남기기 위해 공개를 결정하였고, 실제 전시가 열렸을 때는 반발이 없었다"라고 밝혔다(『광주일보』, 2018.10.12). (253쪽)
동아	'한간'은 원래 중국사에서 적을 돕거나 협력한 사람들을 지칭하는 말로 우리말로는 매국노에 해당한다. 특히 친일 한간은 1937년 중·일 전쟁 발발 후 일본에 투항하거나 협력한 이들을 뜻한다. 중·일 전쟁 이후 중국 국민당 주도로 기소된 사람이 3만여 명, 형을 선고받은 사람은 1만 5천여 명이었는데, 사형 집행은 드물었고, 2년여의 투옥을 끝으로 많은 한간이 풀려났다. 하지만 이후 공산 정권이 성립하면서 이들 한간은 다시 처벌을 많았다. (234쪽)
	프랑스는 4년 간의 나치 독일 점령에서 해방된 뒤 과거사 청산에 착수하였다. 이 시기 나치 독일에 협력한 비시 정부의 수뇌부는 엄격한 처벌을 받았다. 국가수반인 페탱은 제1차 세계 대전의 영웅이었으나 사형 선고를 받았고, 이후 고령을 이유로 종신형으로 감형되었지만 감옥에서 병사하였다. 총리였던 라발은 사형 선고를 받고 처형되었다. 또한, 나치 독일에 부역한 언론인과 작가는 프랑스 정신을 타락시켰다는 이유로 다른 부역자보다 엄한 처벌을 받았다. (234쪽)
리베르	국가가 애국적 국민에게는 상을 주고 배반자에게는 벌을 줘야만 비로소 국민들을 단결시킬 수 있다. - 샤를 드골(1943)/프랑스는 제2차 세계 대전 중 4년여 동안 독일 나치의 지배를 받았다. 1944년 8월 파리가 수복되자 프랑스 망명 정부를 이끌었던 샤를 드골 장군은 6,000여 명의 나치 부역자를 찾아 단죄하였다. 1964년에는 '전쟁 범죄에 관한 시효 제거를 위한 법률'이 통과되었다. 이에 따라 프랑스의 예산 장관까지 지냈던 모리스 파퐁은 나치 부역 전력이 밝혀져 1997년에 징역 10년을 선고받았다. (235쪽)
비상	제2차 세계 대전 당시 프랑스의 비시 정부는 4년에 걸쳐 독일의 프랑스 통치에 적극 협력하였다. 독일에 저항한 레지스탕스를 탄압하고, 7만 6천여 명의 프랑스 거주 유대인들을 검거하여 아우슈비츠 수용소로 보냈다. 연합군의 노르망디 상륙 작전 이후 파리가 해방되자 망명 정부를 이끌던 드골은 "국가가 애국적 국민에게는 상을 주고 반민족 행위자에게는 벌을 주어야만 국민을 단결시킬 수 있다", "나치 협력자들의 범죄와 악행을 방치하는 것은 흉악한 종양들을 그대로 두는 것과 같다"라며 나치 협력자에 대한 단죄를 시작하였다. 이후 독일에 협력한 혐의자 12만 명 이상이 재판에 회부되어 약 3만 8천여 명이 유·무기 징역이나 금고형을 선고받았다. 부역자 재판소에서 총 6천여 명이 사형 선고를 받았고, 처형된 사람도 약 1천 5백여 명에 달하였다.
해냄	한국의 친일파 문제와 관련하여 종종 비교되는 나라는 프랑스이다. 제2차 세계 대전 당시 프랑스가 독일 나치의 지배 아래 있었던 기간은 불과 4년(1940.06~1944.08) 정도였다. 1944년 8월 파리가 해방되자 프랑스는 나치에 협력한 국민 150~200만 명을 조사하여 99만 명을 체포하였다. 이 중 사법 기관에 의해 형을 선고받은 자는 15만 8,000명이나 되었다. 사형이 집행된 자는 6천 7백여 명이었고, 나머지는 종신 강제 노동, 유기 징역, 공민권 박탈 등의 처벌을 받았다. 이들 중 가장 가혹한 처벌을 받은 사람들은 정치인들이었고, 두 번째는 언론인과 지식인들이었다. (248쪽)

〈표 3〉에서 알 수 있듯이 가장 주목받는 사례는 제2차 세계대전 직후 프

랑스의 과거사 청산이다. 비상과 해냄은 프랑스의 사법제도를 통한 철저한 인적 청산에 주목한다. 동아는 프랑스와 중국의 정치 지도자들에 대한 형사적 처벌 사례와 함께 처벌 수치를 제시하고 있다. 동아가 제시하고 있는 사형 건수만 6,763건에 달하는 프랑스의 형사적 처벌 건수에 대한 표는 앞서 보았던 반민특위의 처리 결과와 대비해 형사적 정의의 실현과 실패의 차이를 대비적으로 보여준다.[29]

　한편 지연된 형사적 정의인 친일파 청산이 2000년대에 들어와 어떻게 이뤄졌는지를 서술한 교과서도 있다. 대부분 교과서는 친일파 청산을 다루는 부분에서 "광복 이후 식민지 잔재를 청산하고 친일 반민족 행위자를 처단하여 사회 정의를 바로 세우는 일은 국민 대다수가 요구하는 시대적 과제"[30]였으나 "반민특위가 해체되어 식민 잔재 청산은 미완의 과제로 남았다"[31]는 기조로 서술하는데 그친다. 한편 동아는 1948년에 제정된 반민법에서 규정한 형사적 처벌 대상으로서의 친일파의 범주와 2004년에 제정된 「일제 강점하 (친일) 반민족 행위 진상 규명에 관한 특별법」에 규정된 '친일 반민족 행위'에 대한 자료를 제시하고 있다. 그리고 "2004년 일본 제국주의를 위해 행한 친일 반민족 행위의 진상을 규명하여 역사의 진실과 민족의 정통성을 확인하고 사회 정의를 구현하기 위해 '일제 강점하 (친일) 반민족 행위 진상 규명에 관한 특별법'이 제정되었다. 이 법에 따라 친일 반민족 행위 진상 규명 위원회가 만들어졌고, 일제 강점기 친일 반민족 행위자의 명단을 발표하였다"[32]라고 자료에 대해 해설하고 있다.

　이처럼 처벌 대상으로서의 친일파, 즉 반민족행위자에 대한 규정이 50여 년이 지난 후 진상을 규명해야 할 '친일 반민족 행위'에 대한 규정으로 변화

29　노대환 외, 앞의 책, 234쪽.
30　한철호 외, 앞의 책, 242쪽.
31　송호정 외, 앞의 책, 241쪽.
32　노대환 외, 앞의 책, 232쪽.

한 것은 친일파 청산이 형사적 정의로부터 진실화해, 즉 회복적 정의의 문제로 전환되었음을 의미한다. 그런데 이와 같은 변화를 살필 때 제2차 세계대전 이후 형사적 정의 차원에서 이뤄진 프랑스의 과거사 청산이 2010년대에 들어와 다시 회복적 정의 차원에서 추진된 사실을 소개한 〈표 3〉의 금성의 서술이 참조점이 될 수 있다.

둘째, 한국의 과거사 청산에서 사법적 처벌을 통해 형사적 정의가 처음으로 구현된 사건인 전두환·노태우 등 5·18민주화운동의 학살 책임자에 대한 재판에 관해 교과서들은 다음과 같이 서술하고 있다.

〈표 4〉 전두환·노태우 등 5·18민주화운동 학살자들에 대한 재판에 관한 서술

출판사	서술 내용
금성	노태우 정부 시기에는 여소야대 정국 속에서 전두환 정부의 각종 비리와 5·18 민주화 운동의 진상을 밝히는 국회 청문회가 열렸다. 청문회 이후 5·18 민주화 운동 관련자들의 명예 회복과 물질적인 보상에 관련한 법이 제정되었지만, 사건의 진상 규명과 책임자 처벌은 이루어지지 않았다. 이러한 한계는 '역사 바로 세우기'를 내세웠던 김영삼 정부 시기에 일부 해소되었다. 특별법 제정으로 5·18 민주화 운동 관련자에 대한 처벌이 가능해졌고, 전직 대통령인 전두환과 노태우가 반란 및 내란죄로 구속되었다(1995). (290쪽) 법정에 선 두 전직 대통령: 5·18 민주화 운동이 일어난 지 16년 만인 1996년에 전두환과 노태우는 군사 반란 등의 혐의로 법정에 섰다. 1997년 대법원 최종 판결로 전두환은 무기 징역, 노태우는 징역 17년을 선고받았다. (290쪽)
동아	역사 바로 세우기라는 이름으로 하나회를 해체하고, 5·18 특별법을 제정하였으며, 전두환, 노태우 등 12·12 군사 반란 및 5·18 민주화 운동 진압 관련자를 처벌하였다. (260쪽) 처벌받는 신군부 세력: 5·18 특별법 제정 이후 전두환, 노태우를 비롯한 신군부 세력은 반란과 내란죄로 사법 처리를 받았다. (260쪽)
리베르	전두환, 노태우 대법원 판결 요지(1997):5·18 내란 행위자들이 (중략) 헌법 기관인 대통령, 국무 위원들에 대하여 강압을 가하고 있는 상태에서, 이에 항의하기 위하여 일어난 광주 시민들의 시위는 (중략) 헌정 질서를 수호하기 위한 정당한 행위 (중략) 그 시위 진압 행위는 (중략) 국헌 문란에 해당한다. (261쪽) 역사 바로 세우기 운동도 펼쳐 12·12 사태와 5·18 민주화 운동의 진압과 관련된 전두환, 노태우 두 전직 대통령을 구속하였고, (277쪽)
미래엔	전두환, 노태우에 대한 대법원 판결 요지(1997.04.01): 피고인들이 비상계엄을 전국으로 확대하는 등 헌법 기관인 대통령, 국무 위원들에 대하여 강압을 가하고 있는 상태에서, 이에 항의하기 위하여 일어난 광주 시민들의 시위는 국헌을 문란하게 하는 내란 행위가 아니라 헌정 질서를 수호하기

출판사	서술 내용
	위한 정당한 행동이었음에도 불구하고 이를 난폭하게 진압함으로써 (중략) 그 시위 진압 행위는 (중략) 국헌 문란에 해당한다. (267쪽)
비상	'역사 바로 세우기'를 진행하여 전두환, 노태우를 비롯한 12·12 사태 관련자와 5·18 민주화 운동 진압 관련자를 처벌하였다. (283쪽)
씨마스	역사 바로 세우기를 내세워 전두환, 노태우 두 전직 대통령을 내란죄 등으로 구속 기소하였으며 (하략). (301쪽) 5·18민주화운동의 진상규명과 책임자 처벌: 노태우 정부 때 '5·18 민주화 운동 관련자 보상 등에 관한 법률'이 제정되면서 5·18 민주화 운동 관련자에 대한 명예 회복과 물질적인 보상이 이루어졌다. 그러나 사건의 진상 규명과 책임자 처벌이 이루어지지 않아 정부가 피해자에 대한 물질적인 보상을 통해 국가 범죄를 은폐하려고 했다는 비판을 받는 등 미흡한 부분이 많았다. 김영삼 정부 때 '5·18 민주화 운동 등에 관한 특별법'을 제정하였다. 검찰은 전두환·노태우 등을 체포하고, 핵심 인사 16명을 12·12 사태와 관련하여 군사 반란 및 내란죄 등으로 기소하였다. 대법원에서 전두환은 무기 징역, 노태우는 17년 형으로 감형되었다. (303쪽)
지학사	'역사 바로 세우기'를 내세워 전직 대통령인 전두환과 노태우를 반란 및 내란죄로 처벌하였다. (278쪽) 법정에 선 두 전직 대통령과 신군부 핵심 인사들: 1996년 8월 26일 오전, 수인 번호 3124와 1042를 가슴에 단 전두환과 노태우 두 명의 전직 대통령이 서울 지방 법원 형사 30부 재판정에 들어섰다. '성공한 쿠데타는 처벌할 수 없다.'라는 논리를 내세우면서 사법 처리를 미루었던 검찰이 국민 여론에 밀려 전두환, 노태우 두 전직 대통령을 12·12 군사 반란, 5·18 내란 혐의, 불법적인 비자금 조성 등의 혐의로 구속하였다. 군사 반란으로 권력의 중심에 선 후 대통령직까지 이어받았던 두 사람과 신군부 핵심 인사들은 역사의 심판을 피할 수 없었다. (278쪽)
천재	12·12 군사 반란과 부정 축재의 책임을 물어 전두환과 노태우 두 전직 대통령을 구속하였다. (283쪽) 나란히 구속된 두 전직 대통령: 1995년 10월 국회에서 전직 대통령 노태우가 재임 중 재계 등으로부터 거액의 비자금을 받아 은닉하고 있다는 사실이 폭로되었다. 이후 검찰이 진상 조사에 착수하여 노태우가 4,100억여 원의 비자금을 조성한 사실이 드러났으며, 이후 노태우는 구속·수감되었다. 이를 계기로 12·12 군사 반란 및 5·18 민주화 운동 무력 진압에 대한 진상 규명 요구가 거세졌다. 김영삼 대통령은 이를 역사 바로 세우기 사업으로 천명하였으며, 처음에는 '성공한 쿠데타는 처벌할 수 없다.'라는 입장을 보였던 검찰도 입장을 바꿔 수사에 착수하였다. 그 결과 전두환을 비롯한 신군부 핵심 인사 11명은 반란죄, 내란죄, 수뢰죄 혐의로 구속·기소되었다. 1997년 대법원은 전두환에게 무기 징역, 노태우에게 징역 17년을 최종 확정하였다. 김영삼 대통령은 임기 말에 국민 대화합을 명분으로 두 전직 대통령 등을 특별 사면·석방하였다. (283쪽)
해냄	법정에 선 두 전직 대통령: 1995년 12월 21일 국회에서 5·18 특별법이 제정된 이후 전직 대통령인 전두환과 노태우를 12·12 군사 반란 및 5·18 민주화 운동 유혈 진압에 대하여 내란 수괴·내란 모의 참여 및 내란 목적 살인 등의 혐의로 구속 기소했다. 1심 재판에서 전두환은 내란 및 반란 수괴의 혐의로 사형 판결을 받았다. 세계의 이목이 집중된 이 재판에 대하여 언론은 '한국 민주주의의 역량을 내외에 과시하였다.'라고 평가하였다. 2심에서는 전두환에 관한 형을 무기 징역으로 감하였고, 대법원에서 판결을 확정하였다. 형기를 약 2년 정도 채운 후 김영삼 정부는 대통령에 당선된 김대중의 건의로 전두환과 노태우를 사면 복권하였다. (288쪽)

출판사	서술 내용
	역사 바로 세우기의 일환으로 전두환과 노태우 두 전직 대통령을 내란 및 반란 혐의로 법정에 세웠다. (291쪽)

〈표 4〉에서 알 수 있듯이 대부분 교과서가 본문에서는 김영삼 정부의 역사바로세우기의 일환으로 전두환, 노태우 두 대통령을 구속했다고 간략하게 서술하고 있다. 금성과 씨마스는 5·18민주화운동에 대한 과거사 청산 과정을 서술하면서 전두환, 노태우를 비롯한 학살 책임자에 대한 사법적 처벌을 서술하고 있다. 리베르와 미래엔은 전두환, 노태우에 대한 대법원 판결 요지를 자료로 제시하고 있다. 그런데 형사적 정의 관점에서 보면 천재와 해냄이 전두환, 노태우에 대한 재판이 시작된 배경부터 사면 과정까지 사법적 과정을 상세히 서술하고 있어 주목된다.

그런데 형사적 정의를 실현한 5·18민주화운동의 과거사 청산 과정은 1987년 6월 항쟁 이후 민주주의로의 이행기의 과거사 청산의 역사에서 본격적인 출발점에 해당하므로 맥락적인 이해가 가능하도록 서술될 필요가 있다. 5·18민주화운동의 5원칙, 즉 진상규명, 책임자 처벌, 명예회복, 배상, 정신계승이라는 '광주문제해결 5원칙'은 이후 과거사 청산의 전범이 되었다.[33] 전두환, 노태우 등 5·18민주화운동의 학살 책임자에 대한 사법적 처벌은 처벌적 정의, 즉 형사적 정의의 구현으로서 이후 과거사 청산 작업의 기폭제가 되었다. 해방 이후 친일파 청산에서 실패한 형사적 정의가 처음으로 실현되었다는 의의도 갖고 있다. 그와 같은 형사적 정의의 실현은 1987년 6월 항쟁 이후 민주주의로의 이행 과정이 있었기에 가능한 것이었다. 하지만 이러한 의의에도 불구하고 전두환, 노태우 등 학살 책임자에 대한 정치적 사면이 이뤄졌으므로 형사적 정의가 완전하게 실현되었다고 볼 수는 없다. 이는 명분상 화합을 내세우지만 정의를 허구화하는 행위인 것

---

33 정근식, 앞의 논문, 24~25쪽.

이다.[34] 또한 가해자가 사과를 하고 피해자가 용서를 한 사실이 없으므로 일방적인 화해의 이름으로 이뤄진 정치적 사면을 회복적 정의의 실현이라고 부를 수는 없다. 이처럼 이행기 정의의 관점에서 볼 때 5 · 18민주화운동의 학살 책임자에 대한 사법적 처벌이라는 형사적 정의의 의의와 한계를 둘러싼 쟁점도 과거사 교육이 주목해야 할 지점이다.

이상에서 살펴본 것처럼 교과서가 서술한 친일파 청산은 형사적 정의의 좌절을, 5 · 18민주화운동의 학살 책임자들에 대한 처벌은 형사적 정의의 구현을 보여준다. 그런데 친일파 청산은 2000년대에 들어와 회복적 정의 차원에서 정부와 시민사회에 의해 이뤄졌음에도 불구하고 친일파와 친일행위를 미화하는 역사 부정주의가 여전히 잔존하고 있다. 5 · 18민주화운동의 경우는 배상적 정의 차원의 배상과 형사적 정의 차원의 가해자 처벌이 먼저 이뤄졌고 회복적 정의 차원의 정부 주도의 진상 규명은 현재 진행 중에 있다. 이처럼 이행기 정의의 관점에서 가장 근원적이라 할 수 있는 처벌적 정의, 즉 형사적 정의의 실현만으로는 과거사 청산이 마무리되지 않으며 회복적 정의와 배상적 정의의 실현을 수반하되, 그 또한 민주화의 진전 혹은 퇴행이라는 현실에 의해 확장되거나 혹은 제한될 수 있다는 점을 고려한 교과서 서술, 나아가 과거사 교육이 이뤄지기를 제안하는 바이다.

2. 회복적 정의에서 본 과거사 청산 서술

회복적 정의와 관련해 교과서는 식민 지배 · 일본군 '위안부' · 강제동원에 대한 일본 정부의 사과 문제, 4 · 3사건과 한국전쟁 전후 민간인 학살 문제, 독재 정권에 의해 저질러진 인권침해에 대한 재심 재판, 1987년 6월 항쟁 이후 과거사 청산의 실행기구로서의 진실화해위원회를 비롯한 각종 위원

---

34 이재승, 앞의 책, 83쪽.

회 설립과 활동 등을 다루고 있다. 한국의 과거사 청산이 회복적 정의를 중심으로 이뤄진 만큼 교과서에서도 회복적 정의와 관련된 과거사 청산 활동이 비중있게 서술되고 있다,

먼저 회복적 정의 실현은 진실 규명에서 시작된다. 하지만 식민기에 일어난 과거사 문제에서의 회복적 정의의 실현은 식민 지배 전반 혹은 일본군 '위안부'와 강제 동원 문제에 대한 제국주의 국가의 사과로부터 시작된다. 1965년 한일협정이 체결되었다. 이 협정은 곧 한일 간 국교 회복을 의미하는 것이었으므로 한국인의 관심은 일본이 한국에 대한 식민 지배 역사를 어떻게 청산할 것인가에 있었다. 교과서는 일본이 식민 지배에 대한 사과와 배상을 외면한 사실을 서술하고 있다.

〈표 5〉 한일협정 체결 전후 식민지배에 대한 사과와 배상 문제 관련 서술

출판사	서술 내용
동아	일본은 한국에 '무상 3억 달러, 유상 2억 달러, 민간 차관 1억 달러 이상'의 경제 협력 자금을 식민 지배에 대한 배상이 아닌 '독립 축하금' 명목으로 제공하기로 하였다. (248쪽)
리베르	식민지 지배에 대한 사과나 일본군 '위안부', 강제 징용 및 징용 피해자 등에 대한 배상 문제는 제대로 해결되지 못하였다. (255쪽)
미래엔	한일회담은 일본의 식민 지배에 대한 사죄와 배상, 약탈 문화재 반환 등이 무시된 채 진행되었다. 그리고 박정희 정부가 일본의 식민 지배에 대한 사죄와 배상은 받아내지 못하였다. (260쪽)
비상	한일협정 체결로 징병 및 징용 피해자에 대한 보상과 약탈 문화재 반환 등이 일부 이루어졌으나 식민 지배에 대한 사과, 일본군 '위안부', 원폭 피해자 등에 대한 배상, 독도 문제 등은 아직까지 제대로 해결되지 못하였다. (261쪽)
지학사	박정희 정부는 한일 협정 체결을 강행하였고 일본으로부터 경제 개발 자금을 받았다. 그러나 일본은 오늘날까지도 일본군 '위안부', 강제 징병 및 징용 피해자, 독도 등의 문제에 대한 공식적인 사과와 배상을 하지 않고 있다. (256쪽)
해냄	일본 정부는 배상금이 아닌 경제 협력 자금을 제공했다며 이를 근거로 징병 징용 등 식민지 피해에 대한 사과와 배상을 거부하고 있다. (267쪽)

이렇게 한일협정으로 식민 지배에 대한 청산의 첫 단추를 잘못 낀 이래

일본 정부의 일관된 거부로 인해 회복적 정의의 차원에서 한일 간의 과거사 청산은 실현되지 못하고 일본군 '위안부'와 강제동원 문제를 둘러싼 한일 간에 정치적이고 문화적인 갈등은 더욱 깊어지고 있다. 이를 반영하듯 교과서는 식민지기에 일본 정부에 의해 저질러진 전쟁범죄인 일본군 '위안부' 문제와 강제동원에 대해 비판적으로 서술하고 있다. 리베르는 일본군 '위안부'에 대한 강제 동원이 "일제가 침략 전쟁을 수행하면서 행한 가장 반인륜적인 범죄 행위"[35]임을 강조한다. 미래엔은 이처럼 인류 보편적인 가치에 반하는 범죄 행위를 부정하며 사죄하지 않는 일본 정부를 비판한다.

> 일본군 '위안부'(성 노예제)는 과거 일제가 침략 전쟁을 벌이며 저지른 추악하고 반인륜적인 범죄이다. 이는 오랜 세월 여성에게 가해졌던 수많은 억압과 폭력 중에서도 가장 잔혹한 형태이다. 이러한 범죄가 일본의 국가 권력에 의해 조직적 강제적으로 자행되었다는 면에서 더욱 그렇다. 그럼에도 이 문제는 오랜 기간 드러나지 않다가 1990년대에 들어서 생존자의 공개 증언을 계기로 진상규명 움직임이 본격화되었다. 이제 일본군 성노예제 문제는 세대와 국경을 초월하여 공감과 지지를 받고 있다. 그럼에도 일본 정부는 여전히 강제 동원 사실을 부인하며 제대로 된 반성과 사죄를 외면하고 있다. 과거사에 대한 성찰과 반성이 없이는 화해와 용서는 불가능하며, 보편적 인권이 보장되는 평화로운 인류 사회도 실현될 수 없다."[36]

교과서는 일본군 '위안부' 문제를 한일 간의 문제로 서술하는 경향성을 보이기는 하지만 일본군 '위안부'에는 한국인 여성만이 아니라 동아시아인과 유럽인까지 포함한 여러 나라 여성들이 있음을 서술해 일본 정부에 사과를 압박하는 국제 연대에 주목하는 회복적 정의의 관점을 취하기도 한다. 비상은 "한국과 타이완을 비롯한 각국의 여성들이 취업 사기, 협박, 납

---

35 이익주 외, 앞의 책, 209쪽.
36 한철호 외, 앞의 책, 213쪽.

치 등의 방법을 통해 일본군 '위안부'로 동원되어 고통을 겪었다"[37]라고 서술하고 있다. 금성은 최초로 일본군 '위안부' 문제를 폭로한 김학순 할머니와 네덜란드계 호주인 일본군 '위안부' 피해자인 얀 루프 오헤른 할머니의 증언을 싣고 있다.[38]

교과서는 강제 동원 문제에 대해서도 "일제는 남녀노소를 가리지 않고 한국인을 강제로 전쟁에 동원"했다는 사실을 강조하고 강제동원된 한국인이 "노예에 다름없었고 죽음에 이를 정도로 노동을 강요받았다"[39]고 비판적으로 서술하고 있다. 해냄은 군무원으로 전쟁터에 끌려갔던 한국인이 전쟁이 끝난 후 B급, C급 전범이 되어 재판을 받았던 사실을 소개하면서 일본 정부가 그들을 강제동원한 사실에 대해 여전히 사과와 배상을 하지 않고 있다고 비판한다.[40]

이처럼 교과서는 식민지 지배와 그 과정에서 일어난 과거사 문제에 대한 청산, 즉 회복적 정의의 실현의 첫 걸음이라 할 수 있는 일본 정부로부터의 사과와 더불어 배상적 정의에 입각한 배상도 받지 못했다는 점을 강조해 서술하고 있다. 그런데 일본은 1995년 '무라야마 담화'를 통해서 식민지 지배와 침략으로 고통받은 이들에게 사죄와 반성의 뜻을 전했다. 일본군 '위안부' 관련해서는 1993년 '고노 담화'를 통해 일본 정부가 위안소 운영에 관여했음을 인정하고 사과했다. 교과서는 남북화해와 동아시아 평화를 위한 노력을 서술한 부분에서 이들 담화에 대해 서술하고 있다. 리베르는 무라야마 담화를 소개하고 있고, 금성, 리베르, 비상, 천재는 고노 담화를 소개하고 있다. 리베르는 '일본 정부가 고노 담화 이후에도 사실을 부정하고 담화 자체를 취소하려는 태도를 보인다'[41]는 점을 지적하고 있다. 그런데 교

---

37 도면회 외, 앞의 책, 215쪽.
38 최준채 외, 앞의 책, 225쪽.
39 한철호 외, 앞의 책, 212쪽.
40 박중현 외, 앞의 책, 211쪽.
41 이익주 외, 앞의 책, 303쪽.

과서는 일본군 '위안부', 강제 동원, 한일협정의 과거사 문제를 다루는 부분에서 '무라야마 담화'와 '고노 담화'에 대한 설명 없이 식민지배, 일본군 '위안부', 강제동원 문제에 대해 아직까지 제대로 해결되지 못했다거나 혹은 일본 정부가 공식적인 사과와 배상을 거부하고 있다고 서술하고 있다. 즉 교과서들은 1990년대에 한 걸음 나아갔던 한국과 일본 간의 회복적 정의의 실현이 이후 배상적 정의의 실현으로까지 나아가기는커녕 오히려 일본 정부가 보인 역사부정주의적 태도로 인해 퇴행하고 있다는 사실을 분명하게 서술하고 있지 않다.

한편 회복적 정의는 곧 진실화해적 정의로서 민주주의로의 이행기에 이뤄지는 과거사 청산 전반을 관통하는 정의이기도 하다. 가해자 처벌이 불가능하거나 사회적 파장을 불러올 가능성이 있는 과거사 문제를 진실을 규명하고 국가가 피해자에게 사과하며 그들의 명예회복을 위한 기념사업을 추진하는 방향으로 청산하는 활동에서 작동하는 정의인 것이다. 이와 관련된 교과서 서술은 4·3사건과 한국전쟁 전후 민간인 학살 문제, 독재 정권에 의해 저질러진 인권침해에 대한 재심 재판, 1987년 6월 항쟁 이후 과거사 청산의 실행기구로서의 진실화해위원회를 비롯한 각종 위원회 설립과 활동 등 세 부분으로 나눠 살필 수 있다.

먼저 4·3사건과 한국전쟁 전후 민간인 학살 문제에 관한 서술을 살펴보자. 4·3사건의 과거사 청산 과정에 관한 교과서 서술은 다음과 같다.

〈표 6〉 4·3사건의 과거사 청산 과정에 관한 서술

출판사	서술 내용
금성	2003년 노무현 정부 때 대통령이 제주도민에게 사과함으로써 국가 권력에 의해 대규모 희생이 이루어졌음을 국가 원수 자격으로 처음 인정하였다. (246쪽)
동아	민주화가 진행되면서 희생자 유족의 끊임없는 노력으로 제주 4·3사건의 진상 규명과 희생자의 명예 회복을 위한 활동이 계속되었다. 그 결과 203년 정부의 공식 보고서인 '제주 4·3사건진상조

	사보고서'가 채택되었다. 그리고 2003년 노무현 대통령은 국가를 대표하여 공식적으로 사과하였다. 2014년에는 4월 3일 국가 기념일로 지정되었다. (223쪽)
비상	2000년 제주 4·3사건 진상 규명 및 희생자 명예 회복에 관한 특별법이 제정되어 정부 차원의 진상 조사가 진행되었다. 그 결과 2003년 정부는 국가 권력에 의한 대규모 희생이 이루어진 점을 인정하고 제주도민에게 공식 사과하였다. 2008년에는 재주 4·3평화재단이 만들어졌다. (240쪽)
씨마스	제주 4·3사건은 한국 현대사에서 6·25전쟁 다음으로 인명 피해가 컸던 사건이다. 그럼에도 50여 년이 지난 2000년 1월에서야 제주 4·3사건 진상 규명 및 희생자 명예 회복에 관한 특별법을 공포하여 정부 차원의 진상 조사가 이루어졌다. 2003년 정부는 제주 4·3사건 진상 보고서를 발간하고 공식 사과하였나. (249쪽)
지학사	1948년 제주 4·3사건이 일어난 이후 최초의 정부 차원의 사과라는 의미를 지닌다. 2008년에는 제주 평화 공원이 조성되었고 4월 3일은 2014년부터 국가 기념일로도 지정되었다. (237쪽)
천재	제주 4·3사건은 반공 이데올로기 때문에 반세기 가량 침묵 속에 묻혔다가 이후 민주화가 진전되면서 진상 규명 작업이 시작되었다. 2000년에 제주 4·3사건 진상 규명 및 희생자 명예회복에 관한 특별법이 제정되어 정부 차원의 진상 조사가 진행되었으며 2003년에는 정부가 국가 권력에 의한 대규모 희생이 있었음을 밝힌 제주 4·3사건 진상 보고서를 발간하였다. 그해 10월 노무현 대통령은 국가 권력의 과오를 인정하고 제주도민과 피해자들에게 공식으로 사과하였다. (244쪽)
해냄	정부의 제주 4·3사건 진상 보고서에 따르면, 제주 4·3사건의 희생자는 25,000~30,000명에 이른다. 당시 제주의 인구는 28만여 명이었다. 2003년 노무현 대통령은 대통령으로서는 처음 제주 4·3사건 희생자 위령제에 참석하였고, 제주도민에게 사과하였다. (240쪽)

〈표 6〉에서 알 수 있듯이 4·3사건의 과거사 청산 과정에서 가장 비중있게 다루고 있는 사실은 국가 폭력에 대해 정부 차원에서 최초의 사과가 이뤄졌다는 사실이다. 동아와 지학사는 회복적 정의에서의 과거사 청산의 의미가 잘 나타나 있는 노무현 대통령의 사과문을 자료로 제시하고 있다.

> 국정을 책임지고 있는 대통령으로서 과거 국가 권력에 잘못에 대해 유족과 제주도민 여러분에게 진심으로 사과와 위로의 말씀을 드립니다. 무고하게 희생된 영령들을 추모하며 삼가 명복을 빕니다.[42]

역사의 진실을 밝혀 지난날의 과오를 반성하고 진정한 화해를 이룩하여 보

---

42 노대환 외, 앞의 책, 223쪽.

다 밝은 미래를 기약하자는 데 그 뜻이 있습니다. 이제 우리는 4·3사건의 소중한 교훈을 더욱 승화함으로써 '평화와 인권'이라는 인류 보편의 가치를 확신해야 합니다.[43]

미래엔은 4·3사건의 민간인 희생자와 함께 토벌대로 죽은 군인과 경찰을 함께 추모하고 있는 제주 영모원 위령단을 소개하며 "제주도민은 '모두 희생자이기에 모두 용서한다'라는 뜻으로 위령비를 세우고 분열과 갈등을 되풀이하지 말자는 의지를 새겼다"[44]고 서술하고 있다. 회복적 정의의 관점에서 피해자와 가해자의 온전한 관계 회복을 보여준 서술이라 할 수 있다.

한국전쟁 전후 민간인 학살에 관한 과거사 청산과 관련해서 교과서는 먼저 4·19혁명 직후 민주화 요구가 높아지면서 장면 정부하에서 제기된 민간인 학살 사건에 대한 진상 조사 요구에 대해 서술하고 있다. 동아는 거창 양만 학살 진상 규명을 요구하는 사진을 싣고 유가족들이 민간인 학살 진상 조사를 요구했다고 서술하고 있다.[45] 천재는 장면 정부에서 6·25 당시 민간인 학살 문제에 대한 진상 규명을 촉구하는 움직임이 전개되었다고 서술하고 있다.[46] 이와 같은 서술은 과거사 청산 과정에서 왜 이행기 정의라는 개념이 도출될 수밖에 없는지를 보여주는 사례라 할 수 있다. 4·19혁명으로 독재에서 민주주의로의 이행이 이뤄질 것으로 기대했으나 5·16군사정변으로 좌절되면서 과거사 청산 활동은 금지되었고 진상 조사를 요구했던 유족들은 정치적 핍박을 받아야 했기 때문이다.

한국전쟁 전후 민간인 학살 문제에서 가장 주목받는 사건은 국민보도연맹 사건이다. 국민보도연맹과 관련한 과거사 청산 활동에 관해 해냄은 2008년 울산 국민 보도 연맹 사건 희생자 추모식에 노무현 대통령이 "저는 대통령

---

43 송호정 외, 앞의 책, 237쪽.
44 한철호 외, 앞의 책, 239쪽.
45 노대환 외, 앞의 책, 247쪽.
46 최병택 외, 앞의 책, 260쪽.

으로서 국가를 대표해서 당시 국가 권력이 저지른 불법 행위에 대해 진심으로 사과드립니다."[47]라며 보낸 사과문을 자료로 싣고 있다. 노근리 사건의 과거청산 과정을 소개한 교과서도 있다. 리베르는 "1999년 6월에는 '노근리 사건' 피해자들이 함께하는 '노근리 양민 학살 사건 대책 위원회'가 결성돼 진상 규명을 위해 노력했으나 가시적인 효과를 거두지 못했는데, AP 통신의 탐사보도가 발표되면서 국제적 이슈로 부각됐다. 이후 한국과 미국 정부는 '노근리 사건'에 대한 진상 조사 계획을 발표하고(2001.01.12), 15개월 동안 합동 조사를 실시했다"는 내용과 덧붙여 "2004년 2월, 노근리 사건 희생자 심사 및 명예회복에 관한 특별법이 국회 본회의를 통과하였고, 같은 해 3월 노근리 사건 특별법이 공포되었다. 이후 노근리 사건 피해자들의 명예회복을 위한 활동이 현재까지 계속되고 있다"라고 서술하고 있다.[48] 동아는 "2001년 미국 대통령이 전쟁 중 미군에 의하여 발생한 민간인 살상 사건에 대해서 유감을 표명하였다"[49]라고 서술하고 있다. 미래엔은 회복적 정의의 관점에서 이러한 과거청산의 노력에도 불구하고 아직 한국인 전쟁 전후 민간인 학살 문제는 진상 규명이 부족하다고 지적하고 있다.[50] 해냄은 해외 사례인 홀로코스트 메모리얼과 난징 대학살 기념관의 민간인 학살에 대한 기억 방식을 소개함으로써 한국전쟁 당시 민간인 학살을 어떻게 기억하고 기념해야 할지에 대한 문제를 제기하고 있다.[51]

교과서는 4·3사건과 한국전쟁 전후 민간인 학살에 대한 회복적 정의 관점의 과거사 청산 과정을 소개한 데 이어 독재 정권에 의해 저질러진 대표적인 인권 침해 사건인 간첩조작사건의 재심 재판을 소개함으로써 사법적 절차를 통해 회복적 정의가 실현되는 과정을 서술하고 있다. 제일 먼저 교

---

47 박중현 외, 앞의 책, 253쪽.
48 이익주 외, 앞의 책, 243쪽.
49 노대환 외, 앞의 책, 239쪽.
50 한철호 외, 앞의 책, 249쪽.
51 박중현 외, 앞의 책, 253쪽.

과서에 등장하는 것은 1959년에 일어난 조봉암 사건(혹은 진보당 사건)이다.

<표 7> 조봉암 사건 재심에 관한 서술

출판사	서술 내용
동아	2007년 진실 화해 위원회는 조봉암 사형 판결을 '이승만 정권이 정적을 제거하기 위해 저지른 조작 사건'이라고 발표하였다. 조봉암의 유족들은 이 결정을 근거로 재심을 청구하였고, 2010년 10월 대법원이 재심을 결정하여 이듬해 1월에는 간첩죄에 대해서는 무죄, 불법 무기 소지는 선고 유예 판결을 내렸다. (241쪽)
리베르	조봉암은 국가보안법 위반 혐의로 체포되어 1959년 사형을 당하였다. 2011년 재심을 통해 대법원에서 전원 일치로 무죄 판결을 받았다. (247쪽)
비상	조봉암이 간첩 혐의로 사형당했으나 2011년에 이루어진 재심에서 무죄판결을 받았다. (252쪽)
씨마스	조봉암이 52년만인 2011년 대법원으로부터 무죄 판결을 받았다. (265쪽)
지학사	이 사건으로 조봉암은 사형당하였지만, 2011년 법원은 진보당 사건에 대한 재심에서 간첩죄와 국가 보안법 위반 등의 공소 사실에 대해 재판관 전원 일치로 무죄를 선고하였다. (249쪽)
천재	2007년 진실화해를 위한 과거사 정리 위원회는 조봉암의 사형을 인권 유린이자 정치 탄압으로 보고 재심을 권고하였다. 이후 2011년 대법원은 조봉암의 혐의에 대해 무죄를 판결하였다. 조봉암의 사형은 정치적 경쟁자를 공산주의자로 몰아 제거했던 이승만 반공 독재의 일면을 보여주는 사건이었다. (254쪽)

〈표 7〉에서 알 수 있듯이 교과서는 조봉암 사건에 대해 재심 재판부가 2011년 무죄 선고를 내린 사실을 서술하고 있다. 또한 교과서는 유신 독재 하에서 박정희 정부가 일으킨 대표적인 인권 침해 사건으로 1975년에 일어난 제2차 인민혁명당 사건의 재심 판결에 관해 서술하고 있다.

<표 8> 제2차 인민혁명당 사건 재심 관련 서술

출판사	서술 내용
금성	2005년에 국가정보원 과거사건 진실규명을 통한 발전위원회는 제2차 인혁당 사건이 정부에 의해 조작되었다고 발표하였고 2007~2008년 재심에서 서울중앙지법은 관련자 모두에게 무죄를 선고하였다. (269쪽)
동아	2007년 법원에서는 이 사건을 무죄로 판결하였다. (250쪽)

출판사	서술 내용
리베르	법원은 사형을 집행한 지 32년 만인 2007년 1월 23일 재심에서 관련자 모두에게 무죄 판결을 선고하였다. (258쪽)
미래엔	유신 정권이 조작한 인권 탄압 사건으로 2007년에 열린 재심에서 관련자 모두에게 무죄가 선고되었다. (263쪽)
천재	이들은 지난 2007년 재심 결과 모두 무죄 판결을 받았다. 이는 유신 체제에서 자행된 대표적인 인권 탄압 사례였다.
해냄	인민혁명당 재건 위원회 사건에 대해 2007년 법원에서 이 사건에 대한 재심이 열렸고 그 결과 당사자들은 무죄를 선고받았다. (278쪽)

〈표 8〉에 드러나듯이 교과서는 2007년 재심 재판부가 제3차 인민혁명당 사건으로 사형당한 전원에게 무죄를 선고한 사실을 서술하고 있다.

이처럼 조봉암 사건과 제2차 인민혁명당 사건에 대한 서술은 재심을 통해 무죄 선고를 받았다는 간단한 설명에 그치고 있지만, 이행기 정의의 관점에서 보면 재심 판결이라는 사법적 절차를 통해 가해자인 국가와 무고한 피해자 간의 화해 혹은 관계 회복을 추구하는 회복적 정의의 사례라 할 수 있다. 즉 독재 정권이 저지른 국가폭력에 의해 억울하게 죽음을 맞은 사람들이 있고 그들의 무고함이 독재로부터 민주주의로의 이행과정에서 밝혀지면서 회복적 정의를 실현했다는 점을 보여준다. 이를 통해 독재의 현실을 배우고 그로부터 민주주의로의 이행의 정당성을 익힐 수 있을 것이다. 하지만 교과서들은 재심을 통한 무죄를 인정받은 피해자들이 국가를 상대로 배상을 요구하는 소송을 제기해 배상적 정의의 실현을 요구한 사실에 대해서는 언급하지 않고 있다.

이상의 4·3사건, 한국전쟁 전후 민간인 학살 사건, 간첩조작 사건 등의 진상을 규명하고 재심을 권고하는 일은 과거사 청산의 실행기구로 설립된 진실화해위원회를 비롯한 각종 진상조사위원회의 몫이었다. 교과서는 1987년 6월 항쟁 이후 민주주의로의 이행 과정에 대한 서술에서 정부와 시민사회의 과거사 청산 활동과 정부에 의해 설치된 과거사 청산 관련 기구들을 소개하고 있다.

우선 정부별로 과거사 청산 활동을 분류해 서술한 경우를 살펴보면, 교과서는 김영삼 정부가 과거사 청산을 '역사 바로 세우기 운동'이라 호명하고 앞서 살펴보았던 전두환, 노태우 등에 대한 구속과 함께 하나회 해체, 구 조선총독부 건물 철거 등을 추진한 점을 서술하고 있다. 리베르는 "역사 바로 세우기는 잘못된 과거를 바로 잡아 미래를 바로 세우려는 노력입니다. 그것은 바로 나라 바로 세우기인 것입니다"[52]라는 김영삼의 연설을 자료로 제시하고 있다. 김대중 정부의 과거사 청산에 대해 동아는 "제주 4·3 사건 및 의문사 진상 규명, 민주화 운동 관련자 명예회복 등 과거사 정리를 추진하였다"고 서술하고 있다.[53] 노무현 정부의 과거사 청산에 대해서는 리베르가 "노무현 정부는 과거사 진상 규명을 위한 법을 제정"하였다고 서술하고 있다.[54] 동아는 "친일 반민족행위 진상 규명 위원회와 진실 화해 위원회를 조직하였다"고 서술하고 있다.[55] 지학사는 노무현 정부가 "특별법을 제정하여 친일 반민족 행위 진상 규명과 진실화해를 위한 과거사 정리 등 해방 이후 바로잡지 못한 과거사를 진상 규명하고자 하였다"[56]고 서술하고 있다. 주로 진실과 화해에 기반한 과거사에 대한 진상 규명을 통해 회복적 정의를 추구하고자 한 점에 주목하고 있다.

이처럼 민주화 이후 각 정부의 활동을 서술하면서 부분적으로 과거사 청산 문제를 다루는 데에 그치지 않고 민주주의 이행기의 과거사 청산 작업을 독자적인 항목으로 설정해 본문에 서술한 교과서도 있다. 금성은 '과거사 청산을 위한 노력'이라는 항목을 설정해 과거사 청산 노력을 상세히 서

---

52 이익주 외, 앞의 책, 277쪽.
53 노대환 외, 앞의 책, 261쪽.
54 이익주 외, 앞의 책, 278쪽.
55 노대환 외, 앞의 책, 261쪽.
56 송호정 외, 앞의 책, 279쪽.

술하고 있다.

민주화가 진전될수록 국가 권력에 의해 은폐된 진실을 바로잡고자 과거사 청산의 노력이 이루어졌다. 노태우 정부 시기에는 여소야대 정국 속에서 전두환 정부의 각종 비리와 5·18민주화운동의 진상을 밝히는 국회 청문회가 열렸다. 청문회 이후 5·18민주화 운동 관련자들의 명예 회복과 물질적인 보상에 관련한 법이 제정되었지만, 사건의 진상 규명과 책임자 처벌은 이루어지지 않았다. 이러한 한계는 '역사 바로 세우기'를 내세웠던 김영삼 정부 시기에 일부 해소되었다. 특별법 제정으로 5·18민주화운동 관련자에 대한 처벌이 가능해졌고, 전직 대통령인 전두환과 노태우가 반란 및 내란죄로 구속되었다(1995). 6·25전쟁 때 발생한 거창 사건 희생자에 대한 명예 회복도 이 시기에 이루어졌다. 김대중 정부는 특별법을 제정하여 제주 4·3사건에 대한 진상을 조사하는 등 지난 독재 정권에 의해 왜곡된 사실을 밝히는데 힘을 기울였다. 노무현 정부는 과거사 진상 규명법을 제정하여 이전 정부에서 진행한 과거사 청산을 본격화함과 동시에 왜곡된 진상을 규명해 역사적 진실을 밝히고자 하였다. 이러한 노력은 현재까지 이어지고 있으며, 이를 통해 국가 권력이 저지른 잘못을 반성하고 억울한 희생자의 명예를 회복하고자 노력하고 있다.[57]

전두환, 노태우 등에 대한 처벌이라는 형사적 정의를 제시하면서도 전반적으로는 회복적 정의의 방향에서 과거사 청산 과정을 서술하고 있다. 미래엔은 본문에 '과거사 청산 작업이 시작되다'라는 항목을 설정하고 다음과 같이 서술하고 있다.

민주화의 진전과 높아진 인권에 대한 관심은 역사 바로 세우기와 과거사 청산 작업으로 이어졌다. 과거 독재 정권이 저지른 국가 폭력, 인권 탄압 사건이나 친일 반민족 행위에 대한 진상 규명 작업이 전개되었다. 이 과정에서 전두환, 노태우 두 전직 대통령에게 반란·내란의 죄목으로 실형이

---

57 최준채 외, 앞의 책, 290쪽.

선고되었다. 또한 과거사 청산을 위한 법률과 진상 규명 위원회들이 설치되어 활동하였다. 노무현 정부는 과거사 청산을 국정 개혁의 과제로 설정하고 이를 해결하기 위해 노력하였다.[58]

또한 회복적 정의의 관점에서 과거사 청산 작업을 정리하고 과제를 제시하고 있다.

> 민주화가 진전되면서 과거사 청산에 대한 관심도 높아졌다. 과거사 정리를 위한 각종 위원회가 출범하면서 일제 강점기 친일 반민족 행위자를 조사 선정하였고 제주 4·3사건, 인민 혁명당 사건, 5·18민주화운동, 삼청 교육대 등 독재 정권 시기에 발생한 국가 폭력과 인권 탄압에 대한 진상 규명 작업도 진행하였다. 그리하여 관련된 인물에 대한 명예 회복과 배상이 일부 이루어졌다. 그러나 아직도 밝혀지지 않는 과거사가 많이 있어 이에 대한 진실을 규명해야 하는 과제가 남아 있다.[59]

동아 역시 회복적 정의의 관점에서 이와 같은 "과거사 정리는 민주주의를 안정시키고 바람직한 미래를 창조하며 국가와 정부, 정치 공동체의 도덕성을 높이는 계기가 되었다"고 평가하고 있다.[60] 해냄은 본문에 과거사 청산에 대한 독자적인 항목을 설정해 정부 차원의 과거사 청산만이 아니라 시민사회 차원에서 과거사 청산을 통해 회복적 정의를 실현하고자 한 노력을 서술하고 있다.

> 민간에서도 과거사 청산 노력이 활발히 이루어졌다. 국회에서 친일인명사전 편찬 예산이 전액 삭감되자 시민들은 자발적 모금을 시작하였다. 이러한 시민들의 참여로 친일인명사전이 발간되었다(2009). 친일 청산을 바라는

---

58 한철호 외, 앞의 책, 283쪽.
59 위의 책, 283쪽. 여기서 제시한 삼청교육대와 관련해서 교과서는 인권 침해 사실 중심으로 서술하고 있으며 과거사 청산 과정에 대해서는 언급하지 않고 있다.
60 노대환 외, 앞의 책, 268쪽.

시민들의 요구는 식민지 역사 박물관 건립으로 이어졌다.[61]

이처럼 교과서는 회복적 정의의 관점에서 과거사 청산 활동을 서술하는 한편 회복적 정의의 실현 기구로서 진실화해위원회와 과거사 관련 위원회들을 소개하고 있다. 금성은 한국의 과거사 청산에 대해 "한국에서는 1948년 정부 수립 직후 설치된 반민족 행위 특별 조사 위원회(반민특위)가 1년 만에 해체되어 과거사 청산이 제대로 이루어지지 못하였다. 본격적인 과거사 청산은 6월 민주 항쟁 이후에 시작되었으며, 2000년대에 들어 다양한 위원회가 설치되어 포괄적인 과거사 청산이 진행되고 있다."라고 서술하고 이와 관련된 위원회를 식민지 잔재의 청산, 6·25전쟁 전후 민간인 희생에 대한 과거사 정리, 권위주의 정권하의 인권침해에 대한 과거사 정리, 포괄적 과거사 정리로 분야를 나누어 제시하고 있다.[62]

이 중에서 세계적인 과거사 청산에서와 마찬가지로 중심적 실행기구 역할을 한 것은 진실·화해를 위한 과거사 정리 위원회(이하 진실화해위원회)이다.

〈표 9〉 진실화해위원회에 관한 서술

출판사	서술 내용
동아	민주화 이후 시민 사회를 중심으로 과거사 정리를 요구하는 목소리가 높아졌다. 이런 시민 사회의 요청을 받아들여 2005년 5월에는 진실·화해를 위한 과거사 정리 기본법이 국회를 통과하였고, 같은 해 12월에는 진실·화해를 위한 과거사 정리 위원회(진실 화해 위원회)가 독립적인 국가 기관으로 출범하였다. 진실 화해 위원회는 과거 국가가 저지른 인권 침해 사건과 정치적 의혹 사건의 진실을 규명하여 법원의 재심을 권고하고, 6·25 전쟁 민간인 학살 사건 진상 규명 및 유족들의 명예 회복, 보상 조치를 이끌어 냈다. 진실 화해 위원회의 활동은 2010년 12월로 마감되었지만 시민 단체와 학계에서는 제2기 위원회가 필요하다고 주장하고 있다. (268쪽)

---

61 박중현 외, 앞의 책, 296쪽.
62 최준채 외, 앞의 책, 291쪽.

출판사	서술 내용
비상	일제 강점기와 6.25전쟁 전후, 그리고 대한민국 정부 수립부터 권위주의 통치 시절까지 항일독립운동과 민간인 집단 희생, 간첩 조작, 해외 동포 관련 사건 등 반민주적 반인권적 사건들의 진상을 규명하고 역사적 진실을 밝혔다. (283쪽)
천재	• 노무현 정부의 과거사 정리 사업의 일환으로 2005년에 설립된 독립적 국가 기관이다. 국민 보도 연맹 사건과 같은 반민주적 반인권적 사건들의 진상을 규명하고 역사적 진실을 밝혔다. (284쪽) • 특정 사건이나 조직에 국한되어 활동하였던 다른 과거사위원회와는 달리 진실화해를 위한 과거사 정리 위원회는 항일 독립운동, 민간인 집단 희생, 간첩 조작, 해외 동포 관련 사건 등의 진상을 규명하였다. 6·25전쟁 과정에서 국민 보도 연맹 구성원들이 국군과 우익 청년 단체에 의해 학살되었다는 사실을 밝혔고, 전국 13곳에 대한 유해 발굴 사업을 추진하였다. 또한 언론 통폐합이 신군부가 권력을 장악하려고 추진한 것임을 규명하였다. (290쪽)
해냄	진실화해를 위한 과거사 정리 위원회는 2005년 진실화해를 위한 과거사 정리 기본법이 제정됨에 따라 설립된 독립적인 국가 기관이다. 위원회의 설립 목적은 항일 독립운동, 반민주적 또는 반인권적 행위에 의한 인권 유린과 폭력 학살 의문사 등을 조사하여 왜곡되거나 은폐된 진실을 밝혀냄으로써 민족의 정통성을 확립하고 국민 통합에 기여하기 위한 것이다. 국민보도연맹사건과 제주 4·3사건의 진상 규명 활동을 펼쳐 희생자 유해 발굴 작업 등을 추진하였으며 1980년 당시의 언론 통폐합을 조사하여 배후에 신군부 세력의 정권 장악 의도가 있었음을 밝혀냈다. 또한 과거 국가 권력이 개입되어 유죄 판결을 받았던 사건들에 대해서도 진상 규명 활동을 통해 무죄 판결을 받아내기도 하였다. 그 예로 1991년에 있었던 강기훈 유서 대필 의혹 사건은 당시에는 징역 3년형의 판결을 받았지만 위원회의 활동으로 24년 후인 2015년에 무죄를 선고받았다. (297쪽)

〈표 9〉에서 알 수 있듯이 교과서는 회복적 정의의 관점에서 진실화해위원회가 진상 규명과 피해자의 명예회복 등을 이끌었다는 점을 강조하고 있다. 동아는 진실·화해를 위한 과거사 정리 기본법과 진실화해위원회의 활동을 도표화해 보여주고 있다.[63] 또한 끝나지 않은 과거사 청산을 마무리하기 위해 제2기 진실화회위원회를 설치가 필요하다는 주장을 자료로 제시하고 있다.[64] 진실화해위원회와 함께 교과서에서 상세히 소개하고 있는 위원회로는 친일반민족행위진상규명위원회와 의문사진상규명위원회가 있다.

---

63 노대환 외, 앞의 책, 268쪽.
64 위의 책, 268쪽.

<표 10> 친일반민족행위진상규명위원회와 의문사진상규명위원회에 관한 서술

위원회	서술 내용
친일반민족 행위 진상규명위원회	반민특위 활동이 좌절된 이후 친일파를 청산하여 민족 정기를 회복하자는 주장이 꾸준히 제기되었지만, 2005년에서야 친일 반민족 행위 진상 규명 위원회가 조직되었다. 4년여에 걸친 활동 끝에 1,005명의 친일 반민족 행위자의 명단과 결정 내용을 담은 보고서를 발간하였다. 여기에는 이완용 등 을사오적을 비롯해 김활란, 최남선 등 지식인들, 김동인 이광수 김기창 등 문화예술계 인사들뿐만 아니라 친일 언론인도 다수 수록되었다. (천재, 290쪽)
의문사 진상규명위원회	2000년에 세정된 의문사법에 따라 의문사 진상 규명위원회기 조직되었다. 이 위원회는 인민혁명당 사건이 고문에 의해 과장 조작되었음을 밝혀냈다. 또 유신 체제에 반대하는 활동을 하다 의문의 죽음을 당한 장준하 사건을 조사하였다. 위원회는 "변사 사건 기록 폐기, 수사 관련 경찰관들의 사망, 국가 정보원 자료 미확보 등으로 사건의 진상을 규명하는 데 한계가 있으나, 단순 추락사는 아닐 것이라고 판단된다"라는 결론을 내렸다. 이후 무덤 이장 과정에서 장준하의 유골 후두부에 둔기로 맞은 흔적이 발견되어 재조사 필요성이 대두되었다. (천재, 290쪽)
	의문사는 사망 원인이 분명하게 밝혀지지 않고, 위법한 공권력의 직간접적인 행사로 인해 사망했다고 의심할 만한 상당한 사유가 있는 죽음을 의미한다. 1999년 12월 의문사 진상 규명에 관한 특별법이 국회를 통과함에 따라 이듬해 의문사 진상 규명 위원회가 출범하였다. 의문사 진상 규명위원회는 1969년 3선 개헌 이후 권위주의 정권 아래서 민주화 운동과 관련한 의문사의 진실을 밝히기 위한 목적으로 조직되었다. 의문사 진상 규명 위원회는 2004년까지 활동하면서 삼청 교육대, 인민혁명당 사건 등 모두 97건의 사건을 조사하여 30건의 공권력 행사로 사망한 사건을 밝혀냈다. (씨마스, 303쪽)

금성은 이와 같은 과거사 청산 관련 기구의 활동에 대한 이해를 돕기 위해 아르헨티나의 '실종자 진상 조사 국가 위원회'와 남아프리카공화국의 '진실과 화해 위원회'를 소개하고 있다.[65]

이처럼 교과서는 한국의 과거사 청산은 과거사 청산 기구들의 활동에 기반해 회복적 정의 차원에서 진실을 규명하고 국가가 저지른 범죄에 대해서는 공식 사과하고 피해자의 명예에 힘쓰는 등 화해를 촉진하는 방향으로 추진되었다고 서술하고 있다. 그런데 회복적 정의의 실현 과정에서 피해자

---

65 최준채 외, 앞의 책, 291쪽.

에 대한 배상적 정의 실현 요구가 수반되는 경우가 많은데, 교과서들은 이에 대해서는 비중있게 서술하지 않고 있다.

3. 배상적 정의에서 본 과거사 청산 서술

배상적 정의의 관점에서 과거사 청산 문제를 다룬 교과서 서술은 식민 지배와 그로 인한 피해에 대한 배상 문제가 사실상 유일하다고 할 수 있다. 앞서 살펴보았지만, 교과서는 1965년 한일협정 체결을 전후해 일본의 식민지배에 대한 사과와 함께 배상 요구가 제기되었으나 양국 정부가 이를 외면한 사실을 서술하고 있다. 교과서는 일본군 '위안부'와 강제동원 문제에 대한 배상 요구에 대해서도 서술하고 있다. 먼저 일본군 '위안부'에 대한 배상 요구에 대해 비상은 "일본군 '위안부' 문제에 대한 사과와 배상에 대한 소송은 1991년에 시작되었지만 일본 정부는 이를 공식적으로 인정하고 있지 않다. 일본군 '위안부'로 끌려갔다가 돌아온 할머니들은 주한 일본 대사관 앞에서 매주 수요집회를 열어 이 문제에 대한 해결을 요구하고 있다"고 서술하고 있다.[66] 지학사는 2015년의 한일 합의가 일본군 '위안부'에 대한 배상을 하지 않고 위로금으로 무마하려 했다는 논란에 대해 서술하고 있다.

> 박근혜 정부는 2015년 한일 일본군 '위안부' 합의를 통해 일본 정부로부터 10억 엔의 위로금을 전달받았다. 하지만 일본 정부는 피해자에게 공식 사과는 하지 않고, 법적 책임과 배상금이 아닌 도의적 책임과 인도적 지원이라는 명분으로 위로금을 전달하였다. 피해자들은 이를 거부하고 일본의 공식적인 사과와 배상을 요구하는 수요 시위를 계속하고 있다. [67]

---

66 도면회 외, 앞의 책, 215쪽.
67 송호정 외, 앞의 책, 212쪽.

강제동원 문제에 대해서 일본이 아직까지 배상하지 않는 이유에 대해 비상은 "일본 정부는 1965년 체결한 한일협정을 근거로 개인 청구권이 소멸하였다는 논리를 내세웠다."고 서술하고 있다. 이와 같은 일본의 논리에 대해 2018년 한국 대법원은 "한일협정의 내용을 개인 청구권에 적용할 수 없다"[68]고 판결한 바 있다. 이에 대해서는 지학사가 자세히 소개하고 있다.

> 대법원은 '일본 국가 권력이 관여한 반인도적 불법 행위나 식민 지배와 직결된 불법 행위로 인한 손해 배상 청구권은 청구권 협정의 적용 대상에 포함되지 않는다'라고 판결하였다. 하지만 일본 정부는 1965년 한일 협정문 조항에 양국의 모든 청구권에 관한 문제는 완전히 그리고 최종적으로 해결된다고 확인한 문구가 있다며 반발하고 있다.[69]

이처럼 교과서는 식민지배, 일본군 '위안부', 강제동원 등의 과거사 청산 문제는 일본 정부에 대해 사과와 함께 배상을 요구한다는 점을 서술해 사과와 배상이 여전히 미완의 과제로 남아 있음을 분명하게 제시하고 있다. 독재로부터 민주주의로의 이행 과정에서 해방 이후 일어난 과거사 문제가 해결되는 동안 식민지배에서 벗어나 독립 국가를 건설하는 과정에서 진작에 해결해야 할 과거사 문제는 이제껏 미완의 과제로 남게 된 것이다. 배상적 정의를 외면하는 일본의 입장에 변화가 없는 한 배상 요구에 대한 사회적 관심과 함께 교과서에도 계속 이를 비판적으로 서술할 수밖에 없을 것이다.

해방 후 과거사 청산에서 배상적 정의는 1987년 6월 민주항쟁 이후 민주주의로의 이행 과정에서 처음 실현되었다. 제일 먼저 5·18민주화운동의 희생자·피해자에 대한 정부 주도의 배상이 이뤄졌다. 그리고 사법부의 재심 사건 무죄 판결에 기반한 배상 등이 이어졌으며 최근 4·3사건의 희생자

---

68 도면회 외, 앞의 책, 215쪽.
69 송호정 외, 앞의 책, 207쪽.

에 대한 배상이 진행되고 있다.

이와 같은 배상적 정의의 실현에 대해 교과서는 거의 서술하지 않고 있다. 5·18민주화운동 관련 희생자와 피해자에 대한 배상에 대해서는 금성이 "5·18민주화운동 관련자들의 명예 회복과 물질적 보상에 관련한 법이 제정"되었다고 서술하고 있다.[70] 씨마스 역시 "노태우 정부 때 '5·18 민주화운동 관련자 보상 등에 관한 법률'이 제정되면서 5·18 민주화 운동 관련자에 대한 명예 회복과 물질적인 보상이 이루어졌다"[71]고 서술하고 있다. 그런데 이 법률이 제정되고 이후 2015년까지 7차례에 걸쳐 보상이 이루어졌으며 정부는 1995년 「5·18민주화운동 등에 관한 특별법」을 제정하면서 이때의 보상이 배상에 해당하는 것임을 규정해 5·18민주화운동에서의 군인들이 자해한 폭력이 국가범죄임을 인정했다. 이처럼 5·18민주화운동의 과거사 청산 과정에서 순탄치 않았던 배상적 정의의 실현 과정을 서술한 교과서는 없다.

한편 과거사 문제의 피해자들은 종전에는 진실 규명 그 자체로 충분하다고 양해했지만, 그와 같은 목적이 충족되면서 진실 규명을 바탕으로 정부에 배상을 요구하기 시작했다. 4·3사건의 피해자들은 법률 개정을 통해 희생자 및 유족에 대한 배상을 요구했다. 이에 따라 2020년 「제주4·3사건 진상규명 및 희생자 명예회복에 관한 특별법」이 개정되면서 2022년부터 배상이 이뤄지고 있다. 또한 간첩 조작 사건 등에 대한 재심에서 무죄 판결을 받은 피해자들은 국가를 상대로 배상을 요구하는 소송을 제기하고 있으며 그 판결에 따라 배상이 이뤄지고 있다. 그런데 4·3사건이나 간첩 조작 사건도 5·18민주화운동처럼 과거사 청산 과정에서 회복적 정의만이 아니라 피해자에 대한 배상적 정의의 실현 과정이 중요함에도 교과서에서는 거의

---

70 최준채 외, 앞의 책, 290쪽.
71 신주백 외, 앞의 책, 303쪽.

서술하지 않고 있다.

이처럼 교과서에서 형사적 정의와 회복적 정의적 관점의 서술에 비해 배상적 정의의 관점의 서술이 소략한 것은 민주 시민을 길러내고자 하는 과거사 교육의 관점에서 볼 때 되짚어 볼 문제이다. 배상적 정의는 피해자의 희생과 고통에 사회 공동체가 공동으로 책임진다는 가치를 담아 실현된다. 또한 피해자와 희생자에 대한 금전적 배상은 물론 트라우마에 대한 치료와 생계 대책 마련 등을 포함한다는 점에서 회복적 정의의 기능을 포함하고 있기도 하다. 이런 점에서 과거사 교육은 회복적 정의의 실현과 함께 그에 기반해 배상적 정의가 어떻게 구현되어 사회 구성원으로서의 개인이 어떻게 공동 책임을 지고 있는지에 대해 주목할 필요가 있다.

Ⅳ. 맺음말

해방 직후 친일파 청산에 실패하면서 정서적 차원에서 '단죄'라는 형사적 정의가 과거사 청산에서 회복적 정의, 배상적 정의를 오래도록 압도해왔고 민주화 이후 과거사 청산 작업 초기에도 큰 힘을 발휘했다. 5·18의 학살 책임자인 전두환, 노태우의 구속과 재판이 그와 같은 단죄의 상징이었다. 하지만 독재에서 민주주의로의 이행 과정에서 과거사 청산 작업이 지속되면서 점차 진실과 화해에 기반한 회복적 정의와 피해자에 대한 배상을 추진하는 배상적 정의의 비중이 확대되었다.

이처럼 이행적 정의 관점에서 과거사 청산을 바라보았듯이 과거사 청산에 대한 고등학교 한국사 교과서의 서술을 살펴보면, 형사적 정의의 관점에서는 해방 이후 형사적 정의가 실현된 전두환, 노태우에 대한 사법적 처벌보다는 해방 직후 실패한 친일파 처벌에 더 많은 비중을 두어 서술하고 있다. 1987년 6월 항쟁 이후 본격화된 과거사 청산 작업에 대해서는 회복적 정의의 관점에서 적극적으로 서술하고 있다. 하지만 4·3사건과 5·18민주화운동 등의 희생자와 피해자에 대해 이뤄진 배상을 포함해 배상적 정의에 대한 서술은 소략하다. 배상적 정의 관점의 서술에서도 식민지배, 일본군 '위안부', 강제동원에 대해 일본에 배상을 요구해야 한다는 내용의 비중이 크다. 민주시민교육으로서의 과거사 교육을 추구한다면 사회공동체의 공동 책임을 강조하는 배상적 정의에 대해 좀 더 관심을 기울여야 할 것이다.

과거사 교육은 민주시민으로서 살아가야 할 후속세대에게 과거사 청산이 갖는 미래적 의의를 전달하고자 하는 성찰적 역사교육이라 할 수 있다. 그런데 현행 고등학교 한국사 교과서의 과거사 청산 서술을 살펴보면 양적으로 서술 분량은 늘어났으나, 그 서술 방향과 내용에 대해서는 아직 논의가 부족한 편이다. 이 글에서는 과거사 교육의 방향과 내용을 점검하는 차원에서 형사적, 회복적, 배상적 정의라는 보편적이고 실천적인 이행기 정의의 관점에서 교과서의 과거사 청산 관련 서술을 분석하고자 했다. 이와 같은 문제 제기가 갖고 있는 분명한 한계에도 불구하고 본고가 과거사 교육의 방향과 내용에 대한 논의를 촉발하는 데 기여하기를 기대해 본다.

| 참고문헌 |

1. 단행본

이재승, 『국가범죄』, 앨피, 2010.
프리실라 B. 헤이너 지음, 주혜경 옮김, 『국가폭력과 세계의 진실위원회』, 역사비평
　　사, 2008.

2. 논문

방지원, 「공감과 연대의 역사교육과 '과거사' 문제 – 성찰적 역사교육을 위한 시론」,
　　『역사교육연구』 28, 2017.
이병재, 「이행기 정의와 인권: 인과효과분석을 위한 틀」, 『국제정치논총』 55-3,
　　2015.
이영재, 「이행기 정의의 본질과 형태에 관한 연구」, 『민주주의와 인권』 12-1, 2012.
정근식, 「5월운동의 성과와 한계」, 『경제와사회』 126, 2020.
정호기, 「과거사 교육의 중요성 인식과 제도의 형성 그리고 기념공간: 5.18민중항
　　쟁을 중심으로」, 『시민사회와 NGO』 8-2, 2010.
최창영, 「한일 과거사 청산과 이행기 정의(transitional justice) 개념의 적용」, 『성균
　　관법학』 23-2, 2011.
최호근, 「부담스러운 과거사 교육의 효용과 전략 – 독일, 이스라엘, 미국의 홀로코
　　스트 교육 비교」, 『역사교육』 120, 2011.
한성훈, 「과거청산과 민주주의 실현」, 『역사비평』 93, 2010.
허상수, 「민주화와 이행기의 정의 그리고 인권 – 제주도민 피학살사건의 중대한 인
　　권침해 죄상을 중심으로」, 『4·3과 역사』 9·10호, 2010.
홍순권, 「'과거사'의 진실 규명과 역사교육」, 『역사연구』 30, 2016.

▌저자소개 (필자순) ▌

■ 이신철(李信澈)

아시아평화와역사연구소 소장, 성균관대학교 겸임교수로 재직 중이다. 남북관계사, 한중일 역사 갈등 문제를 주로 연구하고 있다. 최근에는 역사대화, 역사정치, 대중역사학(Public History)을 연구주제로 삼고 있다. 주요 논저로『북한 민족주의운동 연구』(2008),『동아시아 제국주의 질서와 역사인식』(2021, 공저),「전후 식민청산의 결여와 재일조선인의 미해방」(2018),「남북 역사대화 30년의 성과와 방향 모색」(2021) 등이 있다.

■ 이정빈(李廷斌)

충북대학교 역사교육과에서 한국사를 연구·교육하고 있다. 역사학회, 한국역사연구회, 한국고대사학회 등에서 편집위원으로 활동하고 있다. 고대사와 사학사 분야에 관심을 갖고 있고 있다. 대표작으로『고구려-수 전쟁』(2018),「해적 張伯路와 2세기 전반 동아시아 국제정세」(2023),『신라는 정말 삼국을 통일했을까』(2023, 공저) 등이 있다.

■ 김정인(金正仁)

현재 춘천교육대학교 사회교육과 교수로 한국역사연구회 회장을 지냈다. 근현대 민주주의 역사와 근현대 대학사에 관심을 갖고 연구하며 저서와 논문을 발표했다. 2022 개정 역사과 교육과정 개발 책임자를 맡았으며 한중일3국공동역사편찬위원회 위원으로 활동했다. 저서로는『민주주의를 향한 역사』(2015),『역사전쟁, 과거를 해석하는 싸움』(2016),『독립을 꿈꾸는 민주주의』(2017),『대학과 권력』(2018),『오늘과 마주한 3.1운동』(2019),『미래를 여는 역사』(2005),『한중일이 함께 쓴 동아시아 근현대사』1(2012) 등이 있다.

■ 김육훈(金陸勳)

36년 동안 중고등학교 역사교사로 지내면서, 전국역사교사모임 회장과 역사교육연구소장을 지냈다. 국정 검정 교과서 개발, 중고등학생용 대안교과서와 교사를 위한 역사교육론 개발에 여러 차례 참가했다. 역사교육과정과 교과서에 꾸준히 관심을 갖고 있으며, 역사교육이 민주시민형성에 기여할 수 있는 방안을 탐색하는 글을 여러 편 썼다. 대표작으로『살아있는 한국 근현대사 교과서』(2007),『민주공화국 대한민국의 탄생』(2012) 등이 있다.

■ 정용숙(鄭容淑)

독일 루르 보쿰대학교 역사학부 박사. 춘천교육대학교 사회과교육과 조교수. 연구 분야는 노동자 가족의 사회사, 탈산업화와 산업 유산, 공공역사와 역사교육이며 탈산업화와 사회변동, 산업유산과 노동의 기억, 전시 성폭력, 독일 역사교육 관련 다수의 논문을 발표했다. 저서『Strukturwandel im sozialen Feld』, 공저『전쟁과 여성 인권. 세계의 일본군 '위안부' 문제 인식』, 역서『공공역사란 무엇인가』와『독일 역사학의 신화 깨뜨리기』등이 있다.